南开大学 金融学本科教材系列

另类投资

曹华 主编

厦门大学出版社　国家一级出版社
XIAMEN UNIVERSITY PRESS　全国百佳图书出版单位

前 言

另类投资(alternative investment)泛指在股票、债券、期货等通过公共交易平台操作的投资以外的所有投资,投资形式十分复杂。投资领域涉及房地产、矿业、私募股权、杠杆并购、基金的基金等。另类投资又被称作替代投资或非主流投资,近年来出现爆炸性增长。究其原因,火爆的全球房地产业使得物业投资始终作为另类投资的一个主攻方向,矿业过去在另类投资中所占比重不大,随着能源、大宗商品价格的飙升,也成为部分另类基金的主营业务之一。全球流动性的泛滥以及投资者降低的风险意识也是另类投资崛起的重要原因,过多的资金追逐有限的资产,将债券市场、股票市场估值拉高,公共交易平台上价值低估的品种越来越难发现,资金于是寻求另类的机会。同时,另类投资基金高额的年均回报率,吸引了大量机构投资者的进入,使得另类投资规模近十年获得空前发展,由欧美向亚洲渗透,中国日益活跃的私募股权投资、艺术品交易即是例证。

但目前在国内缺乏系统介绍另类投资的专门教材,本书的编写和出版试图填补这一空缺。本书的特点体现为:

一、内容全面,重点突出

本书重点介绍有别于权益投资、债券投资等传统投资的几种主要的另类投资方式,包括近年来非常盛行的不动产投资、私募股权投资、风险投资、对冲基金、大宗商品投资,也介绍诸如天气衍生品、碳排放权交易等新兴的另类投资、红酒、茶叶、艺术品交易等流行的另类商品投资。本教材的知识体系动态地反映着全球投资行业不断发展变化的理论和实践。

通过本书的学习，可以使得读者熟悉近年来非常盛行的不动产投资、私募股权、风险投资、对冲基金等重要的另类投资的特征、特有风险、估值方法等。

二、自编教材与海外教材精要的浓缩

南开大学金融学科作为全国重点学科，从2008年起在全国率先推出系列创新课，另类投资教学逐渐成为金融学、金融工程方向教学体系的重要组成部分，在历经6年的教学实践中，在自编另类投资课程教材的基础上，跟踪另类投资领域的动态，及时地把国外该领域的最新研究成果融入到本书的编写过程中。同时，本书的编写参考了大量CFA（注册金融分析师）协会的资料，使得本书有关另类投资估值方法的介绍始终处于前沿水平。为启发读者思考，提高学习兴趣，书中还提供了大量的案例分析。

郭晓辉、别发文、贺明华、邓贵钦、王旭、周雷、李梦雨等为本书的写作付出了大量辛勤的劳动，郝祎萌、吴奕楠等同学在使用过程中，提出很多促使本书内容完善的建议，在此一并表示感谢。同时，衷心感谢厦门大学出版社宋文艳女士和吴兴友编辑在书稿的出版过程中给予的大力支持。

我们的写作目标是编写一本高水平的另类投资教材，力求使内容准确、前沿、完整，但由于另类投资涉及面广、专业性强、难度高，书中难免有不妥和疏漏之处，肯请读者批评和指正。

编者
2014年3月

目　录

第一章　另类投资概述 ·· 1
　第一节　另类投资的内涵 ··· 1
　　一、投资的回报 ··· 1
　　二、另类投资 ··· 2
　第二节　另类投资的特点及其与传统投资的区别 ······················· 7
　　一、为何要进行另类投资 ··· 7
　　二、另类投资面临的风险 ··· 8
　　三、另类投资与传统投资的区别 ······································ 8
　第三节　另类投资的主要形式 ······································ 12
　　一、不动产投资 ·· 12
　　二、私募股权 ·· 13
　　三、风险投资 ·· 14
　　四、对冲基金 ·· 15
　　五、大宗商品交易 ·· 16
　　六、其他的另类投资 ·· 17

第二章　不动产投资 ·· 21
　第一节　不动产投资的形式和特征 ·································· 21
　　一、不动产的内涵及特征 ·· 21
　　二、房地产投资的特性 ·· 22
　　三、不动产的投资回报 ·· 25
　第二节　不动产投资的价值分析 ···································· 26

一、影响不动产价格的因素……………………………………… 26
　　二、不动产估价方法……………………………………………… 31
　　三、不动产投资价值评估工具…………………………………… 34
　　四、资本化率的估计……………………………………………… 40
第三节　不动产投资的风险…………………………………………… 46
　　一、不动产投资的风险及其特征………………………………… 46
　　二、不动产投资的风险管理……………………………………… 48
第四节　房地产投资信托……………………………………………… 50
　　一、房地产投资信托的类型……………………………………… 50
　　二、房地产投资信托的特性及收益的影响因素………………… 52
　　三、REITs的全球发展…………………………………………… 54
第五节　不动产融资领域的创新……………………………………… 56
　　一、不动产融资领域的创新……………………………………… 56
　　二、抵押贷款的创新……………………………………………… 60

第三章　私募股权投资………………………………………………… 79
　第一节　私募股权投资概述………………………………………… 79
　　一、私募股权投资的概念………………………………………… 79
　　二、私募股权基金资金的来源和运用…………………………… 87
　　三、私募股权投资在全球的发展………………………………… 90
　第二节　私募股权投资要点………………………………………… 95
　　一、私募股权投资流程概述……………………………………… 95
　　二、私募股权投资的一般程序…………………………………… 97
　第三节　私募股权投资的形式……………………………………… 108
　　一、创业投资……………………………………………………… 108
　　二、收购基金……………………………………………………… 111
　　三、夹层融资……………………………………………………… 112
　　四、重振资本……………………………………………………… 113
　　五、上市后私募投资……………………………………………… 114
　第四节　私募股权投资收益………………………………………… 114
　　一、私募股权投资价值…………………………………………… 114
　　二、私募股权基金的绩效测量…………………………………… 126
　　三、私募股权投资的退出机制…………………………………… 129
　第五节　私募股权投资基金的风险………………………………… 133

一、私募股权投资基金经营中的风险 …………………………… 133
　　二、私募股权投资基金的内在风险控制机制 …………………… 134
　　三、私募股权投资基金的风险控制方法 ………………………… 135

第四章　风险投资 ………………………………………………………… 143
第一节　风险投资概述 ……………………………………………… 143
　　一、风险投资的定义、产生及发展 ……………………………… 143
　　二、创业企业的划分 ……………………………………………… 149
　　三、风险投资公司和风险投资有限合伙基金 …………………… 151
　　四、风险资金的来源 ……………………………………………… 153
第二节　风险投资的运作 …………………………………………… 157
　　一、风险投资的角色 ……………………………………………… 157
　　二、风险投资的交易流程 ………………………………………… 158
　　三、风险投资的退出渠道 ………………………………………… 159
第三节　风险投资估值 ……………………………………………… 160
　　一、贴现现金流法 ………………………………………………… 160
　　二、期末价值贴现法 ……………………………………………… 162
　　三、实物期权法 …………………………………………………… 163
　　四、非上市公司的估值 …………………………………………… 165

第五章　对冲基金 ………………………………………………………… 183
第一节　对冲基金概述 ……………………………………………… 183
　　一、何谓对冲基金 ………………………………………………… 183
　　二、对冲基金的发展历史及趋势 ………………………………… 184
　　三、对冲基金的投资者 …………………………………………… 185
　　四、对冲基金的特点 ……………………………………………… 186
　　五、对冲基金与共同基金的区别 ………………………………… 188
　　六、对冲基金与私募股权基金之间的区别 ……………………… 189
　　七、对冲基金的类型 ……………………………………………… 190
第二节　对冲基金的投资策略 ……………………………………… 191
第三节　对冲基金的风险 …………………………………………… 199
　　一、对冲基金的市场表现 ………………………………………… 199
　　二、对冲基金的独特风险 ………………………………………… 201
第四节　对冲基金在我国资本市场中的运作探析 ………………… 203
　　一、我国发展对冲基金面临的问题 ……………………………… 203

二、对冲基金在我国发展的实施对策 ·················· 204
　　三、我国发展对冲基金的意义 ·················· 204
第五节　对冲基金的绩效评价 ·················· 205
　　一、主要市场指数 ·················· 206
　　二、对冲基金指数 ·················· 207
第六节　对冲基金案例分析 ·················· 209
　　一、索罗斯对英镑的狙击 ·················· 209
　　二、1998年对冲基金袭击香港 ·················· 212
　　三、英仕曼探路中国 ·················· 214
　　四、夸克：疯狂的对冲基金 ·················· 215
　　五、麦道夫欺诈案 ·················· 217
　　六、拉贾拉特南内幕交易案 ·················· 218

第六章　大宗商品投资 ·················· 221
第一节　大宗商品投资概述 ·················· 221
　　一、大宗商品的类型 ·················· 221
　　二、大宗商品资产特点 ·················· 221
　　三、大宗商品投资方法 ·················· 224
第二节　商品资产及商品期货 ·················· 225
　　一、商品资产价格概述 ·················· 225
　　二、利用期货的对冲策略 ·················· 226
　　三、商品期货定价 ·················· 230
　　四、期货价格与现货价格的关系 ·················· 232
　　五、投资组合中的大宗商品资产 ·················· 235
第三节　黄金投资 ·················· 236
　　一、黄金交易简介 ·················· 236
　　二、黄金投资优势 ·················· 239
　　三、黄金市场知识 ·················· 240
　　四、黄金市场投资方式 ·················· 243
　　五、黄金供求情况 ·················· 246
　　六、影响黄金价格的因素 ·················· 249
第四节　石油投资 ·················· 252
　　一、石油交易简介 ·················· 252
　　二、国际石油价格体系演变 ·················· 253

三、石油供求特征 …………………………………………… 255
　　四、石油价格的确定及影响因素 …………………………… 257
第七章　其他的另类投资 …………………………………………… 261
　第一节　流行的商品投资 ………………………………………… 261
　　一、艺术品投资 ……………………………………………… 261
　　二、茶叶投资 ………………………………………………… 274
　　三、葡萄酒投资 ……………………………………………… 276
　第二节　新兴的另类投资 ………………………………………… 283
　　一、巨灾期权 ………………………………………………… 283
　　二、天气衍生品 ……………………………………………… 292
　　三、碳排放交易 ……………………………………………… 306

第一章

另类投资概述

第一节 另类投资的内涵

一、投资的回报

个人和组织有多种途径获得投资回报。但是,不存在对所有人而言都是最佳选择的投资。因对资金安全性的要求、回报实现的可能性、投资期的长短以及个人偏好的不同,投资者需求千差万别。但一切投资的目的都是为了获取某种形式的回报,对投资项目进行比较的最佳方法是确定投资的回报指标。

按照回报的来源,回报指标可区分为:

(一)收益(income)

收益是指一项投资的货币回报。如储蓄账户、企业债券、市政债券、国库券等所带来的利息收入。其优点是属于固定收益,并且其流动性强,遇到紧急事件时容易将其变现。缺点是一旦遇到通货膨胀其货币的价值就会降低。

(二)升值(appreciation)

升值是指投资价值的被动增加,是由资源稀缺和价格上涨造成的。如黄金、珠宝、家具、画作等艺术品、古董和其他收藏品等的升值。其优点是具有相对较稳定的市场价值。缺点是此种投资具有较强的投机性,其货币形式的收益增值也无法确定,并且流动性差,不易变现。另外,此类投资品的安全保卫工作会带来额外的费用。

(三)价值收益(value gain)

价值收益是指主动的价值增加,依靠所有者或管理人员运用专业知识创造。如企业扩大营业范围、开发一片土地或购买股票。其优点是投资回报来自真实价值及由通货膨胀引起的货币价值的增加,不会遭受通货膨胀损失。

二、另类投资

(一)另类投资的定义

另类投资(alternative investment),又称替代投资或非主流投资。它所代表的是有别于股票、债券及期货等传统以公开方式进行交易的一类资本或实物资产。包括投资基金、不动产、私募股权、对冲基金、大宗商品交易、衍生品投资等。这些是另类投资中主要的投资方式。

(二)另类投资的回报

另类投资回报较高不是什么秘密。自1987年成立以来,黑石旗舰私人股权基金平均年回报为30.8%,税后并扣除管理费后为22.8%,远高过"非另类"基金的平均回报。黑石披露的文件显示,其管理的787亿美元资产,2006年投资净赚76亿美元,净收入高达26亿美元。767名员工(其中335名专业人员)平均每人创造财富330万美元,比在投资银行业执牛耳的高盛高出3倍有余,可见利润之丰厚。

(三)另类投资的运作

陶冬(2007)指出另类投资运作的一个根本理念是:市场未必一定有效率,许多企业、项目的价格没有体现其内在价值,因而离公共交易平台越远,价格与价值之间的偏差可能越高。另类投资的重点便放在没有上市但具有包装潜力的企业和项目上,通过购买、重组、包装、套现,将收购的企业或项目的价值体现出来。

另类投资没有传统投资中的头寸限制,多采用杠杆操作,因为另类投资中包含了许多只需交纳少量保证金或权利金的衍生产品交易,这既增加了它的杀伤力又带来了巨大的风险,对所投资的标的的价格造成巨大影响,也放大了盈亏。加之另类投资的透明度一般较低,所以是一种风险性极高的投资方式。

(四)另类投资的发展趋势

1. 全球化

经济全球化促进了金融全球化,这不仅体现在传统证券市场中,也体现在蓬勃发展的另类投资领域。

在全球私募股权中,一半以上的资金来源和去向是北美,欧洲占25%,但越来越多的私募股权投资公司开始把目光投向发展中的东亚市场,如2006年,在我国私募股权投资基金市场,国外私募占据了大部分市场份额,筹资比例达到86.3%,而我国仅有4只私募,筹资规模也相对较小。

1994年,全球还只有美国、荷兰、澳大利亚等少数国家成立了房地产信托基金(REIT),而近年来房地产信托基金却在世界很多地方蓬勃发展起来。尤其是2000年以来,房地产信托基金在亚洲有了突破性的发展。截至2006年11月30日,日本已有逾70家REIT基金,并有23家REIT在东京和大阪交易上市,总市值逾220亿美元,5年来已扩大1倍;截至2006年1月,新加坡交易所已有REIT上市交易,总市值达到58亿美元,成为仅次于日本的亚洲第二大房地产信托基金市场。

2. 专业化

另类投资对于投资管理人的要求逐步提高。由于市场中存在大量资金寻求投资机会,因而对于缺少技术壁垒的投资机会,超额收益在后续资金的进入下迅速消失。另类投资之所以能够长时间地保持较高的收益水平,正是由于投资管理人具备专业技术,能够在专业化的领域获得投资收益。例如艺术品投资对专业知识、把握行业规律、跟踪市场信息、投资经验的要求非常高,一般要通过拍卖的形式转让,流通性较差,对于保管、存放也有很高的要求,因此,在以前多由有这方面爱好的个人进行零散的投资。随着另类投资的发展,成立了很多专门的投资基金,如共同基金专家理财一样,呈现专业化发展的趋势。

3. 平民化

很多另类投资方式,不仅由于对专业知识的要求较高,普通投资者难以进入,而且另类投资的总额大、流通性较弱,使这些投资方式成为富人的游戏,平民很难进入。但是随着另类投资进一步发展,特别是引入基金这一组织形式之后,使得很多个人投资者可以投入其中,扩大了另类投资的资金来源和投资者群体,呈现平民化趋势。

(五)当前我国另类投资发展状况

随着我国经济快速发展,中小企业对多元化的直接融资工具产生巨大需求。这一需求为风险投资、私募股权投资等另类投资发展提供了强大的推动力和巨大的市场空间。另外,目前我国快速增长的国民财富迫切需要理财、投资,实现家庭资产的保值增值。但是我国主要投资方式局限在股票市场和债券市场,并不能满足家庭储蓄的保值增值需求。在以上两方面需求的推动下,股权投资、房地产、艺术品、黄金等市场都得到了一定程度的发展。

中国股权资本市场经历十几年发展,已初具规模,成为我国另类投资领域发展最成熟的市场。统计数据显示,2009年,中国私募股权投资市场延续了2008年的发展趋势,投资案例数量继续下降。其中,披露投资案例11起,同比下降28.3%;投资金额186.45亿美元,同比上升75.8%;平均单笔投资金额为1.64亿美元,同比上升145.3%,从2009年年内分析,投资数量和金额分别在第三和第二季度案例数量达到年内最高值(见图1-1)。

据统计,2009年中国私募股权投资市场114起案例涉及16个行业。其中制造业、能源行业投资案例数量最多,金融房地产和医疗健康等行业次之。从投资金额角度分析,金融、连锁经营、能源、食品饮料和制造业的投资金额较高,均超过10亿元人民币。见表1-1。

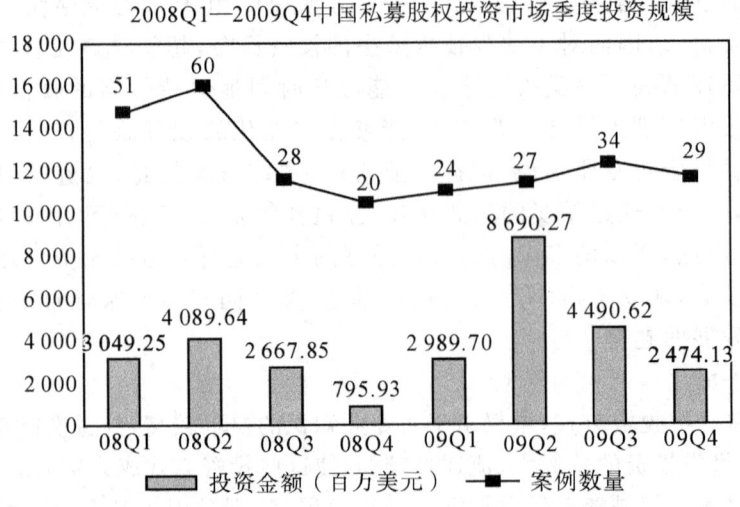

资料来源:www.ChinaVenture.com.cn

图1-1 2008Q1—2009Q4 中国私募股权市场投资规模

表 1-1　2009 年中国私募股权投资市场各行业投资规模

金额单位:百万美元

行　　业	案例数量	投资金额	平均单笔投资金额
制造业	30	1 041.52	34.72
能源	13	1 546.21	118.94
金融	9	9 988.42	1 109.82
房地产	9	584.41	64.93
医疗健康	9	441.13	49.01
连锁经营	8	2 625.18	328.15
食品饮料	8	1 266.66	158.33
农林牧渔	7	129.90	18.56
IT	5	111.59	22.32
互联网	3	237.15	79.05
传媒娱乐	3	157.84	52.61
化学工业	3	35.91	11.97
汽车行业	2	379.81	189.90
物流	2	44.87	22.43
电信及增值	2	14.12	7.06
教育行业	1	40.00	40.00
总计	114	18 644.72	163.55

资料来源:www.ChinaVenture.com.cn

　　房地产信托投资在我国刚起步,且在我国有广阔的发展前景。2013 年年末全国房地产开发和消费贷款余额逾 14.6 万亿元,房地产信托投资还不足房地产贷款的千分之七,不足全国银行资产的万分之五。与美国房地产信托投资占房屋抵押信贷资产 18.8% 相比,更显示出我国房地产信托投资有很大的发展空间。2004 年全国共发行各类房地产信托产品 89 个,占全年信托产品发行总量的 22.47%,发行金额 110.8 亿元,占全年信托产品发行金额总量的 29.18%。2005 年快速步入抬头时期,截止到 2005 年 12 月 31 日,集合资金信托市场共发行房地产信托 121 只,募集资金规模 157.27 亿元,绝对额大幅增加了 35.1 亿元,分别较上年同期增长 11% 和 28.73%。其产品发行数量和规模均为信托行业自 2002 年重新登记以来的最高峰值。2006 年房地产信托发展规模继续增大,2006 年第一季度共有 28 家信托公司发行并公布了 80 个信托基金,实际募集资金总计 85.3 亿元,其中房地产投资基金所占比重为 55.1%,对比 2005 年第四季度增长了约 14.8%。房地产信托已逐渐为国内的开发商所认识和接受。

目前,我国房地产信托投资主要通过房地产信托产品形式,作为开发商重要的融资方式。因合法合规、政策灵活、手段多样、量身打造等特点,开发商也愿意给信托投资者以较高的回报,以获得足够的开发资金,建立起稳定、多元融资渠道,其模式主要包括:房地产股权投资信托融资模式、股权证券化信托融资模式、混合信托融资模式、财产信托融资模式、债权信托融资模式等。

我国作为拥有五千年文明历史的古国,存在丰富多彩的文化遗产,包括书画、陶瓷、家具、钱币等,这些都具有巨大收藏价值和经济价值。艺术品投资随着国内居民财富快速增长,特别是在富裕家庭群体扩大的背景下,规模迅速扩大。在艺术品投资的一级市场上,国内画廊数量不断增长。二级市场上,艺术品拍卖公司有 1 000 多个,艺术品专场数和艺术品拍卖成交总额不断提高,其中,2004 年全国艺术品拍卖成交总额 69.8 亿元,2005 年则近 149.95 亿元,2000—2007 年数据见表 1-2。

表 1-2　2000—2007 年中国艺术品拍卖成交表

时间	艺术品专场	成交额(亿元)
2000	69	9.5
2001	102	12.1
2002	155	17.5
2003	182	25.2
2004	406	69.8
2005	599	149.95
2006	684	150
2007	771	200

资料来源:巴曙松等.2008 年中国基金与资产管理行业发展报告.中信出版社,2008

自我国黄金市场初步开放至今的 20 多年间,中国已跃升为世界最大的黄金生产国和第二大黄金消费国。2008 年,我国黄金消费量高达 432.1 吨,同比增长18%,其中仅内地就消费395.6吨,同步增长21%;占世界黄金消费总量的近10%,居世界第二位。以上海黄金交易所为例,作为我国唯一的黄金场内交易所,2005年该所年黄金交易量突破900吨,交易金额首次突破1 000亿元人民币。但与世界上最大的黄金市场——伦敦黄金交易市场相比,上海黄金交易所的交易量不足1%,2005年伦敦黄金交易市场的日均结算额高达73.83亿美元。而到2008年年底,上海黄金交易所年成交黄金4 220.7吨,成交金额8 229亿元,分别比上年同期增长134.19%和164.15%,稳居全球黄金现货交易量第一的场内市场地位。

2008年1月9日,我国黄金期货在上海期货交易所正式开始交易。黄金期货的推出有利于进一步完善黄金市场体系和价格形成机制,形成现货市场、远期交易市场与期货市场相互促进、共同发展的局面。黄金市场的成熟将有效促进黄金投资需求的增长和黄金投资市场的发展。

第二节　另类投资的特点及其与传统投资的区别

一、为何要进行另类投资

(一)多元化以减低风险

另类投资产品可帮助降低风险,因为投资可分散于各种类的投资工具。相对于共同基金而言,另类投资基金大多数持有领域更广阔的潜力投资产品。以对冲基金为例,它可买入低流通仓盘、受限制股票和债务、衍生期权以及卖空股票。

Schneeweis,Thomas和Richard Spurgin(1997)认为与传统的投资股票和债券的共同基金经理相比,对冲基金及商品交易顾问拥有不同的交易模式或风格(比如进行长短仓或杠杆买卖)和交易机会(比如商品和货币市场)。他们分析可能影响价格走势(上涨或下跌)的因素并掌握相对回报变动从而获益。

(二)相关关系

很多另类投资与大市和传统模式投资走向有极弱的相关性,甚至成反方向的关联。Schneeweis,Thomas和Richard Spurgin(1997)指出对冲基金投资与股票、债券类投资组合的总体相关性低于其与风险基金和杠杆买断交易的相关性。这种低相关性使其在股票、债券组合表现最差的月份里获得优势。

二、另类投资面临的风险

（一）锁定期（lock-up period）

投资者可能需要在一段时间内持续持有资产，或遵守标准的流通条款才能将投资赎回，锁定期通常有6个月至5年不等。

（二）流动性低

Nicholas，Joseph G.（1999）指出投资者每月或每季度只能有一次机会要求赎回投资，有限合伙人数目有限制的基金也会要求投资者提前30～90天（不包括有关流动性限制）通知基金其欲在流动性窗口开放之前赎回投资。所以投资者不能够及时地将基金赎回。

（三）缺乏信息

Nicholas，Joseph G.（1999）在书中还写到，由于大部分另类投资的经理人不会公开推广其基金，所以投资者可能取得的有关基金的信息相对有限，而且经理人无需每日计算基金的表现和资产净值变动，通常只是每月或每季度汇报一次。

三、另类投资与传统投资的区别

（一）投资工具不同

另类投资的投资市场并不是股票或债券，而是商品如能源、黄金、矿产等，房地产（REITS类基金）、气候型衍生产品（如巨灾期权），乃至于艺术投资及私募型基金皆可视为另类投资的工具。

（二）投资理念不同

另类投资运作的根本理念相较传统投资有较大变化：根据有效市场假设（EMH），传统投资理念认为市场是有效的，投资取得市场平均收益；然而另类投资的根本理念是市场未必有效（陶冬，1997）。如在股权投资方面，许多企业项目的价格没有体现其内在价值，因而离公共交易平台越远，价格与价值之间的偏差可能越大。正是基于此，另类投资的重点是在没有上市但是具有包装潜力的企业和项目上，通过购买、重组、包装、套现，将收购的企业或项目的价值体现出来。在房地产、艺术品、葡萄酒等市场因存在广泛的信息不对称,市场亦被认为是非有效的。

(三)收益率与风险不同

另类投资的收益与风险都要高于传统投资。根据美国 Russell/Mellon、Cambridge Associate 的报告,近 20 年来,风险投资(venture capital)、杠杆收购、大宗商品等另类投资品种投资收益率相对传统股票、债券有一定优势,以不同金融资产的最佳收益率为例,美国固定收益产品、股票等传统资产的收益率在 10% 左右,而另类投资的收益率在 15% 左右,其中 VC 的收益率接近 30%。同时,同一投资水平下,另类资产的收益波动区间远远大于传统资产,即另类投资的风险高于传统投资,传统资产波动区间不超过 5%,固定收益产品只有 0.5%,而另类资产的波动区间普遍在 10% 左右。另类投资的收益与风险都加大,对投资者的专业化以及风险控制方面提出更高的要求。

(四)流动性不同

由于不在公共交易平台上运作,另类投资还有一个重要的特点就是流动性较低。一个项目从购入到套现通常需要几年的时间,使得另类投资基金一般设有 5~10 年的锁定期,中途赎回较为困难。

(五)定价方式不同

1. 债券定价方法

(1)纯贴现债券及其定价基本公式

纯贴现债券(pure discount bond),又称零息债券(zero-coupon bond)或贴息债券,是一种以低于面值的贴现方式发行,不支付利息,到期按债券面值偿还的债券。债券发行价格与面值之间的差额就是投资者的利息收入。由于面值是投资者未来唯一的现金流,所以贴现债券的定价公式如下:

$$D = \frac{A}{(1+r)^T}$$

其中,D 代表贴现债券的内在价值,A 代表面值,r 是市场利率,T 是债券到期时间。

(2)附息债券及其定价基本公式

附息债券,又称直接债券、定期债券或固定利息债券,是一种按照票面金额计算利息额,票面上可附有作为定期支付利息凭证的息票,也可不附息票的债券。投资者不仅可以在债券期满时收回本金(面值),而且还可以定期获得固定的利息收入。所以投资者未来的现金流包括了两部分:本金和利息。附息债券的定价基本公式如下:

$$D=\frac{c}{1+r}+\frac{c}{(1+r)^2}+\frac{c}{(1+r)^3}+\cdots+\frac{c}{(1+r)^T}+\frac{A}{(1+r)^T}$$

其中，c 是债券每期支付的利息，其他变量与前面相同。

（3）到期一次还本付息债券的定价基本公式

到期一次还本付息债券只出现一次现金流，即在债券到期日投资者将得到本金和全部利息，到期一次还本付息债券的定价基本公式如下：

$$D=\frac{A(1+iT)}{(1+r)^T}$$

其中 i 是债券票面利率，其他变量与上面相同。

2. 股票定价方法

（1）优先股的估价

优先股估价与普通股的定价方法类似，也采用收入资本化方法确定其内在价值。收入资本化的方法是预测有价证券的未来收益流量，并按合理的贴现率和证券的有效期限将其折算成现在的价值。

$$V=\frac{C_1}{1+r}+\frac{C_2}{(1+r)^2}+\frac{C_3}{(1+r)^3}+\cdots=\sum_{t=1}^{\infty}\frac{C_t}{(1+i)^t}$$

其中 C_t 表示在时间 t 时证券的预期现金流量，r 表示一定风险程度下合理的贴现率，可理解为必要收益率或同期的市场收益率。

对于优先股来说，每年支付固定的股息，即 $C_1=C_2=C_3=D$，则：

$$P=\frac{D}{1+r}+\frac{D}{(1+r)^2}+\frac{D}{(1+r)^3}+\cdots=\frac{D}{r}$$

可见，优先股的理论价格为每股固定股息除以市场利率。

（2）普通股的估价

①股息零增长模型

股票投资的现金流量是由每期取得的股息收入和股票出售时的价格两部分组成。零增长模型假设未来的股利按固定数量支付，股利增长率为零。

$$P=\frac{D_1}{1+i_1}+\frac{D_2}{(1+i_1)(1+i_2)}+\cdots+\frac{D_n}{(1+i_1)(1+i_2)\cdots(1+i_n)}+\cdots(n\to\infty)$$

其中，P 表示股票现值，即内在价值，D 表示每股股利，i 表示贴现率即市场利率。

在零增长模型中，假定每年的股息不变，即 $D_1=D_2=\cdots=D_n=D$，贴现率不变，即 $i_1=i_2=\cdots=i_n=i$，投资者持有期为永久，即 $n\to\infty$，则：

$$P=\frac{D}{1+i}+\frac{D}{(1+i)^2}+\cdots+\frac{D}{(1+i)^\infty}=\frac{D}{i}$$

可见,零增长模型股票的理论价格为每股股息除以市场利率。

②固定增长模型

固定增长模型认为大部分公司的盈余和股利年年都有增长,并假设每年的股利收入以一个固定的比例(g)增长。再设上一年的股利收入为 D_0,则第一年的股利收入为 $D_1=D_0(1+g)$,第二年为 $D_2=D_0(1+g)^2$,第 t 年的预期股利收入为 $D_t=D_0(1+g)^n$。

股票理论价格 P 为每年股利收入的现值之和,即

$$P=\sum_{t=1}^{\infty}\frac{D_t}{(1+i)^t}=\sum_{t=1}^{\infty}\frac{D_0(1+g)^t}{(1+i)^t}(n\to\infty)$$

$$=\frac{\frac{D_0(1+g)}{1+i}}{1-\frac{1+g}{1+i}}=\frac{D_0(1+g)}{i-g}=\frac{D_1}{i-g}$$

可见,固定增长模型股票的理论价格为购买后预期第一年股利额除以市场利率与每股股利增长率之差。使用固定增长模型的前提条件是市场利率大于每股股利增长率。如果一个公司的股利增长率始终高于市场利率,则该股票万金难买,因为无论定多高的价格都低于该股票的实际价值,因为当 $i<g$ 时,多项式的值是发散的。

③不定增长模型

零增长模型、固定增长模型都是股息估价模型的特殊形式,而不定增长模型是更为一般的形式。不定增长模型将股票的股利收入分为两个部分,一部分是从 $t=0$ 到 $t=T$ 时间内,股利为一个不变的量;另一部分是 $t=T$ 以后,股利按不变的增长率 g 增长,相应的,股票的内在价值应该是两部分股利现值的相加。

第一部分是自 $t=0$ 到 $t=T$ 的所有预期股利现值,用 V_{T-} 表示:

$$V_{T-}=\sum_{t=0}^{T}\frac{D_t}{(1+i)^t}$$

第二部分是 $t=T$ 以后的所有股利在 T 时刻的现值,应用固定增长模型,用 V_T 表示:

$$V_T=D_{T+1}\frac{1}{i-g}$$

但目前投资者是在时间 $t=0$ 时而不是在 T 时为股票定价,为确定 $t=0$ 时 V_T 的现值,须将 V_T 再次贴现,用 V_{T+} 表示

$$V_{T+}=V_T\frac{1}{(1+i)^T}=\frac{D_{T+1}}{(i-g)(1+i)^T}$$

现在已经得到了 T 时刻的所有股利的现值以及 T 时刻以后的所有股利的现值,加总这两部分现值,即为股票的内在价值。

$$P=V=V_{T-}+V_{T+}$$

关于另类投资的定价方法要比传统投资更加复杂,我们会在本书后面的章节对另类投资的定价方法进行详细的阐述。

第三节 另类投资的主要形式

一、不动产投资

（一）概述

不动产(real-estate,又称房地产)是相对于动产而言的,它强调财产和权利载体在地理位置上的相对固定性,是指土地、建筑物及固定在土地、建筑物上不可分离的部分。由于不动产具有消费、保值、增值和获取高收益等功能,不动产投资已成为投资领域的一个热点,房地产业也成为当今世界各国经济发展的重要支柱产业之一。

（二）不动产投资的特点

在市场经济下,投资领域和投资工具都很多,但不动产投资具有特别的诱惑力,吸引着越来越多的投资者。归根结底是因为房地产投资是一项收益大而风险相对较小的投资活动。与其他投资项目相比,不动产投资具有以下特点：

(1)土地位置相对固定,土地资源稀缺且不可替代,供给有限,供给弹性趋近于零,而土地的需求却具有不断增加的趋势。所以不动产价格具有不断提高的趋势。

(2)收益多样性。不动产投资除了可以获得增值收益外,还可以获得多重

收益:①不动产租金收益;②不动产销售收益;③纳税扣除收益[①];④运用房地产抵押贷款负债经营。

(3) 投资和消费的双重性。不动产是一种必需品,又是一种奢侈品;既是一种消费品,又是一种投资品。

(4) 社会地位的象征。不动产不仅可以获得较高的盈利,也可以获得一些非经济收益——名声、地位和心理的满足等。一套宽敞、舒适的房屋可以给人们带来身心的愉悦,有时甚至成为经济实力和社会地位的一种标志。

(5) 不动产投资风险相对较小,具有保值增值的作用。与股票、债券和银行储蓄相比,不动产能够更好地规避通货膨胀的风险。

二、私募股权

(一) 概述

狭义的私募股权投资主要是指对已经形成一定规模并产生稳定现金流的成熟企业在首次公开发行股票之前进行的私募股权投资部分,即创业后期的私募股权投资。从事私募股权投资的主体是私募股权投资基金(private equity fund),私募股权投资基金一般是指专门成立的基金管理公司,向具有高增长潜力的未上市企业进行股权或准股权融资,继而参与到被投资企业的经营管理活动中去,等到企业发育成熟后再通过转让股本的方式实现资本增值。由于私募基金的销售和赎回都是通过基金管理人与投资者私下协商来进行的,因此它又被称为向特定对象募集的基金。

(二) 私募股权基金的形式

(1) 契约形态:私募基金可以采取与我国公募基金相同的契约形式。存在着私募基金投资人及其组成的持有人大会、私募基金管理机构、托管机构三方关系。

(2) 公司形态:基于共同出资入股成立股份公司的公司型集合投资基金。投资人认购基金份额后,成为基金的股东,基金的重大事项和投资决策由公司董事会决定。

(3) 有限合伙:这是国外最常见的形态。由发起人担任一般合伙人(GP),

[①] 根据所得税征收规定,所得税的征收对象是生产经营所得和其他所得。对不动产来说,就是经营所得减偿还借款、利息和折旧,折旧计入税前收入的冲减项,因此可以获得"税收屏蔽"收益。

投资人担任有限合伙人(LP)。

(三)私募股权基金的特点

(1)私募基金通过非公开方式募集资金。

(2)在募集对象上,私募基金的对象只是少数特定的投资者,圈子虽小门槛却不低。

(3)私募基金的投资更具隐蔽性。

三、风险投资

(一)概述

风险投资(venture capital),广义上指用于私人权益投资的资金,狭义上讲,主要投资于企业的创业阶段或产业化早期,为企业提供研发或营运资金。风险投资从某种意义上说是风险投资家一种主动承担风险的行为。明知道投资于新兴企业前途叵测,成功与否的不确定性很大,风险投资家却基于自己对目标公司的分析,对市场的判断,对前景的信念,作出投资决策。一旦作出投资决策,风险投资家就抱着成功的决心,全力以赴,义无反顾,直接参与所投企业的实际运营,帮助企业发展壮大,以得到所期望的回报率。

风险投资一般涉及 5 个阶段:种子期(seed stage)、初创期(start-up stage)、成长期(expansion stage)、扩张期(later stage)和成熟期(mezzanine stage)。

(二)风险投资的特点

(1)高风险、高收益性。风险投资主要用于支持刚刚起步或尚未起步的高技术企业或高技术产品。这些企业或产品技术成功的把握相对较小,可能出现因技术失误而导致生产的延迟甚至企业的夭折。

(2)长期性。风险投资的投资周期一般要经过研发、创业投资、扩大生产和赢利进一步扩大等几个阶段,直至最后上市转让股权、收回投资,投资者才能获得资本收益。这个过程一般持续3~7年。

(3)权益性。风险投资不是一种借贷资本,其目的不在于获取传统贷款的利息收益,也不为获得一般股权投资的分红派息。风险投资是一种权益资本,通过辅导风险企业的发展上市并转让股权,投资者得到资本收益。

(4)管理性。风险投资者与企业的经营有着持续的联系,为企业提供思路、见解和发展空间。

四、对冲基金

(一)概述

对冲基金(hedge fund)与普通的基金类似,运用适度的杠杆,从事股票的买空和卖空交易。对冲基金本质上是集体性质的投资工具,具有法人地位。不同的投资者一起向基金注入资金,并根据基金的保单或说明书中所规定的条款和条件由某个投资经理来管理。对冲基金既可以采用公司制的形式,也可以采用合伙制的形式。合伙制的对冲基金通常采取的是有限合伙形式,这样投资者就可以投入企业的资本为限,不用承担无限债务。

随着金融自由化的发展,对冲基金的规模变得十分巨大,其盈利模式也发生了变化,这些基金在全球金融市场上从事的是一种投机行为,风险要远高于一般投资基金。

(二)对冲基金的特征

(1)投资活动的复杂性。近年来结构日趋复杂、花样不断翻新的各类金融衍生产品如期货、期权、掉期等逐渐成为对冲基金的主要操作工具。对冲基金将这些金融工具配以复杂的组合设计,根据市场预测进行投资,在预测准确时获取超额利润,或是利用短期内市场波动而产生的非均衡性设计投资策略,在市场恢复正常状态时获取差价。

(2)投资效应的高杠杆性。典型对冲基金往往利用银行信用以及高的杠杆借贷(leverage)在其原始资金量的基础上几倍甚至几十倍地扩大投资资金,从而达到最大限度获取回报的目的。

(3)筹资方式的私募性。对冲基金的组织结构一般是合伙制,基金投资者以资金入伙,提供资金但不参与投资活动,而基金管理者负责基金的投资决策。

(4)操作的隐蔽性和灵活性。对冲基金与面向普通投资者的证券投资基金在操作上也有很大不同。证券投资基金一般都有较明确的资产组合定义,即在投资工具的选择和比例上有确定方案。而对冲基金则完全没有这些方面的限制和界定,可利用一切可操作的金融工具和组合,最大限度地使用信贷资金,以牟取高于货币市场平均利润的超额回报。

(5)管理者的资金参与性。对冲基金管理者除了作为有限投资合伙制的一般合伙人外,还需将自己的资金投资于所管理的基金中。

(三)对冲基金的分类

(1)长短仓基金(long-short fund):这些基金对单只股票给予低估或高估预期,进而买空或卖空这些股票。

(2)市场中性基金(maket-neutral fund):使用买空和卖空策略使投资组合的 β 值为零。

(3)全球宏观基金(global macro fund):面向若干宏观经济变量方向进行投机交易的基金,这些宏观经济变量包括货币供应量、商品价格指数及利息率等。

(4)事件驱动基金(event-driven fund):针对特殊事件或机会(例如兼并、破产)进行投机交易。

(5)套利基金(arbitrage fund):其风险性较低,分为风险套利基金和无风险套利基金。

(6)抵押担保证券基金(mortgage-backed security fund):其集中投资于抵押担保证券,通常能获得稳定的投资收益,并且回报率要高于国库券与公司债券。

(7)基金的基金(fund of funds):是各类对冲基金的组合。基金公司通过把资金配置在不同的对冲基金中,组合出具有不同收益风险特征的产品。

五、大宗商品交易

(一)概述

大宗商品(bulk stock)是指可进入流通领域,但非零售环节,具有商品属性,用于工农业生产与消费使用的大批量买卖的物资商品。我国大宗商品交易流通首先是从大量建设现货批发市场起步的,现货批发市场的运行对我国国民经济的发展起到了积极的促进作用。

在金融投资市场,大宗商品指同质化、可交易、被广泛用于工业基础原材料的商品,如原油、有色金属、农产品、铁矿石、煤炭等。大宗商品包括 3 个类别,即能源商品、基础原材料和大宗农产品,本书主要介绍两类大宗商品交易——黄金交易和石油交易。

(二)大宗商品交易的特点

(1)现货仓单标准化。现货交易的所有条款包括商品的等级、质量、数量、色泽等都是预先规定好的,具有标准化的特点。

(2)网上交易集中化。电子交易市场是一个高度组织化、管理制度严格的市场,交易最终在网上集中完成。

(3)双向交易和对冲机制灵活的交易方式。因为现货仓单的标准化,所以绝大部分交易可以通过反向对冲操作解除履约责任,交易者可以在价格低时买进现货仓单,等价格上涨后卖出对冲平仓;也可以在价格高时先卖出,价格下跌后买进对冲平仓,双向获利。

(4)可自由调节履约金的杠杆机制。履约金制度是众多交易商参与市场需要面对的首要问题。电子交易市场通常提供的是20%～100%履约金制度,这样参与市场的交易商就可以根据自己的实际情况选择不同的履约金方式。

六、其他的另类投资

(一)黄金投资

黄金具有一般商品和货币商品的双重属性,是一种保值避险的良好工具。因此,虽然目前黄金已失去国际清偿货币的计价结算功能,但仍具有价值储藏功能,其支付功能也仍未完全消失,在国际市场上仍是一种硬通货。加之黄金是一种金融产品,所以具有投资功能。

随着经济发展,难免出现通货膨胀,货币本身发生贬值,这样的情况使黄金的保值功能得到体现。但真正意义上的黄金投资是一个全新的金融品种,以获取利差为最终目的。一般认为,黄金较适于风格稳健的长线投资者。当然黄金也可以短线套利,投资者可将黄金作为投资组合的一部分,以达到避险的目的。

目前国内黄金投资主要分为实物黄金交易和期货交易两类。实物黄金交易是指可以提取实物黄金的交易方式。如果出于个人收藏或者馈赠亲友的目的,投资者可以选择实物黄金交易。但如果期望通过黄金投资获得交易盈利,那么期货交易无疑是最佳选择。期货交易只能通过账面反映买卖情况,不能提取实物黄金。与实物黄金交易相比,期货交易不存在仓储费、运输费和鉴定费等额外的交易费用,投资成本较低,同时也不会遇到实物黄金交易通常存在的"买易卖难"的窘境。

(二)巨灾期权

巨灾期权是以巨灾损失指数为基础而设计的期权合同,将某种巨灾风险的损失限额或损失指数作为执行价格。如果保险公司买入看涨期权,则当合同列明的承保损失超过期权执行价格时,期权便具有内在价值并随着特定承保损失金额的增加而增加,此时若期权持有人选择行使该期权则获得的收益与超过预期损失限额的损失正好相互抵消,从而保障保险公司的偿付能力。

该巨灾期权的卖方实现收取买方缴纳的期权费作为承担巨灾风险的补偿。

巨灾期权包括两种：一种是百慕大商品交易所的巨灾期权，即 GCCI 指数期权；另一种是美国芝加哥交易所的巨灾期权，即 PCS 指数期权。

（三）碳交易

碳交易是为促进全球温室气体减排，减少全球二氧化碳排放所采用的市场机制。《京都议定书》把市场机制作为解决二氧化碳为代表的温室气体减排问题的新路径，即把二氧化碳排放作为一种商品，从而形成了二氧化碳排放权的交易，简称碳交易。

碳交易的基本原理是，合同的一方通过支付另一方获得温室气体减排额，买方可以将购得的减排额用于减缓温室效应从而实现其减排的目标。在 6 种被要求减排的温室气体中，二氧化碳为最大宗，所以这种交易以每吨二氧化碳作为计算单位。碳交易本质上是一种金融活动，但与一般的金融活动相比，它更加紧密地连接了金融资本与基于绿色技术的实体经济：一方面金融资本直接或间接介入创造碳资产的项目与企业；另一方面来自不同项目的企业产生的减排量进入碳金融市场进行交易，被开发成标准的金融工具。

碳交易被区分为两种形态：(1)配额型交易（allowance-based transactions）。指总量管制下所产生的减排单位的交易，如"欧盟排放配额"（European Union Allowances, EUAs）交易，主要是签署《京都议定书》减排的国家之间超额减排的交易，通常是现货交易。(2)项目型交易（project-based transactions）。指因进行减排项目所产生的减排单位的交易，如清洁发展机制下的"排放减量权证"、联合履行机制下的"排放减量单位"，主要是通过国与国合作的减排计划产生的减排量交易，通常以期货方式预先买卖。

（四）天气衍生品

催生天气衍生品市场的是能源企业对天气风险管理的需求。尽管人们早已认识到天气风险是决定能源需求的重要因素，但由于政府的控制和市场的垄断，天气的不确定性并不能影响能源价格，天气风险对能源企业的收益作用也不显著。但是从 20 世纪 90 年代中期开始，美国政府逐渐放松对能源市场的管制，让能源市场进一步市场化，这就使得能源公司开始认真考虑风险管理，包括天气风险管理，这也就促成了天气衍生品的发展。

天气衍生品是双方之间的金融合同，合同价值基于特定气候条件的变化。双方可以在交易所交易（作为期货合同或者期货期权），或者双方签订衍生品合同，或者在柜台交易（OTC）市场中交易。当签订衍生品合同时，双方同意以反映在交易确认书中的特定支付条件结算。例如，支付条件可以与规定的美元数额和合同中确定的 HDD(取暖指数)或 CDD(制冷指数)水平的乘积,以及在规定时期内和在规定的地点报告的实际 HDD 或 CDD 水平挂钩。不管一方是否能够证明其遭受了损失或有可保风险,支付结算都会进行,并且衍生品合同的任何一方都不会被当作保险机构而受到监管。

(五)葡萄酒投资

葡萄酒的收藏投资在国外已有 300 多年的历史。其稳定的投资回报率,以及投资与爱好为一体的特性越来越受到投资者的追捧。而在中国,作为一种新理财方式的葡萄酒收藏与投资已日渐为人们所熟悉、接受,葡萄酒收藏投资正逐渐发展为投资界的新宠。

葡萄酒常常被誉为液体资产,这是由其独特的收藏价值所决定的。长期以来藏酒家们受益良多,却很少对外宣扬。前几年在美国经济衰退中,超级巨富们因股票价值的骤降而身价大减,大众投资也付诸东流,唯有葡萄酒价值依然坚挺,甚至持续上涨。

葡萄酒的收藏,一半注重的是质量,一半是名气。葡萄酒的珍贵不在于它储存了多长时间,而在于其品质、存世量和酒庄、厂家的知名度。每一年的气候条件与葡萄酒品质的好坏密切相关,每个年份的葡萄不同,酒的质量也不一样,因此价值也不相同。所以葡萄酒的收藏十分讲究,除了在买之前需要了解相关的知识、做相关的鉴定外,买了之后的保存也非常关键。它对温度、湿度和安全性的要求是很高的。

(六)艺术品投资

艺术品投资是一项有益身心和具有财富前景的投资,这也是艺术品投资与其他投资的本质区别。精美的艺术作品,既可以给拥有者带来精神享受,且独有性和不可取代性往往又可令其市场价值以惊人幅度攀升。据有关资料显示,艺术品投资、房地产投资、金融投资一起被称为世界上效益最好的三大投资项目,而艺术品投资的回报率之高,最终将跑赢房地产和金融投资,这已经是世界投资界的共识。

艺术品投资虽然是最好的投资之一,但其仍然具有双重性:一是真正的艺术品其价值是永恒的,是最安全的投资品种,能稳定增值。二是艺术品投资又是高风险的投资。艺术品投资的主要风险来自赝品的风险和金融危机与经济萎缩带来的贬值,以及艺术品固有的特征带来的风险。

参考文献

[1]巴曙松,陈华良,王超.2009 中国资产管理行业发展报告.中信出版

社,2009

[2]巴曙松,陈华良,王超.2008年中国基金与资产管理行业发展报告.中信出版社,2008

[3]刘洪玉.房地产开发(修订第3版).首都经济贸易大学出版社,2006

[4]胡俞越.期货投资基金.机械工业出版社,2005

[5]洪涛著.中国商品交易市场30年:商品交易市场体系与模式创新.经济管理出版社,2009

[6]韦耀莹.个人理财.东北财经大学出版社,2007

[7]卡尔普,杜墨.管理资本和风险的艺术:结构性金融与保险.中国金融出版社,2008

[8]祝燕德.经济发展与天气风险管理.中国财政经济出版社,2006

[9]房四海.风险投资与创业板.机械工业出版社,2010

[10]林日葵.艺术经济学研究.浙江工商大学出版社,2008

[11]袁明哲.股票定价模型.经济科学出版社,2006

[12]红霞编.黄金投资实战指南.经济管理出版社,2006

[13]陶冬.另类投资逐渐成主流.新财富,2007

第二章 不动产投资

不动产是人类赖以生存和生活的基本条件,是一切经济活动的基础,为社会生活提供基本的生产资料和生活用品。而不动产投资是投资者以不动产为投资对象进行的一种投资获利的行为。尤其近年来,不动产业已逐步成长为国民经济的支柱产业,并对我国经济增长作出了令人瞩目的贡献。不论是居民个人还是企业,越来越热衷于不动产投资活动,这就需要投资者对不动产投资的概念、价值、风险等相关内容有一个相对全面、科学的了解,这也是本章将要介绍的内容。

第一节 不动产投资的形式和特征

一、不动产的内涵及特征

所谓"不动产",依《中华人民共和国担保法》第 92 条规定:"本法所称不动产是指土地及房屋、林木及地上定着物。"可见,不动产(real-estate)是相对于动产而言的,它强调财产和权利载体在地理位置上的相对固定性,具体是指土地以及建筑物等土地定着物,是权益和实物的综合体。目前,国内对不动产一词的使用尚不规范,鉴于此,若未作特别说明,本章使用的"房地产"一词与"不动产"含义相同。

房地产作为一种特殊的商品,除具有一般商品的共性外,还具有许多自身的特征。

(一)地理位置的固定性

在房地产交易中,建筑物和土地是不动产,不具有移动性,流动的是其相关的权益(或权利),而不是房屋和土地实体,因此固定性是房地产与其他商品最大的区别。因而地理位置对房地产质量、功能和价格的影响比其他商品更为显著,这也就决定了房地产投资的地域性。

(二)使用功能的多样性

相同功能用途的房屋和土地,利用方式可以不尽相同,同时就其本身的性质来说,又可以有多种不同的功能,如同样的一套房子,厂商可以做库房,居民可以做住房。房地产使用功能的多样性,同时也决定了房地产需求的普遍性,引发了房地产的开发竞争,有利于资源的优化配置。

(三)投资和消费的双重性

随着人口的增加,房地产需求总量在不断地增长,而土地总量却是固定的,因此从宏观来看,房地产的价格会不断上升,使它具有投资的特性,是现代社会防止通货膨胀及货币贬值的重要工具。另一方面,人们又可购买它来居住生活。由于现实中难以区别房地产的投资性和消费性,人们购买房地产的目的往往两者兼而有之。

(四)社会地位的象征

房地产作为一种资金密集型投资工具,其投资价值是十分巨大的。由于近年来房地产的价格会不断上升,投资房地产需要大量的资金,特别是对于拥有房产的人来说,不仅可以享受房产增值的潜力以及居住的舒适,更是一种身份和地位的象征。

二、房地产投资的特性

受制于房地产的不可移动性、异质性和弱流动性等特性,形成了房地产投资区别于其他类型投资的重要特性。

(一)区位选择异常重要

房地产的不可移动性,决定了房地产投资的收益和风险不仅受地区社会经济发展水平和发展状况的束缚,还受到其所处区位及周边市场环境的影响。

人们常说位置决定了房地产的投资价值,房地产不能脱离周围的环境而单独存在,就是强调了位置对房地产投资的重要性。只有当房地产所处的区位对开发商、置业投资者和租户都具有吸引力,即能使开发商通过开发投资获取适当的开发利润、使置业投资者获取合理稳定的经常性租金收益、使租户方便地开展经营活动以赚取正常的经营利润并具有支付租金的能力时,这种投资才具备了基本的可行性。

房地产所处的宏观区位或区域对投资者也很重要。一宗房地产投资价值的高低，不仅受其当前租金或价格水平的影响，而且与其所处区域的物业整体升值潜力及影响这种升值潜力的社会经济和环境等因素密切相关。很显然，投资者肯定不愿意在经济面临衰退、人口逐渐流失、城市功能日渐衰退、自然环境日益恶化的区域进行房地产投资。因此，投资者在进行投资决策时，不仅关心某宗房地产及其所处位置的特性，而且十分重视分析与预测区域未来环境的可能变化。对于大型房地产投资者，还需要考虑房地产投资的区域组合，以有效管理和控制投资风险。

（二）适于进行长期投资

土地不会毁损，投资者在其上所拥有的权益通常在40年以上，而且拥有该权益的期限还可以依法延长；地上建筑物及其附属物也具有很好的耐久性。因此，房地产投资非常适合作为一种长期投资。

房地产同时具有经济寿命和自然寿命。经济寿命是指地上建筑物对房地产价值持续产生贡献的时间周期。对于收益性房地产来说，其经济寿命就是从地上建筑物竣工之日开始，在正常市场和运营状态下，出租经营收入大于运营费用，即净收益大于零的持续时间。自然寿命是指从地上建筑物竣工之日开始，到建筑物的主要结构构件和设备因自然老化或损坏而不能继续保证建筑物安全使用为止的持续时间。

自然寿命一般要比经济寿命长得多。从理论上来说，当物业维护费用高到不能用其所得租金收入支付时，干脆就让它空置在那里。但实际情况是，如果房地产的维护状况良好，其较长的自然寿命可以使投资者从一宗置业投资中获取几个经济寿命，因为如果对建筑物进行一些更新改造，改变建筑物的使用性质或目标租户的类型，投资者就可以用比重新购置另外一宗房地产少得多的投资，继续获取可观的收益。

因此，许多房地产投资者都把房地产投资作为一项长期投资，从开发建设开始，就重视其长期投资价值的创造、维护和保持，以使得房地产投资项目的全寿命周期利益最大化。

（三）需要适时的更新改造投资

从持有房地产作为长期投资的角度出发，必须努力使所投资的房地产始终能在激烈的市场竞争中处于有利的地位。这就要求投资者适时调整房地产的使用功能，以适应市场环境的变化。房地产的收益是在使用过程中产生的，投资者通过及时调整房地产的使用功能，使之适合房地产市场的需求特征，不仅能增加房地产投资的当前收益，还能保持甚至提升其所投资房地产的价值。

例如,写字楼的租户需要更方便的网络通信服务,那就可以通过升级现有网络通信设施来满足这种需求;购物中心的租户需要改善消费者购物环境、增加商品展示空间,那就可以通过改造购物中心的空间布局来满足这些需求;公寓内的租户希望获得洗衣服务,那就可以通过增加自助洗衣房、提供出租洗衣设备来解决这一问题。

按照租户的意愿及时调整或改进房地产的使用功能十分重要,这可以极大地增加对租户的吸引力。对投资者来说,如果不愿意进行更新改造投资或者其所投资房地产的可改造性很差,则意味着投资者会面临着较大的投资风险。

(四)易产生资本价值风险

异质性是房地产的重要特性,市场上没有两宗完全相同的房地产。由于受区位和周围环境的影响,土地不可能完全相同;两幢建筑物也不可能完全一样,即使是在同一条街道两旁同时建设的两幢采用相同设计形式的建筑物,也会由于其内部附属设备、临街状况、物业管理情况等的差异而有所不同,而这种差异往往最终反映在两宗物业的租金水平和出租率等方面。

房地产的异质性,也导致每宗房地产在市场上的地位和价值不可能一致。这就为房地产市场价值和投资价值的判断带来了许多困难,使投资者面临着资本价值风险。因此,房地产投资者除了需要聘请专业房地产估价师帮助其进行价值判断以外,还要结合自身的眼光、能力和经验进行独立判断,因为相同市场价值的房地产却有着因人而异的投资价值。

(五)变现性差

变现性差是指房地产投资在短期内无损变现的能力差,这与房地产资产的弱流动性特征密切相关。虽然房地产资产证券化水平在逐渐提高,但也不能从根本上改变房地产资产流动性差的弱点。

房地产资产流动性差的原因,与房地产和房地产市场的本质特性密切关联。一方面,由于房地产的各种特征因素存在显著差异,购买者也会存在对种种特征因素的特定偏好,因此通常需要进行多次搜寻才能实现物业与购买者偏好的匹配;另一方面,对于同一物业而言,不同卖方和买方的心理承受价格都存在差异,因此只有经过一段时间的搜寻和议价,实现买卖双方心理承受价格的匹配,才有可能达成交易。而房地产价值量大所导致的买卖双方交易行为的谨慎,以及房地产市场中交易分散、信息不完备程度高等特点,又进一步延长了搜寻时间。房地产的变现性差往往会使房地产投资者因为无力及时偿还债务而破产。

（六）易受政策影响

房地产投资容易受到政府宏观调控和市场干预政策的影响。由于房地产在社会经济活动中的重要性,各国政府均对房地产市场倍加关注,经常会有新的政策措施出台,以调整房地产开发建设、交易和使用过程中的法律关系和经济利益关系。而房地产不可移动等特性的存在,使房地产投资者很难避免这些政策调整所带来的影响。政府的土地供给、公共住房、房地产金融、税收和市场规制等政策的变更,均会对房地产的市场价值,进而对房地产投资意愿、投资效果产生影响。

（七）依赖专业管理

房地产投资离不开专业化的投资管理活动。在房地产开发投资过程中,需要投资者在获取土地使用权、规划设计、工程管理、市场营销、项目融资等方面具有管理经验和能力。房地产置业投资,也需要投资者考虑租户、租约、维护维修、安全保障等问题,即使置业投资者委托了专业物业资产管理公司,也要有能力审查批准物业资产管理公司的管理计划,与物业资产管理公司一起制定有关的经营管理策略和指导原则。此外,房地产投资还需要房地产估价师、房地产经纪人、会计师、律师等提供专业服务,以确保置业投资总体收益的最大化。

（八）存在效益外溢和转移

房地产投资收益状况受其周边物业、城市基础设施与市政公用设施和环境变化的影响。政府在道路、公园、博物馆等公共设施方面的投资,能显著提高附近房地产投资的价值和收益水平。例如城市快速轨道交通线的建设,使沿线房地产资产由于出租率和租金水平的上升而大幅升值;城市棚户区改造、城中村改造等大型城市更新项目的实施,也会使周边房地产资产的价值大大提高。从过去的经验来看,能准确预测到政府大型公共设施建设并在附近预先投资的房地产投资者,都获得了较大的成功。

三、不动产的投资回报

一切投资的目的都是为了获取某种形式的投资回报(return on investment),而这些回报的来源一般可区分为:(1)收益;(2)升值;(3)价值收益。如购买支付利息的股票,能带来稳定的货币收益,因通货膨胀能产生某种程度的升值,以及如果公司利润增加还可能有价值收益。

作为投资的房地产包括不同类型的资产,其收益可能源于上述三种回报

之一,也可能源于所有的回报。如下面所示:
- 仅有收益的投资——抵押贷款;
- 仅有升值的投资——持有未开发的土地;
- 仅有价值收益的投资——建筑地块的开发;
- 三种收益类型都包括的投资——收益性房地产,如公寓楼。

房地产回报方式具有多样性,不可能将之与其他有效的投资形式进行全面比较,因为任何有意义的比较都必须考虑如何把一种特定的资产与可替代性投资机会联系起来。每个投资者必须对需求与目标、安全性及收益性进行平衡,而且税收条款对每个纳税人的影响也不尽相同。投资选择问题就是这样的个人化行为,需要投资者谨慎地权衡优劣。

第二节 不动产投资的价值分析

对投资者而言,要进行房地产投资,无论是进行不动产开发项目投资还是开展置业投资,正确、客观地估算不动产投资的价值都是至关重要的。不动产估价,亦称不动产价格评估,是依据影响不动产价值的各种资料,判定不动产以货币表示的经济价值。然而,与股票、债券等投资对象相比,不动产投资周期较长,从垫付资本到获利、收回投资一般需要经历一个较长的时期,而且,期间政治、经济等因素的变化使得不动产投资活动充满风险,风险与收益形影相随。因此,要正确、客观地评价不动产投资的现期收入与未来收益的关系,就要求投资者树立两大价值观念,即货币的时间价值观念和投资的风险价值观念。在此基础上,我们可以得到一个准则:考虑一个不动产投资是否可取的首要一点就是投资是否可以在一个必要的收益率上取得正的投资净现值(net price value)。下面我们先从影响不动产价格的因素开始。

一、影响不动产价格的因素

不动产价格是不动产商品价值的货币表现,关系到不动产所有权和使用权在经济上的实现,不动产市场运行的市场秩序和资源的优化配置。它受到多种因素的影响,这些从不同的侧面,以不同的程度影响着不动产价格的评估。一般可以按两种方法对其进行分类。第一种方法是将影响因素分为一般因素、个别因素和区域因素。一般因素是指对各个地区、各种类型的不动产价格水平都有所影响的因素;个别因素即不动产本身的个别特性中对不动产价格有所影响的因素;区域因素是指对某一区域范围内的不动产价格水平有影响的因素。

另一种分类方式主要是将影响不动产价格的因素分为供求因素、自身因素、环境因素、人口因素、经济因素、社会因素、行政因素、心理因素及其他因素等。每一种因素还可以进行细分。以下综合两种分类方法对影响不动产价格的因素加以分析。

(一)供求因素

不动产的供给和需求是影响不动产价格的两个最终因素,其他因素最终都是通过影响不动产的供给与需求来影响不动产价格的。当供给一定时,需求减少,价格就会下降;需求增加,价格就会上升。同样,当需求一定时,若供给增加,价格就会下降;供给减少,价格就会上升。也即我们常说的供大于求,价格将下降;供不应求,价格将上升(见图 2-1);市场上的供给与需求量达到平衡时,这一需求量便是有效需求(图 2-1 中的 E、F 点)。

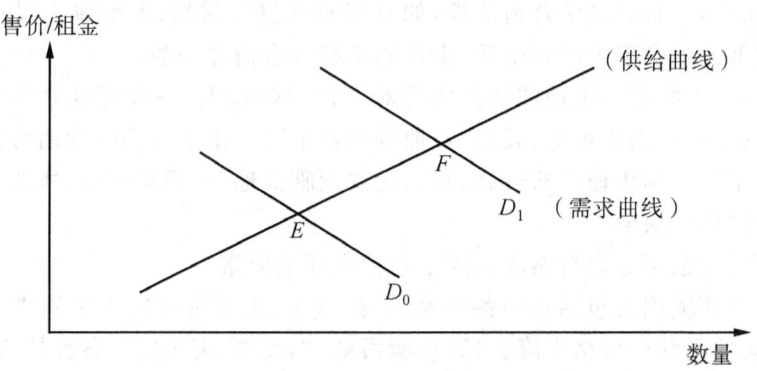

图 2-1　供给与需求曲线

影响不动产经济供给的因素主要有:自然供给、社会需求、价格,以及计划和规划。在我国政府的计划和规划是决定供给的主要因素:计划松,供给量将增加;计划紧,供给量将减少。同样,规划的松紧也直接影响着供给的多少。规划松使周围交通出行环境产生变化,使得供给曲线斜率变小,不动产价格差价变小。影响不动产需求的因素有:人口数量、收入水平、消费结构和相关政策。

(二)自身因素

不动产的自身因素也可以说是房地产的个别因素,是指房地产本身的个别特性对房地产价格的影响因素。自身因素主要一般包括土地和建筑物的自身因素,考虑到土地自身因素的重要性,此处仅讨论土地的自身因素。土地的自然因素包括位置、形状、大小、地势、地质、日照、通风、湿度、温度以及临街状态等。

(1)位置、形状、大小(宽度、深度、面积)、地势、地质。一般来讲,位置好的土地带来的收益要高于位置差的土地,同时,要获得位置好的土地也要付出高于位置差的土地的代价。土地的形状多种多样,例如三角形地、矩形地、平行四边形地等等。它们的利用难易程度不同,一般认为矩形地更容易些,因此其价格会相对偏高,而其他形状的土地价格会偏低。一般来说,面积大的土地由于在用途上有较多的选择可能,容易被利用,所以其价格也往往会高于面积小的土地价格。地势也就是土地与相邻地的高低关系比较,一般地,地势高的土地价格高于地势低的土地价格。地质条件与土地的承载力密切相关。地质条件的好坏又直接影响地基处理费用的高低。地质条件好,土地价格就高;地质条件差,土地价格就低。

(2)日照、通风、湿度、温度。这四个条件在合适范围之内,会增加土地的价格;相反,一旦超过了合适范围,如日照时间过长过短、湿度过大过小、温度过高过低都不利于生产和生活,土地的价格也会偏低一些。

(3)临街状态。土地的临街状态对地价影响很大,一般可以分为路角地、双面临街地、一面临街地、袋地、盲地等多种情况。由于它们的利用价值不同,价格也不同。路角地价格最高,其次为双面临街地、一面临街地、袋地和盲地。

(三)环境因素

环境因素可分为自然环境因素和社会环境因素。

自然环境因素包括:(1)各种噪声,如汽车、人群等可能产生的噪声,噪声过大,会使不动产价格下降。(2)环境污染,如废气、废水以及各种垃圾若不及时处理,都会污染环境,致使水源及空气都会变质,会使该地区的不动产价格下降。(3)视觉环境,不动产周围的景观是否美观,是否使人心旷神怡,也很影响不动产的价格。

社会环境因素:(1)交通的便利性,直接影响着人们的生活、学习和工作,因此,与不动产价格关系非常密切。(2)商业设施状况也会影响不动产价格,商业设施可以为人们的生活提供便利,会使不动产价格上升。(3)幼儿园、小学、中学及大学等教育设施完备,可以为人们提供受教育的机会,提高人们的素质,会使这一地区的不动产价格上升。

(四)人口因素

不动产的需求主体是人,人口数量和人口素质以及家庭规模等对不动产价格有着重要的影响。

1. 人口数量

人口数量与不动产价格呈正相关关系,人口增加,对不动产的需求也会增加,不动产的价格进而上升。在人口数量因素中,反映人口数量的相对指标是人口密度。人口密度高的地区,一般而言,不动产供给相对缺乏,需多于供,因而不动产价格水平会上升。人口密度从两方面影响不动产价格:一方面,人口密度提高有可能刺激商业、服务业等产业的发展,使不动产价格提高;另一方面,人口密度过高造成生活环境恶化,有可能降低不动产价格。

2. 人口素质

人口素质也会引起不动产价格发生变化。因为人类随着受教育水平的不断提高,社会文明不断进步,人口的素质也不断提高,不动产的消费观念也会不断发生变化,凡此都会增加对不动产质量和数量的需求,从而影响不动产价格趋势。而局部地区由于居民素质低下,生活秩序混乱,安全感差,人们多不愿就居,从而使这一地区的不动产价格趋降。

3. 家庭规模

家庭规模是指全社会或某一地区家庭的平均人口数。一个家庭就是一个居住单位,当家庭规模发生变化时,即使人口总数不变,也会影响到居住单位数的变化,进而影响不动产需求的变动,最终影响不动产价格的变动。一般来说,随着家庭规模逐渐缩小,不动产价格有上涨的趋势。

(五)经济因素

影响不动产价格的经济因素主要有经济发展和物价水平。它们对不动产价格的影响比较复杂,主要体现在以下几方面:

1. 经济发展

随着经济的发展,投资、生产、经营活动逐渐增加,进而会引起对厂房、办公室、住宅、商场和各种文娱设施等的需求增加,从而使不动产的价格趋升,尤其是引起地价的上涨。如20世纪80年代,亚太地区的日本、新加坡、韩国、台湾等国家和地区经济高速增长,地价也相应地大幅度上涨。

2. 物价水平

物价水平和不动产价格的关系比较复杂。通常物价变化,表示为货币购买力发生变动,如果不动产价格变动的百分比等于货币量变动的百分比,则不动产价格并没有发生实质性变动;如果小于,不动产的价格相对下降;大于的话,其价格相对上升。

从宏观角度来讲,土地价格与物价水平的因果关系,一般存在两种看法:

一种观点重视"地价上涨——抵押品价值升高——信用膨胀——地价上涨"这种因果关系;另一种观点则注重"货币量的增加——物价上涨——地价上涨"这种因果关系。其实,这两种观点正是解释了地价与物价是互为因果关系,以及在不同的社会条件下的具体作用形式。从一段时期来看,地价的上涨率要高于物价和居民收入的上涨率,但这并不绝对。

（六）行政因素

行政因素是指政府以公益为出发点,积极扶持不动产的发展或消极限制其发展,其最终目的是为了提高不动产的整体效用。行政因素包括土地制度、住房制度、城市规划、土地利用规划、不动产价格政策和税收政策,以及行政隶属变更等。

1. 土地制度

土地制度直接影响着地价水平。科学合理的土地制度,可以有效地制约土地的使用者或投资者的积极性,带动土地价格适度涨落。

2. 住房制度

合理的住房制度使住宅价格与居民收入保持适宜的比例关系,促进住宅市场的繁荣。

3. 城市规划和土地利用规划

城市规划以及土地利用规划对不动产价格的影响主要体现在三方面:一是按特定的用途将土地划分为住宅区、商业区等多种类型,不同类型的土地价格会有较大的差异;二是改变不同房屋的用途,一旦得到相关部门的批准,其效用就会发生变化,相应的价格也会随之改变;三是不同的土地有不同的限制要求强度,如容积率、覆盖率和建筑的高度等,都会对不动产的价格产生影响。

4. 不动产价格政策

一般来说,不动产价格政策有高价格政策和低价格政策两种。在我国,政府可通过控制土地供给量,提高土地出让价格、房地产开发经营的税费,以及调整产业政策等措施,促使不动产价格提高。而政府抑制不动产价格的措施有:制定最高限价,制定标准价格,调整土地供应量、土地出让价格及房地产开发经营的税费负担,在不动产价格高涨时抛出一定量的不动产和建立并完善不动产交易管理制度。

5. 税收政策

直接或间接地对不动产课税的多少,关系到不动产收益的多少,因而影响到不动产价格的涨落。具体分析时,我们还要考虑课税的转嫁问题。

6. 行政隶属变更

可以想象,将某一个非建制镇升为建制镇,将某一个建制镇升为市,或将某一个市升为地级市、直辖市,无疑会促进该地区不动产价格的上涨。同样,将原属于某一较落后地区的地方划归为另一较发达地区管辖,也会促进这一地区的不动产价格上涨。

二、不动产估价方法

理性的投资者要投资不动产必然要进行投资价值分析,也就是对不动产进行估价。另外,不动产投资一般都要涉及巨额的资金流动,而且要面对较高的时间价值风险,因而,采用有效合理的不动产评价方法对不动产的投资价值进行较为准确的估计显得尤为重要。一般来说,不动产的评价方法体系有市场比较法、收益还原法、成本逼近法、假设开发法、现金流贴现法等。市场比较法、收益还原法、成本逼近法是不动产估价的三种经典估价方法。下面我们将介绍最常用的两种不动产估价方法。

(一) 市场比较法

市场比较法(market comparison approach),又称为买卖实例比较法、现行市价法、交易实例比较法、市价比较法、市场资料比较法、市场法等,是指在评估一宗不动产价格时,将待估不动产与类似不动产的近期交易价格进行对照比较,通过交易情况、交易日期、区域因素和个别因素等进行修正,得出待估不动产在评估基准日的正常合理价格。由市场比较法得到的价格称为比准价格,该价格经过市场调节后,得到市场价值。它是不动产估价方法中最常用的基本方法之一,也是目前国内外广泛应用的经典估价方法。

市场比较法在国内外都得到了极为广泛的应用,是有其理论基础的,这就是经济学中的替代原理。在经济学上,我们都知道市场上任何经济主体都谋求以最小的代价取得最大利润或效用,所以其在选择商品时会选择效用大而价格低的商品。当效用和价格相比,效用太小或价格太高时,购买者就会放弃购买。因此,效用均等的物品或服务在其价格上应该相等。根据替代原理,效用相等的不动产经过市场的竞争,其价格最终会基本趋向一致。尽管不动产实际交易中,某些特殊性可能会使不动产的交易价格偏离常态,但是依靠评估人员对这些因素的调整修正,仍可以使待估案例与交易案例之间基本满足替代关系存在的条件。

市场比较法适用的对象是具有交易性的不动产,如房地产开发用地、普通商品住宅、高档公寓、别墅、写字楼、商场、标准化工业厂房等。而对于那些很少发生交易的不动产,如特殊工业厂房、学校、图书馆、纪念馆、古建筑、教堂等不适用。

市场比较法适用的条件是在同一供求范围内存在较多类似的不动产交易。如在一些不动产市场尚不够发达的地区,就难以采用市场比较法估价。另外,在比较法估价中需要进行交易情况、交易日期、不动产情况(包括区位状况、权益状况和实物状况三方面)的修正,这些修正有的很难采用量化的计算公式,这就需要估价人员依靠其广博的知识、丰富的经验和对当地不动产市场行情、交易习惯等的深入了解才能做出。

市场比较法的基本计算公式为:

$$P = P' \times A \times B \times C \times D \times E \tag{2-1}$$

式中,P——待估房地产估计价格;

P'——可比交易实例价格;

A——交易情况修正系数;

B——交易日期修正系数;

C——标准化修正系数;

D——区域因素修正系数;

E——个别因素修正系数。

运用市场比较法评估房地产,是建立在充足的案例资料基础上的。只有拥有大量真实可靠的交易实例,才能把握正常的市场价格行情,才能评估出客观合理的价格。所以,在不动产评价过程中,首先尽可能地搜集较多的交易实例。而交易实例所涉及的内容方方面面甚是繁杂,在搜集交易实例时,我们应注重对以下几项内容的搜集:成交价格、日期、付款方式、交易实例不动产的状况、交易双方的基本情况和交易目的、交易情况等。

在这些交易实例中,成交价格是最为重要的。然而,由于种种原因,可比实例的成交价格可能是正常的,也可能不是正常的。但是,要保证评估对象的价格是客观合理的,就需要我们在搜集完交易实例后,对相应的成交价格进行交易情况修正,即如果可比实例的成交价格不是正常的,则应将其调整为正常的,如此才可以作为估价对象的价格。

由于不动产本身具有不可移动、独一无二、价值大等特性,再加上交易中复杂的特殊因素,不动产交易的市场价格有可能会偏离正常值。归纳起来造成成交价格偏差的因素有以下几个方面:

(1)有利害关系的人之间的交易;
(2)急于出售或急于购买的交易;
(3)交易双方或某一方对市场行情缺乏了解的交易;
(4)交易双方或某一方有特别动机或偏好的交易;
(5)特殊方式的交易;
(6)交易税费非正常负担的交易;
(7)相邻不动产的合并交易;
(8)受债权债务关系影响的交易。

有上述特殊情况的交易实例不宜选为可比实例,但当可供选择的交易实例较少而不得不选用时,则必须对其进行交易情况修正。交易情况修正的方法主要有百分率法和差额法。采用百分率法进行交易情况修正的一般公式为:

$$可比实例的成交价格 \times 交易情况修正系数 = 正常价格 \qquad (2-2)$$

采用差额法进行交易情况修正的一般公式为:

$$可比实例的成交价格 \pm 交易情况修正额 = 正常价格 \qquad (2-3)$$

在百分率法中,交易情况修正系数应以正常价格为基准来确定。假设可比实例的成交价格比其正常价格高低的百分率为 $\pm S\%$(当可比实例的成交价格比其正常市场价格高时,为 $+S\%$;低时,为 $-S\%$),则:

$$可比实例的成交价格 \times \frac{1}{1 \pm S\%} = 正常价格 \qquad (2-4)$$

$$可比实例的成交价格 \times \frac{100}{100 \pm S} = 正常价格 \qquad (2-5)$$

上面两式中,$\frac{1}{1 \pm S\%}$ 或 $\frac{100}{100 \pm S}$ 是交易情况修正系数。

在交易情况修正中之所以要以正常价格为基准,是因为只有这样,比较的基准才会只有一个,而不会出现多个。因为在比较法中要求选取多个可比实例来进行比较修正,如果以每个可比实例的实际成交价格为基准,就会出现多个比较基准。下面看一个例子:

[例 2-1] 在某宗不动产交易中,买卖双方在合同中约定卖方总价 200 万元,买卖中涉及的税费均由卖方负担。已知该地区不动产买卖中应由卖方缴纳的税费为正常成交价格的 7%,买方应承担的税费为正常成交价格的 6%,则该宗不动产交易的正常成交价格为多少?

解：

正常成交价格＋买方应承担的税费＝买方实际付出的价格

应由买方承担的税费＝正常成交价格×应由买方缴纳的税费比率

由此，

$$\text{正常成交价格} = \frac{\text{买方实际付出的价格}}{1+\text{应由买方缴纳的税费比率}} = \frac{200}{1+6\%} = 188.68(万元)$$

(二) 收益法

收益法又称收益还原法或收益资本化法，是预测估价对象的未来预期收益，然后将其转化为价值，以此求取估价对象的客观合理价格或价值的方法。收益法的本质是以不动产的预期收益能力为导向求取估价对象的价值。

根据将未来预期收益转换为价值的方式不同，即资本化方式不同，收益法可分为直接资本化法和收益资本化法。直接资本化法是将估价对象未来某一年的某种预期收益除以适当的资本化率或者乘以适当的收益乘数转换为价值的方法。收益资本化法即现金流量贴现法（DCF），是不动产的价值等于其未来各期净收益的现值之和。此法实际上是对资本化率的估计，因此具体方法将在"四、资本化率的估计"一节中介绍。

三、不动产投资价值评估工具

(一) 净现值

接下来我们将介绍两种常用的评估不动产项目投资可行性的方法，首先是净现值法。净现值（net present value）是一项投资所产生的未来现金流的贴现值与项目投资成本之间的差值。它假设预计的不动产现金流入在年末肯定可以实现，并把原始投资看成是按预定贴现率借入的。当净现值为正数时，偿还本息后该项目仍有剩余的收益；当净现值为零时，偿还本息后一无所获；当净现值为负数时，该项目收益不足以偿还本息。即

$$\text{净现值}(NPV) = \text{未来现金流的现在价值} - \text{投资} \tag{2-6}$$

若用 $ATCF_i$ 代表第 i 期的税后现金流，$ATER$ 代表税后的权益回报，I 代表投资的权益成本，r 是要求的税后必要收益率，则

$$NPV = \sum_{i=1}^{n} \frac{ATCF_i}{(1+r)^i} + \frac{ATER}{(1+r)^n} - I \tag{2-7}$$

因此,当 NPV>0 时,表示此投资计划可行,它说明了未来财产的现在价值大于或等于权益投资的成本,因此实施这个项目是明智的;当 NPV<0 时,那么未来收益的现在价值就不能超过权益投资的成本,或者这项投资的收益率并没有达到所要求的税后必要收益率,这是一个应该卖出的项目而不是买入;当 NPV=0 时,视投资者态度及客观环境而定。

现在看一个例子:

[例 2-2]TP 公司正在考虑是否投资 12 000 美元在洛杉矶购入一栋房产,预计明年会产生税后 5 000 美元的净现金流,在随后的 5 年中每年产生税后 2 000 美元的净现金流,从现在开始 7 年后公司可以 10 000 美元售出,公司的所有者所要求的税后收益率为 10%。那么,公司是否应该投资这栋房产呢?

公司各期净现金流的现值见表 2-1:

表 2-1 公司各期净现金流现值

年末	净现金流（美元）	贴现系数（$r=10\%$）	净现金流的现值（美元）
1	5 000	0.90909	4 545.45
2	2 000	0.82645	1 652.90
3	2 000	0.75131	1 502.62
4	2 000	0.68301	1 366.02
5	2 000	0.62092	1 241.84
6	2 000	0.56447	1 128.94
7	10 000	0.51316	5 131.58
未来现金流的现在价值			16 569.35
投资			12 000
净现值(NPV)			4 569.35

我们亦可由公式直接计算:

$$NPV = \frac{5\ 000}{1+10\%} + \sum_{i=2}^{6}\frac{2\ 000}{(1+10\%)^i} + \frac{10\ 000}{(1+10\%)^7} - 12\ 000 = 4\ 569.35(美元)$$

这样就得到了一个正的 NPV,此时我们认为投资这栋房产是可行的。如果选择的必要收益率是 38%,则

$$NPV = \frac{5\ 000}{1+38\%} + \sum_{i=2}^{6}\frac{2\ 000}{(1+38\%)^i} + \frac{10\ 000}{(1+38\%)^7} - 12\ 000 = -4\ 275.83(美元)$$

这种情况下,我们就不能投资该房产项目。可见 NPV 的取值与所选择的必要收益率密切相关。我们说一个项目的 NPV 是正或负时,一定要指明它所使用的必要收益率。

在应用净现值法时,除了应客观预估未来现金流量之外,贴现率 i 的确定可能也会对 NPV 值有极大的影响。在此采用的贴现率 i 称为投资者的必要收益率(required rate of return),其高低取决于投资者所承受的风险程度,而非仅视资金成本而定,因为资金成本无法完全反映投资计划所面临的风险。举例而言,若老李向银行贷款 200 万元,利率 8%,老李将其中的 100 万元投资一家豆浆店,另外的 100 万元投资于大豆期货,二者的资金成本均为 8%。但哪一项投资应该要求较高的收益率呢?答案当然是期货投资,因为其风险较高,或者说它可能让老王睡不着觉。

(二)内部收益率

除了净现值法以外,还有另一种被广泛应用的项目投资决策方法——内部收益率法(internal rate of return,IRR)。内部收益率就是未来流入的现金流的现值与投资额恰好相等时的贴现率,即 NPV 等于 0 时的贴现率。其实内部收益率是一个投资计划的收益率。一般我们可以用"插值法"或"试错法"算出这个贴现率。举例而言,若某一投资方案,期初投入 1 000 元,一年后(期末)可回收 1 100 元,则投资收益率为 10%,因为每投资 1 元,就可回收 1.1 元,此 10% 即该投资的"内部收益率"。

然而是否应该接受内部收益率为 10% 的投资呢?此时即应与该投资的必要收益率相比较。若一投资计划的内部收益率高于其必要收益率,则投资者可考虑接受此计划;相反地,若内部收益率低于其必要收益率,则此计划不可行。由于必要收益率取决于投资本身的风险程度,因此内部收益率法的评估准则为:

若 IRR>必要收益率,表示投资计划可行。(此时 NPV>0)

若 IRR<必要收益率,应拒绝此计划。(此时 NPV<0)

若 IRR=必要收益率,应视投资者态度及客观环境而定。(此时 NPV=0)

要如何才能求得内部收益率呢?正如前面所提及,内部收益率即为一投资计划的收益率,就是使 NPV=0 的贴现率,亦即

$$NPV = \sum_{i=1}^{n} \frac{ATCF_i}{(1+IRR)^i} + \frac{ATER}{(1+IRR)^i} - I = 0 \tag{2-8}$$

因此,在上例中若某人期初投资 1 000 元,一年后收回 1 100 元,则令 NPV=0,即

$$NPV = \frac{1\,100}{1+IRR} - 1\,000 = 0$$

$$1\,100 = 1\,000 \times (1+IRR)$$

$$IRR = \frac{100}{1\,000} = 10\%$$

然而,仅贴现一期的内部收益率极易求得,但若为多期的现金流量时,就会出现多种 IRR 的情形。我们看这样一种情况:

[例 2-3]老王想投资一项资产的建设项目,他在期初需付出 100 万元,在第一年年底可回收 245 万元,第二年年底项目结束,但因处理项目污染问题需再付出 150 万元的治理费用,那么老王投资该项目的内部收益率是多少?(均考虑税后的情况)

先画出老王投资项目的现金流量图:

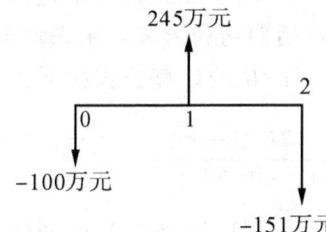

我们用试错法找出令 $NPV=0$ 的贴现率,即为 IRR。

表 2-2 不同贴现率下的 NPV

贴现率(%)	NPV(万元)
0	−5.00
5	−2.72
10	−1.24
15	−0.38
20	0.00
23	0.04
25	0.00
30	−0.30
35	−0.82

经试错法求得老王投资该项目竟然有两个 IRR(20% 和 25%),为什么会

出现这种情况呢？依据前面所提及的解释，NPV 在贴现率 20%~25% 时为正值，故必要收益率在 20%~25% 之间即接受此投资项目；反之，若其必要收益率小于 20% 或大于 25% 则应拒绝。该结论明显与事实相悖：必要收益率越小，表示投资风险越小，对投资活动越有利。这也是 IRR 的一个重大缺陷。

从数学角度也不难理解，就一元多次方程式而言，根据零点定理，在正负符号转换时就可能有一解，即当各期现金流量由负转为正或由正转为负时，就可能有一个 IRR 出现。在这种情况下，为了解决这种实际应用上的困扰，我们可以采用另外一种方法帮助投资者做出决策，即修正的内部收益率法 (modified internal rate of return, MIRR)。

假设必要收益率为 k，未来所收回现金的再投资收益率为 r，使所有负的现金流的贴现值 (用 k 贴现) 等于未来所有正的现金流的终值的贴现值的收益率，称之为 $MIRR$。若 $MIRR>k$，接受此投资案；若 $MIRR<k$，则拒绝。

记现金流出为 COF_t (包括期初和未来)，未来现金流入为 CIF_t，必要收益率为 k，再投资收益率为 r，$MIRR$ 的计算公式如下：

$$\sum_{t=0}^{n} \frac{COF_t}{(1+k)^t} = \frac{\sum_{t=0}^{n} CIF_t (1+r)^{n-t}}{(1+MIRR)^n} \tag{2-9}$$

[例 2-4] 目前需评估某一项目，该项目为期两年，其期初投资额为 60 万元，第一年预估可获利 155 万元，第二年因处理废弃物需支出 100 万元，若此投资的必要收益率及再投资收益率均为 5%，则：

(1) 试求出此投资的内部收益率 (IRR)。
(2) 根据 NPV 法，我们应如何选择？
(3) 根据修正的内部收益率，应如何选择？

解：(1) 先画出现金流量图：

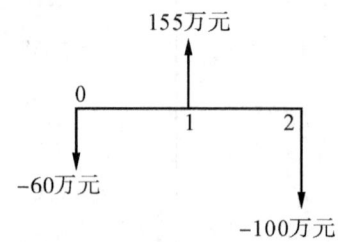

令

$$NPV = -60 + \frac{155}{1+IRR} - \frac{100}{(1+IRR)^2} = 0$$

$$12IRR^2 - 7IRR + 1 = 0$$

$$(3IRR-1)(4IRR-1)=0$$

$IRR=33.3\%$ 或 $IRR=25\%$（即两个 IRR）

此时用 IRR 无法选择。

(2) 若必要收益率 $k=5\%$，计算 NPV。

$$NPV=-60+\frac{155}{1.05}-\frac{100}{(1.05)^2}=-3.08(万元)<0$$

因此不接受此项目。

(3) 用 $MIRR, k=r=5\%$.

① 将正的现金流量用 r 复利为终值，即

$$FV=155\times1.05=162.75$$

② 再将负的现金流量用 k 贴现为现值，即

$$PV=60+100\times\frac{1}{(1.05)^2}=150.7$$

③ 令 $FV=PV(1+MIRR)^n$，即

$$162.75=150.7\times(1+MIRR)^2$$
$$MIRR=3.92\%$$

④ 将 $MIRR$ 与必要收益率 k 比较，即

$$MIRR=3.92\%<5\%$$

因此不接受此项目。

由于财务管理的最终目标是"利润最大化"，因此以追求最大收益现值为评估准则的净现值（NPV）法即成为财务经理人最常使用的决策工具。然而在实际决策过程中，净现值法过度完美的假设理论且周延性不足的考量可能引导财务经理人做出偏离现实环境的决策。其中最重大的两项错误假设为：①投资具有可逆性，即投资活动可重新进行（或在市场情况恶化时，已投入资本可经由某方式回收）；②当投资不具有可逆性时，决策的结果为"接受"及"不接受"两种结论，即企业若非实时进行投资，即应"永远"放弃此计划。但此两种假设恰与现实中的环境相反，在实务上，投资活动通常不可逆，而且投资时点通常具有可延迟性。

鉴于 NPV 法有上述缺点，财务界引进了金融市场中期权的观念作为项目投资的评估模式，称为实物期权（real option）。实物期权加入了决策者所拥有的"管理弹性"考量，此弹性赋予决策者选择最有利的投资方案与时机的

权利,而且在执行后,此弹性还赋予决策者选择维持、扩大或缩小投资规模,甚或暂缓、终止该计划的权利。因此,原来的净现值公式可修正为公式:

$$\text{修正后的 } NPV = \text{传统 } NPV + \text{期权价值} \tag{2-10}$$

虽然传统意义上的 NPV 价值可能因行情的不确定性而为负,但是期权价值的增加可能使修正后的 NPV 为正,这时一个原本将被否定的项目就具有了投资意义。

四、资本化率的估计

资本化率(capitalization rate)是投资者希望能获得的年收益率,它用投资金额的百分比表示。收入流被资本化后,表示的是基于一个给定收益率的收入价值。将一宗收入流转化为价值的标准等式为:

$$\frac{\text{收入}}{\text{收益率}} = \text{价值}$$

例如,一宗年收入为 1 000 元的收入流如果按照 10% 的收益率进行转换,所得价值为 10 000 元(1 000 元/0.10=10 000 元)。或者说,如果投资者要求的年收益率为 12%,则每年 1 000 元的收入转换的价值为 8 333 元。由此看来,采用一个合理的资本化率是非常重要的。正如前面所提及的,在运用收益法时,还原收益的方法有两种:一种为收益还原,即将未来所有收益以一适当的必要收益率进行还原,称为收益资本化法;另一种为直接资本化法,即将某一年的收益直接除以适当的资本化率。下面本节内容从这里开始。

(一) 直接资本化法

直接资本化法是将估价对象未来某一年的某种预期收益除以适当的资本化率或者乘以适当的收益乘数转换为价值的方法。此时,资本化率是不动产的某种收益与某价格的比率,即:

$$\text{资本化率} = \frac{\text{年收益}}{\text{价格}} \tag{2-11}$$

利用资本化率将收益转换为价值的直接资本化法,常用的是下列公式:

$$V = \frac{NOI}{R} \tag{2-12}$$

式中,V——房地产价格;

NOI——房地产未来第一年的净收益;

R——资本化率。

因此,资本化率的具体计算公式为:

$$R = \frac{NOI}{V} \tag{2-13}$$

收益乘数是房地产的价格除以其某种年收益所得的倍数,即:

$$\text{收益乘数} = \frac{\text{价格}}{\text{年收益}} \tag{2-14}$$

利用收益乘数将年收益转换为价值的直接资本化法公式为:

$$\text{不动产价值} = \text{年收益} \times \text{收益乘数} \tag{2-15}$$

(二)收益资本化

收益资本化法是指预测估价对象未来各期的净收益(净现金流量),选用适当的收益率(贴现率)将其贴现到估价时点后累加,以此求取估价对象的客观合理价格或价值的方法。其最一般化的公式为:

$$\begin{aligned} V &= \frac{A_1}{1+Y_1} + \frac{A_2}{(1+Y_1)(1+Y_2)} + \cdots + \frac{A_n}{(1+Y_1)(1+Y_2)\cdots(1+Y_n)} \\ &= \sum_{i=1}^{n} \frac{A_i}{\prod_{j=1}^{i}(1+Y_j)} \end{aligned} \tag{2-16}$$

式中,V——不动产在估价时点的收益价格;

n——不动产的收益期限,是自评估时点起至未来可获收益的时间,通常为收益年限;

$A_1, A_2, \cdots, A_n$——分别为不动产相对于估价时点而言的未来第1期,第2期,……,第n期的净收益;

$Y_1, Y_2, \cdots, Y_n$——分别为不动产相对于估价时点而言的未来第1期,第2期,……,第n期的收益率。

收益法估价虽然计算简单,但实际运用起来并不容易,净收益和资本化率的确定是一件很复杂的工作,涉及的主观因素很多,很容易出错。

运用收益法评估收益性不动产时,要求有一种或更多的不动产潜在收益的度量标准。可用于度量转换为价值的未来收益的一个标准是净营运收益(net operation income),它是有效毛收入扣除运营费用后得到的归属于不动产的收入,未扣除税收和抵押贷款还本付息额。

而最常用到的标准还是净收益,净收益是归属于土地或不动产的除去各种费用后的收益,一般以年为单位。收益性不动产获取收益的方式,主要有出租和经营两种。基于租赁收入测算的净收益,是由潜在毛收入扣除正常的空置、拖欠租金以及其他原因造成的收入损失后所得到的收入,再扣除运营费用后测算出来的。用公式可表示为:

净收益＝潜在毛收入－空置、拖欠租金等原因造成的损失－运营费用
　　　＝有效毛收入－运营费用

基于营业收入预测净收益,预测方法和基于租赁收入测算净收益差别不大,只是潜在毛收入或有效毛收入变成了营业收入,而非租金收入,另外还要扣除归属于其他资本或经营的收益,如经营者的正常利润。

与必要收益率不同的是,资本化率是价值的增长率或净贬值率,这一比率的决定对于估计不动产价格的高低有极大的影响。这是因为,评估价格对资本化率最为敏感,资本化率的每个微小变动,都会使评估价格发生显著改变。收益性不动产购买行为实际上是一种投资行为,在这个交易过程中,投资者购买不动产支付的价格就是其投资,不动产带来的净收益就是利润。因此资本化率的大小同投资风险的大小呈正相关关系。但资本化率的确定不是一件容易的事情,在估价过程中需要考虑许多因素。确定的方法目前主要有风险溢酬法、市场提炼法、加权资本成本法。以下内容我们将详细讨论各种确定资本化率的方法。

1. 风险溢酬法(累加法或者安全利率加风险调整值)

任何投资必定伴随着风险,而且风险程度越高的投资,投资者所要求的风险溢酬(risk premium)也越高。因此,风险溢酬法是将收益率视为含无风险收益率和风险补偿率两大部分,然后分别求出每一部分,再将它们相加。即

$$资本化率＝无风险收益率＋风险补偿率 \qquad (2-17)$$

这种方法的具体操作为:

(1)找出无风险收益率。它是无风险投资的收益率,是资金的机会成本。在估价实务中,我们通常选择同一时期银行一年期存款利率或国债利率作为安全利率。

(2)确定风险补偿率。风险补偿率是除去无风险收益率后,不动产存在的具有自身投资特征的区域、行业、市场等风险的补偿率。包括:①对投入资金缺乏流动性的补偿——在其他条件相同的情况下,股票和债券要比不动产理想,因为它们的买卖较容易,交易费用也较低,所以投资者会要求对其投入的

资金缺乏流动性有所补偿。②对经营风险的补偿——当投资者投资于收益不确定的、具有风险性的不动产时,其必然要求对其承受的额外风险有所补偿,否则就不会投资。③对管理风险的补偿——一项投资要求的关心和总体监管越少,其吸引力就越大,而不动产要求的管理工作一般远远超过存款、证券等,因此,投资者会要求对其承受的额外管理负担有所补偿。

(3)由于投资于不动产可能会获得某些额外的好处(如融资的便利性),投资者因此会降低所要求的收益率,所以针对投资估价对象可以获得的好处,要做相应的扣减。

举例说明,在评估某个位于市郊临路的不动产项目时,衡量各项风险后所得的风险溢酬及累加后的资本化率如表 2-3 所示。

表 2-3 资本化率的计算

无风险收益率	6%
流动性风险溢酬	2%
经营风险溢酬	4%
管理风险溢酬	1%
未来可能增值的潜在收益回报率	−1%
资本化率 R_0	12%

由上表可知,风险溢酬法即将未来经营的不利情况的风险溢酬累加到资本化率,而将可能的获利情况自资本化率中扣除。此法的优点在于简单、直接且易学易用,缺点是难以将各种不同的风险量化并求得其风险溢酬,因此可能需要主观猜测。

2. 市场提炼法

市场提炼法即市场法,指评估人员收集商场上近期交易的与待估不动产相同或相似的三宗以上不动产的净收益、价格等资料,选用相应的资本化法公式,求出它们各自的资本化率。由于它是直接从市场上取得资本化率的一种方法,因此计算出来的资本化率基本上能够反映投资该不动产的利润率。我们可以通过选取多个案例的资本化率取平均值的方法来消除各种偶然因素的干扰。在净营运收入(NOI)可以确定的情况下,只需要确定资产的销售价格即市场价值(MV_0)就可以以此估计资本化率。例如,在房地产市场中收集到 5 个与待估房地产类似的交易实例,见表 2-4(假设纯收益能维持无限年限)。

表 2-4　纯收益与售价交易实例

可比实例	纯收益（元/年·m²）	交易价格（元/m²）	资本化率（%）
1	418.9	5 900	7.1
2	450.0	6 000	7.5
3	393.3	5 700	6.9
4	459.9	6 300	7.3
5	507.0	6 500	7.8

对以上 5 个可比实例的资本化率进行简单算术平均，就可以得到资本化率为：

$$r = \frac{7.1\% + 7.5\% + 6.9\% + 7.3\% + 7.8\%}{5} = 7.32\%$$

3. 加权资本成本法（抵押贷款与自有资金的组合）

在不动产市场与金融市场紧密联系的现代社会，不动产投资的金额一般十分巨大，除了投资者的自有资金（股本）外，经常还包括了相当部分的贷款。因此不动产的收益率必须同时满足这两部分资金对投资收益的要求，由于抵押贷款通常是分期偿还的，所以抵押贷款与自有资金的组合资本化率计算利用抵押贷款常数与自有资金资本化率的加权平均数。

$$R = m \times R_M + (1-m) \times R_E \tag{2-18}$$

式中，R——综合资本化率；

m——贷款价值比率，即抵押贷款金额占不动产价值的比率，一般介于 60%～90% 之间；

R_M——抵押贷款常数；

R_E——自有资金资本化率。

上式的抵押贷款常数一般采用年抵押贷款常数，是每年的偿还额（还本付息额）与抵押贷款金额（抵押贷款本金）的比率。如果抵押贷款是按月偿还的，则年抵押贷款常数是将每月的偿还额乘以 12，然后除以抵押贷款金额；或者将月抵押贷款常数（每月的偿还额与抵押贷款金额的比率）乘以 12。在分期等额本息偿还贷款的情况下，抵押贷款常数的计算公式为：

$$R_E = \frac{Y_M(1+Y_M)^n}{(1+Y_M)^n - 1} = Y_M + \frac{Y_M}{(1+Y_M)^n - 1} \tag{2-19}$$

式中，R_E——抵押贷款常数；

Y_M——抵押贷款收益率,即抵押贷款利率(i);

n——抵押贷款期限。

自有资金资本化率是从净收益中扣除抵押贷款还本付息额后的数额(税前现金流量)与自有资金额的比率。通常为未来第一年的税前现金流量与自有资金额的比率,可以由可比实例不动产的税前现金流量除以自有资金额而得到。

综合资本化率必须同时满足贷款者对抵押贷款常数的要求和自有资金投资者对税前现金流量的要求。下列几点有助于理解抵押贷款与自有资金组合的综合资本化率计算公式:

(1)可以把购买不动产视为一种投资行为,不动产价格为投资额,不动产净收益为投资收益。

(2)购买不动产的资金来源可分为抵押贷款和自有资金两部分,所以有:

抵押贷款资金+自有资金=不动产价格

(3)不动产的收益相应地也由这两部分资本来分享,即:

不动产净收益=抵押贷款收益+自有资金收益

(4)于是有:

抵押贷款金额×抵押贷款常数+自有资金额×自有资金资本化率
=不动产价格×综合资本化率

(5)于是有:

综合资本化率=$\dfrac{抵押贷款金额}{不动产价格}$×抵押贷款常数+$\dfrac{自有资金额}{不动产价格}$×自有资金资本化率

=贷款价值比率×抵押贷款常数+(1-贷款价值比率)×自有资金资本化率

即

$$R_0 = \frac{E}{V} \times R_E + \frac{D}{V} \times R_D \tag{2-20}$$

式中,E 为自有资金投资额;D 为贷款额;V 为总投资额,即自有资金额与贷款额之和;R_E 为自有资金资本化率,即股东权益回报率;R_D 为债券回报率,一般为贷款利率。

[例 2-5]某公司看中一栋市价 1 亿元的办公大楼,它可自行向银行贷款 6 000万元,年利率10%,于 20 年内按月摊还本息,另外 4 000 万元则为其自有资本,该公司认为自有资本的收益率应至少为 8%,则此投资的综合资本化

率应为多少?

解:

贷款年利率为10%,于20年内按月摊还本息,则其月贷款常数可由表2-5查得(为0.00965)。因此,债权人的必要年收益率 R_D 为:

$$0.00965 \times 12 = 0.1158 = 11.58\%$$

由于

$$\frac{E}{V} = 40\%, R_E = 8\%, \frac{D}{V} = 60\%$$

因此综合资本化率为:

$$R_0 = \frac{E}{V} \times R_E + \frac{D}{V} \times R_D$$
$$= 40\% \times 8\% + 60\% \times 11.58\%$$
$$= 3.2\% + 6.95\%$$
$$= 10.15\%$$

所以此投资的综合资本化率为10.15%。

表 2-5 贷款常数表

年(名义)利率(%)	9.75	10.00
月(实际)利率(%)	0.8125	0.8333
16(年)	0.01030	0.01046
17(年)	0.01005	0.01021
18(年)	0.00984	0.01000
19(年)	0.00965	0.00981
20(年)	0.00949	0.00965

第三节 不动产投资的风险

一、不动产投资的风险及其特征

任何以获利为目的的投资活动都存在着风险,根据风险收益对等原则,一项投资活动的收益越大,其可能面临的风险也会越高,对于不动产投资活动也是如此。不动产投资项目的风险是指由于随机因素的影响所引起的不动产开发投资的实际收益偏离预期收益的可能性,通常有政治风险、利率风险、市场风险、通货膨胀风险等。

由于不动产开发投资项目周期长、投资额度大、位置不可移动及市场竞争不充分等特点,不动产开发投资活动所面临的风险程度也更高。究竟一项投资最终能获取什么样的业绩,其中一个关键因素便是投资者防范风险的效果。要防范风险,便须先了解风险。下面我们就分析不动产投资风险的一个重要方面——风险特征。

（一）客观性

由于引起不动产投资风险的系统本身和外界环境条件是客观存在的,如外界经济、政策变化、自然灾害、法律、文化等条件的变化以及投资者管理水平的限制、工作的疏漏等,不动产投资项目的风险也是不以人的意志为转移而客观存在的。

进行不动产投资,注定要与外界经济环境发生联系。投资者可以加强投资的内部管理,却无法排除外界环境对不动产投资的影响。如,近年来部分地区严格限制高档房地产的开发建设,大批投资项目被迫下马,这种投资风险,是无论何时也不能被完全排除的。

（二）不确定性

不动产开发过程中,给不动产投资项目带来风险的客观因素发生的具体时间、地点以及表现形式都是难以预知的,使不动产投资项目风险也具有不确定性。例如受通货膨胀的影响,不动产开发商预测到政府将要对银行贷款利率进行调整,但是具体的调整时间和调整幅度是未知的,这就是不动产投资风险的不确定性。

（三）可测性

尽管风险的发生是不确定的,但这并不意味着风险不可预测。对于不动产投资,我们可以通过使用风险分析方法分析此投资面临哪些风险,每一种风险的危害性有多大以及发生的概率是多少。

对于不动产投资的风险我们可以从定性和定量两方面进行分析。通过定性分析主要是判断投资风险的来源,结合经验确定投资可能面对的主要风险,并对它们进行排序;定量分析则是力图将风险数量化,将风险大小与发生概率用数学方法表示。通过对多种投资方案的投资分析,从中选择最佳投资方案,或进行投资组合,利用组合投资提高投资效果。

(四)风险收益双重性

风险收益双重性是指不动产开发投资的风险与收益是相伴而生的。一般的投资者都是风险回避型的,即投资风险越高,投资者期望回报越高。例如,开发高档住宅的利润要高于开发普通住宅的利润,但是受市场需求因素的影响,高档住宅的销售风险往往大于普通住宅。不动产开发商需要合理掌控自己所能承受的风险,达到以最小的投入获得更高收益的目的。

二、不动产投资的风险管理

理性的投资者并不否认风险的存在,但也不会任由投资风险发生,即并不被动地接受风险,他认为风险虽然必然存在,但发生时间、发生程度都不一定相同,通过一定的手段和措施,既可以规避风险,也可以转移风险,从而减小风险可能造成的投资损失。采取这一系列手段和措施的过程就是我们所说的不动产投资风险管理。

简单地说,不动产投资风险管理即投资者通过一系列的手段、措施来管理风险,从而达到在一定程度上对不动产投资风险的规范。能否有效地进行风险管理是判断一项投资是否理性的重要标准,也是投资能否成功的一个关键。通常不动产投资项目风险处理的方法有风险预防、风险回避、风险自留和风险转移等。

(一)风险预防

风险预防是投资者在不动产投资风险发生前采取某些措施,以消除或减少风险损失的各项风险因素,实现降低风险损失发生的概率,减少风险损失的作用。它在整个不动产开发过程中的各个阶段都有广泛的应用价值。例如,做好项目前期市场调查研究,预防火灾的发生以保护不动产,利用保护装置防止意外事故的发生,对危险品采取控制措施以保证安全等,都属于风险预防措施。

(二)风险回避

风险回避是指不动产投资者通过对不动产投资风险的识别和分析,判断不动产投资项目的风险大小,选择那些风险小的投资项目或者放弃那些风险大的项目。例如,预期伊拉克地区发生战争和冲突的可能性极大,若向该地区投资不动产项目,则遭受损失的可能性非常大,那么,投资者可以采取风险回避的方法,放弃对该地区的不动产投资的计划。再如,在20世纪90年代,海南房地产市场存在泡沫,如果不动产投资者预期到这一点,则可以选择不向该地区投资,从而避免风险。但是,投资者在回避风险的同时也将获取高额利润的机会回避掉了。一般来说,只有在某些迫不得已的情况下,才采用风险回避的方法,如风险所带来的损失远远超过了开发商的承受能力,或风险程度虽然不太高,但是获利情况也不太理想的情况。

(三)风险自留

风险自留是指不动产投资者预期某些风险无法避免时,以其自身的财力(包括自有资金和借入资金)来承受未来可能的风险损失的方法。

该方法适用于以下几种条件:一是该风险不能转移,投资者被迫采取该措施,比如一些自然灾害风险;二是使用其他的风险处理方法的成本更高,比如对一些损失来说,投保的保费可能比自己承担的管理费用还要高;三是有些风险造成的损失较小,对投资者的影响不大。一般来说,对于发生频率较高、额度较小的损失企业会选择自留。

企业可以根据自身财力通过建立内部风险基金的形式来进行风险自留。具体方式主要有两种:一种是以每年营业费用的形式建立基金,适用于发生频率高、损失金额少的风险;另一种是将风险在一个以上的会计核算年度进行分摊,适用于发生频率低、损失金额多的风险。

另外,企业还可以通过成立专业的自保公司的形式进行风险自留。专业自保公司除了可以节省保险费用、承保一些保险公司不保的风险外,还可以进入再保险市场,享受更为低廉和优质的服务。

(四)风险转移

风险转移是指投资主体将其风险损失转嫁给他人承担。对于任何一个公司而言,其财力都是有限的,所能自留的风险也是有限的,所以风险转移是不动产投资者处理风险的一种重要方法。根据转移方式的不同,风险转移可以划分为保险型风险转移和非保险型风险转移。

1. 保险型风险转移

保险型风险转移,顾名思义就是指通过购买保险的方式来转移风险。不动产投资者通过向保险公司支付一定数额的保费,即可将不动产开发项目实施过程中可能遭受的一些风险损失转移给保险公司。由于保费只是保额的一定比例,并且是定期支付的,因此,对不动产投资者的现金流量影响并不大。但是,保险公司经营的范围只包括纯粹保险,如自然灾害、意外风险等。

2. 非保险型风险转移

非保险型风险转移是指不动产开发商通过保险以外的方式,将风险损失转移给保险公司以外的其他与之有经济利益关系的主体。非保险型风险转移具体又可分为契约性风险转移和财务性风险转移。

(1)契约性风险转移,即通过合同、契约的形式,将不动产开发投资项目的某些活动连同其风险损失的财务负担转移给其他主体。例如,在投资和开发过程中可通过预售方式把价格下降带来的风险转移给不动产的购买者,不动产投资者也可以通过合同中的免责条款将风险转移给他人。

(2)财务性风险转移,即通过发行股票、债券募集资金的方式,或者寻求投资伙伴合作等方式将风险部分地转嫁给他人,股票、证券的购买者以及投资伙伴在分享利润的同时,也承担了项目的风险。同时,投资和将部分股权转让给他人,还可以增加流动性,在人为风险较大时,可以将自己持有的证券转让出去。例如,在2006年万科与华润合作共同开发房地产项目的董事会决议公告中,规定"万科与华润风险共担、利益共享"。在只有双方合作的前提下,万科为住宅项目权益的第一大权益持有人。这样,万科既控制了股权,募集了资金,又转移了部分风险。

第四节 房地产投资信托

一、房地产投资信托的类型

房地产投资信托(real estate investment trust,REITs),是以发行收益凭证的方式汇集特定多数投资者的资金,由专门投资机构进行房地产投资经营管理,并将投资综合收益按比例分配给投资者。在国际上,典型的REITs产品多为股权性质,在证券交易所挂牌交易,可由普通个人投资者(散户)和各类机构投资者买卖。

房地产投资信托属于不动产证券化当中的一种金融工具,其运作形态与共同基金类似,以发行收益凭证的方式汇集特定多数投资者的资金,由专门投资机构进行房地产投资经营管理,并将投资综合收益按比例分配给投资者。以美国REITs现行之投资资产组合规范为例,规范规定:投资资产中至少应有75%的资产投资于房地产、不动产贷款、不动产相关证券、现金及政府债券等标的,且任一证券的投资不得超过总资产的10%。不动产投资信托运作的架构如图2-2所示。

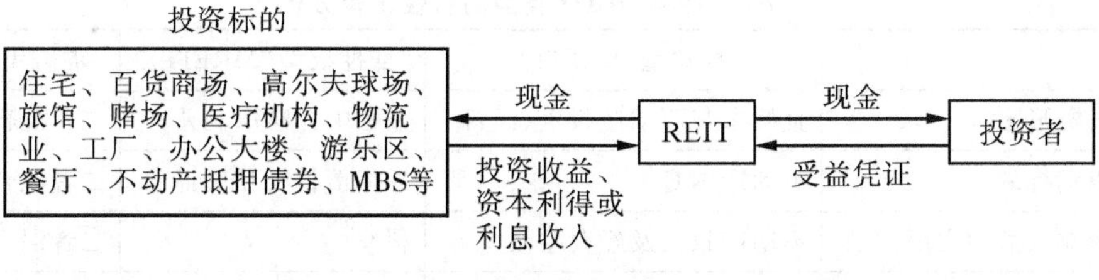

```
投资标的
┌─────────────────────┐
│住宅、百货商场、高尔夫球场、│   现金      ┌──────┐   现金     ┌──────┐
│旅馆、赌场、医疗机构、物流│ ←────────  │ REIT │ ────────→ │投资者│
│业、工厂、办公大楼、游乐区、│ 投资收益、  └──────┘   受益凭证  └──────┘
│餐厅、不动产抵押债券、MBS等│ 资本利得或
└─────────────────────┘  利息收入
```

图 2-2　不动产投资信托(REITs)运作架构图

就房地产投资信托的种类而言,我们可依其投资标的分为权益型、抵押权型及混合型,而且每年可依其资产配置之不同而归类为不同类型的投资信托。

(一)权益型房地产投资信托

权益型不动产投资信托(equity REIT,EREIT)主要是以不动产本身为主要投资标的,其主要收益来源为不动产出租的租金收入、经营绩效的收益及处置不动产的资本利得,如公寓、购物中心、办公大楼、饭店、餐厅或游乐区等以经营期间收益为主要利润来源的不动产,都是权益型不动产投资信托的主要投资目标。不同的权益型不动产投资信托可能有其专长及行业差别,而收益的高低则与总体及不动产景气程度和经营绩效有极高的关系。在国际上,典型的REITs产品多为股权性质,在证券交易所挂牌交易,可由普通个人投资者(散户)和各类机构投资者买卖。

(二)抵押权型不动产投资信托

顾名思义,抵押权型不动产投资信托(mortgage REIT,MREIT)主要针对房地产公司的贷款、一般不动产抵押债权及不动产抵押债权相关证券(如MBS等)进行投资。由于MREIT的投资标的为贷款债权或相关证券,而非不动产本身,故其主要收益来源为利息收入,其收益的高低类似一般债券,与市场利率呈反向变动。因此,MREIT比较类似于债券型基金。美国的抵押权型不动产投资信托规定,投资于不动产抵押债权或相关证券的金额不得少于总资产规模的75%。

(三)混合型不动产投资信托

混合型不动产投资信托(hybrid REIT)是权益型及抵押权型的综合,其主要投资标的包括不动产本身及抵押贷款债权,其中两者的投资比率由经理人依市场景气及利率变动进行调整,但权益型不动产及不动产抵押债权(含相关证券)的个别投资比率均不得超过总资产的75%。就以上不动产投资信托三种类型的主要特性而言,其比较结果见表2-6。

表 2-6 各种 REITs 类型的特性比较分析

	权益型(EREIT)	抵押权型(MREIT)	混合型
投资形态	直接参与不动产投资、经营	金融中介赚取利差	二者混合
投资标的	不动产本身	抵押债权及相关证券	二者混合
影响收益的主因	不动产景气及经营绩效	利率	二者混合
收益的稳定性	较低	较高(见注)	中
投资风险	较高	较低(见注)	中
类似的投资标的	股票	债券	二者混合

注:此处抵押权型不动产投资信托有较稳定的收益及较低的投资风险是因为不计违约风险。

二、房地产投资信托的特性及收益的影响因素

(一)REITs 的投资优势

REITs 具有高的分红并能提供潜在的长期资本增值。REITs 长期的回报比高增长型股票低,但高于债券收益。由于较低的市场价格波动,REITs 具有较低的投资风险和较高的当前收益。另外 REITs 与上市交易的房地产股票和其他股票有低相关性,对投资组合有一定的吸引力。在证券投资组合中增加 REITs 可以分散风险。

REITs 的投资优势具体表现在以下几个方面:

(1)资产流动性强、变现性高,可以吸引中小投资者参与投资。投资人直接购买房地产,通常需要中介机构,手续复杂,并且变现能力不强,而且对一般投资人来说,进入门槛相对比较高。投资房地产公司股票,交易费用虽然较低,但股市波动性大,投资人仍须承担较大风险。而 REITs 给中小投资者提供参与机会。房地产证券化后,投资人可以在集中市场,或者次级市场交易,并且 REITs 交易方式与股票相同,流动性强,变现性高。

(2)波动性、与其他资产的相关性低。大多数 REITs 的租金收入、入住率和房地产经营成本及每个季度和每年的经营业绩都具有可测性和稳定性。REITs 每日的波动性远小于股票,有效地降低了风险。REITs 的长期收益由其所投资的房地产价值决定,因此 REITs 与股票、债券等其他资产类别的相关系数低,将这类资产增加到投资组合中,可以达到分散风险的目的。

(3)可对抗通货膨胀。在通货膨胀率上升时,一般固定收益证券的价值存

在下跌压力,而租金、停车费等房地产投资信托相关收益会因为物价水平提高跟着向上调整,两者呈现同向变动,因此,REITs 在通货膨胀时期具有保值功能。

(4)上市交易的 REITs 相比房地产业的直接投资其信息不对称程度要低。在房地产市场中,由于市场机制不健全、信息不对称,存在借助金融市场工具及对土地的垄断来操纵房价的情况,利用手中掌握的资源操纵媒体,制造虚假信息。而上市交易的 REITs 按规定向投资者披露运营信息,帮助投资者了解其运作及可能涉及的投资风险;协助投资者对其运营的稳健性建立信心,在充分掌握信息的情况下,做出投资决策。同时,在证券交易所上市的 REITs 受到公众和监管机构的监察及分析员的评审。

(5)收益能力稳定,当前收益较高。公司财务状况以及获利能力会迅速反映在股价上。如果公司营运收入状况及股息配发率不如预期,股价往往会下跌。REITs 的现金流量主要来自租金收入、管理维修费用及出租率等,收入相对稳定。REITs 用很多自由现金流来支付大量的现金股息,投资者获得至少 90% 的税前收入。

(6)专业化的经营管理。房地产经营管理涉及多方面的专业知识,REITs 将经营权与所有权分离,委托专业的资产管理公司管理。管理人员为有经验的房地产专业人员,他们擅长股市运作,时刻关注收益率变化,制定最佳的投资策略,可有效降低投资风险。通过较好的管理,可以使房地产的经营业绩大幅度提高,通过 REITs 定期的收益分配与证券价格上涨,使投资者受益。

(二)REITs 的投资劣势

尽管 REITs 有诸多优点,但由于证券化后,其资产持有形态已由原先的实体资产转化为金融资产,故除了不动产本身价值变动外,它还面临以下问题:

(1)筹资问题。基金运作的成功条件为资金的募集,投资者决定出资的意愿与市场利率、整体及产业景气度及经营者专业能力和信用有高度的相关关系。当筹资额未达到预定目标而必须解散基金时,发起人应承担费用损失,而投资者则损失机会成本。

(2)代理问题。在管理权与所有权分开的情况下,难免会产生"代理问题",即投资者缺乏不动产经营及处分的自主性,尽管经理人经营不善可予以撤换,但此时经营绩效可能已经一落千丈。

(3)系统风险。经证券化后,不动产标准化后的证券形式在市场上流通,此时投资者的收益不但受不动产景气程度及个案经营绩效的影响,还受证券市场影响;当证券市场的大盘受政治或总体经济因素影响而下跌时,REITs 及不动产相关证券也将受到影响,这就是"系统风险"或市场风险。美国的一项研究显示,REITs的绩效与一般股票指数呈正相关,其相关系数高达0.86,由此可见其存在高度系统风险。

(4)"炒作问题"。高价位的不动产在高度繁荣时可能成为炒作的目标。在证券化后,小额投资人难免也会"共襄盛举",此时金融市场上将有更多的资金进行不动产投资,成为"全民运动"。这在不动产供给有限的情况下,极可能因为不动产价格疯涨而吹大泡沫。

(三)REITs收益的影响因素

影响收益的因素主要有:

(1)利率水平及变化。REITs是跨越房地产市场和金融市场的产品,这两个市场的价值均取决于预期现金流的现值。利率的变化是影响REITs收益的重要因素,利率水平低时REITs收益表现会更佳。

(2)股票市场的景气度。股市中所有股票的价格都是连续变化的,而房地产市场中,房地产价格的变化是非连续的。因此,在股票市场挂牌交易的REITs股票的定价与资本市场中的房地产定价是不同的。这意味着股票市场中股票价格变动与REITs价格变动有差异,但是股市的经济活动水平对成长初期的REITs很重要,一些股市上的政策及信息对股市中REITs的影响与股票相似。

(3)房地产市场景气度。因为权益型REITs和混合型REITs直接拥有房地产,所以当期房地产的价格直接影响REITs价值及收益。因此,房地产市场景气度对REITs也有影响。

三、REITs的全球发展

房地产投资信托基金1960年最先出现在美国,目前美国拥有全球最大的房地产投资信托基金市场。其后澳大利亚在20世纪70年代引入房地产投资信托基金的概念。荷兰于20世纪80年代将房地产投资信托基金引入其市场后,欧洲市场也开始接触到房地产投资信托基金。在加拿大及比利时分别在1993及1995年推出房地产投资信托基金后,房地产投资信托基金的发展一日千里。在2000年,日本成为首个推出这种产品的亚洲国家。在2001年,韩国、新加坡及中国香港亦追随日本的步伐,通过有关房地产投资信托基金的法规。房地产投资信托基金已成为一种国际化的投资理财工具。

从整体上看,目前美国、日本、韩国、新加坡和澳大利亚等全球大多数主要国家(地区)的证券交易所都已有REITs上市,REITs与普通股票一样在这些证券交易所交易。其中,美国的REITs发展最为成熟。迄今为止,在美国大约有300只REITs在运作之中,管理的资产总值超过3 000亿美元,而且其中有近2/3在全国性的证券交易所上市交易。美国的REITs市场几乎是全球市场的全部。其他国家(地区)的REITs产品和市场大部分是在2000年以后发展起来的,它们基本上是借鉴了美国的模式,在结构、投资目标、收入分配等方面都制定了与美国相似的规定。例如,亚洲国家的REITs结构在很大程度上借鉴了美国的REITs结构,以信托计划(或房地产上市公司)为投资实体,由房地产管理公司和信托管理人提供专业服务。又如,包括新加坡、日本、韩国等国家(地区)都和美国一样,对REITs的分红规定了90%的底线,以换取分红的税收优惠。此外,包括新加坡、日本、韩国等国家(地区)都和美国一样,规定了REITs投资房地产的最低比例,基本都必须达到70%以上。

近年来,欧洲、亚洲、南美洲的一些国家也针对REITs进行专门立法,以推进REITs发展。到2008年年初,已有逾20个国家和地区制定了REITs的法规(见表2-7),预计未来会有更多的国家加入这个行列。

从2005年下半年开始至今,国内的金融业和房地产对开发REITs产品进行了许多探索,REITs也成为中国房地产企业和境内外投资者合作的重点。国内的许多房地产企业与境外REITs建立战略伙伴关系,联手对国内的房地产项目投资。有的境外REITs对境内房地产开发企业直接投资参股或合资成立新的投资公司。还有的境外REITs在境内直接成立投资公司,进行项目投资和开发。在境外REITs看好中国房地产市场,纷纷主动"走进来"的同时,中国内地的房地产企业也试图"走出去",到中国香港证券交易所或新加坡证券交易所上市,以获得境外投资者特别是中小投资者的投资。例如,越秀投资采用红筹股方式于2005年12月12日在香港证券交易所上市,成为内地首家在香港发行REITs的上市公司。作为广东省在香港设立的"窗口公司",越秀投资打包其旗下的内地物业,在香港发行REITs上市,具有里程碑的意义。

表2-7 REITs在全球的发展状况

地区	国家和地区
北美洲、南美洲	美国(1960),加拿大(1994,2003),波多黎各(1972,2000),巴西(1994)
亚洲、大洋洲	日本(2000,J-REITs),新加坡(1999,2002),中国香港(2003),马来西亚(1993,2002),中国台湾(2003),韩国(2001),土耳其(1998),澳大利亚(1963,2001)
欧洲	比利时(1995,SICAFI;REITs类的公司),法国(2003,SIIC),德国(1957,2002,类似于REITs)

中国发展 REITs 仍面临着许多困难与障碍,如信息披露不足,信用制度建设滞后,人才匮乏,税收体制等问题,但随着房地产业及其金融业不断发展,REITs 在中国境内的发展步伐也会不断加快。可喜的是,我们看到天津"债权版"的 REITs[①] 已经成立并开始运作。在此契机下,我们应加快建立发展 REITs 的政策法制环境,防范运作中的道德风险、制定相应的税收优惠政策等的速度,相信在不久的将来,在制定完善相关法律法规并建设好市场基础的条件下,中国具有完整意义的 REITs 市场将会诞生。

第五节 不动产融资领域的创新

不动产是资金高度密集的运作体,其投资过程实质上就是资金的有效投入和增值收回过程。因为房地产周期长、环节多、投资大,造成其资金需求量巨大。由于其回报高,使得房地产开发商急于扩大再生产,因而融资往往被众多房地产开发商视为财务的中心问题。

一、不动产融资领域的创新

(一)不动产传统融资领域

融资渠道作为不动产投资的首环,一直以来便是房地产开发的瓶颈,需要发达的金融业和健全的资本市场作为后盾。房地产业目前采用较多的融资方式,主要有自有资金、预收账款、银行信贷、社会融资四种方式,其中以银行信贷为主。

1. 自有资金

开发企业的自有资金,包括现金和其他速动资产,在近期内可以收回的各种应收款等。开发商利用企业自有资本金,或通过多种途径来扩大自有资金基础。例如关联公司借款,以此来支持项目开发。通过这种渠道筹集的资金开发商能长期持有,自行支配,灵活使用;必要的自有资金也是国家对开发商设定的硬性"门槛"。2009 年国家文件规定自有资金比例必须超过 20%。

2. 预收账款

预收账款是指企业按照合同规定预收购房单位或个人的购房定金,以及

---

① 见章节后资料阅读

代委托单位开发建设项目,按双方合同规定预收委托单位的开发建设资金。预收账款通常受到买卖双方的欢迎,因为对于开发商而言,销售回笼是最优质、风险最低的融资方式,提前回笼的资金可以用于工程建设,缓解自有资金压力,还能将部分市场风险转移给买家;而对于买方而言,由于用少量的资金能获得较大的预期增值收益,所以只要看好房产前景,就会对预售表现出极大的热情。

3. 银行信贷

由于房地产是资金密集型行业,开发项目的高投入量引发对资金的需求量必定大大高于其他行业,因此,房地产开发企业更依赖于借入资金,主要是从银行金融机构借入。这也是房地产的主要筹资渠道。有统计表明,除了直接的开发贷款占20%外,银行贷款占房地产开发资金总额的比重接近60%。银行贷款虽然具备成熟度高、风险性小、操作简便等特点,但是由于它的债务刚性强,还款压力大,又特别容易受到国家金融、信贷政策的左右,开发商若过度依赖,会使财务风险、投资风险加大,甚至出现资金供应链断裂。

4. 社会融资

经过30多年的改革开放,我国的经济实力明显增强,社会资金大量增加,如果能聚集一部分社会闲散资金集中用于项目建设,就可以缓解向金融机构筹资的压力。目前我国房地产商社会筹资的主要方式有以下两种:

(1)发行房地产股票。股份制房地产开发企业在投资开发房地产项目时,可以通过发行股票的办法来筹措资金。这样能够大规模地募集资金,并有效改善资本结构和法人治理结构,提升品牌价值,为其他融资方式铺路。因为募集到的是股权性资金,没有固定的利息负担,也没有定期偿还借款的压力,上市公司又在严格的证券监控体系下运作,房地产商就可以从容审慎地把资金投向最有利的项目上。

(2)发行公司债券。与银行贷款一样,发行公司债券筹集的资金也属于企业外来资金,由于公司债券风险较政府债券要大,因此其利息率一般要高于政府债券利息率。发行公司债券,其手续比发行股票简单,而且也很灵活,是开发商筹集资金的有效途径。对开发商而言,只要债券利率低于开发项目投资收益率,就能够达到借钱赚钱的目的。

(二)不动产融资领域的创新

作为资金密集型产业,房地产业具有高收入、高风险、高产出的特性,这就要求建立、健全多渠道的房地产融资体系。更新房地产企业运作理念,使房地产企业产业资本和金融资本有效结合,将是大多数房地产企业生存和发展的必经之路。因此,在房地产开发的资金需求量很大的背景下,一些房地产企业纷纷借助各自的资源优势,涉足各种项目融资创新性做法。

1. 房地产信托

自 2003 年 6 月央行对房地产行业缩紧银根以来,房地产信托是最引人注目的新兴融资热点。据统计,2004 年全国房地产类信托发行量为 111.74 亿元。房地产信托,就是房地产开发商借助权威信托公司专业理财优势和运用资金的丰富经验,通过实施信托计划,将指定管理的开发项目的信托资金集合起来,形成具有一定投资规模和实力的资金组合,然后将信托计划资金以信托贷款的方式运用于房地产开发项目,为委托人获取安全、稳定的收益。相对于银行贷款,信托更注重风险控制,项目可行性论证和担保措施是信托计划的关键控制点。从本质上讲,信托不是一种融资方式,而是一个融资平台,它在串接多种金融工具方面独具优势,创新空间宽广,并具有很大的灵活性。信托公司通过信托资金的运用,能对信托资金使用形成绝对控制,确保用途不被改变,对安全性、合理性进行全程监控;还可以直接对项目运行中可能出现的市场风险、操作风险以及道德风险进行防范和管理,以确保信托财产的完整和维护委托人的利益。信托资金的募集方式灵活方便,可以针对房地产企业本身运营需求和具体项目设计个性化的资金信托产品,无需人民银行批准,随时可发行资金信托品种,募集的资金量也不受限制。

2. 合作开发

开发企业如果筹资困难,那么相关的房地产企业各拿出一部分资金,组建专门的投资公司或财务公司,这些资金汇集起来用于帮助股东公司购买土地或者进行项目的前期开发,以解决燃眉之急,等拿到土地向银行抵押或项目进展达到银行的房地产开发贷款条件从而获得贷款后,再把钱还给投资公司,完成"过桥"。股东公司之间还可以相互担保,获得更多贷款。由于成员公司都属于房地产行业,项目的投资风险较易评估,投资回报较为透明,拆借的资金一般也只是用于短期周转,因此大家对所出资金的风险把握都较有信心;同时,股东公司不仅可以拥有资金的利息回报,还可以在自己的项目启动遭遇资金障碍时,享受对等的借款权利。开发商的融资活动从过去的被动应付转为主动出击,操作自由灵活,更不易受国家金融政策左右。这种联盟特别适合于相互了解、彼此信任的房地产企业之间达成,既可以是强强联合,也可以是弱弱联合。我们隐约从中看到房地产投资银行的色彩,只是风险承担者不是商业银行,而是民间资本,因此政府对这种民间的资金融通行为应该也会比较谨慎。

3. 融资租赁

融资租赁是一条极富融资潜力的好途径,具有许多优势,租赁方可通过销售来回收标的物。房地产项目以其不动产的特点最适宜于做融资租赁业务。房地产融资租赁是指有购房需求的购房人(承租人)为了购买商品房,在资金不充裕的情况下,委托租赁公司(出租人)根据其要求和选择代为购入所需的房产,然后购买人以租赁方式从租赁公司租赁房产使用,从而使购房人以融通资金的方式改善自己的住房条件的一种经济活动。房地产开发商能够借此开拓房地产市场,扩大房地产销路,与采用"先租后买"的租赁方式相比,其资金回笼要快得多。房地产商由此可以尽快抽出资金、人力进行下一轮开发投资。

4. 房地产证券化

房地产开发商按价值单元将自己在建的房地产项目分割成小的单位,直接或委托中介机构出售给小投资者;或直接以房地产产业投资基金的形式出现,集聚社会零散资金,专门投资房地产项目。由于证券化的载体是标准化的投资单位,购买后再转手流通变得方便可行,从而增强了抗风险的能力,真正实现房地产投资的社会化、大众化。房地产证券化的有利之处是开发商在吸纳了投资基金后,虽然要让出部分收益,但能够迅速得到资金,建立良好的资金投入机制,顺利启动项目;它还有助于房地产投资与消费两方面的实现,依托有价证券作为房地产产权的转移载体,能吸引更多的资金进入这一领域;同时,基金价格的变动包含着投资者对基金投资获利能力的判断和市场的预期,这种变动有助于房地产购买力集聚和市场价格发现。

5. 开发商贴息贷款

房地产开发商提供资金,委托商业银行向其购房者发放一定比例的购房委托贷款,并由开发商补贴一定期限的利息,其实质是一种"卖方信贷"。根据货币乘数模型

$$E = A\left(1 + \frac{a}{b}\right)$$

其中,E 为总回收资金数量,A 为开发商投入的委托贷款预定金额,a 为购房自付比例,b 为贷款比例。

由于在回笼款中多了购买者自付的部分,经过若干次周转,所投资金就会超额收回。例如,开发商提供房款 70% 的按揭比例,铺底 1 亿元资金作委托贷款,那么经过一次周转,回笼资金达 $1 \times (1+3/7) = 1.43$ 亿元,再全部投入作委托贷款,经过二次周转,回笼资金达 $1.43 \times (1+3/7) = 2.04$ 亿元,翻了一

倍多！在这种全新的营销和融资方式中，开发商、购房者、商业银行可在资金、住房、中间手续费方面各自得利，皆大欢喜；它巧妙地弥补了商业银行"封顶预售，发放按揭"所造成的消费断裂，开发商不必等到"五证"齐全才开始预售，商家贴息提供了极具诱惑力的市场营销题材，购房者感觉更有保证，也刺激了房产的销售。这种融资是在销售过程中实现的，安全可靠，但不是所有的开发商都可以尝试的，因为要投入一笔可观的铺底资金并在长时间内分期收回，所以它仅适合那些有实力、有规模的大型房地产企业，而且开发的项目为高利润、高档次的精品社区。

房地产开发企业在进行项目的开发建设时，通常要综合运用各种融资手段。例如，用积累的自有资金来支付地价款和前期开发办公费用；在获取土地使用权后，可以向银行或其他金融机构抵押以获取抵押贷款，用于地上物建设；当楼宇建设进行到一定阶段后可预售楼宇，用楼宇预收款加上用其他方式筹措到的资金将楼宇开发完毕。在开发建设过程中，还可能要辅之以短期银行透支贷款，以应付各种开支。项目开发建设并租售完毕后，将所得租售收入扣除各项成本、各种贷款与贷款本息，即可得到开发公司的利润。如果开发商所开发的项目建成后以出租为主，开发商就要考虑长期融资，在项目投入运营后，以项目每年的租金收入，在一定期限内将长期贷款的本息逐步付清。

二、抵押贷款的创新

随着收入水平的不断提高，人们希望改善住房条件的意愿越来越迫切，但是房地产交易的价格非常高且为一次性支付，而投资者（或购买方）能够支付的资金往往较为有限。所以，不动产抵押贷款成为人们解决房地产价款缺口的首选。无论是发达国家还是发展中国家，不动产抵押贷款都已经成为人们非常熟悉且经常采用的融资方式，并且，在各国金融市场上，不动产抵押贷款的创新也是值得关注的。

（一）不动产抵押贷款

不动产抵押贷款是一种长期融资工具，它要求借款人按照预定还款计划，并以特定不动产（房产）作为抵押品来确保债务偿还。在抵押贷款下，借款者必须预先确定贷款偿还计划，并提交某种特定的不动产作为抵押，如果借款者违约，未能按照预约偿付还款，贷款者就有权取消抵押物的赎回权，通过处置抵押物而收回债权。同时，在抵押贷款中，借款者往往有权利提前偿付贷款而无须缴纳相应的罚金。

以特定的不动产为抵押融通资金的场所被称为不动产抵押贷款市场，它由一级市场和二级市场组成。一级市场向借款人提供实际的贷款，二级市场则是投资者通过从贷款人手中购买贷款组合将流动性引入一级市场，这也就是不动产抵押贷款的创新。不动产抵押贷款是一类特别重要的贷款，其规模超过所有的消费者其他债务、银行其他商业贷款和公司其他债务的综合，因此，它是迄今为止世界上最大的债务市场领域。为了进一步讨论不动产抵押贷款，我们对一级市场上的不动产抵押贷款按借款期内贷款利率是否调整进行分类：

1. 固定利率不动产抵押贷款

固定利率不动产抵押贷款，是以预先确定的利率和分期还款方式来运行的信贷工具。贷款合同一经双方签字认可，在合同期内，利率即固定下来，不受市场利率变化的影响，还贷的方式也将固定不变。由于这类贷款的利率和现金流的支付时间、金额和付款方式都已经确定，所以，借贷双方对于贷款的管理付出的成本相对较少。常见的固定利率抵押贷款有固定偿额贷款、气球式贷款、固定还本贷款和双周还款贷款。

固定偿额贷款的偿还方式为，在贷款合同期内，借款人应每月偿还固定的额度给贷款人。它是一种可被视作年金的较简单的贷款形式，也是目前最为流行的还款方式。

气球式贷款是指在贷款合同期，最后一期的偿还额比此前任意一期的偿还额都高的贷款方式，而最后一期的偿还额被称为气球偿还额。其现金特点是，在贷款期间内仅支付利息或部分摊销贷款本金，至期末才偿还本金或余下的本金额。

固定还本贷款就是在贷款期内，每期摊还固定的本金额，而利息支付则依据每期期末还款余额及当期利率计算的还款方式。其现金流特点是，贷款期内利息支付金额依次递减，而本金支付额固定不变。

双周还款贷款是每两周还款一次，贷款期限缩短近一半，利息的总支付额也锐减，它实际属于固定偿额贷款的一种。

2. 可变利率不动产抵押贷款

近几年出现的可变利率不动产抵押贷款是与传统的固定利率抵押贷款相对应的一种抵押贷款方式。可变利率不动产抵押贷款是指在贷款合同期内，贷款利率可以依据某一指标变动而调整的贷款方式。它包括随价调整抵押贷款和浮动利率抵押贷款。随价调整抵押贷款是在贷款合同期内，贷款余额随着物价的变动而调整，一般物价指标为消费物价指数。利率调整周期通常为半年、1年、3年或5年,利率的调整权在贷款人手中。浮动利率抵押贷款的特点是在贷款合同期内,随市场利率水平变动而调整,利率变动的风险由借款人承担。目前,我国的住房抵押贷款就属于浮动利率抵押贷款。

(二)不动产抵押贷款证券化

1. 定义

银行等金融机构的资金来源一般主要是短期储蓄,在持有不动产抵押贷款时,抵押贷款往往集中在5～15年,具有长期性,当不动产抵押贷款占金融机构中贷款额的20%时,就会出现严重的流动性问题。为了规避该风险,持有不动产抵押贷款相关资产的金融机构,可将其持有的不动产抵押贷款证券化后售出,并在获得流动性后,再将此资金进行另一循环的投资。这就是抵押贷款的创新——"抵押贷款证券化"。

抵押贷款证券化(mortgage backed securitization,MBS)是指发放不动产抵押贷款的金融机构将其持有的抵押贷款,汇集重组成抵押组群,经过担保和信用增级,以证券形式出售给投资者的融资过程。

2. 运作过程

抵押贷款证券化运作过程是这样的:原始权益人(发起人)将不动产抵押贷款出售给为证券化目的而成立的特设机构 SPV(special purpose vehicle)(特设机构同时又是发行人),发行人以不动产抵押贷款产生的现金流作为担保,向投资者出售可以在二级市场上流通转让的不动产抵押贷款证券,获得的资金用来购买原始权益人所转让的不动产抵押贷款,特设机构的受托人以不动产抵押贷款产生的现金流支付给投资者。如图2-3所示。

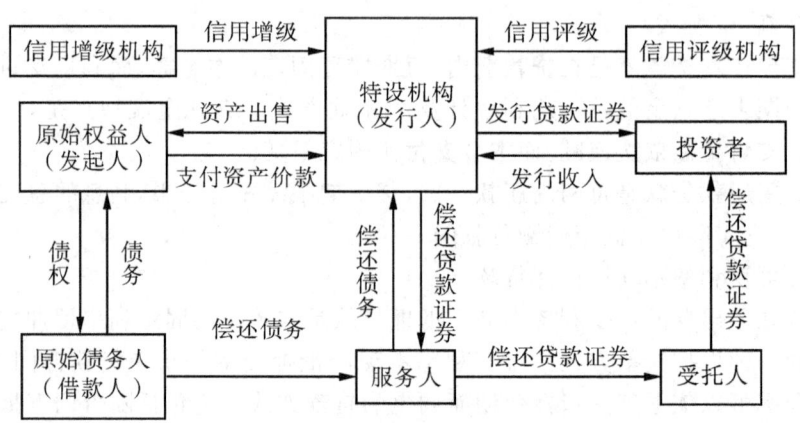

图2-3 不动产抵押贷款证券化运作示意图

不动产抵押贷款证券化的运作过程可以分为四个步骤：

(1) 由发起人或独立的第三方组建特设机构为发行人。

(2) 以"实际销售"方式将原始权益人的不动产抵押贷款转让给特设机构，在转让过程中通常要经过信用增级机构的信用增级。

(3) 特设机构以不动产抵押贷款为依托，经过信用评级以后，在证券市场上发行不动产抵押贷款证券募集资金，并用于购买不动产抵押贷款。

(4) 服务人负责向原始债务人（借款人）收取贷款本息，而后转交受托人；再由受托人支付给不动产抵押贷款证券的投资者。

从以上内容可以看出，不动产抵押贷款证券化的出现有很多积极的意义：它提高了银行贷款资产的流动性，使银行的长期贷款得以流动，从根本上解决了银行"短存长贷"的矛盾。抵押贷款证券化使金融机构分级剥离存量资产，并借用担保资产和担保机构的信用，来发行适宜的证券，甚至可以发行比自身信用级别更高的抵押证券，使得融资成本降低。金融机构通过出售高风险性资产，来有效地降低资产结构中风险资本的比率，提高资本杠杆效应。另外，它也为投资者提供了一种创新的投资工具，其收益性介于股票与债券之间，但它的风险却远远低于股票，而且与其他投资工具的相关系数极低，对于专业的投资者而言，投资抵押贷款证券能为投资组合分散风险，以期获得最佳的投资组合。所以，不动产抵押贷款证券化很好地满足了金融机构及投资者的不同需求。

不动产抵押贷款证券是抵押贷款证券化的载体，也称抵押贷款支持证券。从本质上讲，发行抵押贷款支持证券是发放抵押贷款机构的一种债权转让行为，即贷款发放人把对抵押贷款借款人的抵押权转让给证券投资者。发行抵押贷款支持证券的抵押权可以是一级市场上的房地产抵押权，也可以是从抵押二级市场上购买的抵押权；可以是单一的大额房地产抵押贷款的抵押权，也可以是许多抵押权集中并按一定规则包装后的抵押权集合。在绝大多数情况下，发行抵押贷款支持证券的抵押权是在二级市场上从众多一级或二级抵押权人手中购买的抵押权集合。

3. 常见的形式

下面我们将介绍抵押贷款支持证券最常见的三种形式：

(1) 抵押贷款转手证券（MPTS）

抵押贷款转手证券，简称转手证券，其运作方式是将若干抵押贷款组合成一个抵押贷款池，以此产生的现金流量（即池中抵押贷款的本金和利息收入）为基础发行证券；证券发行商在扣除一定比例的服务费、担保费等费用后，将池中的本息收入全部转给投资者。通常，支持一种转移证券的各种抵押贷款都具有相同的贷款类型,而且其贷款期限和利率的相似程度足以允许我们在预测现金流时将贷款池当作单笔不动产抵押贷款。转手证券的现金流量取决于抵押贷款的现金流量,但数量和时间上都是不确定的。此外,不动产抵押贷款池中贷款的借款人可以在证券既定到期日之前的任何时候全部或部分提前偿还本金而无须缴纳罚金,这是转手证券的一个重要特征。

(2) 担保抵押贷款证券(CMO)

担保抵押贷款证券是以抵押贷款组合、转手证券、本息剥离的抵押担保证券(后面会讲到)及其组合为担保品,发行的具有多个级别的证券。由于担保抵押贷款证券的现金流是从基本担保品中派生出来的,又被称为"衍生证券"。一个典型的担保抵押贷款证券机构中,有四类债券,一般称为 A 类、B 类、C 类和 Z 类。前三类债券期限不同,其中 A 类期限最短,C 类期限最长,都可以从基本担保品中获得定期的利息支付;Z 类是一种应计利息累积债券,它在其他三类债券的利息被偿付之前是不能定期获得利息的。当担保抵押贷款证券受托人获得本金偿还时,这些款项就被用于偿付 A 类债券;当全部 A 类债券都被偿清之后,所有获得偿还的本金就被用于偿还 B 类债券;接下来是 C 类债券。最后,当前三类债券都被清偿后,从余下的基本担保品中获得的现金流量才被用于满足 Z 类债券的债权要求。

(3) 本息剥离的抵押担保证券

转手证券是把基本的抵押贷款组合获得的现金流在证券持有者中间按照某个比例进行分配,若本金和利息的分配由某一比例分配改为不平等分配,便产生了本息剥离的抵押担保证券。这类证券有两种形式:本息剥离的抵押担保证券和只有利息或只有本金的证券。后者是最常见的,它把全部利息分配给一类债券,被称为 IO(interested only)类债券;把全部本金支付给另一类债券,被称为 PO(principal only)类债券。IO 类债券和 PO 类债券由于不动产抵押贷款提前偿还风险的存在而具有相当大的价格易变性。

(三) 次级抵押贷款及债券

从 2000 年起,受经济稳定增长和低利率货币政策的刺激,美国房地产市场持续升温,房价连续上涨。出于对美国楼市良好成长性的预期,许多购房财产不足、缺乏信用记录或信用历史较差的借款者也积极介入炒房行列。同时,房地产金融机构在盈利目标的驱使下,产生了强烈的扩大住房抵押贷款供给的冲动。在优质客户的借款需求被基本满足之后,房地产金融机构逐渐把眼光投向原本不够资格申请住房抵押贷款的潜在购房者群体,即次级抵押贷款市场和可选择优质贷款市场。因此,伴随着次级抵押贷款标准放松,以及次级抵押贷款产品的创新和证券化,次级抵押贷款及其证券化产品就成为受市场追捧的创新投资品种,迅速发展并在美国房地产市场扮演着越来越重要的角色。

次级住房抵押贷款属于非标准抵押贷款类别,是指住房抵押贷款市场上信用等级较低的借款人申请获得的贷款。次级住房抵押贷款(简称次级贷款)是相对优质住房抵押贷款而言的。具体来讲,美国房地产金融机构一般用客户的信用记录和信用评分、借款者的债务与收入比例(DTI)和借款者申请的贷款住房价值比(LTV)三个指标来区分贷款的质量。所谓的次级贷款就是向信用评分低于620分、DTI超过40%以及LTV超过85%的借款者发放的抵押贷款。

次级抵押贷款的市场需求大,贷款利率较高,但大多数次级贷款申请人的收入水平却相对较低。因此,具有上述特征的次级抵押贷款市场促使银行等贷款机构不断开发各种还贷灵活的信贷产品,以减轻当期还款压力,满足各类次级借款者的需要。这其中大多数是浮动利率抵押贷款(ARM),其创新思路就是允许借款人在偿还的初期不仅可以不归还贷款本金,甚至可以不完全归还贷款利息。这样借款人初期的还款压力会大大降低,他们设想着一旦原来ARM的利率进入重新设定期,他们就会通过接入新的ARM合同来提前偿还旧合同,或者直接出售房地产来提前还款。但是这一策略的前提是房价只涨不跌,可以看出其中蕴涵的风险极大。

与前面的MBS类似,商业银行为了解决其资产负债结构和久期的匹配问题,通常乐意部分或全部出售其住房抵押贷款,而美国发达的资本市场也为这一出售提供了有利条件,住房抵押贷款证券化便应运而生。而那些非标准的住房抵押贷款则因其信用等级低,风险较高,要打包出售,就需要提高其风险溢价水平。这就是人们今天所熟悉的次级抵押贷款债券(简称次级债)。

而 Alt-A 贷款①和次级抵押贷款则多被划分后重新打包,然后成为公开发行的资产支持型的抵押债务权益(collateral debt obligation,CDO)的抵押品。这一金融创新方式使得不同风险偏好的投资者得以参与,因此使更多的次级抵押贷款得以证券化发行。但这一证券化过程牵涉对抵押贷款池进行复杂的切分,并且只能用金融计算模型来估计未来CDO的现金流状况,而不同的债权评级机构、抵押发行人、投资机构的金融模型都不尽相同。这也埋下了定价机制模糊、评级变化巨大的隐患。

次级抵押贷款债券市场并不仅仅局限于次级抵押贷款债券本身,随着金融创新的不断深入,与其相关的衍生品也成为这一市场中十分重要的交易品

---

① Alt-A 贷款是一种介于优质贷款和次级贷款之间的类别。

种,高级衍生品 CDO 就扮演着重要的角色。CDO 的参与者与传统的 MBS 大致相似,都需要有发起机构、服务机构、SPV 渠道机构、信用增级机构、信用评级机构及销售机构等。各参与者的职能分工如图 2-4 所示。图 2-5 刻画了 CDO 市场的简要运作流程。

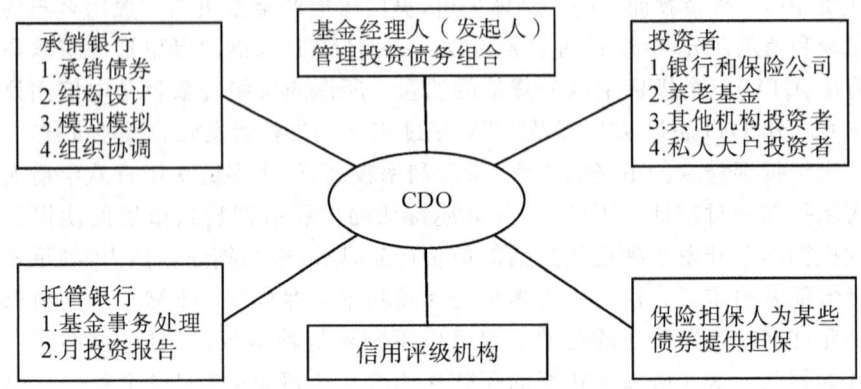

图 2-4 CDO 市场运作主要参与者示意图

CDO 在运作中与前述证券化产品最大的不同在于基础资产的管理模式和资产类型。在前面的各类证券产品中,发起人并不具备对基础资产的实际管理职能,基础资产是众多的抵押贷款;而在 CDO 运作中,发起人能够对基础资产进行实质性管理,其基础资产的类型则是一些债务工具,如高收入的债券——新兴市场公司债或国家债券、银行债券或其他证券。CDO 资产中也可包含传统的 ABS、RMBS 及 CMBS①等资产,不同 CDO 产品之间基础资产的差异也会很大。

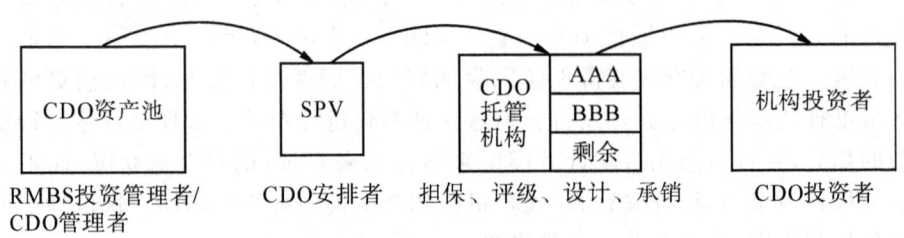

图 2-5 CDO 市场运作流程示意图

---

① RMBS 是住宅抵押贷款支持证券,CMBS 是商业抵押贷款支持证券。

CDO 现金流先要用来支付管理费、服务费、税费及利率(或货币)交换的费用,之后还要按照各级证券的优先顺序给付。按信用质量的不同,CDO 可以分为不同层级的证券:高级、中级和低级;另外还有一个不公开发行的层级——权益层,多为发行者自行买回,相当于用此部分的信用支持其他层级的信用,由于它与股本的作用相同,故又称为股本层级或收入证券。现金流入依照信用等级顺序依次进行偿付:首先是高层级、中层级,然后是低层级,最后是权益层,当其他层级的债券本金和收益全部得到偿付时,权益层将获得基础资产产生的全部剩余现金流。显然权益层承受最大的风险,而高层级受到了最强的风险保护。可见,本质上,CDO 通过权益层的设置实现了信用增级。低级、中级及高级也可以再根据利率分割为小层级,例如,固定与浮动利率、零息与附息等,以适合不同投资人的口味。表 2-8 为目前市场中常见的 CDO 结构。

表 2-8 常见 CDO 证券层次结构图

A-1 层级浮动利率	A-2 层级固定利率
B-1 层级浮动利率	B-2 层级固定利率
C 层级(浮动或固定利率)	
D 层级(浮动或固定利率)	
股本层级(次顺位证券)	

CDO 不同层级的划分实质上是基础抵押资产风险的重新组合,这一方面表现为高级 CDO 中的信用增级和风险减少,从而吸引风险厌恶程度较高的投资者;另一方面表现为风险向中间层和股权层 CDO 集中,即整个原始抵押贷款经过多次证券化和优先次级的偿付结构安排,其信用风险由原始抵押贷款的分散状态和 MBS 的平均化状态转而集中于具有次级债券性质的中间层和股权层 CDO 中。通过多次的证券化和结构性金融安排,原始次级抵押的风险被高度集中,这本质上相当于提高投资于次级抵押贷款的杠杆率,其在很大程度上已经脱离了实体经济,从而在不断转手的过程中创造着巨大的潜在风险。当金融衍生品的高杠杆特性将问题加倍放大后,一系列危机将沿着证券化发展的路径接连爆发。这也是美国次贷危机爆发的根本原因所在。

美国自 2000 年互联网泡沫破灭以及"9·11事件"以后,为了防止经济陷入衰退,一直致力于寻找新的经济增长支撑点,这时期房地产市场的繁荣让美国人看到了希望。随后一系列货币政策的刺激和相关金融监管法规的实施,支撑了美国 2001—2005 年次级抵押贷款市场的繁荣发展。次级抵押贷款占全部房贷的比例从以往的不足5%跃升到2006年的20%。经过五年房地产火热牛市,美国家庭自有住宅比例达到历史最高纪录,但房地产市场开始饱和。随着美联储17次加息,将联邦基金利率从1%提升到5.25%。利率大幅攀升加重了购房者的还贷负担。从表面上看,假如出现还贷困难,借款人只需出售房屋或进行抵押再融资就能渡过难关。但事实上,由于美国住房市场降温,再加上利率连续攀升,借款人很难将自己的房产及时变现,造成越来越多的次级抵押贷款者无力还贷。而美国居民逾期还款和丧失抵押品赎回权案例大幅增加,猛烈地冲击贷款机构的资金链,次级抵押贷款市场发生严重震荡。由于很多抵押贷款公司已经上市,其股价势必大跌,最终波及整个金融市场,引发世人震惊的美国次贷金融危机。

资料阅读

天津 REITs 破茧而出

2010年年初,在中央政府大力推进保障房建设的背景下,天津与上海将各自的保障房REITs方案交付央行,并提交国务院等待审批。虽然时至今日,以保障房作为资产池中主要资产的国内首只REITs尚未获得准生,但相关话题再度升温,引发业界的种种猜想。作为提上议事日程的中国第一个REITs概念产品,天津"债权版"的REITs试点方案和审批流程的点滴变化,牵动着地方政府、房地产业和金融业相关人士的神经。

在天津递交国务院的保障房REITs方案中,基础资产为天津市房地产开发经营集团有限公司(下称天房集团)持有并管理的4万套廉租房,建筑面积200余万平方米,假设出租率为100%。天房集团代表政府以实物配租的方式向符合条件的低收入家庭提供房源。按照现在假定的收入模型,实际收取月租约为每平方米1.85元,但周边租赁市场的可比租金约为每平方米27元左右。这一廉租房设计成REITs产品对外发售时,也以月租金27元为基础给投资者计算回报。这意味着,在这一产品中,每平方米廉租房的月租金中隐含着25.15元的政府租金补贴。

天房集团将廉租住房委托给受托人设立房地产信托(债权 REITs),受托人将优先级受益权向银行间债券市场发行受益券,转让给机构投资者(主要为国内商业银行)。受益券发行规模可达信托资产总规模的80%,约38亿元。值得注意的是,若按方案中的评估价值计算,计入政府租金补贴的信托资产的毛回报率高达13.8%。

摩根大通董事总经理李晶在2010年9月初的一份研究报告中指出,鉴于目前5年以上贷款的名义贷款利率维持在5.94%,为使机构投资者介入股票式REITs所有权,回报需达到8%。一位业界资深人士表示,津版REITs如此高的收益率,又有泰达这样的企业做担保提供信用增级支持,在市场上不会愁卖,但关键在于政府掏这么多补贴,以如此高的成本融资到底值不值。在他看来,这"并非真正的REITs",因为这种设计实际上意味着,政府将利息为5.94%的贷款融资置换成了回报率为13.8%的债权融资,唯一的好处是资金快速回笼,可以投入新的保障房建设。

天津版保障房REITs,表明将租赁型保障房这类公共品变成投资品,关键仍在于地方政府让利,舍去(或说转移)部分土地出让收益。深圳交易所金融创新实验室主任毛志荣撰文指出,REITs将成为保障性住房在财务上可行的潜在资金来源。这一观点被业内广为认可。国内专家也提出若干提高收益的可能方案,包括:在REITs架构内绑定其他高收益地方政府房地产资产;向投资者提供政府补助;及为投资REITs产生的收入提供优惠所得税等。

显然,目前津版REITs属于第一种方案。事实上,2010年年初国土部公布的政策性住房用地计划中,24 454公顷的廉租房与经济适用房用地量和750公顷公共租赁房用地量,占政策性住房计划用地量(142 256公顷)不足五分之一。这为"在REITs架构内绑定其他高收益房地产资产"预留了足够的想象空间。以香港领汇房地产基金的经验,与廉租房绑定在一起的其他高收益资产,还可以是廉租房配套的商业物业(对于股权型REITs尤其适用),例如商场、车库等。

据戴德梁行有关人士介绍,租金不可能有大幅调整,仅可根据通胀情况适当微调,但是配套商业物业的租金可以根据市场情况提升。香港政府投资装修,提升廉租房商业物业价值后,使得物业人气上升,从而提高了租金水平(尽管提高租金一事也曾在社会上引起争议)。这部分物业的较高租金回报支撑着领汇基金的回报率。天津早在2009年年中,就设立了中国首支保障性住房投资基金,规模为50亿元,以加大保障性住房市场的建设力度,减轻巨额融资压力。基金投资人主要由银行推荐,资金来源采取社会募集的方式,包括银行理财产品即"银信政"产品资金。

然而,国务院明确,各地为保障性安居工程建立的融资平台不在清理地方融资平台范围之内。"这意味着,目前的保障房REITs,更像一种新版的地方债,成为目前地方政府一个新的融资渠道。"前述熟悉天津方案的人士表示。一位接近中信证券的消息人士称,中信证券除为天津设计了保障房REITs方案,同时还设计了以公共设施资产(如政府办公楼、桥梁、道路等)为基础资产的公共设施 REITs。或许,在保障房 REITs 破壳之后,更多新的 REITs 产品将在中国迎来一个开放之春。

——节选自《中国华尔街资讯》

案例 2-1　上海置业:城市运营商的融资突围——寻找新模式

以"城市运营商"形象示人的上海置业(1207.HK)2006 年年底宣布将尝试分拆公司参与投资的上海新市镇项目——金罗店独立上市。如果此举顺利完成,将能缩短金罗店的投资回收周期。此次筹集的资金将用于发展上海置业位于沈阳和无锡的两个大型市镇项目。作为需要资金投入巨大的城市运营商,上海置业在日渐紧迫的宏观形势下,不得不采取新的变现措施为其后续项目输送"养料"。

上海金罗店开发有限公司(下称"金罗店")是由上海置业与罗店镇资产经营投资公司、上海东昌投资发展公司于 2002 年组建的中外合资企业,注册资本 5.481 亿元,是上海罗店新市镇开发计划的执行者,也是总规划面积 6.8 平方公里的罗店新镇的一级土地开发商。其中上海置业持有金罗店约 45.26% 股权,另两家则各占约 27.37% 股权。在此之前,该公司的股权进行过多次变更。

上海置业 2005 年年报显示,金罗店净资产约 10.92 亿港元。截至 2006 年 9 月,金罗店拥有的物业及相关权益价值 87.66 亿元。公司有关人士介绍,总面积 6.8 平方公里、总投资 55 亿元的罗店新镇大约在 2008 年即可全部开发完成。但现实情况是,随着宏观调控的逐步深入,位于上海外环线外的新市镇开发均遭受不同程度的影响。土地市场转冷首当其冲,这也从一定程度上影响了上海置业在金罗店项目中的收益回收速度。罗店新镇的土地价格曾因 2004 年天津顺驰以 6.2 亿元高价拿地而一路高涨。在 2006 年上海一、二号公告的土地挂牌中,该区域的挂牌价格高达 190 万元/亩,相比天津顺驰的土地价又高出一大截。但目前区域内的在售项目,包括顺驰美兰湖在内,销售情况均不甚理想,平均售价仅能保持微利水准。不仅如此,新盘市场的萎靡成交也令罗店新镇的新推地块少人问津。事实上,二号公告中成交的罗店新镇 C5-3 地块系上海绿洲花园置业有限公司以挂牌起始价 4.4 亿元摘得,而该公司正是上海置业的下属公司。该地块楼板价已超过 2 500 元/m^2,而罗店新镇的新盘售价不过在 5 000 元/m² 左右。

中房指数研究院华东分院副院长陈晟认为,相比二级不动产开发企业,一级土地开发商的融资渠道更有限,融资难度也更大。通过拆分独立上市的形式融资,倒是另辟蹊径的一个方法。他指出,在资本市场上,拥有土地较多的开发商更容易获得青睐。

2006 年年初,上海置业主席施建指出,现时集团在内地正开发的 9 个地产项目,总建筑面积约 140 万平方米,可供未来 5 年持续发展之用。从 2006 年开始,上海置业已经向上海以外的一些发展潜力较大的城市寻找机会。同时,集团有意从纯住宅开发商,变为住宅、商铺、酒店、写字楼与物业管理及租售的综合性不动产开发商,计划未来 3~5 年内,保留部分开发中的高素质酒店、商铺及写字楼拥有权,以作为长远投资,期望为集团带来稳定租金收入。由此可见,多个项目同期展开的上海置业需要充分的资金投入。2006 年年初,上海置业就以 4 000 万元人民币购入琴海置业 40% 股份,以获得一幅位于上海市中心黄金地块的部分权益。该地块位于黄浦区,占地面积约 3.7 万平方米,拟开发成一个住宅项目,总建筑面积将超过 10 万平方米,目前正处于前期发展阶段。同期,上海置业还在上海闸北区开发一个超大型楼盘——绿洲雅宾利花园,在普陀区开发一个综合商业项目——绿洲中环中心。相比上述项目,以土地运营为主的金罗店开发周期明显更长。不仅如此,据上海硕诚置业营销总监潘浩透露,绿洲雅宾利花园今年将有望为上海置业带来超过 10 亿元的现金回款。相比而言,为了获取更合理的土地价格,之前上海置业还曾经放缓过对罗店新镇的土地出让。上海置业在公告中透露,公司计划于金罗店开发位于无锡和沈阳的两个新市镇项目,项目的类型与罗店新镇相似,土地面积分别达到 860 万平方米和 2 000 万平方米。公司分拆金罗店上市正是为了给无锡和沈阳的两个项目融资。将拥有雄厚土地储备的优质项目上市变现,在现金形势日趋紧迫的市场环境下,未尝不是一个扩大现金流、保证开发企业长远发展的方式。

根据以上资料,请你为上海置业再推荐一至两个较为适合的融资方式,并进行比较。

案例 2-2　长江实业旗下置富基金的新加坡上市

李嘉诚旗下的长江实业拥有众多的物业资产,如何将这些资产有效变现从而融通资金去收购其他资产,一直是其考虑的重点。受到香港市场 REITs 上市的制约,2003 年,长江实业将旗下多个商业物业资产组合打包到了新加坡市场上,交由新成立的"置富产业信托"实施管理。"置富产业信托"是由长江实业发起,于 2003 年 7 月根据新加坡法律成立,总部设在新加坡的一支单位信托基金,最初成立的目的主要是拥有及投资长实位于香港的零售商场组合。置富产业信托基金不仅是亚洲的第一支跨国 REIT,也是新加坡第一支以外币计价的 REIT。

在 2003 年 8 月 12 日,置富产业信托基金在新加坡发行受益权凭证。其所投资的房地产资源是长江实业拥有的 5 个购物商场,包括香港的渔人码头、马鞍山广场、Household Center、创意无限商场和银禧阁商场。其发行市值为 7.05 亿新加坡元,却获得了 3.7 倍的超额认购率。新加坡及香港投资者分别认购了 73% 和 21% 的发行份额。截至 2005 年 6 月 30 日,置富产业信托基金的市值已达到 50.48 亿港元,比上市之初增长了 30% 左右。基金的受益证券的募集采取了私募与公开募集的方式,私募是向国际投资人发行,包括机构投资人及其他投资人,而公开募集则是向新加坡公众发行。

置富产业信托基金并非一个法律上的实体,而是一个由多方主体协同组成的一个安排。这支 REITs 由长江实业(集团)有限公司发起,其各方当事人包括信托单位持有人、基金托管人、基金经理、物业管理公司。

置富基金成立后表现不俗,2005 年 6 月置富产业信托基金又斥资 36 亿港元,买入香港六处郊区商铺,令总资产规模由 42 亿港元,增加近一倍,至 78 亿港元。而在业绩方面,截至 2005 年 6 月底,第二季度每单位置富基金持有人获得 8.25 港元分红,总派息额相当于 4 080 万港元。至此,置富基金持有的 11 个香港商场,合共约 170 万平方英尺,现时的平均出租率约 95%,平均平方英尺租约 24 港元,部分商场的租金升幅介乎 20% 至 40%。而最新公告则表示,2006 年中期可供分派盈利为 1.4 亿港元,按年大增近 72%,每单位可分派 17.53 港分。

此次跨境上市的成功,使长江实业能够顺利套现资金,解决了单个物业单独出售交易成本高、周期长的问题,同时置富基金的发行,使得长江实业仍然保持对这些物业的控制权。

结合以上材料,分析我国房企发行 REITs 的融资成本和回报。

案例 2-3　三亚地产投资券

20 世纪 90 年代初我国沿海各地出现开发区房地产热,使海南省的房地产急剧增值,如何进一步加速三亚的开发,实现地产的增值,成为海南省政府当时关注的问题之一。1992 年,三亚市开发建设总公司开发了三亚地产投资券,以投资券的形式,通过预售地产开发后的销售权益,集资开发三亚地产。三亚地产投资券以三亚市丹州小区 800 亩土地为发行标的物,所筹资金用于该片土地的规划设计、征地拆迁、土地平整、道路建设及供电、供水、排水等"五通一平"的开发。土地每亩折价为 25 万元,其中 17 万为征地成本,5 万为开发费用,3 万为利润。这样发行的总金额为 2 亿元。市政府下属的三亚市开发建设总公司(也就是丹州小区的开发商,简称三亚开建)是该投资券的发行人,它对土地进行开发建设,负责按时保质完成施工,并承诺对因开发数量不足导致的损失负赔偿责任。投资管理人由海南汇通国际信托投资公司(以下简称汇通国投)担任,在开发期间,它要负责控制向发行人支付发行收入的节奏,以确保与地产的开发节奏大体同步,同时它还要监督三亚开建按规划设计标准及预定时间完成开发;在开发完成后,管理人要组织销售地产,并保证地产售价的公平性、合理性及竞争性。本次发行工作所聘请的顾问是中国管理科学院投资与市场研究所,它负责为投资券的发行提供可行的方案。三亚地产投资券于 1992 年 10 月 20 日至 10 月 31 日在三亚、海口两地向持有三亚市身份证的居民(含郊区居民)以及海南的法人团体发行,每张身份证限购一张投资券(面值 1 000 元)。在 1993 年 3 月 13 日的上市公告书中公布的个人股为 1 912.4 万股,占总发行额的 9.56%,其余皆为法人股。当时预计 1992 年 12 月动工开发丹州小区,1995 年 8 月 5 日前完成开发,清盘日期为 1995 年 11 月 10 日,清盘时一次兑付。开发后地产销售收入及相应的存款利息在扣除了管理费(按销售收入超出发行基价部分的 5% 计算)、应付税金、手续费、土地过户费以及地产销售或拍卖费(按投资券额的 13% 计算)之后,就是投资人的投资收益。

根据材料指出三亚地产投资券与抵押贷款支持债券证券化过程的区别,并简要分析现阶段我国不动产债权抵押证券化市场。

案例 2-4 旧的 10 单元的公寓房

这个 10 单元公寓不动产的总价是 1 200 000 美元。

收入和费用数据

每单元租金每月是 1 000 美元,自动售货机和其他的收入每月净值是 700 美元。空置损失率为 5%。年运营费用(不动产税、保险、维修和管理)约占潜在毛收入的 30%。

融资数据

贷款人仅能获得总价 75% 的贷款,因此货款额=1 200 000 美元×75%=

900 000美元。30年期限8%的固定利率＝大约每月6 600美元的贷款本息偿还。而首付将是300 000美元(总价1 200 000美元×25%)

所得税信息

依据上述的贷款信息,第一年的利息扣除大致是71 700美元,第一年估算的折旧是28 400美元,市政府和县政府的缴税税级总计是36%。所有亏损都可用在当年。回答下面的问题,所有的百分数保留两位小数。

第一年现金流分析

1. 潜在毛收入   美元
2. 加上:其他收入   +＿＿＿＿
3. 等于:潜在总毛收入   美元
4. 减去:闲置/拖欠损失   －＿＿＿＿
5. 等于:有效毛收入   美元
6. 减去:年运营费用   －＿＿＿＿
7. 等于:净收益   美元
8. 减去:每年还本付息   －＿＿＿＿
9. 等于:税前现金流   美元

税收利息分析

10. 净收益   美元
11. 减去:利息(贷款1)   －＿＿＿＿
12. 减去:利息(贷款2)   －＿＿＿＿
13. 减去:成本回收(折旧)   －＿＿＿＿
14. 等于:不动产应纳税收入   美元
15. 等于:估算的可允许损失(如有损失)   美元
16. 乘以:税级(乘以第14行或15行)   ＿＿＿＿
17. 等于:税收节余或支付   美元

净可支配收入

18. 税前现金流(第9行)   美元
19. 加上或减去:税收节余或支付(第17行)   ＿＿＿＿
20. 等于:净可支配收入(税后现金流)   美元

作为投资者的顾问,请你回答下面的问题:

1. 税前现金流是多少?   美元
2. 税收节余或支付是多少?   美元

3. 净可支配收入是多少？　　　　　　　　　　　　　　　美元
4. 毛租金倍数是多少？
5. 资本化率是多少？　　　　　　　　　　　　　　　　＿＿＿＿％
6. 税前现金流占现金投资的比率是多少？　　　　　　　＿＿＿＿％
7. 税后现金流占现金投资的比率是多少？　　　　　　　＿＿＿＿％
8. 如果市场上流行的资本化率是8％，应该为这10单元公寓支付的最大额是多少？　　　　　　　　　　　　　　　　　　　　＿＿＿＿美元

9. 假定投资者按问题8计算的价格购买这个不动产，而且新的贷款项是806 063美元，固定利率8％。期限30年，每月支付5 915美元。由于这个较低的价格，假如现在年运营费用将降低到每年34 000美元，每年的利息扣除将是64 242美元，而折旧将下降到每年27 000美元。其他所有数据和前面一样。则新的净可支配收入将是多少？

10. 对于268 687美元的投资，新的税后现金流占现金投资的回报率是多少？

案例 2-5　北京奥林匹克饭店拍卖案

奥林匹克饭店是位于北京中关村的一家三星级国际化酒店，总建筑面积27 616.86平方米，是国际奥委会在北京期间唯一正式考察的饭店。

1987年3月，奥林匹克有限公司（由国家体委下属几家公司和一家香港公司合资组建）由中国银行和三家日本银行组成的银团贷款50亿日元兴建奥林匹克饭店，并约定将该饭店作为贷款的抵押物和贷款方提供贷款额度的先决条件之一，中国银行占贷款额度的32％。1989年，奥林匹克饭店建成并投入营运。由于奥林匹克有限公司未能还款，中日银团在1994年提起仲裁。1995年，中国国际经济贸易仲裁委员会作出裁决，中日银团有权处分贷款协议中的担保权益（即奥林匹克饭店），并用所得款项偿付奥林匹克有限公司所欠的57.18亿余日元本息。因生效的仲裁裁决未得到履行，中日银团向北京第一中级人民法院提出执行申请，请求法院允许其接管饭店。1998年11月，法院作出执行裁决，将饭店全部资产交付中日银团。由于四家银行共同经营一家饭店，意见难以统一，加上日方银行急于将饭店资产变现，经中国人民银行和国家外汇管理局同意，中国银行买断三家日本银行的权益，取得该饭店的全部处分权。

买下奥林匹克饭店之后，中国银行委托一家公司对其进行经营。但按照2003年修改的《商业银行法》的规定，"商业银行因行使抵押权、质权而取得的

不动产或者股权,应当自取得之日起 2 年内予以处分","商业银行在中华人民共和国境内不得向非自用不动产投资,但国家另有规定的除外"。中国银行不能对该饭店进行投资改造和升级,并被要求尽快处理这一资产。2003 年 3 月 18 日,几经延期的奥林匹克饭店拍卖公开进行,在不到一分钟的时间里以 2.25 亿元人民币(含国有土地出让金 5 500 万元)的拍卖底价由一家公司购得。据悉,这次拍卖不包括该饭店的名称使用权;目前该饭店的经营已扭亏为盈,2001 年净利润为 411 万元人民币。

据统计,类似于奥林匹克饭店这类沉淀于房地产的不良资产,各大银行都有,数额大多在百亿元以上。如果不及时进行处理,这些不良资产将会发生"冰棍效应",也就是说,随着时间的推移其价值大为萎缩。

依据以上材料,思考中国银行发生巨大损失的原因,并分析该银行可能面临的风险。

本章习题

1. 什么是不动产估价?如何更好地对一个不动产投资项目进行估价?

2. 现有一宗地,占地面积为 100 平方米,2007 年 11 月通过出让方式取得土地使用权,使用年限为 50 年。2009 年 11 月建成一房屋,该房屋建筑面积为 250 平方米,现全部用于出租。根据以下资料,运用收益法相关内容评估该宗土地 2012 年 11 月的价格。

(1) 该房屋用于出租,每年收取押金 6 万元,平均每月租金收入为 4 万元,平均每月总运营费用为 2 万元;

(2) 该房屋耐用年限为 50 年,目前的重置价格为每建筑平方米 6 000 元,假设残值率为 0;

(3) 押金收益率为 9%;

(4) 土地还原率为 6%,建筑物还原利率为 8%。

3. 何为资本化率?其实质是什么?

4. 若某公司欲投资一商场,其售价为 1 000 万元,该公司可自银行贷款 80%,贷款年利率为 10%,五年期,按月摊还本息,不计折旧。预计五年后将此商场出售可得 2 000 万元,若此五年间的净营运收益均为 150 万元,那么在所得税率为 50%、公司的必要收益率为 10%的情况下,试求出该投资的净现值。

5. 什么是内在收益率(IRR)和修正后的内在收益率(MIRR)?二者的区别是什么?下列 A 投资的 IRR 为多少(以试错法由 8%的收益率起算)?又当再投资收益率为 3%时,其 MIRR 为多少?如果投资者的要求收益率为

8.8%，试分别以 IRR 与 MIRR 为准则，判断 A 投资方案是否可行。

A 投资方案的现金流量表

年　　度	现金流量（元）
0	−1 000 000
1	600 000
2	600 000
3	600 000
4	15 000 000

6.某公司有一土地出租，目前正与两家厂商洽商中，若出租给 A 公司，租约 3 年，该公司可获得的净现值为 400 万元；若出租给 B 公司，租约为 4 年，可获得的净现值为 500 万元。若经公司评估，两厂商的商誉相当，其必要收益率均为 10%，则公司应选择哪一家厂商？

7.某宗商业不动产建成于 2007 年年底，受益年限为 40 年；2008 年年底至 2011 年年底可获取净收益分别为：80 万元、85 万元、91 万元、98 万元；预计从 2012 年年底至 2016 年年底可获得净收益分别为：103 万元、108 万元、116 万元、125 万元、132 万元；从 2017 年年底起每年可获得的净收益将稳定在 130 万元；该类商业不动产的资本化率为 9%。试利用上述资料测算该宗不动产 2011 年年底的收益价格。

8.若房地产开发商多数资金来源为银行贷款，而且其投资目标多为土地、房屋或兴建中的工程，一旦房地产市场不景气导致其所开发项目滞销，则其最可能面临的下列何种风险？并解释。

(1)通货膨胀风险；(2)利率风险；(3)汇率风险；(4)流动性风险。

9.试结合 REITs 在我国的实践，简要分析我国现阶段的房地产企业融资困境与出路。

10.思考并分析理想的房地产融资体系应该是什么样的？

参考文献

[1]John P. Wiedemer.房地产投资[M].北京：中信出版社，2005 年
[2]叶剑平，曲卫东.不动产估价[M].北京：中国人民大学出版社，2005 年
[3]牛建高，李义超，张莉琴.不动产投资分析[M].北京：北京师范大学出版社，2008 年

［4］刘李胜、高翔. REITS 运作与管理[M]. 北京:中国时代经济出版社,2009 年

［5］林左裕. 不动产投资管理[M]. 北京:中国人民大学出版社,2005 年

［6］Ventolo W. L. , Williams M. R. 房地产估价原理[M]. 上海:上海人民出版社,2005 年

［7］Dennis J. McKenzie,Richard M. Betts. 不动产经济学[M]. 北京:中国人民大学出版社,2009 年

［8］Stephen A. Ross,Randolph W. Westerfield,Jeffey F. Jaffe. 公司理财[M]. 北京:机械工业出版社,2010 年

［9］张兴. 房地产投资信托运营[M]. 北京:机械工业出版社,2009 年

［10］吴伟良. 房地产企业战略管理基础[M]. 上海:上海人民出版社,2003 年

［11］刘金联、高占松. 房地产开发经营管理操作实务[M]. 武汉:武汉大学出版社,2001 年

［12］张红、殷红. 房地产金融学[M]. 北京:清华大学出版社,2007 年

［13］吴惠平. 房地产融资创新之路[J]. 金融投资,2006(7):42－44

［14］马艳萍. 房地产融资现状及发展趋势分析[J]. 现代商业,2010(3):201－202

［15］次贷风波研究课题组. 次贷风波启示录[M]. 北京:中国金融出版社,2008 年

［16］William B. Brueggeman,Jeffrey D. Fisher. 房地产融资与投资[M]. 北京:机械工业出版社,2003 年

［17］洪艳蓉等. 房地产金融[M]. 北京:北京大学出版社,2007 年

第三章 私募股权投资

第一节 私募股权投资概述

一、私募股权投资的概念

私募股权投资(private equity),英文简称 PE,是一种社会化的投资工具。从投资方式和投资目的来看,是指通过非公开募集形式对非上市企业进行的权益性投资,在交易实施过程中附带考虑了将来的退出机制,即通过上市、并购或管理层回购等方式,出售股权获利。它既是一种金融工具,又是一种投融资后的权益表现形式。作为一种融资渠道,私募股权投资与公司债券、贷款、股票等具有"融资"同质性。但其本质主要体现在:第一,私募股权投资不是一种负债式的金融工具,这与股票等相似,但与债务属性的公司债券、贷款等有本质区别。因而从法律的角度讲,私募股权投资体现的不是债权债务关系。第二,私募股权投资在融资模式方面属于私下募集(private placement),这与银行贷款等相似,但与公开发行(public offering)的公司债券、股票等有本质区别。第三,私募股权投资主要是投资于尚未 IPO(首次公开募股)的企业而产生的权益。第四,私募股权投资一般不能在股票市场上自由地交易。总之,私募股权是股权的一种,既能发挥融资功能,又能代表投资权益。

(一)概述

1.私募股权投资的定义

私募股权投资起源于美国,至今已有100多年的历史。在美国它有严格的定义:

广义的私募股权投资可以涵盖企业首次公开发行前(pre-IPO)各阶段的权益投资。即对处于种子期、初创期、发展期、扩展期、成熟期和首次公开发行前各个时期企业所进行的投资,相关资本按照投资阶段可划分为风险投资(venture capital)、并购基金(buy-out/ buy-in fund)、夹层资本(mezzanine capital)、重振资本(turn-around)、Pre-IPO资本(如过桥融资),以及其他如上市后私募投资(PIPE)、不良债权(distressed debt)和不动产投资(real estate)等等。

狭义的私募股权投资主要是指对已经形成一定规模,并产生稳定现金流的成熟企业在首次公开发行股票之前进行的私募股权投资部分,即创业后期的私募股权基金投资。这其中并购基金和夹层资本在资金规模上占最大的一部分,狭义上的私募股权投资不包括创业投资。

在中国PE常被用来代指狭义的私募股权投资。

2.私募股权投资的参与者(见图3-1)

从事私募股权投资的主体被认为是私募股权基金(private equity fund)。私募股权基金一般是指专门成立的基金管理公司,向具有高增长潜力的未上市企业进行股权或准股权融资,继而参与到被投资企业的经营管理活动中去,等到企业发育成熟后再通过转让股本的方式实现资本增值。作为从事私募股权投资的主体,私募股权基金一方面从不特定的机构投资者和富有的个人投资者手中筹集资金,另一方面私募股权基金用筹得的资金为未上市公司提供股权融资。

私募股权基金的资金提供者是投资者,包括个人投资者和机构投资者。与公募基金不同,私募基金投资的起点较高,所以私募股权基金的投资者一般是富有的家庭和个人。机构投资者包括政府养老基金、企业养老基金、捐赠基金、保险公司、大型企业、投资银行等机构。机构投资者投资方式有两种:一种是直接将资本投资于企业,一种是成为私募基金的合伙人或者股东。前者称为直接机构投资者,后者称为间接机构投资者。由于直接投资的风险较大,许多机构投资者都属于间接的机构投资者。

接受私募股权基金投资的企业大多数是没有发展成熟的未上市企业。这些企业具有良好的市场前景和很大的增长潜力,但同时在技术、管理、市场等诸多方面具有不确定性,存在失败的风险。吸引私募股权基金的企业一般有如下特征:无形资产优良、管理团队出色、产品的非替代性强、行业门槛高。同时对企业来讲私募股权基金的注入可以缓解融资渠道问题,带来管理经验上的帮助,有利于快速打开市场。

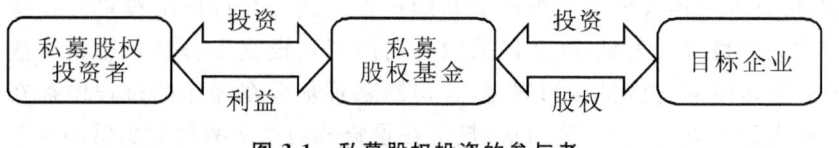

图 3-1　私募股权投资的参与者

3.私募股权投资与公共股权投资的区别

私募股权投资具有非流动性、股权集中、估值困难,以及在投资的同时对企业兼有控制和指导行为的特点。

公共股权投资具有流动性、股权分散、估值相对容易,以及投资活动与控制和指导行为分离等特点。

另外私募股权投资与公共股权投资的投资目标不同,见图 3-2。

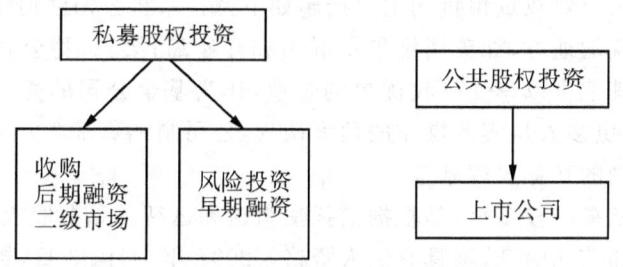

图 3-2　私募股权投资与公共股权投资的目标

(二)私募股权基金的法律框架

在国际上,私募股权基金采用的法律框架有:一是公司形式,二是信托形式,三是有限合伙形式。早期出现的私募股权基金一般采用公司形式,例如美国的 ADR 和英国的 3I 投资公司。20 世纪 70 年代,为了实现有效激励制度和避免双重纳税,有限合伙形式私募股权基金开始兴起,并逐步成为主流。本章内容也主要基于有限合伙制框架。同时还有信托形式的私募股权基金,最近又出现了契约形式和虚拟形式的私募股权基金。

1.公司制的私募股权基金

公司制私募股权基金,即按照《公司法》组建投资公司,投资者购买公司股份成为股东,由股东大会选出董事会与监事会,再由董事会委任某一投资管理公司或由董事会自己直接来管理基金资产。目前我国对于私募股权基金的鼓励政策都是按公司制设立的,对于信托、有限合伙制来说,优惠政策很难操作。《关于建立风险投资机制的若干意见》中规定,风险投资公司采取有限责任公司、股份有限公司等形式积极探索新的运作模式。允许风险投资公司运用全额资本进行投资。可见,在我国采取公司的形式设立私募基金也是有法律依据的。但是按照《公司法》的规定,公司制私募基金在操作的过程中存在很多不尽如人意之处:第一,《公司法》规定在投资公司首次缴付的出资不少于注册资金的20%,其余的必须在5年内募足,并且在5年内何时募足必须事先在公司章程中予以明确,这对于私募股权基金来说,在没合适的项目时募集来的资金就成了闲置资金。第二,基金管理人承担有限责任,不利于建立激励与惩罚相结合的激励制度。第三,公司制私募基金存在着双重税负问题,即以公司的名义缴纳企业所得税,同时公司股东还要以个人名义对从基金公司中取得的分红缴纳个人所得税。尽管可以在《创业投资企业管理暂行办法》的框架下获得一定的税收优惠,但没有合伙制私募基金的税收优惠直接而有效。海外私募基金公司应对双重税负的主要措施如下:第一,将公司注册于税率比较低或者可以避税的地方,如英属维尔京群岛和开曼岛;第二,将公司注册为高科技企业或者其他可以享受税收优惠的企业,作为基金公司的壳。正是由于上述三点原因,更多人从实务操作的角度认为,公司制私募基金并不适合中国。

2. 信托制的私募股权基金

信托制私募股权基金,是根据信托法组建和运行的私募股权基金,其性质是一笔独立的信托财产,不具有法人资格。2007年1月23日,银监会颁布了《信托公司集合资金信托计划管理办法》(以下简称《办法》),对信托公司的集合资金信托计划加以规范。根据《办法》规定,自然人、法人或者依法成立的其他组织投资一个信托计划的最低金额不少于100万元人民币;单个信托计划的自然人人数不得超过50人,合格的机构投资者数量不受限制;信托公司推介信托计划时,不得进行公开营销宣传。根据《办法》成立的信托计划实际上就是信托制私募基金。信托制私募股权基金普遍采用管理权、保管权以及收益权三权分立的基本框架来运行。信托制私募股权基金的投资者作为受益人,通过购买受益凭证的方式得到受益权,但他们与公司股东不同,对基金的重大决策通常没有发言权,但是可以行使监督权。基金管理公司作为委托人,行使运营权、管理权和资产处置权。基金托管人(通常是商业银行和信托投资公司)接受委托后,以信托人或信托公司的名义为基金注册和开立账户,行使保管权。信托制私募股权基金在英国、日本和中国香港、中国台湾等国家和地区的私募股权基金中比较盛行。

信托制私募股权基金相对于公司制私募股权基金有两个优点：第一，它可以避免双重征税；第二，信托产品是一种标准的、受到比较严格监管的金融产品，投资者保护程度相对较高。

信托制私募股权基金也存着在不足：第一，信托公司取代原始投资者行使投资者权利，从而徒增了一层法律关系与一项中介费用；第二，信托产品一次性募集，会出现暂时的资金闲置。

3. 有限合伙制的私募股权基金

绝大多数私募股权基金采取有限合伙制的法律架构，由普通合伙人(general partner, GP)和有限合伙人(limited partner, LP)共同出资组建。合伙本质上可以分为两种：无限合伙和有限合伙。在无限合伙中，所有合伙人都是普通合伙人或者一般合伙人，要对合伙产生的债务承担无限连带责任；在有限合伙中，除了对合伙债务承担无限责任的普通合伙人外，还有对合伙债务仅以出资额为限的有限责任的合伙人。2006年8月27日，全国人大常委会修订了《合伙企业法》并自2007年6月1日起实行。其后，国务院修订了《合伙企业登记管理办法》。根据《合伙企业法》的规定，合伙企业又分成普通合伙企业与有限合伙企业两类。因此有限合伙制度的设置，为成立有限合伙制私募基金提供了法律保障。

在有限合伙制的私募股权基金中，普通合伙人是合伙的执行合伙人，具有特殊的管理才干，负责合伙组织的经营，通常是基金管理公司。有限合伙人提供机构所需的主要资金，并以投资额度为限对机构的亏损及负债承担有限责任，不负责具体经营，是股权投资基金的真正投资者。客观上，基金管理人承担无限连带责任，是对投资者利益的进一步保护。有限合伙制私募股权基金的优势在于：

第一，避免了双重征税。合伙企业不需要缴纳企业所得税，当私募股权基金投资私募股权盈利并分配投资收益时，每个投资者只需按分配到的份额承担相应的所得税纳税义务，能规避公司制私募股权基金投资股权的双重课税问题。并且，合伙企业享有的这种不需要缴纳企业所得税的待遇是不需要备案、不需要申请的，自合伙企业成立之日就自动享有，比公司制私募基金在《创业投资企业管理暂行办法》的框架下通过备案才能获得一定的税收优惠更加直接而有效。

第二，资金可以分次募集，灵活方便，避免了资金闲置。私募基金中，还经常用到出资请求(capital call)机制。该机制相当于基金在决定投资企业后，给投资人一个拨付资金的时限，在此时限内，投资者向基金拨付资金，再由基金向企业进行投资。

第三,有限合伙制的激励机制比较完善。通常,有限合伙人虽然投入99%的资金,但只能分得80%左右的利润,基金管理人作为普通合伙人虽然只投入1%的资金,但能分得20%左右的利润。这能促使普通合伙人努力工作,为基金增值。而且,合伙协议通常规定普通合伙人作为基金管理人对合伙债务承担无限责任,这有利于增强基金管理人的责任心。此外,基金管理人每年还能从已缴纳或已投资的基金中提取2.5%左右的管理费,用作工资、办公费用等日常开支。这在基金设立的招募说明书中早已被明确规定,并经双方协议确定,是透明的。

有限合伙私募股权基金的决策流程如图3-3所示。

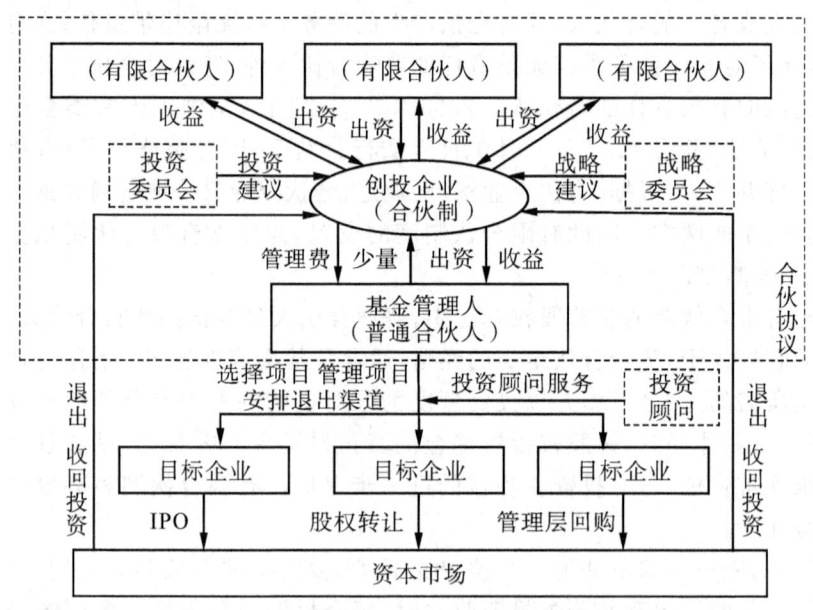

图3-3 有限合伙制私募股权基金的决策流程

4.有限合伙制私募股权基金的实务

私募股权基金GP通常只认缴基金总股本的1%～2%,但是却根据《合伙人协议》中载明的政策管理企业。GP的收益主要来自两方面:基金管理费和附带收益。

基金管理费(management fees)是GP向LP收取的费用。私募股权基金常采用的管理费制有比例管理费制和预算收费制。采用比例管理费制时,费率一般为LP承诺资本的2%。管理费率的高低取决于GP的声望、市场资金富裕程度等。在PE的整个存续期中，GP获得的管理费的数额可能会逐步减少。这样安排的原因是，在基金存续的前几年GP付出的努力要比后续的监管多。采用预算收费制时，GP与LP共同制定出一年的预算，使得LP支付的管理费能够弥补GP的运营费用。预算约束可以促使GP更多地关注投资回报而不是管理费盈余。管理费被用来支付顾问费用、基金管理公司的雇员工资与福利、办公耗材、项目前期的差旅费等开支，以及垫支尽职调查等活动的费用。有时，GP还会向其所投资的公司收取巨额的咨询费和顾问费。LP会试图限制GP的这种收费，或者与GP共同分享这些顾问费用，从而激励GP通过价值的增值获得利益。

附带收益（carried interests）是GP获得的基于PE投资利润的提成，是对GP的激励措施。附带收益比例的确定是GP和LP协商谈判的结果，一般应该超过最低回报率，达到15%~25%。GP获得附带收益的条件由双方协商确定，常见的条件包括：在每个投资项目退出后，GP可以获得附带收益（在这种条件下，如果后面退出的项目投资失败，则对LP很不利）；或者在LP投入的资本全部收回之后，GP开始分得附带收益；或者在LP投入的资本全部收回以及所有的管理费获得补偿之后，GP开始获得附带收益；或者在LP投入的资本全部收回、所有的管理费获得补偿以及整只基金实现了最低回报率之后，GP开始获得附带收益。

LP承担出资义务，不承担管理责任，并对PE的债务承担以其出资额为限的有限责任。LP可获得基金的投资收益和避免双重纳税的好处。

承诺资本（committed capital）。即每个LP都承诺其要投入一只基金的总的资金额度。资金承诺包括要支付给GP的管理费以及其他支出。LP在做出承诺的同时，往往要求GP也要承诺投入资金。

出资请求。私募股权基金在选择项目、与目标公司进行谈判的过程中，根本不需要大量的资金，也不是在某一较短时期内将资金全部投资出去。惯例是，当GP确认某个合适的投资项目时，GP会通知LP，要求LP按照其在有限合伙协议书中的出资比例将相应的资金转账给GP。

钩回机制（claw back）。是指在一个投资项目发生重大亏损的情况下，LP可以从GP在之前的盈利项目中所获得的回报分成中，要求拿回一部分用于补偿当期的亏损。一般情况下，在有限合伙人协议中规定LP承诺的出资额度是不能循环的。当GP将其在某个项目上的投资收回后，扣除附带收益后，须将该笔投资的本金与剩余利润返还给LP而不是用来投资，这样一来，GP累计使用的资金额度将不能超过协议中所有合伙人承诺的出资额度。

合伙终止与非过错解散。在极端情况下,比如 GP 中核心成员意外死亡或者离开基金,LP 可以终止对一只基金的承诺。通常,如果 LP 对 GP 失去信心,他们可以通过开会并投票表决来终止基金。LP 终止基金的行为往往会导致诉讼。个别情况下,LP 可能因为缺少足够的资金来兑现自己的投资承诺或者其他原因而希望撤离基金,这时,GP 会协助 LP 在市场上将其权益售出,一般会有价格折扣。但是一些大型的机构投资者,比如养老基金,在合伙协议中要求有退出条款,使得他们可以在法律不允许其参与基金时能不受损失地安全退出。

(三)私募股权投资的特点

与其他类型的基金相比,私募股权基金具有比较特殊的一些特征,包括投资的运作期限长,对产业认知度高,投资于企业的成长和扩张期。此外,由于风险和收益相匹配的原则,在追求高收益的同时,私募股权基金也面临着高风险。

1. 投资的运作期限长

国际上成熟的私募股权基金的投资周期一般在 5~10 年,一些比较经典的成功案例的投资周期达到 10 年以上。从投资期限上来看,基于股权投资基础的私募股权基金具有天然的长期特征,可以在相当长的时间内安排投资的期限结构,但其灵活性大大高于其他的投资方式。私募股权基金往往是在企业初创阶段就投入资金,一般需要经过 3~8 年才可能退出并取得收益,而且在此期间还要不断地对有成功希望的企业追加投资。由于其流动性较小,因此也有人称私募股权基金为"呆滞资金"。

从发达国家的经验来看,私募股权基金将一项科研成果转化为新技术产品,要经历研究开发、产品试制、正式生产、扩大生产到盈利规模、进一步扩大生产和销售等阶段,最后到企业股票上市、股价上升时投资者才能收回投资并获得投资利润,这一过程少则需要 5~10 年,多则需要 10 年以上。因此,私募股权基金的投资,大多是基于中长线而言的。私募股权基金的管理人并不要求投资对象在短期内有任何的偿还和分红,在私募股权基金投资之初它就已经计划好了撤出时间。尽管企业成功上市或者并购之后持有其有价证券的风险较小,但私募股权基金管理人一般不再继续持有。在撤出资金后,基金管理人再把套现获得的资金投入到下一轮的运作中去。

导致私募股权基金投资长期性的另一原因是:私募股权基金通过股权投资获得的证券一般都是"受限制证券",也就是在投资以后的一段时间内会禁止流通。这些"受限制的证券"一般是受约束、未登记、未上市或者不容许在公开交易所交易的证券,相对于上市流通证券,私募股权基金短期内难以变现,流动性差,需长期运作。

2.对产业认知度高

私募股权基金的投资者特别是GP需要对投资对象所处的产业相关知识非常熟悉,根据企业产品的竞争力、管理层、组织运作等方面的情况,挑选出那些管理好、成长性高的企业是十分关键的。他们需要从LP手中获得资金,并通过投资企业实现回报。因此,一家私募股权基金为了在市场上能够生存,就必然要通过不断的努力来改善它的投资业绩。在不断的优胜劣汰中,经营良好的私募股权基金就会形成一个专业化的投资团队,并且形成一整套良好的经营理念。私募股权基金最主要的利润来源是其投资企业绩效的改善。这种改善和私募股权基金的专业素质是分不开的。很多私募股权基金都在企业经营方面有着独到的见解,也往往能给其投资的企业带来更为合理的企业战略和更为有效的企业管理。由于其独特的盈利方式,私募股权基金实际上在某种程度上起到了拯救企业的作用。

3.投资于企业的成长和扩张期

私募股权基金大多资金实力雄厚,不愿意承担太大的风险,也不愿意从事回报率较低的投资,投资于企业的成长和扩张期能更好地满足它们的投资需求。私募股权基金通常在这两个高速发展期进入公司,提供企业发展必需的资金,并提供必要的增值服务,然后会在企业上市后逐步套现退出。在寻找投资对象时,私募股权基金主要考察这个企业所在的行业和市场是否处于产业发展曲线的高速发展期。如果是太早,则整个行业还没发展起来,此时风险太高;如果处于后期,行业没有成长性,市场处于寡头垄断中,利润会很低。处于成长期的企业主要着眼于发展技术和扩大生产。资本需求一方面是为了扩大生产,另一方面是开拓市场、增加营销投入,使得企业达到基本规模。这一阶段技术风险已经基本解决,市场风险和管理风险加大。资本来源于原有私募股权基金的增资和新创业资本的进入。处于扩张期的企业已经掌握了一定的市场占有率,企业净值增加,销售金额快速增长。对于私募股权基金的管理人而言,这个阶段既可以出售套现获利,也可以追加资金,以博企业的进一步大发展,日后通过股票上市来获取更大的收益。

二、私募股权基金资金的来源和运用

(一)私募股权基金资金的来源

私募股权基金的主要资金来源是不特定的机构投资者和富有的个人。

私募股权基金从理论上说,既可以向社会不特定公众公开募集,也可以采取非公开的方式向机构或个人募集资金。但是实践中,由于私募股权基金投资的风险较大,信息披露不充分,往往采取非公开募集的形式。私募股权基金采取非公开募集方式募集资金的渠道分为两种:一种情况是向有风险辨别能力和风险承受能力的各种机构投资者和富有的个人募集资金;另一种情况是向私募股权基金的母公司或者关联公司筹集资金,如通用电气资本(GEC)主要向 GE 集团筹集资本。现在,这两种募集渠道越来越多地同时使用。近年来,出于对流动性、透明性和募集资金的考虑,上市的私募资金的数量有所增多,私募基金通过上市向社会不特定公众公开募集资金。著名的国际私募基金黑石集团于 2007 年在纽交所上市就引起了强烈反响。在实务中,私募股权基金的筹集还有如下惯例:私募股权基金的筹集方式不同于普通基金,通常采用资金承诺方式。基金管理公司在设立时并不一定要求所有合伙人投入预定的资本额,而是要求投资者给予承诺。当管理者发现合适的投资机会时,他们只需要提前一定的时间通知投资者。这存在一定的风险,如果投资者未能及时投入资金,他们按照协议将会被处以一定的罚金。因此,基金宣称的筹集资本额只是承诺资本额,并非实际投资额或者持有的资金数额。在实际的筹资活动中,基金有一定的筹集期限。当期限满时,基金会宣布认购截止。同一个基金可能会有多次认购截止日,但一般不超过 3 次。实践中,基金可能会雇佣中介机构来进行筹资活动。

以下我们从不同角度来分析私募基金的资金来源。

从募集方式角度:私募股权基金是通过非公开方式募得资金。

从投资期限角度:由于投资期限非常长,因此其资金来源主要是长期投资者。

从风险偏好角度:由于其风险较大,因此其资金来源主要是高风险偏好者。

从投资者财富角度:由于其投资门槛高,因此资金来源主要是比较富有的个人和机构投资者。

从公司组织角度来看:公司制私募股权基金的资金来源于公司自有资金和对外募集资金,信托制私募股权基金的资金来源于委托人,有限合伙制私募股权基金的资金主要来源于 LPs。

从全球的情况来看,私募股权基金的资金来源主要是稳定的机构投资者,包括养老金、捐赠基金、保险公司、商业银行和公司投资者,而个人投资者所占的比例一般不超过 10%。在欧洲和美国,养老基金和银行在私募股权基金资金来源中所占的比例较大,个人及家庭投资者占的比例较低。而在中国,情况恰巧相反,大多数资金来源于企业和富有的个人投资者。这是因为:第一,我国的养老金绝大部分由政府管理,采用稳健策略并不追求高收益,所以对私募股权投资较为谨慎;第二,我国保险资金运用监管较为严格,进入私募股权投资的行业还未完全开放。

(二)私募股权基金的资金运用(图3-4)

私募股权基金投资的主要对象是具有发展潜力的非上市公司的股权。

私募股权基金投资与其他投资方式的主要区别就在于它的投资对象是非上市公司的股权,而不是流通性比较强的证券、货币或者其他金融产品。私募股权基金在进行私募股权投资之前将对被投资企业所处的行业或者部门、市场发展状况、所生产的产品或者提供的服务、管理层状况、经营状况、财务状况、退出可能性等各方面进行考察,考量该企业是否具有巨大的发展潜力和发展空间。而许多未上市公司尤其是中小企业虽然有很好的发展潜力,但是却不能满足上市的苛刻条件或者获取银行信贷的条件,即很难通过其他融资方式获得资金,它们也迫切需要私募基金的支持。在国外,私募股权基金大多以可转债优先股的方式入股,通过事先约定的固定分红来保障最低的投资回报,并且在企业清算时有优先于普通股的剩余财产分配权。我国新《公司法》第35条明确允许"全体股东约定不按照出资比例分红或者不按照出资比例优先认缴出资",这为私募股权基金以优先股形式进行投资打开了通道。

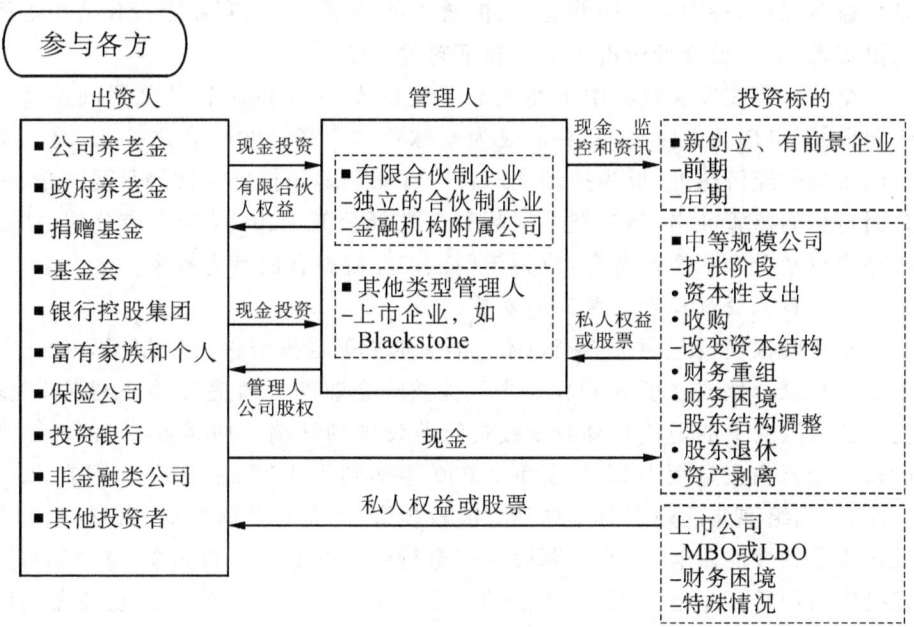

图3-4 私募股权基金资金流向图

在特殊情况下，私募股权基金也可能会投资上市公司。如果一家上市公司陷入经营困境，失去了从公开市场融资的能力，私募股权基金可能通过杠杆收购、管理层收购等手段，向经营困难的公司提供融资，以帮助其重整或者改善公司的经营状况，实现扭亏为盈，然后通过重新上市或者转让获取收益。

三、私募股权投资在全球的发展

（一）私募股权投资的全球崛起

虽然现代私募股权投资出现于20世纪中叶，但是在历史上，私募资本的雏形早已存在。古埃及的农业发展以及寻找欧洲通往亚洲的"欧亚通道"的各种风险投资就是运用私募资本的先例。第一家正式的私募股权投资机构ARD于1946年成立。1958年美国国会通过了《小企业投资公司法案》，首次允许银行和银行控股公司投资于合格的小型企业。该法案使得小型企业投资公司（SBIC）大量涌现，总计成立了600多家，它们成为私募股权投资公司的前身。私募股权基金到20世纪80年代后才开始真正发展壮大。2006年，全球私募股权基金共筹集金额2 150亿美元。资金主要来源于机构投资者，并且日益多元化，特别是一些养老金、捐赠基金、保险公司、商业银行和公司等机构投资者，个人投资者所占比例一般不超过10%。

全球私募在发展过程中也涌现出几大趋势：一是国际私募公司间由竞争走向合并，出现几大巨头，私募业成为全球资本市场的主导者之一；二是私募带动区域的经济热度，成为拉动全球各个国家和地区投资步伐的重要力量；三是面对新的监管冲击，越来越多国际私募选择公开上市，成为上市公司；四是私募股权基金介入产业整合，成为转型期产业链整合的有力推手。

（二）私募股权投资在美国的发展

私募股权投资起源于美国，1976年华尔街著名投资银行贝尔斯登的三名投资银行家合伙成立了KKR，专注于被并购企业的价值提升并获利退出，这便是公认意义上的现代私募股权投资行业发展的开端。1984年，美国的私募股权基金募集资金额为67亿美元，2000年达到了1 773亿美元。但在2000年左右，网络泡沫的破灭对全球私募股权投资，尤其是美国私募股权行业的发展造成了较大的影响，致使私募股权基金行业一度低迷。而如今，整个私募股权投资行业已经走出了低谷，重新进入了上升期。2006年12月初公布的统计数据显示，2006年以来，私募股权基金在美国募集的资金已超过3 600亿美元，远高于2005年全年的1 630亿美元。美国私募股权投资行业经过30多

年的发展,已经形成了一套比较规范、科学的运作机制,其特点体现为以下几个方面:

第一,资金来源多样化。美国的私募股权投资资本主要来自机构投资者,其中养老基金是最主要的资金来源,其次是基金会和捐赠基金,再次是银行和保险公司,家庭和个人对私募股权基金投资的较少。

第二,组织形式以有限合伙制为主。美国的私募股权投资机构主要有四种类型,即:独立的私募股权投资有限公司、金融公司附属的私募股权投资公司、工业公司附属的私募股权投资公司、独立的小企业投资公司。而其中独立的私募股权投资有限公司所管理的资本数额最大,是美国私募股权投资基金的最主要组织形式。

第三,行业分布集中于新兴产业。美国的私募股权投资与其他国家相比更明显地集中于高科技行业,在计算机软硬件、生物技术、医药、通信等行业的投资占其总投资超过80%。

第四,主要集中于企业的成长阶段和扩张阶段。据美国私募股权投资协会(NVCA)的统计数据,美国私募股权投资约有80%集中在这两个阶段,仅有4%左右投资在起步阶段的企业,另有14%左右投资于成熟阶段的企业。

第五,退出主要通过其股票的二板市场,即纳斯达克市场。纳斯达克是世界公认的高科技企业成长的摇篮,它为私募股权投资的退出提供了有效的途径,使私募股权基金的管理者与投资人均能够获得丰厚的回报。

时至今日,私募股权基金在美国乃至全球的影响日趋重大。私募股权基金的投资对象由小变大,领域涉及千行百业。开始,私募股权基金的投资对象主要集中于迅速成长的小型企业。随着投资的成功,募资规模的扩大,私募股权基金投资逐渐向成长型和成熟型企业转移,金额超过百亿美元的并购交易接连涌现。如今,成长型和成熟型企业已经成为私募股权投资关注的重中之重。今天,美国的私募股权投资基金成为仅次于银行贷款和IPO的重要融资手段。私募股权投资基金规模庞大、投资领域广泛、资金来源广泛、参与机构也多样化,其中最为出名的为:黑石集团(Black Stone Group)、科尔伯格—克拉维斯(Kohlberg Kravis Roberts & Co. L. P.,KKR)、凯雷(Carlyle Group)、得州太平洋(TPG Capital)、贝恩资本(Brain Capital)等等。

(三)私募股权投资在欧洲的发展

欧洲的私募股权投资则是在20世纪80年代在创业投资行业基础上发展起来的,其投资最初专注于早期的创业投资项目。私募股权基金的核心概念和模式来自美国,20世纪80年代在整个欧洲兴起,其中英国是除美国以外最大的私募股权基金市场,也是欧洲最发达的私募股权投资市场,欧洲一半以上的私募股权投资发生在英国。到了90年代中期,欧洲私募股权基金的年度投资额已超过50亿欧元,投资的项目在数千个。进入到21世纪以来私募股权投资有了进一步的发展。时至今日,欧洲的收购兼并股权投资市场正兴旺发展。

在欧洲的私募股权基金中,英国的私募股权基金行业增长迅速且业绩表现良好。英国的私募股权基金行业是全欧洲规模最大和历史最悠久的,在全球的影响仅次于美国,其年度投资额占整个欧洲的半壁江山,也出现了类似亨德森这样的大型私募股权投资机构。欧洲私募股权基金投资的领域主要集中在企业扩张期以及管理层收购期,两者之和占据了欧洲私募股权基金投资份额的90%左右。当然,与美国相比,欧洲私募股权投资行业的发展仍略显落后,且有明显不同的特征。

第一,欧洲私募股权基金的投资项目中,主流产业占据了较大的比重,对高科技产业的投资不足20%,这与美国的情况完全相反。

第二,欧洲私募股权基金的资金来源主要依赖于银行,而银行的投资相对于退休金和保障金的投资是短期的,它会影响私募股权基金投资的类型和性质。

欧洲私募股权基金在资金来源上的缺陷在一定程度上影响了甚至阻碍了其行业的发展。相比之下,英国私募股权基金的资金来源略有不同,英国对国外投资者投资于私募股权实施特别的优惠,因此国外资本成为英国私募股权基金的重要资金来源之一,这也是英国私募股权投资在欧洲一枝独秀的重要因素。

(四)私募股权在中国的发展

近几年,全球经济可持续增长的不确定性增加,成熟市场产生波动的风险增大。与此同时,新兴市场经济持续增长,国际资本积极布局在新兴市场的战略投资,从而有效分散成熟市场的投资风险。作为全球新兴市场的领跑者,中国经济的发展活力和增长潜力对国际投资者的吸引力与日俱增,中国在全球私募股权市场的地位日益重要。从2005年开始,中国私募股权市场新募集基金的数量和规模呈现出持续强劲增长的态势。2007年中国私募股权市场新募集基金58支,比2006年增长41.5%;新募集基金规模为84.31亿美元,比上年增长89.8%。2007年新募集基金数量和规模大幅增长表明中国私募股权市场日趋成熟,投资中国高成长企业的机会增多,私募股权基金的投资者正在积极布局中国市场的投资战略。同期,中国私募股权投资机构数量为298个,比2006年增加7.2%。自2005年开始,中国私募股权投资机构数量平均每年新增21个。2007年可投资于中国私募股权资本总量为280.23亿美元，比2006年增长39.8%。与此同时，中国私募股权市场投资规模也持续增长。随着中国经济快速增长和资本市场逐步完善，中国企业的高成长性对股权投资者的吸引力持续增强。中国私募股权市场投资规模连续3年增长。2007年中国私募股权投资案例数量为415个，比2006年增长了14.6%；投资金额为35.89亿美元，比上年增长64.5%。2007年中国私募股权市场平均单笔投资金额比2006年增长了43.4%，其主要原因有两方面：在投资领域方面，连锁经营、传媒娱乐、能源和IT等行业平均单笔投资金额大幅增长，平均单笔投资金额均超过1 000万美元；在投资阶段方面，PE重点投资处于成长期和扩张期企业，其单笔投资金额远大于投资早期企业。

(五) 金融危机对世界私募股权投资的影响

1. 金融危机对欧美私募股权市场的影响

2003—2007年，全球经济的持续繁荣将PE市场的发展带到了一个新高度。然而，随着经济发展过热，以欧美为代表的全球PE市场也随之发生了一系列显著变化。大量资金涌入PE市场，PE基金投资业务呈现单一化趋势，PE基金投资对象越来越集中等，使得市场泡沫增加，投资风险增大。

2008年全球金融危机爆发，投资者信心被掏空，参与者风险厌恶程度大幅提高，风险资产投资市场的繁荣度大幅降低。同时，未偿杠杆并购贷款以及衍生品价格缩水，使得银行所持资产大幅折价，银行被迫紧缩信贷业务，对PE融资活动也持非常谨慎的态度。投资者的逃离和银行的惜贷沉重打击了全球PE市场的交易活动。金融危机对欧美等PE市场产生了大规模、深层次的影响。

首先，在投资战略方面，许多PE基金将投资目光转向新兴市场。中国、印度和其他新兴国家在过去的几年中经济发展迅速，它们在危机中表现出的稳定性也超过了很多发达国家，PE基金更倾向到新兴国家扩展业务。目前，美国和英国为PE的主要市场，它们占据了全球PE并购业务50%的交易金额和45%的交易数量。相比之下，中国和印度仅吸引了4%的投资额和8%的业务量，发展潜力巨大。因此，新兴市场尤其是中国市场，对于PE基金非常具有吸引力。

其次，在资金规模方面，PE交易额和新基金募资额都发生大幅度下降。全球PE公开并购业务的业务总额由2007年6月的超过1.2万亿美元骤减至2009年1月的90亿美元。新基金的资金募集量也在2008年的第二季度跳水。此后，市场的资金募集情况持续恶化，到了2009年第一季度，市场募资量已经减少了接近80%。此外,基金募集的完成时间也延长了。2008年PE并购基金的平均募集时间为15个月,而这个数字在之前仅为12个月。在金融危机的影响下,PE基金寻找新投资者的困难越来越大。同时,市场尤其对资金规模大、杠杆率高的交易项目持明显的怀疑态度。

最后,在市场交易方面,中小规模并购业务仍在积极进行,但资金的投资退出难度加大。由于融资困难,大量的并购业务由大转小,中小规模并购业务正成为市场的投资主导。越来越多的投资者认为,企业的结构性因素在很大程度上决定了并购业务的收益情况。一份针对PE投资者的调查问卷显示,小规模的并购活动被认为是回报率最高的PE投资项目,而对大型并购投资的评价最低。在资金退出方面,由于股票市场在金融危机中遭受了沉重打击,企业IPO成本骤减阻碍了PE基金的退出交易。同时,投资者谨慎的态度和更高的风险厌恶偏好也导致退出交易面临更大的困难。因此,危机后PE退出交易的数量发生较大幅度的萎缩,投资退出难度加大。

2. 金融危机对中国私募股权市场的影响

全球金融危机对全球各经济体都产生了冲击,其中尤以欧美等发达国家受到的损失最大。中国经济也受到了一定程度的冲击,但损失程度相对较小。由于受到全球金融危机的影响,PE在中国的投资活动呈现了一些明显的特征。

第一,发展态势已经成为全球热点,速度和规模位居亚洲首位。中国大陆从2003年到2009年PE增长非常快,剔除2008年和2009年国际金融危机的影响,私募股权规模是逐步增大的。同期亚洲市场的日本,2009年与2003年相比有所减少。目前在亚洲,中国广义的私募股权投资,在增长量和绝对量上都是各国里面领先的,并且有极大潜力发展成为全球最大的私募股权市场。中国的私募股权行业起步较晚,但是后来居上,发展势头比其他任何金融行业都迅猛。

第二,政府引导基金成为推动这个行业发展的重要力量,形成"国进民进"的新模式。上海、北京等城市都大力发展了支持私募股权基金发展的引导基金。政府的引导基金代表国有资产,它们通过投给私募股权基金,私募股权基金再投给中小企业,形成了中小企业融资的新模式。同时,这些中小企业中绝大部分是民营企业,民营企业发展并在创业板、中小板上市,优化了产业结构,提升了行业竞争力。私募股权基金套现后,又通过分红把增值部分给了政府的引导基金。这样,民营企业和国有资产价值共同增值,私募股权基金在其中穿针引线,打开了"国进民进"的新局面。

第三,本土基金管理公司队伍迅速壮大。中国私募股权基金行业初期是借助国际私募的成熟经验、外资和管理人员起步的。随着近年来的发展和成熟,本土管理队伍成长起来,成为私募股权基金的主力。由他们开发和成立的人民币私募股权基金,成为中国私募股权市场新的增长点。

第二节 私募股权投资要点

一、私募股权投资流程概述

就单个投资项目而言,典型的私募股权基金投资流程主要包括三个阶段,以下分别介绍。

(一)第一阶段:从获得项目信息到签署购买协议

PE 的项目团队在获得项目信息后,首先进行初期筛选。那些明显不符合 PE 投资标准的项目将被淘汰。对看起来有吸引力的项目,PE 的分析人员会开展市场调查与公司调查。如果目标公司所在的行业特征、公司的市场地位、公司的估值、公司管理层的意愿等关键因素符合 PE 的投资标准,则 PE 的分析人员会精心准备一份投资备忘录。

投资备忘录将提交投资委员会审查。如果投资委员会经过论证认定该项目具有投资价值,则会批准 PE 成立项目小组并由项目小组组织尽职调查。PE 的项目小组组织第三方实施尽职调查。尽职调查工作必须得到目标公司管理层的配合。调查结束后,第三方调查机构出具尽职调查报告。PE 项目小组与第三方调查机构、目标公司管理层等就尽职调查报告所反映出来的问题进行讨论,澄清所有疑点。尽职调查报告提交投资委员会,PE 小组与投资委员会讨论报告披露的重要问题,商讨最佳解决方案。如果投资委员会论证认为项目仍有投资价值,则会批准 PE 项目小组开始合同谈判。

PE 项目小组在律师等专家的帮助下设计交易结构,并与目标公司的企业主以及管理层就关键问题进行沟通。PE 项目小组在律师的帮助下,就条款清单的细节内容与目标公司企业主谈判协商,直至达成一致。在律师的帮助下准备与收购有关的各项法律文件,并签署相关法律文件。在律师的帮助下完成收购所需的各项行政审批。

(二)第二阶段:从签署购买协议到交易结束

根据收购方式的不同,在第二阶段的交易流程会有些差别。

(1) 资产收购。在过渡阶段,PE项目小组派驻代表进驻目标公司,监督目标公司日常运作,监督目标公司企业主与管理层是否进行了重大资产处置或购置、对外担保、抵押等活动。

然后在律师的帮助下,PE完成离岸控股公司的设立等相关法律事宜。在律师的帮助下,PE与新公司的其他股东起草新公司章程等文件,指定新公司的董事会成员及法人代表的人选,完成东道国内的新公司的设立等相关法律事宜。

PE项目小组组织、实施补充尽职调查,即在此前全面尽职调查的基础上,主要对过渡期内的企业财务状况进行调查,确认目标公司的资产负债状况未发生实质性变动。

最后支付收购账款,完成交割。

(2) 股权收购。在过渡阶段,PE项目小组派代表进驻目标公司,监督目标公司日常运作,监督目标公司企业主与管理层是否进行了重大资产处置或购置、对外担保、抵押等活动。

然后在律师的帮助下,PE完成离岸控股公司的设立等相关法律事宜。在律师的帮助下,PE与目标公司的其他股东修订公司章程等文件,指定新公司的董事会成员及法人代表的人选,完成投资东道国内的公司的变更登记等相关法律事宜。

PE项目小组组织、实施补充尽职调查。支付收购账款,完成交割。

(3) 对赌协议。在某些特殊的情况下,PE也会有选择地以非控股方式投资于目标公司。非控股投资通常发生在目标公司展现了高速成长前景而企业主不愿意放弃控股权的情形。有别于收购(控股)方式,PE会采用特殊的方式安排投资,例如对赌协议。

PE旗下的投资公司与卖方以合资方式成立控股公司,并由控股公司100%控股目标公司。卖方持有控股公司的大部分股份,并继续负责目标公司的经营管理。PE在收购协议中规定一个目标业绩值(例如,企业盈利目标、销售额等)。

卖方未来在企业中的权益取决于其在规定的时间内能否完成目标业绩。如果在规定的时间内达不到目标业绩,则PE将无偿或以极低代价(相对于PE初始投资时的价格)取得卖方在控股公司中的部分股权;如果在规定的时间内达到甚至超过目标业绩,则卖方在控股公司的股权比例不会发生非意愿的减少,而且可能获得奖励。

(三) 第三阶段:从交易结束到退出

收购结束后,PE获得了企业的控股权以及董事会中的主要席位。此后,

PE将致力于通过多种手段提升被收购企业的核心竞争力和市场地位，以及考虑在适当的时候退出并实现投资回报。

建立项目协调小组，全面负责收购后整合工作的计划与实施。聘请并任命优秀的CEO和CFO进驻被收购企业，与原企业的管理层一道，共同负责企业的日常管理事务，保障企业平稳运行。帮助企业的新管理层完善与实施拟定的发展战略。帮助企业在行业内整合资源，包括寻找可以产生协同效应的收购目标、引进人力资源、加强与主要供应商以及客户的联系等。帮助企业开拓海外渠道、进入海外市场，根据市场状况，计划并实施退出计划。

二、私募股权投资的一般程序

PE的投资是中长期投资，通常，从收购结束到退出需要3年以上的时间。企业的成长需要时间，因此PE也需要充足的时间来帮助被收购企业提升核心竞争力和巩固、提高市场地位，从而在退出时获得满意的投资回报，图3-5反映了PE的整个投资活动的进程。

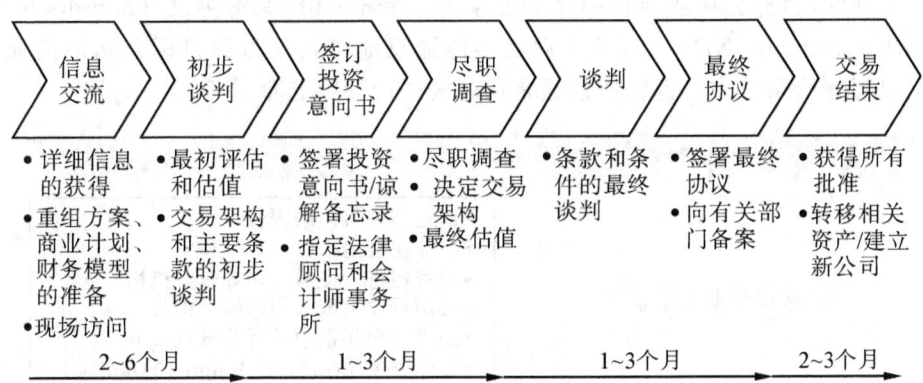

图3-5　PE投资实施进度

（一）信息交流

某种意义上，PE是"机会主义者"。这并不是说PE是投机者，而是反映了这样一个事实：PE在何时、投资于哪个项目具有偶然性。信息交流是PE发现投资机会的过程。这个过程包括两个步骤：一是信息搜集，得到足够多的项目以供筛选；第二是项目初审，即从搜集的项目中按照一定标准筛选出那些感兴趣的投资项目。

1. 信息搜集

获取投资机会是 PE 投资的起点,也是 PE 团队的重要工作内容。成熟的 PE 都拥有广泛的项目渠道从而及时获得大量的项目信息(图 3-6)。为 PE 提供项目信息的人或公司被称为项目中介(deal broker)。项目中介包括拥有大量客户关系的律师、会计师、咨询公司、投资银行、行业协会,也包括拥有广泛人脉的个人。

一般来说,PE 的项目中介在交易成功后将获得 PE 支付的中介费。中介费金额根据华尔街上普遍采用的雷曼公式(Lehman formula)计算,即

中介费用总额＝0～100 万美元的 5％
　　　　　　＋100 万～200 万美元的 4％
　　　　　　＋200 万～300 万美元的 3％
　　　　　　＋300 万～400 万美元的 2％
　　　　　　＋超过 400 万美元部分的 1％

例如:总投资额为 2.5 亿美元的交易,项目中介可以获得总计 260 万(5 万＋4 万＋3 万＋2 万＋246 万)美元的中介费,按投资总额计算的平均费率是 1.04％(260 万／2.5 亿美元)。

通常,目标公司或项目中介会要求 PE 签署一份"保密协议"(non-disclosure agreement,NDA),以约束后者不能随意地将其获得的目标公司的商业信息泄露给第三方。保密协议通常由有经验的律师起草。

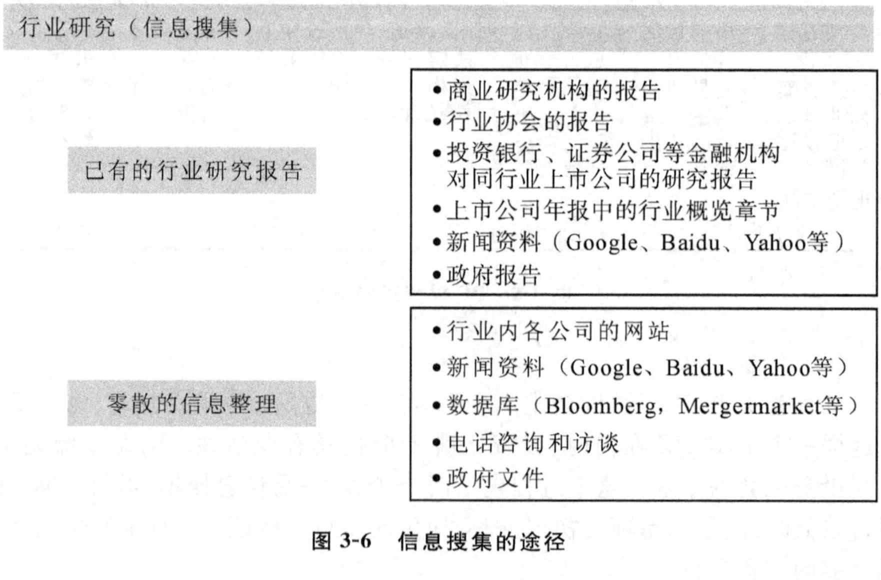

行业研究（信息搜集）

已有的行业研究报告	• 商业研究机构的报告 • 行业协会的报告 • 投资银行、证券公司等金融机构对同行业上市公司的研究报告 • 上市公司年报中的行业概览章节 • 新闻资料（Google、Baidu、Yahoo等） • 政府报告
零散的信息整理	• 行业内各公司的网站 • 新闻资料（Google、Baidu、Yahoo等） • 数据库（Bloomberg,Mergermarket等） • 电话咨询和访谈 • 政府文件

图 3-6　信息搜集的途径

现代信息通信技术的发展也为 PE 有效地获取项目信息提供了技术支持,除了行业以及公司报表外,PE 还能通过网络获取更多的可用信息。

2. 项目研究

信息搜集为 PE 团队建立了一个庞大的数据库,而项目研究就如同沙里淘金。有经验的 PE 操作者能通过这一环节筛选出最有前景、最有价值的投资项目。

(1)私募股权投资筛选项目的标准。高成长性企业;所在行业:在国民经济结构中具有广阔的市场需求和增长前景;企业选择:商业模式简单透明,具有较好的赢利性,净利润平均年增长率一般在 25% 以上;企业家:企业创始人或主要管理者具有良好的领导能力、团队协作的能力,有前瞻性的创造思维能力,过去有良好的工作业绩;收购兼并项目:在行业中占有重要地位,或具有某一方面的潜在优势,或垄断性资源。但存在以下某方面的缺陷:股权结构不合理,对公司治理产生负面影响;由于管理水平低下,不合理地增加公司运营成本,并使公司亏损;具有良好的技术优势,但市场定位错误导致企业不盈利;相对于同行业竞争对手是竞争劣势,但具有优势互补的可能性与可行性。

(2)项目初审。初审包括书面初审和现场初审两个部分。书面初审以项目的商业计划书为主,而现场初审则要求私募股权基金派熟悉相关行业的人员到企业现场走访,调研企业现实生产经营、运作等状况。

①书面初审。私募股权基金对企业进行书面初审的主要方式是审阅企业的商业计划书或融资计划书。私募股权基金需要了解项目的基本要件,包括项目基本情况、证件状况、资金投入、产品定位、生产过程的时间计划保证等,其真正关注的集中于商业计划书的一部分内容,即企业和企业主的核心经历、企业的项目概况、产品或服务的独创性及主要顾客群、营销策略、主要风险,融资要求、预期回报率和现金流预测等数字内容更是私募股权基金需要重点考察的内容。同时,还应特别关注企业优质的管理模式、收入的高增长率、潜在的成长性和企业规模等。投资者会从投资组合分散风险的角度来考察一项投资对其投资组合的意义。因此,私募股权基金本身需要具备相应的财务知识或数据分析的专业人才,以便根据企业商业计划书作适当调整后精确测算投资的回报率,判断是否满足基金的投资需求。

②现场调研。私募股权基金在仔细审查过企业的商业计划书后,如果认为初步符合私募股权基金的投资项目范围,一般会要求到企业现场实地走访。这一过程中,私募股权基金主要的目的是将上述书面调查得出的信息与现场

调研相互印证。对企业生产经营情况有一个感性认识,如生产性企业的生产线是否正常运转,管理是否规范,企业客户数量与质量如何,客户对企业的服务是否满意等。

PE小组经过项目研究筛选出感兴趣的企业,并开始着手为下一个环节项目谈判做准备。

(二)初步谈判

1. 交易背景

谈判之前,PE必须把握交易背景,制定出谈判方针,才能在谈判斡旋中争取主动权。

交易背景包括项目来源、目标公司介绍、融资或股权出让计划三个内容。

(1)"项目来源"部分陈述是谁提供了项目信息。在PE的实践中,部分项目信息是由中介提供的,部分是来自PE内部,包括项目开发主管等等。PE需要及时将项目进展情况告知信息提供人,以及必要时求助他们。

(2)"目标公司介绍"是对目标公司发展史与经营现状的概括介绍。这部分信息的来源是商业计划书以及PE分析人员的独立调查。其主要内容包括:

①目标公司的成立时间与地点,包括其前身的成立时间与地点。经营时间的长短将有助于PE判断企业所处的发展阶段、管理层的经验和能力。经营地点反映企业所处的区域经济与人文特征,包括企业是靠近供应商还是靠近客户、政府的效率与影响力、当地的劳动力供应与素质状况等。

②所有权性质,是私营还是国有。如果是国有企业,则PE需要考虑有关职工大会批准、资产评估、产权交易等的特殊规定,以及人员处置、附属产业剥离、债务与应收账款处置等典型问题。

③主营业务,包括主要产品或者服务尤其是差异性、产能与实际产量、主要供应商和客户、主要竞争者和行业地位、近3年主要财务数据等内容。准确地定义企业主营业务是行业研究的前提。

④管理团队,包括他们的教育背景、职业经历、目前职位。必要时,还包括组织结构图。

⑤技术研发,包括现有技术来源、专利或专有技术情况、研发人员的教育背景与职业经历、历年研发投入占销售收入比例,等等。

⑥当前的股权结构。PE要了解将来的合作伙伴,这将影响企业未来的决策以及决策的执行。此外,PE要特别关注某些特殊的股权结构,例如因国企改制带来的员工持股会代持股所导致的潜在的法律问题。

(3)融资计划是对企业未来发展规划的概括介绍。这部分信息的来源是商业计划书。其中包括如下几点：第一，融资金额与股权比例，即企业主愿意出让多少股权以换取相应的投资额。第二，资金使用计划，包括用于扩建厂房的购置设备的资本性支出、增加流动资金以及用于并购、投资其他企业。第三，对投资退出机制的安排，包括时间、方式（如 IPO 或回购）。

2. 特别条款

在初步谈判中，除了基于交易背景的核心利益之外，特别条款也是买卖双方交锋的热点。在私募股权投资过程中经常涉及的特别条款有如下几种：

(1)反摊薄条款(anti-dilution)，是一种用来确保原始投资人利益的协定。按照该协定，后来加入的投资者等额投资所拥有的权益不能超过这些原始投资人。很多投资人常常坚持把反摊薄条款作为投资条件之一，或者以附加购股权或股票期权的形式列入股份认购协议中。一项典型的反摊薄条款或叫反稀释条款是只有在未来出现约定的特定事项时生效，这些特定事项可能是必须经历的一段时间，或是新增融资额达到了约定规模以及其他约定出现的事项。例如，某个原始投资人拥有风险企业 100 000 股原始股，购买价格为每股 2 元，当后来该企业以每股 1 元的价格发行新股时，原始投资人应该得到更多的股份，而且无需付费。如果原始投资人获得了足够多的"免费"股份，则可使其所有股份的每股平均价格下降至增发的新股的价格水平即每股 1 元。

(2)肯定条款(positive covenants)，是指被投资企业管理层在投资期内应该从事哪些行为的约定；否定条款(negative covenants)是指被投资企业管理层不能在投资期内从事哪些行为的约定。肯定条款一般包括以下内容：

①经营管理记录。被投资企业应给予风险投资人及其代表合适的渠道以使他们能够接近企业职员和经营管理记录。

②财务报表。公司及其管理层应该定期向风险投资人提交反映公司盈利及财务状况的财务报告。其中资产负债表、损益表和现金流量表要按年度、季度和月度呈报，而且年度报告必须经过注册会计师的审核。

③预算。被投资企业应准备年度预算，而且该预算必须取得董事会董事甚至是 PE 的同意。

④财产存续与保全。管理层要确保被投资企业持续存在并拥有所经营企业所必需的各项条件以及对公司财产的所有权，并使其所有财产保持良好的状态。

⑤保险。被投资企业要购买足够的保险。企业也要同意为管理层主要人员购买人寿保险。

⑥债务偿付与税款支付。被投资企业按正常要求支付其应付债务与应缴税款。

⑦遵守法律与协议。被投资企业要遵守所有适用于自身的法律并履行有关协议所规定的义务。

⑧诉讼与其他公告。PE应当被告知所有与被投资企业有关的诉讼、主要协定的未履行情况,以及其他可能会对被投资企业的营运造成不利影响的所有事项。

⑨知识产权保护。被投资企业要采取合理的措施保护其专利权、商业秘密和版权,这些措施包括公司雇员之间的保密协定或非竞争协定。

⑩资金使用。被投资企业必须按约定用途使用PE提供的资金。

(3)优先购买股权(first right of refusal)。即在被投资企业IPO前,如果原有股东向第三方转让股份,在同等条件下,PE有优先购买的权利。

(4)共同卖股权(right of co-sale)。即在被投资企业IPO前,如果原有股东向第三方转让股份,PE有权按照拟卖股的股东与第三方达成的价格和协议,参与到这项交易中,按原有股东和PE在被投资企业中目前的股份比例向第三方转让股份。如原有股东准备向第三方转让200 000股,而原有股东和PE在被投资企业中目前的股份比例是3∶1,那么原有股东可以最多向第三方转让150 000股,而私募股权投资商以同样价格可以向第三方转让50 000股,除非PE放弃这一权利。

PE的优先购买股权和共同卖股权,事实上是对被投资企业原有股东转让股份的限制,从而确保原有股东对被投资企业的长期投入和承诺,避免不理想和不必要的股东进入,使原有股东和PE具有承担相同风险和收益的条件。

(5)股票被回购的权利(redemption option)。如果被投资企业在一个约定的期限内没有上市,被投资企业应该以一个约定的价格买回PE所持有的全部或部分的被投资企业的股票。投资商可以在约定的期限届满后,随时行使这项权利。如果是由投资商提出要求其股票被回购的称为看跌期权(put option),如果是由被投资企业提出回购投资商的股票称为看涨期权(call option)。

虽然在一个约定的期限内被投资企业可以上市,但由于被投资企业的盈利不够,以至于如果上市,它的市值没有达到一个约定的数值如一亿美元,即没有达到一个当初约定的IPO的条件,PE也会要求被投资企业回购股票。

(6)强制原有股东卖出股份的权利(drag-along right)。如果被投资企业在一个约定的期限内没有上市,PE 有权要求原有股东和自己一起向第三方转让股份,原有股东必须按 PE 与第三方谈好的价格和条件按与 PE 在被投资企业中的股份比例向第三方转让股份。

股票被回购的权利和强制原有股东卖出股份的权利可以保障 PE 在被投资企业无法如期上市时,有其他的退出途径。

(7)创始人股东、管理层和主要员工对 PE 的承诺(founders, management and key employee commitment)。包括:签订一定期限的雇佣合同、保密协议和非竞争协议。上市前创始人股东必须保留大部分股票,上市后创始人股东、管理层和主要员工卖出股票有一定限制,如在上市后的几年中,只要投资者还有被投资企业的股票,即使过了交易所规定的管理层的股份锁定期,创始人股东和管理层也必须保有一定比例的股票。

(8)陈述和保证(representation and warranties)。PE 最初的投资决定是基于企业提供的信息,如商业计划书、财务报表,PE 要求企业原有股东和管理层保证这些信息是正确无误的,如果发现这些信息是不真实的,或保证人所承诺的事情发生了重大变化,企业必须向 PE 作出赔偿,PE 通常要求增加企业的股票作为赔偿。

(三)签订投资意向书

1. 投资备忘录

经过初步谈判之后,PE 团队会准备一份完整而简要的投资备忘录。

投资备忘录(investment memo)综合了商业计划书、行业研究、公司调研的全部有效信息。在投资备忘录中,要列举下列信息:目标公司的发展史、主要业务、管理层情况、融资结构、市场地位;投资亮点;行业概览;市场容量的历史数据以及预测、周期性与季节性、产品与服务的价格走势、政策冲击、市场驱动因素与限制因素;竞争格局;波特的五力分析模型、前十名竞争者;财务信息要点;潜在风险;建议;放弃项目或者提请投资委员会开展尽职调查。

提请尽职调查的投资备忘录将被提交给 PE 的投资委员会。投资委员会是 PE 投资的最终决策机构。经过评审,如果投资委员会认为该交易是好的,将决定开展尽职调查。根据历史数据,只有 1‰ 的项目能够最终提交给投资委员会。估价过高、处于早期发展阶段、现金流状况较差是经过行业筛选后的项目被淘汰的主要原因。

2. 条款清单与投资意向书

条款清单(term sheet)是股权投资条款清单的简称。条款清单是在 PE 和企业主就企业估值与投资方式达成基本共识的基础上进行的细节谈判,谈判将决定对未来的投资交易做出原则性约定。条款清单中约定了PE对被投资企业的估值和计划投资金额,同时包括被投资企业应付的主要义务和PE要求得到的主要权利,以及投资交易达成的前提条件等内容。

条款清单可以由企业主在其律师与顾问的帮助下起草,并连同商业计划书一道提交给PE;也可以由PE的律师起草提交给企业主,此时该文件也可以被称为投资意向书(letter of intent,LOI)。无论是哪种情况,条款清单的内容都要由双方谈判协商确定。

条款清单已包含了投资协议的主要条款,但并不意味着双方一定能达成投资协议。理论上讲,条款清单不是最终生效的、具有约束力的法律文件,然而签字双方从信誉角度考虑都要遵守诺言。如果随后PE进行的尽职调查结果满意,同时被投企业自签署条款清单之日起至投资交易正式执行的期间内未发生保障条款中规定的重大变化,PE将与企业主正式签订投资协议并安排资金投入。据业内判断,约有30%签署了条款清单的项目最后成功达成投资协议。

(四)尽职调查

尽职调查(due diligence),是私募股权投资基金买方对目标公司的资产和负债情况、经营和财务情况、法律关系以及目标企业所面临的机会以及潜在的风险进行的一系列调查,从而决定是否实施下一步的投资工作。尽职调查具体工作往往会委托给会计师事务所的相应部门完成。尽职调查主要分财务尽职调查(financial due diligence)和法律尽职调查(legal due diligence)两大类,并且每项资料都要求尽可能详细。

1. 财务尽职调查

财务尽职调查主要是指由财务专业人员针对目标企业中与投资有关的财务状况的审阅、分析等调查。财务尽职调查可分为对目标企业总体财务信息的调查和对目标企业具体财务状况的调查,具体而言包括被投资企业会计主体的基本情况、被投资企业的财务组织、被投资企业的薪酬制度、被投资企业的会计政策及被投资企业的税费政策。

在调查过程中,财务专业人员一般会用到以下一些基本方法:

(1)审阅,通过财务报表及其他财务资料审阅,发现关键及重大财务因素;

(2)分析性程序,如趋势分析、结构分析,通过对各种渠道取得资料的分析,发现异常及重大问题;

(3)访谈,与企业内部各层级、各职能人员以及中介机构充分沟通;

(4)小组内部沟通,调查小组成员来自不同背景及专业,其相互沟通也是达成调查目的的方法。

由于财务尽职调查与一般审计的目的不同,因此财务尽职调查一般不采用函证、实物盘点、数据复算等财务审计方法,而更多使用趋势分析、结构分析等分析工具。财务尽职调查可以充分揭示财务风险或危机;分析企业盈利能力、现金流,预测企业未来前景;了解资产负债、内部控制、经营管理的真实情况,是投资及整合方案设计、交易谈判、投资决策不可或缺的基础;判断投资是否符合战略目标及投资原则。

2. 法律尽职调查

法律尽职调查主要包括:

(1)被投资企业章程中的各项条款,尤其对重要的决定,如增资、合并或资产出售,须经持有多少比例以上股权的股东同意才能进行的规定,要予以充分的注意,以避免兼并过程中受到阻碍;也应注意章程中是否有特别投票权的规定和限制;还应对股东会(股东大会)及董事会的会议记录加以审查。

(2)被投资企业主要财产,了解其所有权归属,并了解其对外投资情况及公司财产投保范围。该公司若有租赁资产则应注意此类合同对收购后的运营是否有利。

(3)被投资企业全部的对外书面合同,包括知识产权许可或转让、租赁、代理、借贷、技术授权等重要合同。特别注意在控制权改变后合同是否继续有效。在债务方面,应审查被投资企业的一切债务关系,注意其偿还期限、利率及债权人对其是否有限制。其他问题如公司与供应商或代理销售商之间的权利义务、公司与员工之间的雇佣合同及有关工资福利待遇的规定等也须予以注意。

(4)被投资企业过去所涉及的以及将来可能涉及的诉讼案件,以便弄清这些诉讼案件是否会影响到目前和将来的利益。

在收购前私募股权基金虽然通过商业计划书及项目初审获得一些信息,但却没有被投资企业的详细资料。通过实施法律尽职调查可以补救企业主与私募股权基金在信息获知上的不平衡,并了解拟投资的企业存在哪些风险。这些风险的承担将成为双方在谈判收购价格时的重要内容,当获知的风险难以承担时,私募股权基金甚至可能会主动放弃投资行为。

除上述两大类尽职调查项目外,企业收购中可能还需要进行的调查包括环保尽职调查、业务尽职调查、人力资源调查等。

尽职调查实际是以买方付费的形式来解决"信息不对称"问题——卖方总是比买方更了解企业的价值和所面临的问题。尽职调查的任务是"发现价值、发现问题"。发现价值即是通过历史数据来预测未来收益,能够影响买卖决断。发现问题是掌握企业风险的过程,解决问题的过程是企业增值的过程。所以说,尽职调查既通过历史数据找出了投资估值的根据,又为 PE 介入企业之后增值找到了着力点。

(五)谈判签约

谈判签约是 PE 收购过程的主要活动。这一过程是交易双方在律师的帮助下完成的。同时投资合同(SPA)的签订也意味着企业与 PE 正式合作的开始,谈判双方最关注的是以下两点。

1. 剥离附属业务与高风险资产

谈判签约的一个核心问题是确定交易标的。交易标的并不总是目标公司的全部资产或全部业务部门。在很多情况下,出于收购后实施集中战略或规避风险的考虑,PE 会在谈判过程中要求目标公司的企业主将某些与企业未来发展战略无关的业务部门或某些存在价值争议的资产等项目从总交易标的中剔除,而目标公司具体实施"剔除"的过程被称为剥离。剥离是指公司将其子公司、业务部门或某些资产出售的活动。

产生剥离需要的另一个典型情况是以股权收购方式的多元化企业需要集中精力提高企业的核心竞争力。在经济发展史上,那些在并购浪潮中急速扩张、实施多元化战略的很多西方企业都迷失了发展方向,最终不得不通过剥离非主营业务来改善企业的现金流并集中精力于主营业务。在特定的历史阶段,中国很多企业都错误地理解了"做大做强"的适用条件,盲目地扩大产能和多元化的投资冲动严重恶化了企业的现金流状况、削弱了其可持续发展的能力。

剥离存在价值争议的资产(即高风险资产)也是 PE 在收购中国企业时经常提出的要求,其中,最为典型的是应收账款。按照中国目前的会计准则的规定,企业按应收账款总额的 3‰计提坏账备抵。特别是在对国有企业的资产评估的实践中,企业账面上的应收账款全部计入资产,不论其账龄如何。在一个案例中,PE 计划收购中国东部某省的一家国有机械制造企业。在谈判中,PE 指出该企业账面价值数亿元的应收账款平均账龄超过了 3 年,按账面价值评估资产是不能接受的。为解决争议,促成交易,PE 建议当地国资委借鉴长城公司处理银行不良信贷资产的方法,将该企业的应收账款从交易标的中剥离出来并打包在产权交易中心挂牌交易。这样既解决了价值争议问题,又确保国有资产按照市场竞争价格成交,从而避免了国有资产流失的质疑。

2. 交易价格与交易架构

谈判的另一个核心问题是收购价格与交易架构。收购价格的磋商早在PE与企业主接触时就开始了。如果双方已签署条款清单,则主合同条款已基本确定下来。

因为PE的投资对象主要是非上市公司,因而多数情况下并不存在市场化的交易价格(如上市公司的股票价格)。最终的收购价格是PE与企业主一对一协商谈判的结果,是交易双方都可以接受的价格。

交易架构的设计是PE的重要工作,包括对收购方式(股权收购或资产收购)、支付方式(现金或股权互换)、支付时间、股权结构(离岸或境内、股权比例)、融资结构、风险分配、违约责任等方面的安排。交易架构的设计应该全面考虑投资东道国、母国以及离岸金融中心各自的所得税法、行业准入、外汇管制等情况,也要考虑如何有效地隔离交易所带来的潜在风险,例如税务方面或法律诉讼方面的风险。

当交易双方就全部细节达成共识后,会委托律师起草各项法律文件,最主要的是购买协议或增资协议、股东协议与注册权协议。收购协议往往附有成交条件条款,即只有在所有成交条件被满足了之后收购协议才告生效,签约人才有履行协议的义务。成交条件的产生很大程度上源于收购的复杂性。

收购协议签署后,双方的律师将协助各自的委托人实现协议的成交条件,促使协议履行,主要工作包括但不限于:获得目标公司董事会关于收购的批准文件,获得目标公司其他股东放弃优先权声明,离岸与境内公司的设立或变更,获得相关政府部门的批准,等等。

(六) 交易结束

交易结束(deal closing),可以被表述为收购交易双方完成了交割。交割是指卖方(企业主)向买方(PE)实质转让了交易标的,买方向卖方支付了价款(现金、股票或其他有价物)。

在有些收购交易中,PE的收购价款可能被安排成分期支付。每笔支付都是在目标公司完成一定的前提条件(例如达到某个收入指标或EBITDA指标)之后进行的。此时,交易结束的认定通常以最后一笔支付为标志。收购交易的特殊之处在于交易标的是一个企业——一个有机组织。如何完成企业的有机融合是一项艰难的任务,所以法律意义上收购交易的成功与实践中成功地控制一个企业相去甚远。

但是交易的完成只是开端,而不是结束。对于PE而言,真正的结束在于培养企业的价值后获利退出。收购的成功并不一定是成功的收购。收购完成后企业的整合是个大命题,也是一次成功私募收购的揭幕。

第三节 私募股权投资的形式

私募股权基金在投资阶段和投资工具的选择上各有千秋,这形成了它们不同的投资形式。私募股权投资的常见形式有:创业投资、收购基金、夹层融资、重振资本和上市后私募投资。其他形式的私募股权基金还有问题债务基金、过桥基金等。

一、创业投资

创业投资基金(venture capital,VC),即风险投资。是由职业金融家投入新兴的、迅速发展的、有巨大竞争潜力的企业的一种权益资本。广义上,指用于私人权益投资的资金,狭义上讲,主要投资于企业的创业阶段或产业化早期,为企业提供研发或营运资金。

创业投资基金是私募股权基金的最早形式,在发达国家已经有50余年的历史。一般情况下,创业投资基金是专指以股权方式投资于新兴的、有巨大潜力的中小企业的投资活动,其所投资的对象除了具有高度风险外,往往是新的快速成长的企业,风险投资期望能从中获得巨额利润。更广义的定义是,凡是对以高科技与知识为基础、生产与经营技术密集的创新产品或服务的投资,都可视为风险投资。

作为发展高新技术的催化剂,创业投资基金的价值在于适应高科技产业发展的技术和经济规律的要求,创造新型的高科技企业。一项高新技术的产业化通常划为五个阶段:技术酝酿与发明阶段、技术创新阶段、技术发展阶段、技术扩散阶段和工业化大生产阶段。每个阶段的性质和规模都不同,与此相对应的创业投资基金的投入分为种子期、导入期、成长期、扩张期和成熟期。

(一)种子期(seed stage)

种子期是指技术的酝酿与发明阶段,一般由科技创业家自己解决,即把创意变为产品的阶段。这个时期的风险投资称作种子资本(seed capital)。风险投资家一旦同意出资,就会合建一个小型股份公司。风险投资家和发明家各占一定股份,合作生产,直至形成正式的产品。这种企业面临三大风险:一是高新技术的技术风险,二是高新技术产品的市场风险,三是高新技术企业的管理风险。风险投资家在种子期的投资在其全部风险投资额的比例是很小的,一般不超过10%,但却承担着很大的风险。这些风险一是不确定性因素多且不易测评,二是投资周期长,因此也就需要有更高的回报。

2. 导入期(start-up stage)

导入期是技术创新和产品试销阶段。这一阶段,完成企业规划与市场分析,产品原型在测试中,进一步解决技术问题,排除技术风险;设置企业管理机构;产品进入市场试销阶段,听取市场意见,但产品试销仍未有收益;开始构思产品原型。这一阶段的资金称作创业资金,所需资金投入显著增加。由于在这一阶段虽已完成了产品原型和企业经营计划,但产品仍未批量上市,管理机制尚不健全。因此,风险投资公司主要考察风险企业经营计划的可行性,以及产品功能与市场竞争力。这一阶段风险主要是技术风险、市场风险和管理风险。如果风险投资公司觉得投资对象具有相当的存活率,同时在经营管理与市场开发上也可提供有效帮助,则会进行投资。如果风险资本家发现有无法克服的技术风险或市场风险超过了自己所能接受的程度就会选择退出。

3. 成长期(growth stage)

成长期是指技术发展和生产扩大阶段。这一阶段的资本需求相对前两阶段又有增加,一方面是用于扩大生产,另一方面是用于开拓市场、增加营销投入,最后,使企业达到基本规模。这一阶段的资金称作成长资本(growth capital),其主要来源于原有风险投资家的增资和新的风险投资的进入。另外,产品销售也能回笼相当的资金,银行等稳健资金也会择机而入。这也是风险投资的主要阶段,这一阶段的风险已主要不是技术风险,因为技术风险在前两阶段应当已基本解决,但市场风险和管理风险加大。由于技术已经成熟,竞争者开始仿效,会夺走一部分市场。企业领导多是技术背景出身,对市场营销不甚熟悉,易在技术先进和市场需要之间取舍不当。企业规模扩大,会对原有组织结构提出挑战。如何既保持技术先进又尽享市场成果,这都是市场风险和管理风险来源之所在。为此,风险投资机构应积极评估风险,并派员参加董事会,参与重大事件的决策,提供管理咨询,选聘更换管理人员等并以这些手段排除、分散风险。这一阶段的风险相比前两阶段而言已大大减少,但利润率也在降低,风险投资家在帮助企业增加价值的同时,也应着手准备退出。

4. 扩张期(expansion stage)

扩张期的创业企业已经掌握了一定的市场份额,正逐步扩大规模。企业累计净损失有明显减轻趋势,销售额也有快速增长的迹象。这一阶段的资金叫做扩张资本(expansion capital),资本主要来源于前三阶段累计投入的资金和利润积累。对于私募股权基金管理人而言,这个阶段有可能继续加大对企业的投入,也有可能通过股票的公开上市或者出售股份来赚取超额的资本收益,再循环投资于其他新项目。

5. 成熟期(mature stage)

成熟期是指技术成熟和产品进入大工业生产阶段,这一阶段的资金称作成熟资本(mature capital)。该阶段资金需要量很大,但风险投资已很少再增加投资了。一方面是因为企业产品的销售本身已能产生足够的现金流入,另一方面是因为这一阶段的技术成熟、市场稳定,企业已有足够的资信能力去吸引银行借款、发行债券或发行股票。更重要的是,随着各种风险的大幅降低,利润率也已不再诱人,对风险投资不再具有足够的吸引力。成熟阶段是风险投资的收获季节,也是风险投资的退出阶段。风险投资家可以拿出丰厚的收益回报给投资者了。风险投资在这一阶段退出,不仅因为这一阶段对风险投资不再具有吸引力,而且也因为这一阶段对其他投资者,如银行、一般股东具有吸引力,风险投资可以以较好的价格退出,将企业融资的接力棒交给其他投资者。风险投资的退出方式有多种可以选择。但是退出是必然结果。

风险投资公司与传统的银行及投资银行不同(见表 3-1)。作为权益投资者,风险投资公司是企业的友好伙伴,并非债权人。创业企业通过风险投资公司途径来融资,是因为传统银行或者投资银行的信贷标准过于苛刻,它们很难得到贷款。这种私募融资不需要担保,但是融资成本很高,是以承诺分割未来高额回报为代价的。

表 3-1 风险投资与传统银行和投资银行的比较

传统银行 (信贷资金)	投资银行 (优先债和风险奖金)	风险投资公司 (风险资金)
债权人	投资者兼债权人	投资者
不参与企业的管理和董事会	不要求参与董事会	要求积极参与企业的管理,指派人员在所投资企业的董事会担任董事
要求有担保或抵押	有或没有担保	投资没有担保或抵押
要求回报	要求回报	要求高回报
获得信贷资金的成本较低	获得资金的成本较高	获得资金的成本最高

二、收购基金

收购基金(buy-out fund),是专注于对企业进行并购的基金。其投资手法是,通过收购控股成熟且稳定增长的企业,实施内部重组、行业整合等来帮助企业确立市场地位、提升内在价值,一旦实现了价值的增值,再通过各种退出机制撤出资本、实现收益。并购基金与其他类型投资的不同表现在,风险投资主要投资创业型企业,并购基金选择的对象是成熟企业;其他私募股权基金对企业控制权毫无兴趣,而并购基金旨在获得目标企业的控制权。收购基金的核心是杠杆收购(leverage buy-out,LBO)和管理层收购(management buy-out,MBO)。

LBO 的本质在于举债收购,收购者以自身的很少的本金为基础,通过从投资银行或其他金融机构筹集大量足额的资金进行收购活动,收购后公司的收入可以帮助其支付这笔负债,这样就以很少的钱赚取了高额的利润。它主要是运用财务杠杆加大负债比例,以较少的股本投入(约占 10%)融得数倍的资金,对企业进行收购、重组,使其产生较强盈利能力后,俟机出售或进行经营的一种资本运作方式。它是一种以小搏大、高风险、高收益、高技巧的经济运作方式,充满诱惑力。当然,高收益与高风险并存。杠杆收购也同样遵循这一原则。由于资本结构中债务资本占了绝大部分,收购方的偿债压力也极重,债务资本的提供方要求有较高的利率作为补偿,而且附有苛刻的条件。一旦经营不善,或是收购前规划和收购后现金流规划出了问题,收购方极有可能被债务压垮而破产。

MBO 是一类典型的收购活动,其形式是公司的经理层从母公司手中收购本公司以实现对公司所有权结构、控制权结构和资产结构的改变,实现管理者以所有者和经营者合一的身份主导重组公司,进而获得产权预期收益的一种收购行为。由于管理层收购在激励内部人员积极性、降低代理成本、改善企业经营状况等方面起到了积极的作用,因而它成为 20 世纪 70—80 年代流行于欧美国家的一种企业收购方式。对中国企业而言,MBO 最大的魅力在于能理清企业产权,实现所有者回归,建立企业的长期激励机制,这是中国 MBO 最鲜明的特色。

风险投资与收购基金的区别如表 3-2 所示。

表 3-2　风险投资与收购基金的比较

特　征	风险投资	收购基金
现金流	低,不可预测	稳定,可预测
产品市场	新产品,不确定的未来	稳定的占有率
产品	产品开发基于新技术	已有产品
资产	少	有可做担保的资产
管理团队	新团队,个人有创业经验	强大有经验的团队
财务杠杆	低债务,主要是股权融资	高债务,高比例优先债、次级债和夹层债务
风险评估	未知因素多,风险难以评估	行业及企业处于成熟期,风险可测
退出机制	IPO 或者出售,难以预测	可预测
运营	需要很高的现金收益	市场占有率下降
资本金要求	增长性要求高资本金	较低的资本金要求
私募股权基金的增值服务	调查技术及商业状况,财务状况不好介入	提供更多经营上的建议
企业目标	为企业的设立及成长战略提出有里程碑意义的目标	目标侧重现金流、战略计划以及商业计划
私募股权投资收益	从少数获得成功的项目中获取高收益,因多数不成功的项目受损	项目收益稳定,破产事件少
资本市场表现	不活跃	收购基金是资本市场重要的参与者
交易方式	多数交易协商完成,基于风投企业与创业者的关系	拍卖
LP 的收益来源	持有收益	持有收益、交易费、监督费

三、夹层融资

夹层融资(mezzanine finance)属于私募股权投资中的一种特殊的投资策略。夹层融资是一种介于优先债务(senior debt)和股本之间的融资方式,从夹层资本的提供方的角度出发,称为夹层资本,从夹层资本的需求方的角度出发,称为夹层债务,这笔资本或债务依附的金融工具通常以夹层贷款的形式出现。

从事夹层融资的私募股权基金称之为夹层基金（mezzanine fund）。夹层基金主要对介于风险较低的优先债务和风险较高的股本之间的投资品进行投资，如优先股和次级债等，或者附带投资者对融资者的权益认购权的债权。夹层融资一般采取次级贷款的形式，也可以采取可转换债权或者优先股的形式。如果使用了尽可能多的股权和优先债务来融资，但还有很大的资金缺口，夹层融资就在这个时候提供利率比优先债权高但是承担较高风险的债务资金。在发行这种次级债权形式的同时，发行人常常会提供企业上市或者被收购时的股权认购权。夹层融资作为私募股权投资的一种投资形式，是传统投资方式的演进和扩展。

夹层融资有三个获取收益的途径：第一，现金票息，通常是一种高于商业银行间利率的浮动利率；第二，还款溢价；第三，股权激励，这就像一种认股权证，持有人可以在股权出售或发行时行使这种权证进行兑现。并非所有夹层融资都囊括了同样的特点。举例而言，投资的回报方式可能完全为累积期权或赎回溢价，而没有现金票息。由于夹层融资的资本回收主要是通过债务的还本付息来实现的，比传统的私募股权投资退出更加容易，风险更小。但是，本地货币的贬值可能严重影响投资者的收益，所以夹层融资的决策必须考虑汇率风险。夹层融资这种股债融合的方式更有利于投资方对项目投资收益的把握，也能为融资方提供更具弹性的股权管理选择权，而且夹层基金灵活的运行方式也能提高资金的周转效率，在实质上增加资金的供给数量。另一方面，中小企业都面临着引入外部股东导致股权稀释甚至失去控制权，又难以取得更多银行贷款或负债融资的两难境地。夹层融资的股债双重特征，正好解决了中小企业这一难题。据统计，夹层融资交易违约率很低，欧洲的550笔夹层融资交易的违约率仅为0.4%。而且发生违约后的本金回收比例也很高，介于50%～60%之间。低违约率和高回报率使得夹层基金业绩良好。

四、重振资本

重振资本（turn-around capital），是指帮助已经陷入危机或者可能陷入危机的企业重新恢复经营和财务上的稳定，保证股东利益最大化。这类企业一般处于传统行业，出现财务危机或者处于重组当中，但仍具有长期的市场生存能力。尽管大多数重振资本都是不同的，没有固定的模式，但是它们还是具有一些共同的要素：第一，重振企业具有核心的生存能力；第二，重振的手段和经验丰富；第三，给予重振企业财务支持；第四，完善重振企业的经营管理。经验表明,一旦企业具有核心的生存能力,重振的目标就较容易实现。接受重振资本的企业不一定是未上市企业,也有可能是已经上市的公司。重振资本帮助公司重新发展,从而实现公司的重新上市,或者把公司从退市的边缘挽救回来。

五、上市后私募投资

上市后私募投资(private investment in public equity,PIPE)投资于上市公司非公开发行的股权。在我国的情况类似于专门投资于上市公司定向增发股票的基金。这类投资获得的股票价格通常相对二级市场上交易的股票价格有一定的折扣,但会附带一定的锁定期,从而丧失部分的流动性。现在也有些学者把定位于 Pre-IPO 的 PE 基金归于 PIPE 这个种类,理由在于其投资后的企业很快 IPO 成为上市公司。

第四节 私募股权投资收益

一、私募股权投资价值

私募股权投资者并不是实业家,他们急于获得投资回报。在基金的存续期结束之前,必须将所有的项目变现,并在计算收益后分配给基金的投资者。正是这种机制,使得 PE 在进行投入之初,便仔细地盘算和斟酌每笔投资如何变现和收回,如何获取利益。

(一)私募股权投资的价值形成

1.私募股权投资价值的创造

PE 投资总是追求高额的利润回报。从操作手段来看,PE 的利润中大约有 56% 来自投资企业绩效的改善,35% 来自低买高卖,9% 来自资产负债率的降低。从这方面来看,好像它们只是贪婪的食利者,分享了企业快速发展的利润。但是探究目标企业发展的根源,它们的增值和 PE 是分不开的,PE 也是价值的创造者。由于绝大多数 PE 基金的组织形式是有限合伙制,以下我们将以有限合伙制私募股权基金来分析 PE 投资的价值实现途径。

(1)传统金融理论学者认为,PE 获得的巨额利润来源于税盾。

PE 基金通过大量负债来收购公司,造成公司资本结构中的债务比例比收购前高很多,利息支付大幅增加,冲减大量利润,并因此减少税收支出,这种效应被称为税盾(tax-shield)。税盾使企业贷款融资相比股权融资更为便宜。以运用财务杠杆,大比例债务融资为代表,包括使用期权、可转换债券等金融工具在内的金融工程是PE,特别是作为PE主体的收购基金创造股权价值的重要手段。以杠杆融资为例,尽管在不同外部环境下(如信贷市场的松紧程度和利率的高低),收购交易的平均杠杆率也会有差别,而且,自从上世纪80年代以来,杠杆率已经出现下降的趋势,但是,真正意义的收购基金交易都是杠杆收购。财务杠杆在金融工程方面表现为,高债务比率的资本结构本身能够带来"税盾",高杠杆债务融资使投资者能以少量资本获得巨大收益。因此PE的操作方式本身就能带来税盾效应。同时采用有限合伙制的法律框架本身就能带来税收上的优惠。尤其在美国,有限合伙制PE可以同时享受有限责任公司的有限责任(对LP)和合伙制的税收优惠,这样避免了双重税负,锁住了价值。但是仅仅依靠税盾的好处还远远达不到投资者对于投资PE基金的回报需求。PE如果能够持续地为投资者生产高于市场平均利润的回报,必然需要特殊的价值创造能力。

(2)PE收购本身创造价值,而创造价值的前提是PE实现了对投资企业的控制。

PE买到的是公司的控制权,整个公司成为以PE为主导地位的非上市公司。PE是股权投资者,获得股份就意味着对企业的决策拥有发言权,这样就保护和实现了自己的利益。PE对于企业的控制主要有两个方法,一是争取控股权,二是派出财务总监。当PE拥有超过企业50%的股份的时候,PE就拥有了对企业的控股权。拥有控股权的PE可以对企业有很大的影响。控股权其实本身就是有价值的。直观地看,对于企业而言,失去控股权意味着只能任由PE摆布,因此除非走投无路,企业绝对不愿意失去控股权。但PE也有类似的担心,没有控股权的保护,企业有可能任意行动,从而忽视掉投资者的利益,因此,如果可能,PE会尽力争取控股权。而PE投资的目标企业的实力比较弱,也缺乏融资的渠道,PE获得控股权也比较容易。

另外,在取得企业控制权的同时,PE还利用它的主导地位来决定企业的发展方向。具体表现在资深经验人员支持、提高运营预算、收购支持、更换高管等手段上。

(3)PE收购企业后能够提升公司价值的另一个重要途径是管理层的激励。

对管理层的激励是PE收购公司后能够提升公司价值的主要因素。被收购的上市公司需要激励机制,而对于成长性企业的投资,激励机制更是重要的业绩提升保障。在目标企业中,管理层通常占有企业股权的很大份额,这部分股权份额占管理层收入的很大一部分。通常还允许管理层在达到企业目标后增加其持有的股份。在 PE 投资中,采用最多的是可转换的优先股。这样做的好处,一是减少了 PE 投资风险;二是激励管理层,因为管理层通常持有普通股。由于管理层拥有一定的股份,他们有可能从事风险很大但收益很高的项目,因此 PE 往往制定条款来惩罚业绩很差的管理者,以抵消管理层偏好高风险的倾向。

2. 私募股权投资价值的实现

对于投资者来说,到期获得私募股权投资价值的途径主要有两种:二次交易和证券化。

(1)二次交易。尽管效率较低且流动性较差,仍存在有限合伙企业股份交易的二级市场。通常如果没有 GP 或者其他 LP 的同意,私募股权基金的股份不得出售。

(2)证券化。是指非公司化基金能够以具有信用评级的商业票据或者债券向投资人出售其权益。具体运用时,是将有限合伙企业股份通过特设机构(SPV)转化为次级债基金(CFO)。SPV 发行高级和次级票据,款项用于其他私募股权基金之基金(FOF)的投资。这种方法实际上是通过杠杆的使用和投资组合收益与票据持有者的利率之间的差,使股票持有者获得高回报。私募股权的证券化有三种主要原因:在保留一些上涨的基金的同时,减少私募股权基金的风险敞口;为了获得资本救济;产生的新资金用于投资到新的私募股权基金中去。

(二)私募股权投资的估值

私募股权基金一定会找出高成长性的被投资企业。高成长性被投资企业具备以下条件:企业产品有市场;有行业竞争力;企业装备水平适当;优秀的管理团队;良好的经营业绩。如何评价企业未来的投资价值是选择高成长性企业投资价值的核心。常用于私募股权投资估值的方法有如下几种:

1. 现金流分析

现金流量贴现法(discounted cash flow technique,DCF),是对企业未来的现金流量及其风险进行预期,然后选择合理的贴现率,将未来的现金流量折合成现值的方法。

其核心是净现值法(net present value,NPV)。所谓净现值法,就是根据净现值的大小来评价各投资项目,选取净现值大的项目进行投资。净现值是正值,投资该项目是可以接受的;净现值为负值,从理论上来讲,投资该项目是不可接受的。使用此法的关键是确定:第一,预期企业未来存续期各年度的现金流量；第二，要找到一个合理的公允的贴现率，贴现率的大小取决于取得的未来现金流量的风险，风险越大，要求的贴现率就越高，反之亦反之。这种方法适用于有长期经营历史的公司估值。其公式为：

$$NPV = \sum_{t=1}^{T} \frac{CF_t}{(1+r)^t} - I_0$$

其中，I_0 为初始投资，T 为投资期限，r 为风险补偿的贴现率，CF_t 为资产在第 t 时刻产生的现金流。

但是在实务中 CF_t 和 r 常常不容易得到，所以较常用的是如下公式：

$$V = \sum_{t=1}^{n} \frac{CFF_t}{(1+WACC)^t}$$

其中，CFF 为 t 时刻预计的现金流；$WACC$ 为加权平均资本成本，它的算法由下图给出：

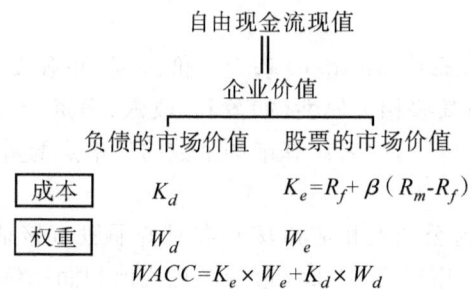

[例 3-1] 你正在分析一家今后 5 年有如表 3-3 所示现金流的小制造商。股权成本为 13.625%，公司长期借款利率是 10%，公司税率是 50%。计算该公司的加权平均资本成本。

表 3-3

年	股权现金流	利息×(1－税率)	公司现金流
1	50	40	90
2	60	40	100
3	68	40	108
4	76.2	40	116.2
5	83.49	40	123.49
期末价值	1 603.01	760	2 363.01

解：

$K_e = 13.625\%$

$K_d = 税前利息率 \times (1-税率) = 10\% \times (1-0.5) = 5\%$

$V_d = \dfrac{40}{5\%} = 800$

使用股权现金流按照股权成本计算股权价值：

$$V_e = \dfrac{50}{1.13625} + \dfrac{60}{1.13625^2} + \dfrac{68}{1.13625^3} + \dfrac{76.2}{1.13625^4} + \dfrac{83.49+1\,603}{1.13625^5}$$
$$= 1\,073$$

加权平均资本成本：

$$WACC = K_e \times W_e + K_d \times W_d$$
$$= 13.625\% \times \left(\dfrac{1\,073}{1\,873}\right) + 5\% \times \left(\dfrac{800}{1\,873}\right) = 9.94\%$$

2. 市场乘数法

市场乘数法(market multiple)基于一价法则，并假设：第一，在其他条件相同时，价格直接与某些相关属性(如盈利、收入、净资产)成正比；第二，现金流时点和风险相同；第三，用来计算市场乘数的价格是衡量相应公司价值的恰当指标。

该方法使用可比公司的相应市场乘数对普通股直接估值，常用市场乘数包括：市盈率(P/E)、市净率(P/B)、市价对息税前利润比例(P/EBIT)、市价对息税折旧摊销前利润比例(P/EBITDA)等。

利用市盈率估价是最常见的一种估价方法。如果收购属于公司的私有化，即被收购前是上市公司，在收购后即退市，那么该企业之前的市盈率水平就可以作为交易的参考。因此对于上市公司，操作起来最方便的是市盈率法。市盈率的逻辑是同一类的企业应该有相同的价值乘数，因为投资于同一类企业的投资者会要求相同的利润率。市盈率法的公式是：

企业价值＝市盈率×企业稳定收益

该方法的困难在于：一是用什么来表示收益，二是如何寻找市盈率。上市公司的股价主要跟企业的现金流有关系而跟每股收益的关系并不大。这给现金流的支持者们一个有力的佐证。一般会采用净利润、息税前利润(EBIT)来表示现金流。

更好的指标是息税折旧摊销前利润(EBITDA)，它是纯粹以现金流衡量的指标,排除了非现金流的项目,如折旧、摊销等。如果把乘数理解为市盈率,那么就需要找到可以类比的企业——通常是上市的同类企业的平均市盈率作为目标企业的市盈率。

但是,这种方法的问题在于,默认同类企业的价值不同是由企业的规模造成的。所以,这种评估方法用静止的眼光来看问题。按照这种逻辑,同行业中的企业将会一成不变。这显然不可能。在任何一个行业都会出现先进企业与落后企业之间差距扩大或者落后企业赶超先进企业的情况。而且不一定有其他同类企业的价格。替代方案是,用经验估计的市盈率来代替同行业上市公司的平均市盈率,这种推广可能有更好的经济意义。此时,作为类比的企业可能不再是同类企业,而是其他相同属性的企业,比如,相同的地域、相同的销售能力、相同的产品质量的企业。

利用市盈率估价也可以看成是现金流或者收益的一个资本化过程。即:

$$企业价值 = \frac{企业稳定收益}{资本化率}$$

同时假设企业可以永远经营下去,就可把企业的收益资本化。比如,假设企业的收益是每年100万,而资本化率是0.1,那么,企业的价值就是 $\frac{100万}{0.1} = 1\,000万$。

关于资本化率存在三种观点:

第一种观点是,资本化率应该反映市场上能产生类似现金流收益的投资回报率,也就是资金的机会成本:它带来的收益不应该比投资于其他项目来得低。这种方法确定的资本化率实际上也是一个与其他企业比较的过程。但对于投资者而言,存在机会成本,使他要在能投资的项目中找出投资收益率最高的企业。

在这种思路下,我们要考虑投资者的能力。例如,如果一个小PE的资金数量使它无法像KKR那样进行不低于50亿的并购业务,那么,即使KKR可以并购的同类企业可以获得30%的投资回报率,也不意味着该小PE也只能投资回报率在30%以上的企业。如果该小PE能够找到的投资项目的资本回报率最高是20%,那么它要求的投资回报率就应该是20%。

第二种观点是,资本化率应该不低于平均资本成本。只有这样,企业才能够让所有的投资者都不至于失望。这种观点如果站在企业的角度,就是要计算企业的债务成本和股权成本的加权平均值。而如果站在PE的立场,就应该是它所要求的投资回报率。比如,如果一家企业的年收益是300万。如果

PE 希望的投资回报率是 30%,那么,它对企业的开价只能是 1 000 万;而如果 PE 希望的投资回报率是 20%,那么,它就可以开价 1 500 万。不过,PE 要求的投资回报率越高,它的开价就会越低,和企业就越难达成一致。

关于资本化率的第三种观点是:资本化率实际上是一个由无风险利率、风险溢价和流动性溢价构成的综合利率指标,即:

$$资本化率=无风险利率+风险溢价+流动性溢价$$

这种资本化率的计算方法很麻烦,而且也很不精确。但这种思路本身很好,对我们理解企业价值的形成很有帮助。风险溢价的界定比较麻烦。按照现代金融学的理论,如果资本市场有效,那么,企业收益率波动越大,企业的收益率就应该越高。如何测算风险溢价?上市公司可以通过历史数据计算公司股价的 β 值,然后按照资本资产定价模型(CAPM)推算出来风险溢价。但 PE 投资的企业通常是没有上市的企业,所以,估计起来就比较困难。比较常用的方法是采用上市的类似企业的平均 β 值来估算风险溢价。而且对于未上市的企业还有一个更大的麻烦:由于未上市企业股票不能流通,所以,还应该有流动性溢价作为补偿。而流动性溢价一般来自经验估量。

3. 实物期权法

期权是一种选择权的契约,其持有者拥有在未来一段时间内以一定的价格(执行价格)向对方购买或出售一定的资产(标的资产)的权利。在资本市场上,期权赋予投资者权利而不是义务去以某一指定价格购买或卖出金融资产。相应的,拥有实物期权的投资者也有权利而不是义务去选择能使投资得到较好回报的决策。这里的实物期权指的是应用于现实资产时的期权。期权的特点在于着力考证投资收益的不确定性、投资的等待价值以及投资标的物的交易性等因素在投资行为中的效应,重点关注不确定性、不可逆性对投资决策的影响,尤其对投资周期长、风险高、资本密集型的风险投资的影响。从前面所述的高新技术风险投资特点的角度来看,期权定价方法适用于这类风险投资的决策。

企业的创新性技术研发投资实际上创造了增长型实物期权,R&D 投资额或研发费用 X 作为该期权的期权费;商业化转换成本和辅助成本 K 作为期权的履约价格;最短创新时间 t 作为期权的到期日;获得商业化生产后获取的未来预期的现金收益 V_1 作为期权标的物的当前价格。在时刻 t,该期权的损益为 $\max[V_1-K-X, -X]$。

我们利用经典的 B-S 看涨期权公式为

$$V(t) = S \times N(d_1) - Ke^{-rT}N(d_2)$$

其中，$d_1 = \dfrac{\ln\dfrac{S}{K} + (r + 0.5\sigma^2)T}{\sigma\sqrt{T}}$

$d_2 = \dfrac{\ln\dfrac{S}{K} + (r - 0.5\sigma^2)T}{\sigma\sqrt{T}} = d_1 - \sigma\sqrt{T}$

我们用概率分布的方法，得出企业 H 在 t 以前先于企业 L 创新成功的概率，则企业 H 的最短创新时间 $t_H(X_H)$：

$$t_H(X_H) = f(X_H)/[f(X_H) + f(X_L)]^2$$

那么，企业 H 的估值为：

$$V = E\{V(t) \mid t_H(X_H) \leqslant \min[t_L(X_L), t]\}$$
$$= V(t)f(X_H)/[f(X_H) + f(X_L) + r]$$

[例 3-2] A 公司试图在 IT 行业大展宏图，评测认为企业创新成功的概率为 35%。目前一些规模和技术能力相近的 IT 企业也正在致力于私人投资银行投资组合管理系统的研究，在该领域 A 企业面临的最强有力的竞争对手为 B 企业，其创新成功的概率为 10%。经专家测算，若创新成功后项目投产，需要投入成本 3 000 万元，该项目预计每年收益为 8 600 万元，项目收益的波动率为 30%，无风险利率为 6%。

行业中的巨头企业——甲公司目前也正需要相似系统来满足行业客户需求，整合自身业务，巩固行业中的龙头地位。基于 A 企业欲开发的这套私人银行投资组合管理系统未来给其带来的收益，甲公司考虑对 A 企业进行并购。使用实物期权法对其估值。

估值问题：首先，假设甲公司采用传统的现金流贴现法对 A 企业进行估价。甲公司了解到研发成功后，A 企业可以在未来 3 年内每年收益为 8 600 万元（假设为年金形式）。将现金流进行确定性等同处理后，贴现率采用无风险利率。

A 企业的价值为：

$$V_A = [8\,600 \times 35\%/(1+6\%)] + [8\,600 \times 35\%/(1+6\%)^2] +$$
$$[8\,600 \times 35\%/(1+6\%)^3]$$
$$= 2\,527.25$$

但并购后需要支付后续投产成本 3 000 万元。显然，甲公司不会采取行动。

适用于未来战略较灵活的不成熟企业。

若采用实物期权博弈模型。由案例中的数据,可得:

$$f(X_H)=35\%, f(X_L)=10\%, V_1=8\ 600, K=3\ 000, d=30\%, r=6\%$$

从而得到 A 企业的最短创新时间为:

$$\begin{aligned}t_H(X_H) &= f(X_H)/[f(X_H)+f(X_L)]^2 \\ &= 35\%/(35\%+10\%)^2 \\ &= 1.7284\end{aligned}$$

并有:

$$d_1 = \frac{\ln\left(\frac{8\ 600}{3\ 000}\right)+[6\%+(30\%)^2/2]\times 1.7284}{30\%\times 1.7284^{0.5}}$$

$$=3.1203$$

$$d_2=2.7359$$

查表得:

$$N(d_1)=0.9991, \quad N(d_2)=0.9969$$

因此,企业 A 的企业价值为:

$$\begin{aligned}V_A &= V(t)f(X_H)/[f(X_H)+f(X_L)+r] \\ &= 3\ 968.69\end{aligned}$$

显然,剔除整合自身业务、巩固行业中的龙头地位的因素,单纯从经济角度考虑,甲公司并购 A 企业有利可图。

4.重置成本法

重置成本法,就是在现实条件下重新购置或建造一个全新状态的评估对象,所需的全部成本减去评估对象的实体性贬值、功能性贬值和经济性贬值后的差额,以其作为评估对象现实价值的一种评估方法:

评估价值=重置成本-实体性贬值-功能性贬值-经济性贬值

评估价值=重置全价×成新率

上述公式是计算重置成本的基本思路,在实际应用中,由于数据采集的角度不同,对于实体性贬值、功能性贬值、经济性贬值的计算方法也不尽相同。下面仅给出一种常用的计算路径,对其他计算路径感兴趣的读者可以参考造价师相关读物。

(1)实体性贬值。设备的实体性贬值是指资产在存放或使用过程中,由于使用磨损和自然力的作用，造成实体损耗而引起的贬值。计算公式：

实体性贬值＝重置成本×(1－成新率)

（2）功能性贬值。由于无形损耗而引起价值的损失称为功能性贬值。估算功能性贬值时，主要根据设备的效用、生产能力和工耗、物耗、能耗水平等功能方面的差异造成的成本增加和效益降低，相应确定功能性贬值额。

功能性贬值＝(重置成本－实体性贬值)×功能性损耗系数

（3）经济性贬值。由于外部环境变化造成的设备贬值称为经济性贬值。计算经济性贬值时，主要是根据由于产品销售困难而开工不足或停止生产，形成资产的闲置，价值得不到实现等因素，确定其贬值额。

经济性贬值额＝(重置成本－实体性贬值－功能性贬值)×经济性贬值率

[例3-3]某私募关注一家挖掘机生产企业，现就一条生产线进行单项估价。该企业5年前购置了该生产线，该生产线旋转轴承已经损坏，其余部分可正常使用。新的轴承现价为5 000元，该型生产线现价为280 000元。待评估生产线成新率为70%，功能性损耗系数为0.1，经济性贬值系数为0.2，若采用重置成本法进行评估，评估价值为多少？

实体性贬值＝280 000×(1－0.7)＝84 000
功能性贬值＝(280 000－84 000)×0.1＝19 600
经济性贬值＝(280 000－84 000－19 600)×0.2＝35 280
评估价值＝280 000－84 000－19 600－35 280＝141 120

重置价值是扣除资产折旧和损耗之后的净资产现行市场价值。它是把资产视为一种商品，在市场上公开竞销，在供求关系平衡状态下确定价值。一个企业的市场价值超过其资产的重置成本，就意味着该企业拥有某些无形资产。

重置成本法是中国实践中常用的方法，其优点是：①计算简便、直观易懂，适用于非持续经营下的目标企业价值评估；②具有客观性，着眼于企业的历史和现状，不确定性因素较少，尤其是企业价值主要由其掌握的资源组成时，该方法尤其适用；③该方法操作简单，资料比较可靠，人为因素的干扰比较少，而且评估结果可以具体到各项资产和负债的明细项目上，便于会计账务处理。

重置成本法也有诸多缺点：①它以企业拥有的单项资产为出发点，忽视了整体获利能力。②它不能反映企业未来的获利能力，当企业的获利能力很强时，该方法的评估结果误差较大。③不适用于有较长经营历史的成熟企业。

5.风险投资法

风险投资法是风险资本常用的估值方法,适应私募股权投资的现金流特征。风险投资法运用一个乘数把公司放在未来一个可以获得正的现金流或者收益的时刻进行估价,然后通过一个很高的贴现率,通常是40%~75%,将终值贴现。

以下四个步骤说明了风险投资法的基本原理:

①该方法计算公司在未来某个有收益时刻的价值,通常是筹划公开上市的时候,这时的"终值"可以通过一个乘数来计算,例如那年的预期收益率乘以市盈率,或通过现金流贴现的方法计算。

②公司终值的贴现并不是使用传统的资本成本作为贴现率,而是使用风险投资家的目标回报率。目标回报率是风险资本投资家觉得为了补偿某项投资中风险和投入的精力所必须达到的收益。

$$贴现后的终值 = \frac{终值}{1+目标回报率} \times 年数$$

③计算风险投资家要求的最终的所有权比例(required final percent ownership)。

$$要求的最终所有权比例 = \frac{投资额}{贴现后终值}$$

④估计未来的股权稀释情况,计算出必须拥有的所有权比例,风险投资者为了实现目标回报率而必须拥有的目前股权比例为:

$$目前必须拥有的股权比例 = 最终必须拥有的股权比例 / 保持比率$$

在实务中,风险投资法通常经过如下五步计算:

第一步:投资进入之后的估值(post-money valuation),即 $POST$:

$$POST = V/(1+r)^t$$

其中,V 为退出价值,r 为贴现率。

第二步:投资进入之前的估值(pre-money valuation),即 PRE:

$$PRE = POST - INV$$

其中,INV 为总投资。

第三步:风险资本投资者的股权比例 F:

$$F = \frac{INV}{POST}$$

第四步：投资者须认购的股本数额 y：

$$y = x[F/(1-F)]$$

其中，x 表示投资前的股本数额，F 为投资者持股比例。

第五步：每股价格 p：

$$p = \frac{INV}{y}$$

[例 3-4]风险投资法的应用，见表 3-4。

表 3-4

因素	英文缩写	基本模型	估值 1	估值 2
退出价值	V	25 000 000	22 500 000	25 000 000
退出时间	t	4	4	4
贴现率	r	50%	50%	60%
投资总额	INV	3 000 000	3 000 000	3 000 000
投资前股本	x	1 000 000	1 000 000	1 000 000
投资后估值	$POST$	4 938 272	4 444 444	3 814 697
投资前估值	PRE	1 938 272	1 444 444	814 697
投资者股权比例	F	60.75%	67.50%	78.64%
企业主股权比例	$1-F$	39.25%	32.50%	21.36%
新股本	y	154 771	2 076 923	3 682 349
每股价格	p	1.94	1.44	0.81
投资者终值		15 187 500	15 187 500	19 660 800
企业主终值		9 812 500	7 312 500	5 339 200
投资者净现值		3 000 000	3 000 000	3 000 000
企业主净现值		1 938 272	1 444 444	814 697

6. 杠杆收购法

杠杆收购法（LBO），是风险投资法在杠杆收购中的应用。具体做法是，首先得到普通股投资者可获得的税后现金流，然后用事先确定的贴现率（一般在每年 30% 之内）进行贴现。

(1) 贴现率。贴现率一般反映 LBO 合伙人的目标收益率。如果普通股可获得的现金流经目标收益率贴现后的价值大于投资成本，或者说预测现金流产生的收益率大于目标收益率，LBO 合伙人会进行投资。

(2)终值。实践中,特别是 LBO 中,一些人放弃永久增长的假设。在现金流预测期最后一年,用退出乘数法(一般使用 EBITDA 乘数)估计整个公司价值,普通股终值等于公司价值减去预测期最后一年未偿付的债务金额,然后使用通常的贴现程序。

二、私募股权基金的绩效测量

由于每个私募股权基金都是独特的,因此测量基金绩效必须基于对基金结构、投资期限、投资策略的十足了解。常见的绩效分析法包括倍数法和内部收益率分析法。

(一)倍数法

倍数法是基于企业净资产价值(NAV)做出的定量评估,这些比率只是测量投资资本的净收益,并没有考虑货币的时间价值。实际上,私募股权投资行业在每季度末都应评估 NAV,进而进行基金的绩效测量。常见的倍数法测量有如下几种:

1. 投入资本分红率

投入资本分红率(distributed to paid in,DPI),用于测量已投资资金的累计投资收益情况:

$$DPI = \frac{\sum_{i=0}^{n} CIF_i}{\sum_{i=0}^{n} COF_i}$$

这里,CIF_i 表示在 i 期末从基金到投资者的现金流入,COF_i 表示在 i 期末从基金到投资者的现金流出,n 表示期数。

2. 投入资本的现值倍数

投入资本的现值倍数(residual value to paid in,RVPI),用于测量仍然在基金股权中的已投资资金和净资产价值的对比情况:

$$RVPI = \frac{NAV_n}{\sum_{i=0}^{n} COF_i}$$

这里,NAV_n 表示基金最终的 NAV。

3. 投入资本的总值倍数

投入资本的总值倍数(total value to paid in,TVPI),即总价值与已投资金额的比率:

$$TVPI = \frac{\sum_{i=0}^{n} CIF_i + NAV_n}{\sum_{i=0}^{n} COF_i}$$

可见 $TVPI=DPI+RVPI$，对于 GP 来说，上述倍数越大，表明投入的资本的增长倍数越大，即资本产生的收益越大。

[例 3-5]某家私募股权基金，6 年现金流收益如表 3-5 所示。

表 3-5

单位：亿元

年份	当年投入	累计投入	管理费	经营损益	分红前NAV	附带收益	分红	分红后NAV
2006	50	50	1.0	−5	44.0			44.0
2007	15	65	1.3	−15	42.7			42.7
2008	10	75	1.5	25	76.2			76.2
2009	25	100	2.0	45	144.2	3.8	25	115.4
2010	10	110	2.2	55	178.2	6.8	45	126.4
2011	5	115	2.3	105	234.1	11.2	75	147.9

根据上表计算 DPI，RVPI，以及 TVPI 如下：

累计投入＝截至当年的各年投入之和

管理费＝2%×累计投入

附带收益：当 NAV 首度高出承诺资本 125 亿元时，GP 对分红前 NAV 超出承诺资本的部分按 20%比例提取附带收益，2009 年 NAV 首度高于 125，则提取附带收益＝0.2×(144.2−125)＝3.8(亿元)。此后每年对分红前 NAV 的增加值提取附带收益。2010 年，提取附带收益＝0.2×(178.2−144.2)＝6.8(亿元)。

分红前 NAV＝前一年度的分红后 NAV＋当年投入−管理费＋经营损益

分红后 NAV＝分红前 NAV−附带收益−分红

DPI＝(25＋45＋75)/115＝1.26(亿元)

$RVPI$＝147.911/5＝1.29(亿元)

$TVPI$＝1.26＋1.29＝2.55(亿元)

(二)内部收益率分析

内部收益率是基于现金流的收益测量方式，它考虑了残值或最后一次现金流入时合伙人资产的净现值。这种测量方式考虑了货币的时间价值。它的计算表达式为：

$$\sum_{i=0}^{n} \frac{CF_i}{(1+IRR_n)^i} + \frac{NAV_n}{(1+IRR_n)^n} = 0$$

这里,CF_i 是指基金和投资者在 i 期末的现金流,n 表示期数,NAV_n 表示基金的最终的 NAV,IRR_n 表示时点 n 的过渡性内部收益率。IRR 并不是行业内唯一的测量方式。

在实际的分析中,有毛内部收益率(gross IRR)和净内部收益率(net IRR)之分:毛内部收益率中用于计算的现金流 CF_i 是当期期初的投入资本和经营损益之和;而净内部收益率中用于计算的现金流 CF_i 还应包含管理费。

[例 3-6]题目假设跟上例相同。但是计算 IRR 由于考虑了货币的时间价值,所以年初投入应该计入上一年年末。

记用于计算毛内部收益率的现金流为 GCF,用于计算净内部收益率的现金流为 NCF,则:

2005 年年末:GCF=NCF=－2006 年年初投入=－50(亿元)
2006 年年末:GCF＝2006 年年末经营损益＋(－2007 年年初投入)
　　　　　　 ＝－5＋(－15)
　　　　　　 ＝－20(亿元)
NCF ＝GCF－2006 年年末管理费
　　 ＝－20－1
　　 ＝－21(亿元)

所以计算结果如表 3-6。

表 3-6

金额单位:亿元

年末	用于计算毛内部收益率的现金流	用于计算净内部收益率的现金流
2005	－50	－50.0
2006	－20	－21.0
2007	－25	－26.3
2008	0	－1.5
2009	35	29.2
2010	50	41.0
2011	105	91.5
IRR	16.1%	11.3%

三、私募股权投资的退出机制

PE 基金的最终目的是通过出售投资对象的股权从而实现资本增值,而且很多 PE 基金只有在整个投资期结束后才给投资者分红。因此,选择最优的退出方式关系到投资者最终利益的实现。

（一）私募股权投资退出的途径

PE 投资的变现和收回的这种行为称为退出(exit)。

私募股权退出的主要方式有:首次公开上市(IPO)、业内转手(secondary buyout)、清算(liquidation)等。但是这三种退出方式并不是孤立的,在企业发展的不同阶段,GP 可以设定多种退出机制,逐步退出投资。GP 会根据市场环境和政策环境,选择最优的退出渠道。

1. IPO 公开市场退出

PE 基金最理想的资金退出渠道是 IPO 后,通过公开市场逐步退出。这种方式的优势主要在于:第一,IPO 表明企业取得了较好的业绩,监管机构、证券市场和投资者对公司的业绩和发展前景有了一种确认;第二,IPO 后,企业获得了持续融资的渠道,管理层也获得了相对独立的地位;第三,IPO 上市后,股权流动性提高,其价值被充分挖掘,能给 PE 基金带来丰厚的利润。

除了 IPO 以外,PE 基金还可以通过买壳和借壳上市实现公开市场退出。PE 基金先通过收购一家上市公司一定数量的股权,取得对上市公司实质性的控制权后,再将自己所投资的企业通过反向收购的方式注入到上市公司内,退出部分投资,并实现公司的间接上市,然后再将所持有的壳公司股权通过公开市场逐步退出。

2. 业内转手

PE 基金还可以通过向其他战略投资者、管理层等转让股份实现退出。在通常情况下,买方是与目标企业处于同一个行业并且有意购买目标企业股份而扩大经济规模、整合产业的企业,或者其他有意进入该行业的企业。PE 基金把持有的目标企业的股份出售给另一个投资者,该投资者希望进一步发展该公司,以期在下次以更高的价格出售目标企业获取高额回报。这种交易被称为"业内转手"。业内转手是出售企业最直接、最简单的方法。这种退出方式需要通过产权交易市场来完成,目前我国已建立了产权交易体系,这极大地便利了非上市公司的兼并与收购活动。2006 年 1 月 23 日推出的中关村科技园区非上市股份公司报价转让平台,以及苏州工业园区和天津滨海新区的三板市场试点,都为 PE 基金退出提供了途径。

另外 PE 投资还可以通过内部市场退出,即目标企业股权回购,一般通过 MBO 形式进行。涉及股权回购的交易和价格通常都是在 PE 投资前就在投资合同中约定好的。比如如果未来企业没有按照预想的计划上市,有的 PE 会要求企业回购 PE 持有的股份。而有的时候,不愿意放弃企业的企业家可能也会要求 PE 在退出时能让企业家买回失去的那部分股权。与 IPO 上市退出资本相比,这种方式给 PE 带来的投资收益较低,但是它具有操作简便,投资时间短等优点,比较适合投资额比较小的投资。如果企业家没有足够的资金实力进行回购,PE 也可能给企业家提供过桥贷款或者安排其他的外部融资。

3. 清算

PE 最迫不得已的退出方式是破产清算。若目标企业经营不善或者受到外界市场和环境的重大不利影响,无法达到预期的发展目标,也找不到愿意购买目标企业的买家时,PE 基金只好选择清算的方式来减少投资损失。虽然到了破产清算的时候,PE 基金能收回的投资非常少,但对于风险比较高的企业,一旦发现投资错误,就应该马上撤出资金以控制损失。采用清算方式退出的投资大概占到 PE 基金总投资的 32%,投资额的回收率平均只有 64%。

当企业发展前景不明朗,或者其他退出方式不可行,清算显得不够明智时,PE 基金还可能会选择长期持有投资。但这只是迫不得已的等待,退出才是其最终归宿。

当 PE 基金从企业退出后,并不意味着 PE 基金和企业的关系就此结束。从某种程度上说,PE 基金退出企业也标志着 PE 和企业新的合作关系的开始。PE 基金可以继续为企业提供财务咨询、战略规划等方面的服务。更重要的是,一个成功的案例将成为 PE 基金开展新业务的重要资本。而且与企业家的良好关系往往会带来意想不到的好业务。事实上,由这些合作过的企业家推荐的项目往往是非常好的项目。PE 基金的一笔投资能带来的收益不止是 PE 退出时带走的现金,在这个过程中 PE 基金也编织了自己的食物链,在这个食物链上,PE 会做永远的狼族。

PE 退出途径总结如图 3-3 所示。

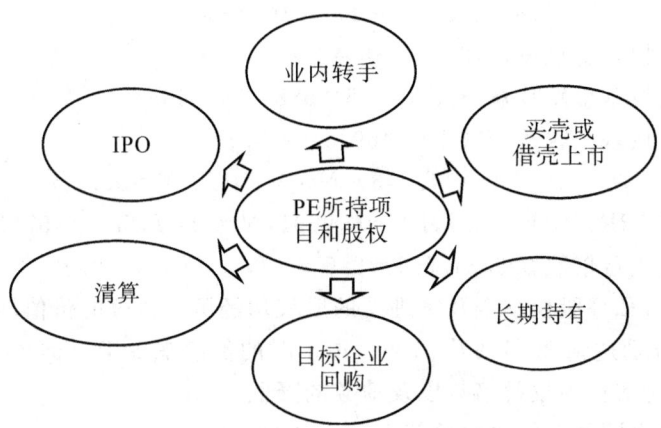

图 3-3 私募股权投资的退出途径

(二)私募股权投资的退出价值

1. 收购基金的退出价值

私募股权投资通过重组及改进目标企业的公司治理结构,可提高目标企业的经营效率及带来更快的收益增长,结果目标企业价格乘数提高,支付债务的能力增强。运用事件分析法可预测退出价值,从而可进行退出时的投资内部收益率敏感性分析。

退出价值=投资成本+收益增长+价格乘数增长+债务的下降

[例 3-7]假定一起 LBO 交易,估值 10 亿。5 年后退出,企业价值是初始成本的 1.8 倍。已知企业的资本结构为 60%债务,40%的股权融资。4 亿股权融资中包括私募股权基金持有 3.1 亿的优先股,0.8 亿的普通股,管理层持有 0.1 亿的普通股。优先股每年保证 14%的收益直至退出,私募股权基金在退出时享有支付完债务及优先股股利后企业利润的 90%,剩余的 10%由管理层获得。退出时,企业用经营性现金流偿还 6 亿债务中的 3.5 亿。

试计算私募股权退出时的收益及内部收益率。

解:

首先计算私募股权退出时企业的价值:10×1.8=18

接着计算对各方的支付。

债务偿还:6−3.5=2.5

支付优先股利:$3.1×(1.14)^5=5.9688$

私募股权基金:0.90×(18−2.5−5.9688)=8.5781

管理层:$0.10\times(18-2.5-5.9688)=0.9531$
私募股权基金总投资:$3.1+0.8=3.9$
私募股权基金总收益:$8.5781+5.9688=14.5469$
私募股权基金收益倍数 $14.5469/3.9=3.7$
IRR:$PV=-3.9, FV=14.5469, N=5, CPT I/Y=30.1\%$
管理层 IRR:$PV=-0.1, FV=0.9531, N=5, CPT I/Y=57\%$
管理层收益倍数 $0.9531/0.1=9.5$

本例中,私募股权基金及管理层的股权均经历了显著的价值增长,内部收益率 IRR 分别达到 30.1% 及 57%。退出时的价值来源于目标企业的优先股收益、退出时增长的收益倍数以及债务的降低。

2. 风险投资基金的退出价值

风险资本投资者最重要的是考虑 PRE 和 POST 价值。私募股权基金对风投企业的投资为 INV,风投企业的后货币价值为 PRE+INV=POST,则风险资本投资者的股权比例为 INV/POST。常用的风险资本投资价值评估方法为实物期权分析法和风险资本法,前文已经介绍,此处不再赘述。

另外,对于风险投资来说,退出时间对于退出价值也很重要,风险投资企业在选择时是弹性的。如企业遭遇熊市,不能按期上市,风投企业可考虑以低价购买另一企业,或合并两家企业,待资本市场好转时可出售两家或其中的一家企业。

若退出确定在一年或两年后,退出价值倍数可预测,如超出这个时间,退出价值更难确定,需给出宽泛的可能价值进行压力测试。

3. 私募股权投资的退出机制对投资价值的影响

IPO:流动性增加,融资渠道拓宽,可能雇佣到高能力的管理层,带来最高的退出价值,但成本较高。

业内转手:企业出售给其他投资者或者基于战略性的考虑对收购感兴趣的其他企业。退出价值仅次于 IPO。

管理层收购:企业出售给管理层,其高度关注企业未来的成功,但高杠杆限制了管理层的灵活性。

清算:按法律法规规定清算企业的资产。说明企业经营失败,PE 将会遭遇亏损。

第五节　私募股权投资基金的风险

对于每一个具体的项目,可以建立一整套的风险控制体系,包括事前审查、事中控制等。对被投资企业的相关事项进行及时了解,掌握企业运行状况,及时跟踪资金运用项目,控制基金运用过程中的各种风险。

一、私募股权投资基金经营中的风险

在经营过程中,私募股权投资基金可能遇到各种各样的风险。这些风险主要包括:

(一)市场风险

通常情况下,任何创新产品与新的服务模式的市场竞争都是非常激烈的,而且竞争形式、手段都在变化。市场风险是导致新技术、新产品商业化失败的核心风险,主要体现在以下几个方面:第一,新产品的市场容量。理想的状态是,新产品的设计生产能力与市场容量协调一致。对市场容量的调查方法虽然很多,但要想准确地摸清市场对新产品的容纳程度还是不易办到的,如果产品的设计能力超过了市场的实际需求,就必然会增加投资风险。第二,市场接受的时间。社会的进步,生活的改善,知识水平的提高,使新产品被市场接受的周期愈来愈短。然而,从产品的推出到诱导消费有一个时滞,有的产品时滞还比较长,过长的时滞将会影响企业资金的正常周转,降低资金的使用效率,甚至导致企业的生产经营难以为继。第三,市场的接受程度。即便PE所选择的产品或技术是新颖的,而且有市场,但在其新产品推出后,也要面对消费水平、消费者认知和接受程度等诸多问题。

(二)技术风险

第一,开发风险。高新技术的成功开发,会给投资者带来满意的回报,然而在PE选择产品时,一般来说,仅仅是一个技术开发成果或产品样品,而此时创业者的技术一般还不是成熟的技术,而是新技术。故其有没有市场前景,光创业者和PE看好不行,最终要拿到市场上去检验,谁也保证不了它就一定能够成功。第二,转化应用风险。目标企业的经营活动在很大程度上是一项科技成果转化的过程。在这个过程中,诸如产品设计、生产加工、市场营销等环节都存在着不确定性。而且,目标企业能否成功,还取决于开发出的新产品或服务能否保持连续性,以及前期产品的性能改善与服务性能价格比的提高。

第三,技术寿命风险。高新技术的发展日新月异,从而PE投资人必须考虑投入PE资本的规模与技术成果转化需要的时间。

(三)经济风险

在目标企业的技术成果商品化的过程中,将不可避免地遇到配套风险,即一项科研成果的转化,需要一定的配套条件作为目标企业的运作环境。而此时,如果国家经济体制、法律、政策的不完善或变动将可能给PE造成损失,这时就产生了经济风险。在我国主要表现为以下两个方面:第一,政策与法规风险。高新技术转化为现实生产力的过程是一项复杂的社会过程,它除了涉及投资资金的支持外,还涉及科技成果自身是否配套以及国家政策、市场体制、环境保护等方方面面的问题。如果国家对PE投资有关的经济政策导向不明确,缺乏必要的法规或者法规不健全或者法规缺乏可操作性,将可能给PE造成损失。第二,退出风险。PE资本需要具备一定的流动性、周转率,这样才能不断地获取项目在高成长阶段的高利润,用以弥补失败项目上的损失,但如果退出机制不完善,退出渠道不顺畅,PE资本被"锁定"在投资客体中,PE投资就会失去其本色与功能。

(四)管理风险

PE投资公司能否成功运作与管理是否到位密切相关,如果创业者素质差,独断专行,员工无凝聚力,管理松散,必然使管理风险增大。PE的管理风险主要包括:第一,意识风险。PE应该有强烈的风险意识,如果以为"种瓜得瓜,种豆得豆;只要播种,必有收获",盲目投资,风险必将由此而生。目标企业在生产经营过程中,若过于追求短期效益,目光仅仅局限于技术创新,忽视管理创新、制度创新,也会大大增加其投资风险。第二,组织人事风险。目标企业的成功运作需要优秀的管理人才,人才是目标企业最宝贵的资源之一,其数量、质量、结构在很大程度上决定着企业的兴衰成败。如果由于企业组织的调整、创新滞后,造成高素质人才流失,则企业的技术开发、市场营销等都将受到很大的影响。

二、私募股权投资基金的内在风险控制机制

私募股权投资基金的首要原则就是:最大限度获得收益,尽可能规避风险。对于由四大法律主体彼此监督、相互协作构成的科学管理机制而言,私募股权投资基金本身就拥有了一种完美无缺的风险控制办法。

第一，基金的决策权、投资管理权、资金监管权和投资监督权相分离，四大法律主体各司其职，形成相互制约且高效的管理机制。基金决策权由所有投资人共同推举的投资决策委员会履行，保证决策的公正性并符合投资人的利益；基金管理公司拥有投资管理权但没有资金管理权和最终决策权，突出其投资管理的专业性；资金监管权则属于基金托管银行，它负责保障资金的安全性，在中国，钱存在银行，毫无疑问是最为安全的；投资监督权则由基金聘请的审计、估值、法律机构担当，保障投资交易的公平性，以及防止权力滥用。

第二，私募股权投资基金拥有严格的约束—激励机制。基金管理人的收益与业绩挂钩，基金管理人必须严谨、勤勉地履行职责，根据《资产管理协议》受托对基金资产进行管理，基金管理人不称职时，基金决策机构可以予以更换；基金托管银行根据《资金监管协议》受托对基金资产进行监管，基金决策机构可以要求更换基金托管银行，且可在资金监管出现问题时要求其赔偿；审计、估值、法律机构受托对基金运营的参与主体以及所投资的项目进行监督，并承担相应的监督过失责任。

第三，私募股权投资基金拥有专业的技术、风险控制手段。投资前，做专业的、理性的、尽职的调查和分析，让独立的中介机构介入，进行专业的风险评估并事先设定可行退出方案；投资中，通过严密的协议条款设定安全的交易方式；投资后，采取严密的监管措施，要求被投资方提供足额的资产担保，或出让控股权，确保投资的赢利和安全退出。全程专业监管能够及时发现风险，并委托专业机构及时做好违约处置。

三、私募股权投资基金的风险控制方法

私募股权投资基金的投资对象往往是处于发展早期阶段的企业，因此，如何分析并控制这些风险就成了私募股权投资基金经理人的重要任务之一，而私募股权投资基金经理的主要业绩也取决于对这些风险的分析和控制，如果能够最大限度地减少这些风险，就会增加投资项目的成功率。私募股权投资家在进行投资分析和决策时，具有多种风险控制方法，具体如下：

（一）考察团队

投资者在投资时考虑的首要因素是人，没有好的创业团队，再好的项目也会失败，而有了好的创业团队，即使项目和创意并非一流，也可能会发掘出其中的亮点，并最终使投资获得成功。

（二）项目甄别

项目的成功率直接决定了私募股权投资的收益，因此私募股权投资家对项目的甄别十分重视，往往要经过严密的技术分析，必要时会请专家进行市场分析、竞争分析、商业模式设计等，以提高项目的成功率。另外，为了保证私募股权投资的顺利收回，私募股权投资家也十分重视投资的退出渠道，保证资金在尽可能短的时间里获得期望的回报后退出。因为，时间越长，不可测因素就越多。因此，私募股权投资的期限一般限制在 3～7 年，超过 10 年的项目是很少能够得到私募股权投资家青睐的。私募股权投资家对他们的投资项目往往也有很多具体的要求，如要求有一定的技术壁垒、市场独占性、市场潜力等等。

（三）组合投资

由于私募股权投资中任何一个项目都存在着风险，因此私募股权投资家不会在任何一个项目上投资过大，每个项目投入的资金一般不超过私募股权投资基金总额的 10%，这个比例会根据资金总额的变化而变化。一般说来，资金总额越大，这个比例越低。所以，同时投资多个项目，只要能够保证一定的成功率，投资的平均收益就相当可观。

（四）分类管理

私募股权投资对于私募股权投资家的要求比较高，如果对投资的项目按照行业等方式分类，分成不同的小组，采取不同的措施，就能够利用不同组别对不同项目的运作经验，实施最优的投资策略。

（五）分段投入

私募股权投资的项目往往风险很大，而不同的发展阶段，风险也不相同，对一个项目往往不能一次性地注入过多资金，否则风险过于集中。私募股权投资基金对项目应分阶段投入，第一阶段投入成功后，再进行第二阶段投入；如果不成功的话，则及时退出，以避免损失过大。

（六）特殊约定

在私募股权投资家对项目进行投资时，由于与创业者之间的信息不对称，因此，他们往往会要求在协议中附加一定的条款，保证不会因为目标企业主要人员的主观原因而致使风险增大，而一些客观风险也会通过一定的附加条款加以约定。如附有赎回权利、符合一定的条件时投资可以提前收回等等，这些条款往往带有期权等金融衍生工具的特性，属于创新的金融工具。而这就需要私募股权投资基金经理人对于金融工具的创新和应用比较熟练。

(七)联合投资

对需要资金量比较大的私募股权投资项目,为了避免一家基金承受过大的风险,往往由几家私募股权投资基金合作,按照一定的比例出资;也可根据不同基金自身的特点,不同的阶段或者不同的业务由不同的基金进行,这样也能发挥合作基金各自的优势,减少或者分散风险。

(八)直接参与

由于许多创业企业的创业团队没有经营企业的经验,而私募股权投资基金经理人则往往具有比较丰富的管理、财务等方面的资源。很多情况下,私募股权投资经理人都通过参加创业企业董事会等方式直接参与经营,这样既能迅速辅助创业企业渡过起步阶段,也能充分发挥各自的特长。一般说来,私募股权投资经理人多是参与自己擅长的管理、财务、市场等方面的工作,而技术等方面的工作仍由创业团队自己负责,这样私募股权投资经理人可以避免过多干涉创业企业的运作,以保持创业企业的独立性和灵活性。随着创业企业的发展、创业团队的成熟,私募股权投资经理人应该逐渐淡出创业企业的经营管理活动。

资料阅读

资料3-1　ARD与DEC:一个尘封的神话

1946年,一个名为美国研究与发展公司(ARD)的企业诞生在美国的马萨诸塞州。这家公司和一般的公司不同,它的目标是振兴当地经济而非单纯的盈利。公司的两个发起人——弗兰德斯和多里奥特认为,传统的纺织业正在衰落,本州的希望在于利用州内雄厚的科技实力,发展新工业。因此,ARD从一开始就定位在对高新技术企业的风险投资上。公司的两个发起人当时还没有意识到,ARD的建立是一个划时代的事件。之前,风险投资业务都是由私人来完成。ARD是第一家有组织的风险投资企业。这意味着私募股权投资由私人经营转入组织化,开启了PE的先河。

公司建立后的第11个年头,负责波士顿分公司业务的康格莱顿在麻省理工学院的林肯实验室,遇到了两个年轻人——奥尔森和安德森。这两个年轻人正为如何将他们的高速晶体管计算机进行商业化发愁。康格莱顿对他们的点子很感兴趣,于是建议他们写一个商业计划书,看看是不是能够得到ARD的创业投资。

一张四页的商业计划书很快提交给了康格莱顿,随后,在他的指点下,一份详尽的报告书提交给了 ARD。ARD 批准了这个项目，并决定向这个项目投资 10 万美元：7 万美元用于购买 77% 的股份，3 万美元作为贷款。奥尔森和安德森接受了这一条件。在这笔资金的资助下，他们建立了一家名为数据设备公司(DEC)的企业。

接下来，就是 DEC 一连串的成功：1958 年，第一批产品——数字实验室和数字系统组件投入市场，当年销售额为 9.4 万美元，使公司在第一年即获得盈利。1962 年，公司的净利润达到 80 万美元，1963 年达到 120 万美元。到 1966 年 8 月 16 日公司上市时，ARD 持有的股票价值达到 3 850 万美元。到 1971 年，ARD 开始退出 DEC 时，ARD 持有的股票价值 3.55 亿美元，是当年投入的 7 万美元本金的 5 000 倍以上。

奥尔森和安德森也获得了丰厚的收益。1966 年公司上市时，奥尔森拥有 35 万股公司股票，价值 770 万美元，而且随着 DEC 的成功，奥尔森也被人们认为是当之无愧的小型机之父。安德森在公司上市之初，就离开了 DEC，当时他手中的股票也成功套现了 300 万美元。

资料 3-2　KKR 并购雷诺兹—纳贝斯克

发生在 20 世纪 80 年代的美国老牌私募股权基金 KKR 收购雷诺兹—纳贝斯克公司收购案，交易金额达到 250 亿美元，是历史上规模最大的杠杆收购之一。

雷诺兹—纳贝斯克公司是美国最大的食品和烟草生产商，由三家公司合并而成。旗下有诸多名牌产品，包括奥利奥、乐芝饼干、温斯顿和塞勒姆香烟，其中烟草业务的丰厚利润占主营业务的 58% 左右。

1987 年 10 月 19 日股票市场崩盘，受烟草股影响，公司股票价格从顶点 70 美元直线下跌到了 40 美元。当年公司的利润增长了 25%，但股票无人问津。这次股灾发生后，雷诺兹—纳贝斯克公司高层管理者产生了宏伟的计划——通过 MBO 将雷诺兹—纳贝斯克公司变成一家私人企业。于是他们拉进了著名的私募 KKR。

1988 年 10 月，以雷诺兹—纳贝斯克公司 CEO 罗斯·约翰逊为代表的管理层向董事局提出管理层收购公司股权建议，并且给出 75 美元的报价，高于市场 70 美元的交易价格。正当此时，KKR 闻腥而动，投标参与收购方案。而且 KKR 喊出了每股 90 美元的报价。虽然投标过程中遭遇到希尔森公司的竞争，但是最后 KKR 仍以每股 109 美元，总金额 250 亿美元，获得了这场争夺战的胜利。

收购之后新任 CEO 对原来的公司进行了大刀阔斧的改革,大量出售公司豪华设施。公司报告显示,1989 年公司在偿付了 33.4 亿美元的债务之后净损失 11.5 亿美元,在 1990 年的上半年有 3.3 亿美元的亏损。纳贝斯克的营业利润在 1989 年的现金流量达到了以前的 3.5 倍,但是雷诺兹烟草公司仍处于备战状态,烟草市场在 1989 年萎缩了 7%～8%。

而 KKR 遗留下来的问题不仅仅是少得可怜的资金回报,还在于引进的其他行业领导人的失败。最终 KKR 不得不又剥离了雷诺兹—纳贝斯克的剩余股权,雷诺兹烟草控股公司再次成为一家独立公司,而纳贝斯克也成为一家独立的食品生产企业。在 2003 年上半年,雷诺兹的销售额比前一年下降了 18%,仅为 26 亿美元,而营业利润下降了 59%,为 2.75 亿美元。

发生在 KKR 和企业经理人之间的控制权争夺战,最终受益者是企业的股东,原本市场上 40 美元左右的股价,在收购时达到 109 美元的高价。

明显 KKR 对雷诺兹—纳贝斯克进行了恶意并购。在整个并购过程中,KKR 与管理层始终处于对立的状态,以至于 KKR 连这家企业的资产情况都不知道,最后只能通过竞价赢得了交易。但这场交易也表明,私募单纯地为了并购而并购,就可能导致这场交易的结果:交易成功,却给私募背上了一个包袱。

资料 3-3 MEDI 传媒的夹层融资

该投资采用 MBO 方式,发生在 1991 年。目标企业 MEDI 传媒是一家总部位于伦敦、业务分散于全球的以印刷医学期刊和药品销售资料为主营业务的专业出版公司。该公司为非上市公司,由于其业务不属于母公司的核心业务,母公司将其出售给了管理层。出售完成后,目标企业解散,业务纳入新组建的持股公司下。该 MBO 中采取了银团高级贷款、夹层贷款、出售方票据融资和管理层股本资本等四种融资方式(偿还优先权按高低依次排列)。四种融资方式分别出资了 33 亿、15 亿、11 亿和 1 亿美元,总收购资金 60 亿美元。

下面为该项 MBO 交易中夹层贷款合约的关键内容:夹层贷款资金总量 1 081 万欧元(按当时汇率折合 11 亿美元),属于有担保的次级贷款。借款人为新组建的持股公司,担保人为借款人的母公司(亦为新组建的公司)。贷款期为 7 年,贷款到期即 1998 年一次性偿还本金。期间,如果公司股票上市或者公司控制权发生变更,则贷款必须立即偿还。另外,如果公司的出售方融资票据发生了要提前偿还的任何事件,则夹层贷款也必须立即偿还。当公司未清偿完全部高级贷款债务时,不允许对夹层贷款进行提前偿还。贷款利率为 LIBOR+3.25%。除贷款利息外,贷款方还获得相当于稀释后总股本 15% 的认股权证,这部分认股权证可以在贷款期间内任何时候行使,贷款方行权后持有的股票可以在7年以后按照7倍的市盈率回售给公司。该项贷款的牵头经理是克莱沃特·本森有限公司(同时也是该项MBO交易的财务顾问和夹层基金的管理人)和BHF银行,贷款投资方是克莱沃特·本森欧洲夹层有限合伙基金和BHF银行。

资料3-4 凯雷与徐工

徐州工程机械科技股份有限公司(徐工机械),系1993年6月15日经江苏省体改委批准,由徐州工程机械集团公司以其所属的工程机械厂、装载机厂和营销公司组建的定向募集股份有限公司。公司于1993年12月15日注册成立,注册资本为人民币95 946 600元。公司于1996年8月经中国证监会批准上市。公司经营范围:研究、开发、制造、加工、销售工程机械、建筑工程机械、工程机械配件、工程机械维修服务以及相关的科技咨询服务。

中国华融等四大资产管理公司在2002年接管了公司的债务,并通过债转股转成了徐工机械约48%的股权。随后徐工集团又通过贷款的方式,将这部分徐工股权,用6.8亿元"赎回"。

在2004年4月,徐州市政府有意出售持有的徐工机械股权,引来大量投资者。其中,凯雷集团在大量投资者中胜出,2005年10月25日,凯雷计划以相当于20.69125亿人民币的美元,收购徐工机械82.11%的股份;同时,徐工机械在注册资本人民币125 301万元的基础上,增资人民币24 164万元,全部由凯雷认购,凯雷需要在交易完成的当期支付6 000万美元。同时,根据对赌协议,如果徐工2006年的EBITDA能够达到预定目标,凯雷将继续向徐工机械支付6 000万美元。上述股权转让及增资完成后,凯雷将获得徐工机械85%的股权,徐工集团持有15%的股权。

根据中国的《外商投资项目核准暂行管理办法》,属于《外商投资产业指导目录》分类中"鼓励类"的徐工集团,由于涉及引进外资的总投资(包括增资额)超过1亿美元,需由国家发改委核准项目申请报告。同时,作为外商投资项目,这起并购亦需商务部批准。据称该交易通过了发改委审核,但遭到了商务部的遏制。2006年2月12日,《中国经营报》发表了一篇名为《外资蚕食中国产业No.1调查:谁享国退洋进盛宴》的文章。2006年3月4日,有政协委员在全国政协会议上提出外资并购已经危及国家经济安全,需要规范。随后,有关"外资并购威胁中国产业安全"的论调在两会会场迅速发酵。在全国工商联提案中也提出,出于国家经济安全的考虑,"外资并购要有底线"。为早日通过商务部的审批,凯雷和徐工还向商务部提交了为避免凯雷退出后徐工被国外竞争对手收购而提出的"毒丸计划",但仍然未获得商务部的批准。

从 2006 年 6 月 6 日起,徐工的主要竞争对手三一重工执行总裁向文波连续在个人博客上针对这次交易发表了多篇文章,提出"战略产业发展的主导权是国家主权"的概念。把这场交易上升到国家安全的高度,引起了社会各界的广泛关注。

本章习题

1. 什么是私募股权？什么是私募股权基金？如何区分不同类型的私募股权基金？
2. 私募股权投资常见的几种法律框架是什么？有限合伙制和一般合伙制的框架和特点是什么？
3. 如何理解 MBO 和 LBO？
4. 私募股权投资的特点是什么？
5. 私募股权基金资金的来源和运用分别是怎么样的？
6. 中国私募股权投资发展的特点是什么？
7. 私募股权投资的形式有哪些？企业的发展有哪几个时期？私募股权基金一般关注哪些时期？
8. 创业投资基金的估价过程是怎样的？
9. 私募股权投资的价值来源于哪里？
10. 私募股权投资的估值方法有哪些？
11. 私募股权投资的常见退出方式有哪些？
12. 私募股权投资面临的风险有哪些？如何规避？

参考文献

[1]成思危.稳妥地推进我国私募股权投资事业.管理世界,1999
[2]季敏波.中国创业投资基金研究.上海财经大学出版社,2000
[3]清科研究中心.2008 年中国私募股权年度研究报告,2009
[4]吴晓灵.发展私募股权基金服务滨海新区自主创新.港口经济,2001
[5]吴晓灵.发展私募股权基金需要研究的几个问题.中国金融,2001
[6]肖金泉.国际私募.中信出版社,008
[7]周炜.解读私募股权基金.机械工业出版社,2008
[8]中华人民共和国合伙企业法

[9]创业投资企业管理暂行办法

[10]关于促进创业投资企业发展有关税收政策的通知

[11]Bob Zider. Insider Venture Capital. 中国人民大学出版社,2004

[12]Ammer C. ,Ammer D. Dictionary of Business and Economics. The Free Press,1984

[13]B. Gavish and A. Kalay. On the Asset Substitution Problem. Journal of Financial and Quantitative Analysis,1983

[14]Ang J. ,Lin J. ,Tyler F. . Evidence on the Lack of Separation Between Business and Personal Risks Among Small Business. Journal of Small Business Finance,1995

[15]Global Private Equity Report 2006. Pricewaterhousecoopers. 2007

第四章 风险投资

上一章已经提及风险投资,但鉴于风险投资的重要性,有必要单列一章予以详述。

第一节 风险投资概述

一、风险投资的定义、产生及发展

(一)风险投资的定义

风险投资(venture capital,简称 VC)是指具备资金实力的投资家对具有专门技术并具备良好市场发展前景,但缺乏启动资金的创业家进行资助,帮助其创业,并承担创业阶段投资失败的风险的投资。广义的风险投资泛指一切具有高风险、高潜在收益的投资;狭义的风险投资是指以高新技术为基础,生产与经营技术密集型产品的投资。根据美国全美风险投资协会的定义,风险投资是由职业金融家投入到新兴的、迅速发展的、具有巨大竞争潜力的企业中的一种权益资本。本书研究的是狭义的风险投资。风险投资与传统的金融投资有很大的差异,为了清晰说明二者的区别,用表 4-1 予以对比。

表 4-1　风险投资与传统投资的区别

	风险投资	传统金融投资
投资对象	用于高新技术创业及新产品开发，主要以中小企业为主	用于传统企业扩张、传统技术新产品的开发，主要以大型企业为主
投资方式	通常采用股权方式投资，失败时无偿还风险，投资者关心的是企业的发展前景	采用贷款方式，需要按时还本付息，投资者关心的是安全性
投资管理	参与企业的经营管理与决策，投资管理较严密，一般是合作开发	对企业的管理有参考咨询作用，一般不介入企业决策系统，是借贷关系
投资回收	风险共担，利润共享。目标企业获得巨大发展后进入股权交易市场，转让股权，收回投资，再投向新企业	按贷款合同规定期限收回本息
投资风险	风险大，投资的大部分企业可能失败	风险小，若到期不能收回本金，追究经营者的责任，所欠本金也不能豁免
人员素质	懂技术、经营管理、金融、市场，有预测风险、处理风险和承受风险的能力	懂财务管理，不懂技术开发，可行性研究水平较低
市场重点	未来潜在市场，难以预料	现有市场，易于预测

1. 风险投资的要素

风险资本、风险投资人、投资对象、投资期限、投资目的和投资方式构成了风险投资的六要素。

(1) 风险资本

风险资本是指由专业投资人提供给快速成长并且具有很大升值潜力的新兴公司的一种资本。风险资本通过购买股权、提供贷款或以既购买股权又提供贷款的方式进入这些企业。

(2) 风险投资人

风险投资人大体可以分为以下四类：

① 风险资本家

他们是向其他企业家投资的企业家，与其他风险投资人一样，他们通过投资来获得利润。但不同的是风险资本家所投出的资本全部归其自身所有，而不是受托管理的资本。

② 风险投资公司

风险投资公司的种类有很多种，但是大部分公司通过风险投资基金来进行投资,这些基金一般以有限合伙制为组织形式。

③产业附属投资公司

这类投资公司往往是一些非金融性实业公司下属的独立风险投资机构,他们代表母公司的利益进行投资。这类投资人通常主要将资金投向一些特定的行业。和传统风险投资一样,产业附属投资公司也同样要对被投资企业递交的投资建议书进行评估,深入企业作尽职调查并期待得到较高的回报。

④天使投资人

这类投资人通常投资于刚成立的公司以帮助这些公司迅速启动。在风险投资领域,"天使投资人"这个词指的是企业家的第一批投资人,这些投资人在公司产品和业务成型之前就把资金投入进来。

(3) 投资目的

风险投资虽然是一种股权投资,但投资的目的并不是为了获得企业的所有权,不是为了控股,更不是为了经营企业,而是通过投资和提供增值服务把投资企业做大,然后通过公开上市(IPO)、兼并收购或其他方式退出,在产权流动中实现投资回报。

(4) 投资期限

风险投资人帮助企业成长,但他们最终寻求渠道将投资撤出,以实现增值。风险资本从投入被投资企业起到撤出投资为止所间隔的时间长短就称为风险投资的投资期限。作为股权投资的一种,风险投资的期限一般较长。其中,创业期风险投资通常在7～10年内进入成熟期,而后续投资大多只有几年的期限。

(5) 投资对象

风险投资的产业领域主要是高新技术产业。以美国为例,2002年对电脑和软件产业的风险投资占27%;其次是医疗保健产业,占17%;再次是通信产业,占14%;生物科技产业占10%。

(6) 投资方式

从投资性质看,风险投资的方式有三种:一是直接投资;二是提供贷款或贷款担保;三是提供一部分贷款或担保资金,同时投入一部分风险资本购买被投资企业的股权。但不管是哪种投资方式,风险投资人一般都附带提供增值服务。风险投资还有两种不同的进入方式。第一种是将风险资本分期分批投入被投资企业。这种情况比较常见,既可以降低投资风险,又有利于加速资金周转。第二种是一次性投入。这种方式不常见,少数风险资本家和天使投资人可能采取这种方式。一次性投入后,很难也不愿提供后续资金支持。

2. 风险投资的特征

(1)投资对象多为处于创业期(start-up)的中小型企业,而且多为高新技术企业。

(2)投资期限至少 3~5 年以上,投资方式一般为股权投资,通常占被投资企业 30% 左右股权,而不要求控股权,也不需要任何担保或抵押。

(3)投资决策建立在高度专业化和程序化的基础之上。

(4)风险投资人(venture capitalist)一般积极参与被投资企业的经营管理,提供增值服务。

(5)除了种子期(seed)融资外,风险投资人一般也对被投资企业以后各发展阶段的融资需求予以满足。

(6)由于投资目的是追求超额回报,当被投资企业增值后,风险投资人会通过上市、收购兼并或其他股权转让方式撤出资本,实现增值。

(二)风险投资的产生及发展

风险投资的产生与发展按时期来划分,大致可分为"二战"前、"二战"至 70 年代、70 年代至 90 年代、90 年代至今四个时期。

1. 萌芽阶段:"二战"前,大约 20 世纪 20 年代到 40 年代

20 世纪 20 年代到 40 年代风险投资开始在美国萌芽(民间的和非专业的)。那个年代,美国少数富裕的家族拥有可观的资金,他们希望通过正常的投资活动使资产最大限度地增值。由于对通货膨胀导致货币贬值的担心,通过获得利息使他们的资产增值明显不能满足他们的愿望,同时他们希望通过权益性投资建立和控制一些新兴企业。另一方面,一些创业者(主要来自大学和其他研究机构)有着好的商业点子或创意,但苦于没有资金,因此就找到这些富裕的家族,向他们展示其宏伟的蓝图以获得资金的支持。开始的时候由于种种原因,这些富裕的家族不愿透露自己的名字,所以人们称他们为"天使"(angle)。同时通常需要通过私人关系才能找到这些"天使"以获得天使资金。由于风险投资是长远投资,投资决策是一个复杂过程,投资者需要对行业和技术有相当的了解,然而这些富裕的家族通常对行业和技术又不大了解,因此,一些大的富裕的家族就雇佣一些专业人员为他们作投资决策。这样就形成一些以家族为基础的风险投资机构。

2. 雏形阶段:"二战"以后至 70 年代

"二战"以后至 70 年代,美国的风险投资进入雏形阶段。风险投资的模式慢慢形成。这种模式一直沿用至今。约翰·H.惠特尼(John H. Whitney)、乔治斯·杜利奥特(Georges Doriot)和阿瑟·罗克(Arthur Rock)是美国早期

杰出的风险资本家,他们为美国的风险投资的创立、专业化运作和产业化作出了巨大的贡献。

惠特尼在"二战"期间是美国陆军情报部门的上尉,在法国南部执行任务时被纳粹抓获,1945年,他逃跑成功。1945—1956年任美国国务院特别文化关系和国际信息服务顾问。1956年任美国驻英国大使。"二战"之前他曾进行过风险投资。1946年惠特尼出资500万美元创立美国第一家私人风险投资公司——惠特尼公司,从事风险投资活动。现在惠特尼公司是全球最大的风险投资公司之一。惠特尼充分认识到风险投资将对战后美国经济繁荣起到至关重要的作用。同时他认为风险投资的运作是一项复杂的系统工程,风险投资必须要进行系统化和专业化运作。风险投资公司必须要雇佣专业投资专家来管理风险资金,风险资金应该扶持新兴产业。同时惠特尼认为必须投资于人,只有好的点子或创意而没有一个优秀的创业团队是不能成功的。他说:"好的点子一美分一打,好的人太少了。"由此可见,风险资本家对优秀创业人才的看重程度远远超过好创意和好产品。惠特尼的一生曾为350多家企业(如康柏公司)提供过风险资金。

1946年,美国哈佛大学的乔治斯·杜利奥特和波士顿美联储的拉福·富兰德斯(Ralph E. Flanders)创建了美国首家上市的风险投资公司——美国研发公司(ARD),主要目的是为科学家和研究人员提供风险资金,使他们的科研成果很快商业化,走向市场。杜利奥特认为风险投资公司只是为创业者提供风险资金是不够的,必须同时在技术、管理等方面给他们提供一系列帮助。在他看来资产增值只是回报的一个方面,不是最终的目标。他认为风险资本家的最终目的或任务就是缔造创新型企业家和创新型企业。美国研发公司曾为数字设备公司(Digital Equipment Corp)提供过风险资金。

阿瑟·罗克是另外一位风险投资先驱,他被称为"风险资本家的教务长"。他创造性地确定了有限合伙人和一般合伙人的责任范围和投资回报的分享。同时他也认为风险投资所扶持的不仅仅是产品,更重要的是有好点子的杰出人才(尤其是年轻的工程师)。阿瑟·罗克曾为苹果计算机公司(Apple Computer)等企业提供过风险资金。他们的这些观点都成为当今美国风险投资模式的重要组成部分,奠定了美国风险投资公司的主要组织结构、风险投资的方向、风险投资的运作模式,以及风险投资的目的。

到了50年代,为了扶持小企业,在艾森豪威尔总统的建议下,美国国会于1953年通过了小企业法案,创立了小企业管理局(SBA)。SBA的职能是:尽可能地扶持、帮助和保护小企业的利益,以及对小企业提供顾问咨询服务。

SBA直接对小企业提供贷款,以及为小企业向银行作担保,使小企业能从银行获得贷款,同时为小企业在获得政府采购订单,以及管理和技术方面提供帮助和培训等。自1953年创建以来,SBA已为1 280万家小企业提供了直接和间接的帮助,目前SBA向小企业发放的贷款总额达250亿美元。1958年,美国国会通过了投资法案和创建小企业投资公司(SBIC)计划。在SBA的许可下,SBIC可以是一个私人的风险投资公司,通过享受政府的优惠政策,为小企业提供长期贷款和为高风险的小企业进行权益性投资。现在SBIC成为美国风险投资公司家族中的重要一员。

3. 发展阶段:70年代晚期到90年代初期

70年代晚期到90年代初期,美国的风险投资进入一个发展期。70年代的晚期,大多数美国人认识到风险投资业是一个新兴的产业,是美国经济发展的一个重要的动力源。美国政府也迅速行动起来,制定向风险投资倾斜的一系列优惠的税收政策和鼓励性法律,其中最主要的法案有:降低资本收益税法案(TCGRA)、员工退休收入保障法案(ERISA)、小企业投资激励法案(SBI-IA)和员工退休收入保障资产计划法案(ERISA PLAN ASSETS)。员工退休收入保障法案第一次允许养老金进入风险资金和进行其他高风险投资,从而从法律上确定了养老金可参与风险投资。小企业投资激励法案和员工退休收入保障资产计划法案大大地简化了风险投资的运作,并且在法律上规定了养老金机构可成为风险投资公司的有限合伙人。其结果是风险投资公司可以更容易、快捷和有效创建风险投资有限合伙基金(limited partnership)和对新创企业进行风险投资。

4. 高速发展阶段:90年代晚期至今

90年代晚期至今,信息技术的进步,尤其是互联网的出现给美国的风险投资业带来发展机遇。从此美国的风险投资进入迅速发展时期。在美国投入的风险资金从1983年的40亿美元迅速增加到1996年的300亿美元(是1983年的7.5倍),1999年投入的风险资金达356亿美元(是1983年的9倍),2000年投入的风险资金达到688亿美元。1996年的一个调研显示:1996年只有10亿美元(占总的风险投资额的3%)的风险资金投资到处于发展初期的企业。然而随着信息技术的进步,尤其是互联网的广泛应用,这种投资格局迅速改变。根据美国著名咨询公司普华永道的报告:1998年,41%的风险资金投给处于创业期(也称概念期或种子期)和发展初期的企业,这些企业在数量上占当年的总风险企业(风险资金扶持过的企业)的50%。风险投资给美国的经济带来了巨大的影响,可以说是美国经济活力的"助燃剂"和经济发展的"发动机"。风险投资创造了无数个新的工作岗位。例如 50 年代的中期美国硅谷地区还是只有约 10 万农民的偏僻农村,随着一些风险资金扶持的企业(如英特尔公司等)来这里安家落户,到 60 年代中期,硅谷的就业人数增加到 27 万。到了 1984 年,就业人数达 75 万,每年增加 4 万个工作岗位。根据 Coopers & Ly brand 的调研显示,1992—1996 年,风险资金扶持的企业每年增加 40% 的员工,而大公司则每年裁员 2.5%。同时风险投资加速了产品的创新,从而大大地提高了生产力,改善了出口贸易,减少了贸易逆差。风险投资已给美国造就了数以千计的巨无霸企业(如微软、英特尔、Google 等),创造了美国极具活力的经济。

《2009 年度风险投资协会报告》描述了美国风险投资活动的整体概况,包括公司制风险投资情况、普通合伙人管理资本情况、目标企业的价值估值,以及私募基金通过 IPO 或是兼并收购退出的情况,见表 4-2。

表 4-2 风险资本管理统计一览

年 份	1988	1998	2008
现有 VC 管理企业数量	377	624	882
现有 VC 基金数量	715	1 085	1 366
专业人员数量	3 468	5 616	7 497
新设立的 VC 基金数	15	58	44
当年获得融资的 VC 基金数	104	288	210
当年 VC 资本增长额(十亿美元)	4.4	29.7	27.9
VC 管理资本总额(十亿美元)	25.5	92.0	197.3
平均 VC 管理资本额(百万美元)	67.6	147.4	223.7
截至目前的 VC 基金平均规模(百万美元)	34.7	60.6	104.4
新设的 VC 基金平均规模(百万美元)	42.3	102.1	132.9
截至目前的 VC 基金最大规模(百万美元)	1 175.0	5 000.0	5 000.0

数据来源:汤姆斯路透数据库

二、创业企业的划分

企业从创建到成熟通常需要经历 5 个时期:种子期(或概念期)、初期、发展期、成熟期和晚期。

1. 种子期(seed stage)

种子期是创业的第一个时期。在这个时期,创业者仅有一个好的点子或创意而已。

种子期有下列特点:

(1) 尚未注册企业或刚刚注册了企业

(2) 尚未或正在进行市场调研

(3) 尚未或正在制订商业计划

(4) 尚未形成核心创业团队,没有产品或服务,没有销售和利润

因此,在该时期,创业者需要获得种子资金(或启动资金),以进行较深入的市场调研,确立商业计划,创建核心创业团队等。到该时期结束,企业应已基本建立。种子期通常持续3个月到1年。

2. 初期(early stage)

初期即产品或服务开发期。经过种子期后,企业须进行产品或服务的开发。该时期的特点有:

(1) 企业已经注册

(2) 商业计划已确定

(3) 核心团队已基本形成

(4) 产品或服务正在开发

(5) 没有销售和利润

创业者在这个时期需要初期产品或服务的开发资金,以进行产品或服务的开发,进一步完善核心团队,建立和发展销售渠道,寻求商业合作伙伴等。到该时期结束,企业应完成产品或服务的开发工作,产品样本已完成,具备规模生产和产品上市的能力。该时期通常需要1~1.5年。

风险投资通常把种子期和初期的资金投入称为第一轮融资。

3. 发展期(expansion stage)

发展期即规模生产、产品或服务上市,以及扩大生产时期。其特点有:

(1) 已有开发完成产品或服务,且产品或服务已推向市场

(2) 已有销售收入

(3) 尚未盈利或已有些利润

在这个时期,企业需要发展资金,以进行规模化生产,维持迅速增加的库存和应收账款,以及促销产品和服务,而此时从销售收回的现金流量还不足以支持发展所需的资金,所以企业还需进行第二轮的融资。并且有时要扩大规

模、开发新产品等,企业还需要进行第三轮的融资。到发展期结束,企业应有利润并占领了一定的市场份额。企业的发展期通常需要 2～3 年。

4. 成熟期(mezzanine stage)

经过种子期、初期、发展期以后,企业进入了成熟期。在这个时期,创业者需要确定企业未来的发展方向:上市、被并购或继续独立(以私有形式)发展。为了使风险投资价值化,获得高额回报,风险投资公司通常促成所投资企业走上市和被并购之路。如果此时企业的股份仍然相对集中,为了满足上市的要求企业需要获得夹层资金(mezzanine fund)以调整股本结构等。如果被并购,收购方有可能采取杠杆收购(LBOs)的形式。在杠杆收购的情况下,企业可能被该企业的经理人员或其他收购方所收购。收购方可以用目标企业的资产或未来的现金流做抵押从银行(主要是投资银行)以优先债形式获得 60%左右的收购所需资金,从风险投资公司以可转换债券和优先股形式获得 30%左右的夹层资金,以及自己投入 10%左右的资金,从而完成杠杆收购。上市或被并购通常会涉及夹层资金,因此,成熟期的融资通常称为夹层融资。全世界每年新创办的企业成千上万,但真正能像惠普、微软一样幸存下来并获得长远发展的却寥若晨星。

5. 晚期(later stage)

晚期为企业主要的扩张期。晚期的特点有:

(1)可观的销售收入

(2)已拥有一定的市场份额

在这个时期,企业需要开发新产品或新服务,扩大规模,以进一步占领市场和领导市场。有时企业需要进行第四甚至第五轮的融资。到晚期结束,企业应已赢利和有正的现金流量,并已占领了相当大的市场份额。这个时期通常持续 2～3 年。

三、风险投资公司和风险投资有限合伙基金

目前,风险投资的组织形式基本包括风险投资公司和风险投资有限合伙基金两种,相比较而言,风险投资有限合伙基金优势更大。

(一)风险投资公司

风险投资公司是把所掌管的资金有效地投入富有盈利潜力的高科技企业,并通过后者的上市或被并购而获取资本收益的投资公司。

除了投资对象是些新创小公司而不是大公司这一点以外,风险投资公司

类似于投资公司。缺乏经验的新创小公司除了需要资金以外,常常还需要经营企业的中肯建议。对此,风险投资公司都能提供。风险资本家将资金投资于新创小企业,帮助管理队伍将公司发展到可以"上市"的程度,即将股份出售给投资公众。一旦达到这一目标,典型的风险投资公司将售出其在公司的权益,转向下一个新的企业。

风险投资公司采用公司制,通过募集资金进行风险投资。

(二)风险投资有限合伙基金

在美、英等风险投资比较发达的国家中,有限合伙是风险投资基金最主要的结构形式。在美国,风险投资公司的组织形式经历了一个由公司制到合伙制的发展过程。

有限合伙制是指企业由有限合伙人和普通合伙人组成。普通合伙人出资出力,参与经营管理,对经营损失承担无限责任。有限合伙人只提供资金,不直接参与决策和经营,以出资额或承诺出资额为限,承担有限责任。有限合伙制是在合伙制的基础上,通过借鉴公司制逐步形成的,从而实现"人合"与"资合"的有机融合。有限合伙制具有以下优点:

第一,避免双重税负。有限合伙制之所以在全球特别是美国风险投资业能够取得如此迅速的发展,主要是因为有限合伙企业本身并不是所得税纳税义务人。有限合伙企业的全部收益在分配给每一个合伙人(包括普通合伙人和有限合伙人)之后,再由他们按照自己适用的税率纳税,避免了公司制下的双重税负。

第二,有限合伙企业能够给普通合伙人提供较好的激励机制。普通合伙人一般以管理费和有限合伙企业的利润分配作为收入,后者被称为附带权益。普通合伙人的管理费一般以其所管理基金资金总额的一定百分比收取,并在有限合伙企业存续期间保持不变。大多数的基金管理人按照基金总额2%～3%的比例收取管理费。每期基金解散之时再进行利润的分配,在扣除所有的费用之后所剩下的利润,基金管理人和投资人按照2/8原则进行分配。即基金管理人获得利润的20%,基金投资人获得80%。同时,作为普通合伙人的创业投资家们具有相对较大的独立决策权利,这是因为有限合伙人如果干预投资决策,他们就有丧失有限合伙人地位的风险。并且,对于创业投资家而言,通过1%的出资就可以支配100%的资本,这不仅形成了有效的资本放大效应,而且在一定程度上也构成了对管理人的内在激励。

第三,业绩的衡量。由于信誉机制在创业资本市场中起着非常重要的作用,而信誉的建立和维护又是基于过去的投资业绩大小,所以必须建立一套有效方法来衡量基金管理人的业绩。通常的业绩衡量方法是内部收益率,它可以在有限合伙企业的每一个阶段进行及时的衡量分析。为了提高资金的使用效率,有限合伙制基金的资金使用均是采取"落定资本(capital call down)"的方式,即在项目完成投资决策后才让有限合伙人将资金打入基金账户,避免资金的闲置浪费。

第四,约束机制。在有限合伙制中,有限合伙人对普通合伙人的约束是多方面的。首先,管理人作为普通合伙人出资1%,但对债务负有无限连带责任,极大地弱化了管理者的道德风险,约束其随意性投资行为。其次,管理人声誉的约束。由于合伙期限一般只有10年,管理人要想不断地筹集资金,就要努力地保持自己的声誉,需要不断地创造出成功的业绩,以保持声誉,彰显能力。最后是有限合伙制实行报告制度。即管理人须定期向有限合伙人报告机构运作情况,这也在一定程度上对管理人起到控制作用;此外,为防止普通合伙人的过度风险投资,协议中还可规定单个项目的投资额占资本总额的最大比例等。

四、风险资金的来源

(一)美国风险资金的来源

风险投资是高智力与密集资本的结合,风险投资基金和风险投资公司的设立便是资金与人才的结合过程,将社会上的闲置资本委托给专业人员管理进行风险投资并向投资者分发投资本利。从形式上看,基金的发起设立分为公募和私募两种,在法律组织上可以是上市公司、非上市公司、公司集团的子公司等独立的公司实体,也可以是公司集团的附属部门,还可以只是一种协议。有限合伙制的兴起逐渐成为风险投资基金的主流形式,同时也出现了专事风险投资的信托基金。从资金来源来看,美国呈现多样化的特点,大致有以下几类:

1. 政府资助

政府资助包括政府财政拨款、政府担保贷款、政府采购和政府直接投资R&D(研究与开发)与技术开发。

(1)政府拨款。美国设立了小企业研究基金会,规定国家科学基金与国家研究开发经费的10%要用于支援小企业的技术开发上。英国贸易和工业部将政府支付款项中的33%作为发展高新技术的专款,20%作为支持高新技术产业的开发费用。

(2)政府担保的银行贷款。美国1953年成立的小企业管理局承担对小企业的银行贷款担保,担保比例在80%以上。各国政府承担的贷款担保比例不同,日本为80%、荷兰为50%。

这种通过少量资金带动大量民间的和工商界的资金投向高科技企业的信用担保制,被称为风险资金的放大器,放大倍数高达10～15倍。

(3)政府采购。美国许多高科技企业是受美国国防部订货的推动而迅速发展起来的。如20世纪60年代中期美国国防部购买的集成电路产品占当时美国半导体器件生产总值的40%,其他国家对重要的技术产品的扶植也多采用这种方法,这是一种保护和鼓励高科技产业的有效措施。

(4)政府直接投资R&D与技术开发。美国政府通过研发合同向小企业投资。如波士顿128号公路的高技术企业和科研机构得到联邦政府的研发合同等。这对高技术产业的发展起到积极推动作用。

政府资助实质上是一种政策性投资,目的是用较少的资金带动较多的私人风险投资。而且,政府风险资金往往投向私人风险投资不愿涉足的风险更大的领域,从这个意义上说,政府资助是私人风险投资的补充。但由于各国的财政情况不同,政府支持力度也有所不同。

2. 银行贷款

传统的商业银行在高技术企业的风险贷款和投资方面有所支持,在资本市场中占有一定的比例,但银行出于安全性因素考虑对高风险的科技贷款审查较严。如美国的银行在硅谷有48 100家客户,对高技术企业的贷款审查较严,一般贷款不超过企业固定资产的13%,可见数量有限。

3. 大企业投资

在技术进步速度十分迅速,产品更新换代快的今天,小企业船小好调头,能够发挥灵活多变的特点,迅速吸收新技术,所以,小企业对市场的反应快,更有利于进行创新和接受创新。因此,在今天技术步伐加快之际,许多大公司在技术发展策略上作了相应的调整,组建小公司以促进发明创新;对新技术采取跟踪策略,一旦新技术出现并显示出良好的市场前景,便立即投入力量,依靠自己在技术、资源上的优势迅速占领该产品市场。大企业对高技术小企业投资的原因有二:(1)将自己R&D中的有价值成果,而本企业又无意经营的可以转让给它的发明者,鼓励他们去创业,大企业还可以以入股的方式参与到新创企业中去,一旦成功就可以获利;(2)大企业对某些技术感兴趣,通过适当的投资对本企业或外企业的高技术创新给予支持,这样做既可获得该技术,又能减少自己的R&D费用和风险。这是一种用市场机制取代上下级协调机制,把融资标准与技术战略结合起来的决策,对大企业发展非常有利。

4. 创业基金

创业基金是投资基金的一种,是由众多不确定的投资者将不同的出资份额汇集起来,交由专业投资机构投资于有发展前途的高科技企业,所得的收益由投资者按投资比例分享的投资工具。创业基金的资金来源广泛,包括退休基金、保险公司、财团法人、政府创业投资基金、大众游资、国外资金等多种渠道。目前创业基金这种投资工具在美国风险投资业应用最为广泛,深受广大投资者喜爱,因为创业投资基金具有投资基金的一切优点,有较大的规模和较好的经济效益。创业基金实行多元化经营和专业管理可分散投资风险,具有较大的投资灵活性。另一方面,创业投资基金具有较高的投资回报率,因为创业基金在选择投资对象时注重拥有高新技术优势、市场前景广阔的新兴产业,其投资回报率高于投资一般传统产业,而对于被投资企业来说,通过创业基金融资不同于银行贷款,企业没有债务负担,不用担心失去企业控股权,还能得到创业投资家提供的各种服务,包括上市服务等。创业基金是一种很好的融资渠道。

5. 个人

美国早期的风险资本主要来源于富裕的个人和家庭,如1978年以前,美国风险资本来源构成比例为个人家庭占32%,国外资金占18%,保险公司占16%,年金基金占15%,大工业公司占10%。从1988年开始,美国创业基金来源发生较明显变化,个人和家庭作为创业基金来源的重要性减小,而年金基金等机构投资者已经成为创业基金的主要来源,其中年金基金占46%,国外资金占14%,大工业公司占11%,保险公司占9%,而个人和家庭仅占8%。

(二)我国风险投资资金的来源

我国风险投资资金的主要来源基本上是以下六类:

1. 富有的个人

个人投资者一般来说,主要由以下两类人组成:一是具有风险投资运作基本素质的投资人,这些人中,有的本来就是创业投资公司的投资经理,后来自己自立门户,试图在越来越细分的市场中找到一个更适合自己的目标市场;二是以前的创业家,曾得到风险投资的支持,而从自己的创业企业中获得巨额回报,出于对技术与创业的强烈兴趣,希望用资金来支持同行业或相关行业的其他创业家。和其他投资群体一样,这一投资群体也是被风险投资的高回报所吸引。

个人投资者的资金加入风险投资行业的方式有两种:一是以普通合伙人的身份,加入风险投资基金,或者购买基金;二是自发地为企业融资,这类资金就是所谓的天使资本。如果个人精通投资技能或者某一方面的技术,他们往往自己充当风险投资家,这就是天使投资人。如果个人仅仅只是有充足的资金而不具备专业能力,他们可以以有限合伙人或者购买基金的方式从事创业投资。在风险投资的发展初期,个人投资是风险投资的主要资金来源,特别是天使投资,为企业初期投资作出了很大的贡献。

2. 政府

出于产业政策、宏观经济发展规划的考虑,政府会给予风险投资一定的扶持,政府对风险投资的扶持主要有以下几种形式:

(1) 财政拨款。主要是资助一些对国家经济建设有重要作用的项目,如国家自然科学基金。

(2) 政府直接投资。政府直接投资以股权投资和政府贷款为主。

(3) 政府担保的银行贷款。政府对银行向创业企业的贷款实行担保,项目成功则企业还贷;项目失败,则由政府财政负责归还相当比例的贷款。

其中,政府财政拨款是风险投资的一个重要来源,尤其是在风险投资发展的初期,政府的介入是必不可少的。但财政拨款有限,不宜承担太大的风险,主要起信用担保、放大资金的作用,为风险投资提供最后的担保,克服风险投资者担心投资失败而造成的恐惧心理,鼓励整个社会对风险投资的投入,并保证基金投资方向不改初衷。但随着风险投资的发展壮大,政府不可能成为风险投资资金主要的提供者。

3. 企业

企业是风险投资的重要参与者。它介入风险投资主要是出于发展战略目标的考虑,即通过对创业企业的投资,为自身寻求新的增长点,甚至是实现第二次创业。

企业涉足风险投资,形式可以灵活多样。实力较强的企业可以独立设立风险投资公司,将其作为自己的附属机构;实力较弱的,可采取几家企业联合出资组建风险投资公司的方式。采取这种方式,一方面,每家的出资额不会很大,这就为规模较小的企业参与风险投资提供了机会;另一方面,还可以起到分散风险的作用。在美国,企业的风险资本占风险投资基金的来源的30%。特别是大型企业的风险投资,是除政府资金之外,最为现实可行的风险资本来源。

4. 机构投资者

机构投资者包括保险公司、信托投资公司、养老基金和捐赠基金等。机构投资者资金雄厚,而且具有长期投资的意愿和动机,所以,我国的机构投资者大多是风险资本的重要提供者之一。

5. 商业银行

由于风险投资可以获得丰厚的利润,一些商业银行成立了的风险投资部。它们可以从银行控股公司取得资金,也可以从银行员工管理的资金池中取得资金。银行参与风险投资的形式可以多种多样,可以成立独立基金,也可以向其他风险投资基金投资,以分享利润。另外,还可以利用银行良好的软硬件设施,积极参与基金信托、销售和交易以及基金发起、基金管理等业务。但商业银行"天生的谨慎"特性,使之不可能成为风险投资资金的主要提供者。

6.境外投资者

从世界范围看,风险投资正由美国开始转向其他一些新兴市场,包括欧洲、日本,还有亚洲的新兴市场,尤其是中国。在这样的趋势下,境外资本进入一些风险投资领域成为可能。外资介入一国的风险投资,可以弥补该国国内机构和个人投资能力不足的缺陷。而且,由于风险资本一般在创业企业中处于非控股的地位,只对其提供管理上的咨询和帮助,这在一定程度上缓解了外商直接投资对一国民族企业的冲击,同时有利于引进优秀的基金管理人才和先进的基金管理办法,提升风险投资基金之间的竞争等级,促进风险投资基金的良性发展。

第二节 风险投资的运作

一、风险投资的角色

风险投资是指职业金融家从投资者手中筹集资金后投资于处于初创阶段、有着巨大发展潜力,并且可以迅速成长的企业或者项目和产品,目的是期望所投资的企业迅速发展,以最终在退出该企业的投资时获得巨额回报。根据美国商务部的统计,第二次世界大战以来的科技发明与创新很多来自小型的新创企业,而这些发明创新转化为生产力都要借助于风险投资。以电子计算机和生物工程为代表的现代文明是高新技术与风险投资有机结合的结果。因此,人们把风险投资称为"经济增长的发动机"。风险投资扮演的主要角色如下:

(一)"资金放大器"

风险投资资金放大器的功能就是指它能够将若干投资者的分散资金聚集起来投入风险企业,通过成功的运作,获取比投入高出许多倍的收益。例如美国的风险资金,其主要来源就很广泛,包括公共和私人养老基金、捐赠基金、富有的家庭和个人、银行控股公司、保险公司、投资银行、非银行金融机构等。

(二)"风险调节器"

风险投资作为风险调节器的功能主要体现在资金分散,降低单位投资主体的风险承担强度;通过风险调节手段,均衡投资项目,降低经营管理风险等。由于风险投资资金来源多元化,使得高新技术的高风险有效地分散到每个投资者身上。同时,通过风险投资家的运作,把风险投资资金投在多个项目以及每个项目的不同发展阶段上,以降低和分散经营管理风险。

(三)"企业孵化器"

高新技术产业的开发者除了技术外,既缺乏资金又缺乏管理经验,而且对手中技术的市场前景也很难预测,因此,技术的商品化、产品化靠技术开发者自身无法实现。而风险投资公司的运作,能够使企业建立起与风险资本运作相匹配的机制。风险投资参与企业的管理,在企业发展战略、技术创新评估、市场分析和资本营运等方面为企业提供一系列支持,从而帮助企业从萌芽—创立—成熟直至实现产业化。

二、风险投资的交易流程

投资阶段解决"钱往哪儿去"的问题。风险投资家将资金投入到选定的风险企业和项目上具体可以分为以下步骤:

(一)选择风险企业与项目

在本阶段从众多没有或只有少量历史记录的风险企业中选出最具有获利潜力的投资项目既是核心步骤,也是风险投资区别于其他投资形式的特色之一。风险投资公司在选择投资项目时,投资收益率或是净现值之类的财务分析处于次要位置。风险企业的科技含量和创业者的素质才是项目选择的首要考虑因素。

一般情况下,风险投资公司根据风险企业提供的商业计划书判断技术的创新性、项目的经济评价、创业者本人及管理团队的素质等要项。同时风险投资公司还要尽可能地对风险企业面临的所有可能风险,如技术风险、管理风险、市场风险、财务风险、政策风险等做出大致的判断和评估,并分析风险管理的难易程度,从而在综合权衡的基础上做出尽可能准确的判断,以确保挑选到高质量的项目。其分析的次序一般是:创业者的素质、市场前景、产品技术及公司管理。

(二) 确定投资结构

投资结构包括投资规模、投资策略、投资阶段选择等。

每个风险投资公司理想的投资规模与风险资金的规模有关，一般风险投资公司都把对风险企业的投资限制在可供投出资本总额的10%左右。

风险投资家会采用组合投资、分类投资原则，或者与其他几家风险投资公司联合投资，并选择他们所专长的领域进行投资。这样做，既可以降低投资风险，也便于投资以后实施监督和为风险企业提供有效的帮助。

风险投资家还要考虑风险企业是处于哪个发展阶段，因为每一个发展阶段对资金、技术的要求有所不同，其运营管理也不一样，从而影响到投资的成败。对发展阶段的偏好与风险投资公司所处的地区、资金来源、自身经验和行业的竞争程度有关。

(三) 达成投资协议

在该阶段，风险投资公司与风险企业进行实质性接触，双方的谈判要持续数周至半年时间。在谈判过程中主要要解决的问题包括出资数额与股份分配，包括风险企业技术开发设想与作为研究成果的股份估算；风险企业人员组织结构和双方各自担任的职务；投资者监督权利的利用与界定；投资者退出权利的行使等。

风险投资家与风险企业通过一系列谈判，在股份分配、绩效评价、董事会席位分配等问题上取得一致，便签订风险投资协议。达成协议后，风险投资公司便按协议向风险企业注入资金。

三、风险投资的退出渠道

不同的国家和地区，由于其风险资本的来源不同，资本市场的发育程度不同，因而风险投资退出的方式也不相同。目前，世界上风险投资的退出方式主要有四种：首次公开上市、兼并与收购、管理层回购、破产清算。

(一) 首次公开上市(IPO)

首次公开上市退出是指通过风险企业挂牌上市使风险资本退出。采用首次公开上市方式，对于风险企业而言，不仅可以保持风险企业的独立性，而且还可以获得在证券市场上持续融资的渠道；而对于风险资本家来说，则可以获得非常高的投资回报，根据美国的调查资料显示，有三分之一的风险企业选择通过股票公开上市退出，最高投资回报率达700%左右，所以股份公开上市被一致认为是风险投资最理想的退出渠道。而在我国,由于中小企业板、创业板还处在很不成熟阶段,因此目前不少新技术创业企业只能到海外上市,国内缺乏这方面的经验。

(二)兼并与收购

并购退出是指通过其他企业兼并或收购风险企业从而使风险资本退出。由于股票上市及股票升值需要一定的时间,或者风险企业难以达到首次公开上市的标准,许多风险资本家就会采用股权转让的方式退出投资。虽然并购的收益不及首次公开上市,但是风险资本能够很快从所投资的风险企业中退出,进入下一轮投资。因此并购也是风险资本退出的重要方式。

(三)管理层回购

管理层回购是指由风险企业家或风险企业的管理层购回风险资本家手中的股份。回购退出方式实质上也属于并购的一种,只不过收购的行为人是风险企业的内部人员。回购的最大优点是风险企业被完整地保存下来,风险企业家可以掌握更多的主动权和决策权,因此回购对风险企业更为有利。

(四)破产清算

当公司经营状况不好而难以扭转时,进行破产清算可能是最好的减少损失的方法。风险企业清算,是风险投资家和风险企业家最不愿意看到的结果。这种情况的发生,就宣告了风险投资的彻底失败。虽然清算方式的退出是痛苦的,但风险投资家在确定风险企业没有发展前途后,一定要做出果断的决策。与其让一个无前途的项目占据大量资金,还不如将资金退出,投入新的风险投资项目,进入下一个循环。

第三节 风险投资估值

一、贴现现金流法

(一)理论模型

贴现现金流法由美国西北大学的阿尔弗雷德·拉巴波特于1986年提出,该方法的优点在于考虑了资金的时间价值,其核心是净现值法(net present value,NPV)。净现值是指投资某项目所产生的所有未来现金流量的贴现值与项目投资成本之间的差值。所谓净现值法,就是根据净现值的大小来评价各投资项目,选取净现值大的项目进行投资。净现值是正值,投资该项目是可以接受的;净现值为负值,从理论上来讲,投资该项目是不可接受的。

$$NPV = \sum_{t=1}^{T} \frac{CF_t}{(1+r)^t} - I_0$$

其中,I_0 为初始投资,T 为投资期限,r 为风险补偿的贴现率,一般选用加权平均资本成本(weighted average cost of capital,WACC)。所谓加权平均资本成本,是权益资本成本和债务资本成本的加权平均值。CF_t 为资产在第 t 时刻产生的现金流,一般选用被评估项目预期会带来的现金流量,或被评估公司预期未来的自由现金流量(free cash flow of firm,FCFF)。公司的全部价值属于公司的所有权利要求者,包括所有普通股股东、优先股股东和债权人。所谓自由现金流量,是指公司可以自由支配的现金流量,即支付了经营费用、所得税、必要的资本性支出和营运资本增加额后,可向公司所有权利要求者支付的现金流量。

(二) 实际运用

在不存在不确定性的条件下,我们经常以无风险利率作为贴现利率来计算未来现金的现值。可是,在实际中,风险投资项目存在着极大的不确定性,无风险利率贴现不能反映实际情况。有两种方法可以对以上模型做出调整,即风险调整贴现率法和肯定当量法。

风险调整贴现率法是指通过贴现率的调整来反映企业未来现金流的不确定性。对风险调整贴现率的计算,可以利用资本资产定价模型:

$$E(R) = R_f + [E(R_M) - R_f]\beta$$

对于风险投资项目,由于很难得到其相对于资本市场平均风险的 β 系数,因此,在实际中,往往根据实际经验,以同行业中其他风险投资项目所运用的风险调整贴现率加以一定的调整作为贴现率。

肯定当量法是通过将未来不确定性现金通过肯定当量系数的折减,来反映未来现金流的不确定性。此时公式变为:

$$NPV = \sum_{t=1}^{T} \frac{a_t CF_t}{(1+r)^t} - I_0$$

式中 a_t 是第 t 年经营现金流的肯定当量系数;

肯定当量系数可根据其与变化系数的关系查表求得。此时,所用的贴现率为资本市场的无风险利率。假设投资一个风险企业,投资期3年,预期3年的现金流分别是1亿元、2亿元、4亿元,无风险利率是10%,假定各期当量系数是0.8、0.7、0.6,期初投资为3亿元,根据上述公式得:

$$NPV = \frac{0.8 \times 1}{1+0.1} + \frac{0.7 \times 2}{(1+0.1)^2} + \frac{0.6 \times 4}{(1+0.1)^3} - 3 = 3.69 - 3 = 0.69 > 0,值得投资。$$

二、期末价值贴现法

(一)理论模型

这种方法是先计算投资期末风险企业股权的价值,然后以一定的贴现率将其贴现,最后计算出风险投资企业在投资期初时的股权价值。

$$V_0 = \frac{V_t}{(1+r)^t}$$

式中:V_0 是投资期初风险企业的股权价值

V_t 是投资期末风险企业的股权价值

t 是风险投资的投资时间

r 是贴现率

运用这个方法计算,需要计算以下两个变量:投资期末的企业的股权价值和贴现率。在计算投资期末企业的股权价值时,通常可以利用以下几个方法:即先预测在投资期末同类企业的平均市盈率作为其市盈率,利用公式 $V_t = C_t \times PER$ (PER 为同类企业的平均市盈率)即可求得投资期末风险企业的股权价值。式中所采用的贴现率为风险企业家所期望的投资收益率。

(二)实际运用

在实际运用中,考虑到风险投资项目结果的不确定性,通常要对以上理论模型作必要的调整。

首先,可以将风险企业未来的结果简单地分为三种可能的情况:(1)高速成长,非常成功地以较高的市盈率上市;(2)发展平庸,达不到上市的条件,投资期末之后被管理层或其他公司收购;(3)中途夭折,清算并收回部分投资。

然后分不同的情况,预测在投资期末风险企业的股权价值,以及预测每一种情况可能出现的概率。将不同的情况下所计算的投资期末风险企业的股权价值分别贴现,再利用各种情况可能出现的概率对其进行加权平均,即可得到风险投资企业在投资期初的股权价值。

注意,此时所用的贴现率是风险投资企业组合的平均回报率。这是因为,考虑各种不同的发展状况时,风险投资家所要求的收益率即为风险投资组合平均回报率,也即进行该风险投资的机会成本。

三、实物期权法

期权是一种选择权的契约,其持有者拥有在未来一段时间内以一定的价格(执行价格)向对方购买或出售一定的资产(标的资产)的权利。在资本市场上,期权赋予投资者权利而不是义务以某一指定价格购买或卖出金融资产。相应的,拥有实物期权的投资者也有权利而不是义务选择能使投资得到较好回报的决策。这里的实物期权指的是应用于现实资产时的期权。期权的特点在于着力考证投资收益的不确定性、投资的等待价值以及投资标的物的交易性等因素在投资行为中的效应,重点关注不确定性、不可逆性对投资决策的影响,尤其对投资周期长、风险高、资本密集型的风险投资的影响。从前面所述的高新技术风险投资特点的角度来看,期权定价方法适用于这类风险投资的决策。

(一)实物期权模型

符号说明:S 为股票价格;r 为无风险利率;E 为实物期权价值。

首先用股票和无风险债券的组合来复制实物期权,即做以下的投资组合:以 S 的价格买入 N 份孪生股票,同时借入市场价值为 L 的无风险债券,组合的价值为:$NS-L$。

一年以后,股票价格可能出现两种情况:上升为 S^+(概率为 q),或者下降为 S^-;组合的价值相应有两种情况:一是以概率 q 变为 $NS^+-(1+r)L$,二是以概率 $1-q$ 变为 $NS^--(1+r)L$。

如果要求实物期权在一年以后的价值与该组合相同,即:

$$E^+=NS^+-(1+r)L$$
$$E^-=NS^--(1+r)L$$

则可解得所需购买股票数 N 和借入无风险债券 L,即:

$$N=(E^+-E^-)/(S^+-S^-)$$
$$L=(NS^--E^-)/(1+r)$$

因此在无套利的假设下,实物期权当前的价值应当等于组合资产的价值,即:

$$E=NS-L=[pE^++(1-p)E^-]/(1+r)$$

其中，$p=[(1+r)S^+-S^-]/(S^+-S^-)$（它为风险中性概率，只与孪生证券的状态有关，而与实物期权类型无关）

若设 $u=1+$ 股票价格上涨状态的收益率，即 $S^+=uS$

　　$d=1+$ 股票价格下跌状态的收益率，即 $S^-=dS$

则 $P=\dfrac{(1+r)-d}{u-d}$

这样，只要我们给出实物期权价值在期末可能取值 E^+ 和 E^-，就可以利用上面的公式来估值了。

(二) 期权定价模型的应用实例

我们看一个延迟期权的案例：

某风险投资项目，投资额为 115 万元，由于不确定性因素的存在，一年后，该项目产生的现金流可能为 170 万元或者 65 万元，两者概率均为 0.5，无风险利率为 8%，风险收益率 17.5%，假设投资期间不派发股利。下面就采用实物期权定价模型来进行投资决策：

1. 计算传统的 NPV 值

$$NPV=\dfrac{E(C_1)}{1+k}-I_0=\dfrac{0.5\times170+0.5\times65}{1+17.5\%}-115=-15(万元)$$

因为 $NPV<0$，应该拒绝该项目。

2. 计算延迟期权价值

$$投资项目期望现值V_t=\dfrac{0.5\times170+0.5\times65}{1+17.5\%}=100(万元)$$

因为该项目相当于一个看涨期权，当现金流上升并超过执行价 I 时便执行，否则放弃。在第 0 年决策时，期望现金流为 100 万元，小于 115 万元，不执行；一年后，若看好，现金流是 170 万元，则投资，收入为：$E^+=170-I_1=170-115\times1.08=45.8$ 万元，而变坏时，现金流为 65 万元，放弃投资，$E^-=0$。

由期权定价公式可得

$$P=\dfrac{(1+r)-d}{u-d}=\dfrac{(1+0.08)-0.65}{1.7-0.65}=0.41(万元)$$

项目延迟期权价值为

$$C=\dfrac{pE^++(1-p)E^-}{1+r}=\dfrac{0.41\times45.8+0.59\times0}{1.08}=18.78(万元)$$

3. 计算扩展的 NPV 值

扩展的 NPV 值 = -15 + 18.78 = 3.78(万元)

项目扩展的 NPV 值为 3.78 万元 > 0,故该项目不能拒绝。它是有投资价值的,应该保留该项目的投资权,因为期末进行投资的净现值大于现在进行投资的净现值。

从上面的实例可以看出,期权定价模型比净现值法更具有优越性和适用性,尤其在高新技术产业风险投资决策中,因为高新技术产业风险投资的特性决定了对它的投资决策不能等同于一般的投资项目决策。不过,由于期权的随机性、条件性等特点,以及市场竞争等诸多因素的影响,因此应用期权定价模型时要兼顾传统的净现值法,使二者合理地有机结合,更能准确地做出风险项目的投资决策。

四、非上市公司的估值

(一)非上市公司估值与上市公司估值的不同之处

我们可以从公司层面因素和股票本身因素来得出非上市公司与上市公司估值的不同。

1. 公司因素

(1)公司所处生命周期的阶段

总体说来,非上市公司较之上市公司而言,一般处于非成熟阶段。但也有极端,偶尔非上市公司也会处于濒临破产的阶段。

(2)公司的规模

一般而言,非上市公司资金、资产和雇员都要少于上市公司,因此,也就会有更大的风险。所以在估值分析时候,要充分考虑其风险溢价收益并相应上调其必要回报率。

(3)所有权与经营权的重叠

许多非上市公司的所有者就是经营者,这样往往会忽视其他股权投资者的利益,从而影响长期的回报。

(4)管理的质量和深度

一个非上市公司,尤其又是小规模的、增长潜力很小的,对管理者来说没有什么吸引力。跟上市公司相比,无论是在管理质量上,还是管理深度上,非上市公司都有明显的劣势,这样就增加了非上市公司的风险,降低了增长预期。

(5) 短期投资者的压力

上市公司的很多短期投资者,比如股票买卖者,可能只是关心股价,而且公司高管的一些激励措施也是基于股价的表现,这样就会为了短期盈利水平或者增长速度而急功近利。非上市公司一般不存在这样的担心,没有这样的压力,可以设定长远目标,做一些长远的计划。

(6) 财务信息与其他信息的披露

上市公司均被要求及时准确地披露财务信息,而对于非上市公司来说,其股份的持有者或者债权人由于对公司财务信息不了解,往往会面临更大的风险,更大的不确定性。

2. 股票自身因素

(1) 流动性因素

大致相当的非上市公司与上市公司相比,在股票流动性方面,非上市公司通常都较差,非上市公司的股东也较少,而且非上市公司的股票也不允许在公开市场上交易。这些限制条件导致在对非上市公司估值时,要考虑折价。

(2) 控制的集中度

非上市公司的股权集中度较高,主要集中于相对较大的几个股东手里,这样就会在一定程度上,以损失小股东利益为代价,为其大股东提供额外的补贴。

(3) 限制流动性的潜在协议

非上市公司的股东可能要签限制卖出股份的协议,该协议降低了股票的市场化程度。

总体来讲,股票因素对私人企业的估值是一个不利因素,公司因素对其估值的影响可能是不利的,也可能是有利的。相对上市公司来说,非上市公司之间的差异更大,因此,调整其必要回报率的差异就更大。

(二) 对非上市公司估值的原因

对非上市公司估值是很有必要的,总结起来有以下三个原因:(1) 交易的目的。对于一个发展中的非上市公司来说,交易与融资是很关键的。为了减少风险,尽量固定自身收益,风险投资者通常经过多轮投资来达到目标。每一轮都要通过跟公司谈判,确定未来的现金流来估值,进而投资。(2) 为遵守法律、法规。非上市公司在融资、纳税的时候,都要遵守法律的规定,来估计公司的价值。(3) 应对诉讼的目的。公司有可能遭遇破产、利润损失、股东之间有争议或者股东撤资等状况,势必会发生诉讼,这也需要对公司估值。

(三)非上市公司估值的方法

非上市公司主要有三种估值方法:收入法、市场法、资产法。对处于早期发展阶段的公司来说,由于其现金流的不确定性,因此用资产法进行估值将更加准确;对于快速增长的公司,收入法更加合适;对于成熟企业来说,市场法更合适。

1.收入法

收入法是根据未来的现金流贴现来确定的估值方法,主要包括自由现金流法、资本化现金流法和盈余收入法。在采用这三种方法估值时,要知道必要回报率,下面说明怎样计算必要回报率:

(1)计算必要回报率时,要运用 CAPM,在运用 CAPM 之前,要先得到该资产的 β 值,β 值的计算方法如下:

① 上市公司的 β 值

根据股票和指数的历史交易数据,可以进行回归计算而得到 β 值。根据长期的经验总结,从长期角度看,β 值总是趋向于 1,因此,用于预测将来的 β 值要根据回归 β 值进行调整:

$$\text{调整 } \beta \text{ 值} = 2/3 \times \text{回归 } \beta \text{ 值} + 1/3 \times 1$$

例如,根据历史交易数据计算出回归的 β 值为 0.6,无风险收益率为 3%,股权风险溢价为 3%,计算将来的必要回报率。

$$\text{调整 } \beta \text{ 值} = 2/3 \times \text{回归 } \beta \text{ 值} + 1/3 \times 1 = 2/3 \times 0.6 + 1/3 \times 1 = 0.73$$

$$\text{未来的必要回报率} = 3\% + 3\% \times 0.73 = 5.19\%$$

② 非上市公司的 β 值

若甲公司为非上市公司,则:

步骤一:找到一个与甲公司在经营业务上类似的上市公司,假设为乙公司。

步骤二:通过回归分析,我们可以估算乙公司的 β 值。

步骤三:将乙公司的 β 值去杠杆化:

$$\text{去杠杆化后的 } \beta \text{ 值} = \text{乙公司的 } \beta \text{ 值} \times \frac{\text{乙公司权益}(E)}{\text{乙公司权益}(E) + \text{负债}(D) \times (1 - t_\text{乙})}$$

步骤四:根据去杠杆化后的 β 值估算甲公司的 β 值:

$$\text{甲公司的 } \beta \text{ 值} = \text{去杠杆化后的 } \beta \text{ 值} \times \frac{\text{甲公司权益}(E) + \text{负债}(D) \times (1 - t_\text{甲})}{\text{甲公司权益}(E)}$$

(2)下面通过一个例子来看用 CAPM、扩展的 CAPM 和构建法来求必要回报率：

假设一个未上市公司 A，市场无风险利率是 4.8%，股权风险溢价是 5%，跟 A 处同类行业的上市公司 B 的 β 值是 1.1，小规模对应的股票溢价是 3%，公司因素风险溢价是 1%，假设行业风险溢价在这里是 0。

则用 CAPM 有：必要回报率 = 4.8% + 1.1 × 5% = 10.3%。

用扩展的 CAPM 有：调整 β 值后的股权溢价是：1.1 × 5% = 5.5%；那么必要回报率 = 4.8% + 5.5% + 3% + 1% = 14.3%。

用构建法有：必要回报率 = 4.8% + 5% + 3% + 1% + 0 = 13.8%。

① 自由现金流（FCF）法

非上市企业自由现金流法同上市企业的自由现金流法的估值是一样的，都是假定具有稳定的现金增长率，对每一期进行贴现即可。

② 资本化现金流（CCF）法

适用于相关财务数据匮乏的小型非上市公司。

公式是：

$$V_f = FCFF \div (WACC - g_f)$$

其中 V_f 是公司的价值，WACC 是加权平均资本成本，FCFF 是公司下一个年度的自由现金流，g_f 是公司自由现金流的稳定增长率。

例如：一个公司的 g_f 是 3%，FCFF 是 9 358 800 美元，WACC 是 13.1%，那么，

$$V_f = FCFF \div (WACC - g_f) = 9\ 358\ 800 \div (13.1\% - 3\%) = 92\ 661\ 386$$

资本化现金流法也可以直接用于定价股权：$V_f = FCFF \div (r - g)$，其中 r 是股权要求的回报率，g 是稳定的自由现金流增长率。若承接上例，r 是 13.3%，g 还是 3%。

则 $V_f = FCFF \div (r - g) = 9\ 358\ 800 \div (13.3\% - 3\%) = 90\ 862\ 136$

③ 盈余收入法（EEM）

盈余收入是指扣减营运资本和固定资产的必要回报率之后的收益，它是正常收益中的一部分。这种收益的余值，适用于类似 CCM 的永久增长模式来估计无形资产和小型的非上市公司。而公司的价值就是盈余收入的现值 + 营运资本和固定资产的现值，具体算法如下：

第一步：计算营运资本与固定资产的必要回报率；

第二步：计算盈余收入（算入无形资产）；

第三步:对无形资产进行估值;
第四步:将各项资产进行加总,得到公司价值。

2.市场法

(1)示范性上市公司法(GPCM)

示范性上市公司法就是参照一个上市公司,并且根据风险与增长预期的不同调整乘数来对非上市企业进行估值。这个方法最大的优点就是示范公司易于寻找,分析者可以很容易得到财务、交易方面的信息。难点在于风险和增长预期乘数的调整。

在估价时要用到控制权溢价。控制权溢价是依赖于几个务必考虑的特定的因素:交易类型(考虑是战略交易还是融资交易,战略交易主要是为了获取股权,因而收购溢价更大)、产业状况、交易手段、具体情况。

下面看一个用示范性上市公司法估值的例子:示范公司的 MVIC(投资资本的市场价值)比 EBITDA(息税折旧摊销前利润)的乘数是 7,考虑到未上市公司的风险,调整 15%,这样调整后的乘数是:$7-7\times15\%=5.95\approx6$。没有战略收购,所以控制权溢价是 0。正常的 EBITDA 是 16 900 000 元,负债资产的市场价值是 2 000 000 元。

估值结果就是:16 900 000×6-2 000 000=99 400 000(元)

(2)示范性交易法(GTM)

示范性交易法跟示范性上市公司法很类似,最大的不同就是示范性上市公司法考虑的是整个公司出售或者被收购的乘数调整,而示范性交易法则是公司的部分交易乘数调整。示范性交易法无需考虑控制权溢价。

看下面例子:最初的几个收购交易的价格乘数是 6,所以这个未上市公司 MVIC 比 EBITDA 的乘数也就是 6。因为无需考虑控制权溢价,那么调整后的乘数还是 6。运用上面 GPCM 的例子的数据,可得出估值结果是:

16 900 000×6-2 000 000=99 400 000(元)

(3)过去交易法(PTM)

过去交易法考虑的是目标估值企业在股票上的真实交易。估值可以建立在真实交易价格上,也可以建立在交易乘数的调整上。这种方法主要适用于公司的少数股权的交易,适用于那些在股票市场上没有交易的未上市公司。如果交易是罕见的,这种方法不能提供可靠的估值。

3.资本法

资本法的原理是:一个公司所有权的价值和公允价值-负债价值是相同

的。资本法估值很少用于正在运营的公司,主要用于需要清算的公司,还可以用于资源与金融公司、投资公司,比如说房地产信托投资公司,也适用于无形资产少的小公司、处于发展初期的公司。

(四)非上市公司的折价与溢价

1. 非控制性折价(DLOC)

控制权对于非上市公司的投资人来说很重要。没有控制公司,就不能自由选择公司的管理者、工作人员,就不能控制公司的运营,也不能支配现金或者其他财产,不能买卖资产,不能获得融资,这些都会影响投资的价值和投资者的最终回报。所以控制权的缺失导致估值时应该有一个折价。折价公式是:

$$DLOC=1-[1/(1+控制性溢价)]$$

如假定一个控制权溢价是 20%,那么 $DLOC=1-[1/(1+20\%)]=16.7\%$。

2. 缺乏交易性折价(DLOM)

缺乏交易性折价常常用于非控制性的非上市公司估值中。如果公司在不久的将来有很大可能发生流动性变动,那么 DLOM 是不适用的。流动性的预期、合同的安排、交易的限制、潜在的买家、风险的波动、股权的集中度都影响着缺乏交易性折价。

量化 DLOM 是很难的,因为非上市公司的数据是受限制的,可得到数据的解释不同,交易缺乏对非上市公司影响的解释也不同。

一些私人的限制性的股票交易和 IPO 前私人卖出股票,以及期权的价格可以用来估计缺乏交易性折价。

3. 总折价(total discount)

$$总折价=1-[(1-DLOC)(1-DLOM)]$$

例如,$DLOC$ 是 10%,$DLOM$ 是 20%,那么总折价$=1-[(1-10\%)(1-20\%)]=28\%$,而不是:10%+20%=30%。

(五)非上市公司估值中估值标准的重要性

估值标准的制定是为了保护估值的使用者。但是存在许多的估值标准,并不是唯一的。许多机构都发布了估值标准,以供使用者选择。使用者要衡量其是否合规,是否适合目标企业,严格遵守一个标准是很难的。一个特定标准在技术上的指导作用也是有限的。

案例 4-1　风险资本在盛大公司中成功退出

2004年5月,盛大网络(股票代码:SNDA)在美国纳斯达克股票交易市场正式挂牌交易。虽然盛大将发行价调低了15%,从原先的13美元调到了11美元,但公开招募资金额仍达1.524亿美元,当天收报于11.97美元。2004年8月,盛大网络首次公布财务报表之后,股价一路攀升至21.22美元,此时盛大市值已达14.8亿美元,成为纳斯达克市值最高的中国概念网络股。与此同时,盛大网络也超越了韩国网络游戏公司NCSOFT的市值,成为全球最大的网络游戏股。盛大创始人陈天桥掌握的股票市值达到了约11.1亿美元,以90亿元人民币的身家超过了丁磊,成为新的中国首富。而10月27日,盛大网络在NASDAQ的最新股价,达到了31.15美元。

盛大网络的成功上市以及其股价的卓越表现,为其主要风险投资机构——软银亚洲信息基础投资基金带来不菲的收益。成立于2001年2月的软银亚洲信息基础投资基金(以下简称"软银亚洲"),是日本软银公司与美国思科战略合作的结果,10.5亿美元资金来自思科,第一期资金为4亿美元,主要投资领域为亚太地区的宽带、无线通讯、有线电视网等。2003年3月,"软银亚洲"向国内拥有注册用户数量最多的互动游戏公司盛大网络投资4 000万美元,这是软银亚洲在上海的第一个投资项目。软银认为,中国网络游戏产业正进入高速发展阶段,市场增长空间很大,根据预期,此项投资7年后的回报将达10倍。与大部分在线游戏界人士看法不同,软银公司更看中盛大的运营能力而非游戏产品本身。

软银亚洲的风险投资获得了丰厚的利润,在上市之初,软银就减持了5.6%的盛大股份,套现17 250 000美元,其仍持有盛大19.3%的股份,按2004年10月的盛大市价计算,其市值在8亿美元以上,是其初始投资的20多倍。

(案例来源:创投资本如何通过海外上市成功"撤退".法制日报,2009年1月9日)

案例 4-2　风险资本与李宁上市之路

李宁公司的上市历程可分为四个阶段:

第一阶段(1997年8月—2001年):整合

李宁公司的上市谋划肇始于1997年,当时李宁在全国各地开办有十几家企业,彼此间互相参股,结构混乱。在资本运作专家的设计下,李宁将北京、广东、烟台三家公司合并为李宁体育用品集团公司,全国各地的其他公司相继整合到这个核心企业中,初步实现集团结构的明晰。

1997年8月,上海李宁成立,注册资本为50万元人民币。成立当时,公司主要由李宁家族所成立的两家公司——上海宁晟和上海力发所控制。

第二阶段(2001—2002年12月):改组

2001年,上海李宁原计划由有限责任公司改组为股份有限公司。由于中国公司法要求股份有限公司必须有五名以上发起股东,因此上海李宁部分实际控制人相互转让股权,将上海李宁股东数目增加到6名。

但由于获得私人资本的投资并预期到境外上市,上海李宁最终未能改组成股份有限公司,而采取以下步骤改组为全外资企业:

(1) 2002年10月,为筹备私人股本投资及将上海李宁改组为中国全外资企业,李宁家族、李宁合伙人及主要高管、两家战略股东在海外注册成立RealSports公司。

(2) 2002年10月29日,RealSports与上海李宁股东达成协议,同意向上海李宁当时之股东收购上海李宁发行的全部股本,代价为600万美元。

(3) 2002年12月11日,上海李宁由内资有限责任公司改组为中国全外资企业(外资独资企业),注册资本8 000 000美元,总投资额20 000 000美元。

第三阶段(2003年1月—2004年6月):风险投资正式加入

李宁公司于2003年1月,引入新加坡政府投资公司全资拥有的Tetrad-Venture Pte Ltd.和CDH China Fund。两家公司根据私人股权投资协议,分别以15 000 000美元及3 500 000美元认购RealSports的新股份,分别持有公司19.9%和4.6%的股权。

根据私人股权投资协议,各方同意Tetrad Venture Pte Ltd.和CDH China Fund拥有包括提名董事加入董事会的权利。Tetrad和CDH根据私人股权投资协议拥有的优先权于公司上市时终止。

由于风险资本加入后,RealSports公司财务表现优异,使公司以发售价计算的价值有所上升。虽然两家风投公司是于2003年初正式加入的,但与李宁公司的磋商与合作早已展开,可以认为,李宁公司在海外注册公司以及收购改组等一系列资本运作,均是在为风险资本的加入创造条件,并且由于风险资本的一再坚持,李宁公司放弃了改组为股份有限公司在境内上市的计划,选择了改组为全外资企业在境外上市的路径。

第四阶段:上市

2004年6月,李宁公司在香港主板成功上市。李宁股票受到资本市场的追捧,在香港公开发售的认购数量为暂定发售股份总数的132.2倍;国际配售也出现了约11倍的超额认购。首日上市开盘报价2.325港元,较其2.15港元的首次公开募股价格上涨8%。

李宁公司上市之后,两公司迅速减持股份至15.19%和3.5%。由于这两家公司并没有禁售期,可以在李宁有限公司上市后,随时转让股份。因此,风险资本在李宁海外上市后实现"全身而退",几乎是势成必然。

(案例来源:创投资本如何通过海外上市成功"撤退".法制日报,2009年1月9日)

案例4-3 金蝶软件的"破茧而出"

(1)金蝶软件案例概况

软件领域,人们常言"北有用友,南有金蝶",可很少有人知道这一市场格局的形成很大程度上是源于1998年5月1日的一次风险投资。这是国内IT界继四通利方后数额最大的一笔风险投资。投资方是来自全球最大的信息服务提供商IDGVC(国际数据集团技术创业投资基金)。该集团分两次向从事财务软件研发的深圳金蝶豪掷2 000万人民币,成为占其25%股份的股东。从IDGVC募集而来的资金将被金蝶用于科学研究以及拓展国际业务。这是中国财务软件行业获得的第一笔国际风险投资。

此笔风投资本的投入,使深圳金蝶的资金实力大为增长,其各项指标出现了井喷式的增长:人员从10多年前初创时的5人发展到现有的3 200多人、营销网络遍及全世界、年均营业额以50%的高速增长。今日的金蝶已经成为国内软件业的标杆,并与我国软件业的另一劲旅用友形成双分天下的态势。目前,金蝶公司的ERP软件在中小企业市场中名列第一。在中国财富百强企业中,有一半选择了金蝶的信息化解决方案。作为中国本土财务、管理软件的领导厂商之一,金蝶对我国产业结构的调整和整个社会信息化的发展起到了不容低估的作用。

风险投资两年后,2001年2月,金蝶国际在香港创业板成功上市。此时,IDGVC持有的深圳金蝶股份在20%左右。此后三年间,IDGVC通过数次套现资金,回收高达2亿港元,投资回报率达到10倍。在创业板上市四年后,2005年7月,金蝶国际在香港联合交易所主板成功上市。

(2)成功之道

①适时

从现在来看,1998年IDGVC对深圳金蝶的风险投资无疑是场及时雨。当时,国内的软件产业是一种高收益、高投入、高风险的"三高"行业,在回报巨大的同时,也存在极大的经营风险。而自深圳金蝶成立以来,其营业收入和利润等主要经济指标每年都以 300% 的速度增长。这时,仅仅靠深圳金蝶自身的积累已不能满足企业战略和可持续增长的需要。金蝶对大额资金的需求如饥似渴。但 1993 年至 1998 年期间,虽然深圳金蝶数次主动向银行申请,也几次有银行上门来洽谈,但因为没有足够的资产作抵押,也缺乏担保,最终只获得了 80 万元贷款。事实证明,深圳金蝶向银行贷款这条路走不通。而此时,IDGVC 找上门来了。这一介入对深圳金蝶来说无疑具有里程碑式的意义。在寻找风险投资方的过程中,深圳金蝶没有经历国外风险投资申请那样的复杂程式,即不存在中介服务机构的介入,也没有提交过项目建议书,投资竟然是主动找上门的。双方短短 3 个月的闪电般接触,就达成了合作协议。

②团队

美国风险投资之父 General Doriot 曾说:"可以考虑对有二流想法的一流企业家投资,但不能考虑对有一流想法的二流企业家投资。"在 IDGVC 对深圳金蝶进行考察之时,对 IDGVC 董事长麦戈文做出投资决定起着突出作用的就是深圳金蝶以思想开放的徐少春为首的管理团队。这个团队的突出特点是具备超前的战略眼光和企业战略设计能力,始终保持着稳固的务实风格和创新精神。而 IDGVC 又十分注重对风险企业家和他的管理团队的评估,特别看重被投资人的能力、知识、经验、个人人品和团体协作能力。考察结束后,麦戈文对深圳金蝶董事长徐少春给予了高度的评价,认为深圳金蝶是一个有远见、有潜力的高新技术企业,深圳金蝶的队伍是一支年轻而优秀的人才队伍,值得投资。

③空间

IDGVC 是以参股形式对深圳金蝶进行投资的,投资后成为深圳金蝶的股东之一,享有股东的权利。但 IDGVC 坚持不控股、不过问经营的投资原则,只是通过不断地做一些有益的辅助工作,如介绍和引进专家作报告、开研讨会、帮助企业作决策咨询、提供开发方向的建议等方式来施加影响。而国内的投资机构,要么很管,要么不管,徐少春称之为"越位"和"缺位",从而导致效率不高,不利于企业的发展。第一笔资金到位后,IDGVC 委派王树担任金蝶的董事,对深圳金蝶进行监控,但王树不过问深圳金蝶的经营。在这看似宽松的合作之下,风险投资带给深圳金蝶的风险意识和发展压力却陡然增加。因为按照深圳金蝶与 IDGVC 的合作协议,深圳金蝶必须在获得第一笔投资后的一年间,达到双方规定的目标,即在 1997 年的基础上,1998 年取得 200% 增长,才有资格获得 IDG 的第二笔 1 000 万元的投资。正是这种风险压力,促使深圳金蝶迅速地调整自己。风险投资方 IDGVC 这种不直接参与投资对象日常管理的做法,为金蝶赢得了宝贵的空间。

④协助

IDGVC董事长麦戈文在1998年投资时曾说过:"IDGVC全球12 000名员工,将帮助你们成为中国ERP市场的领导者。"的确,IDGVC给金蝶带来的不仅仅是2 000万投资,而且还通过帮助金蝶与国际大公司进行交流,增加金蝶的商业资源,从而进一步拓展金蝶产品的国际性销售渠道,使深圳金蝶在成为国际性的财务软件公司的道路上更近一步。

在金蝶历史上具有战略意义的Windows版财务软件也是在美籍华人赵女士的启发之下开发出来的。此外,金蝶在与国际投资方的接触当中,还经历了富有创造激情的国际化商业文化。IDGVC还在鼓励企业在香港顺利上市方面起了重要作用。

(3)成功启示

投资企业和风险企业是互利共赢的关系。从个人天使资本到全球著名的风险投资机构,风险投资为金蝶公司的生存发展提供了强劲的动力引擎,并赋予其高屋建瓴、卓尔不群的企业素质。与此同时,风险投资机构也获得了超常的巨额利润。初创的金蝶由于技术、市场、财务等方面存在很大的不确定性,因此无法在公开资本市场上找到资金。而缺乏资产可以抵押与担保的金蝶更难指望从以安全经营为第一要务的银行那里获得借贷资本支持。

资金问题成了金蝶发展的极大障碍,此时专事私人权益投资的风险资本恰当地扮演了"及时雨"的角色。由于风险投资是一种高能资本,它相对其他资本形态具有更强烈的获取超常利润的逐利动机和耐受风险、迎难而上的现实态度。因此在风险投资关系中,风险资本家与企业家实际上是在共同创业。

从风险资本家与企业家达成初步投资协议时开始,双方就是一种合作关系,共同制订融资方案,寻找尚缺资金,以求最终实现投资。此后双方继续紧密合作,共同的目标只有一个:让企业顺利成长并促其最终成熟,使企业家圆其创业梦,风险资本家也得以撤出投资获得高额回报。

我国众多的风险企业中,风险投资家自己找上门来,要求投资,而且给予创业者高评价的企业为数甚少。金蝶能够成功地引入国际风险投资,证明处于初创期的高科技企业要想得到风险投资基金的青睐,自身必须具备优良的素质,有自己独特的优势。

在"金蝶风投案"中,深圳金蝶所属的财务及企业管理软件行业,作为中国软件产业结构中份额占比最大的产业,正处于发展的黄金期,市场潜力巨大,加之国家的政策倾斜,整个行业的发展前景都十分看好。而在这个欣欣向荣的行业中,深圳金蝶又处于市场领头羊的地位。同时,深圳金蝶具备了对软件新技术和市场环境的敏锐感以及超前意识,具备了优秀的战略眼光和战略设计能力,以及稳定、优秀和不断充实的人才队伍……这些优秀的品质不可能不打动风险投资家,以至于 IDGVC 董事长麦戈文感叹:"没有哪一家我投资的公司能让我这么骄傲!金蝶除了在市场上取得的巨大成就和优秀的组织以外,还在产品和服务上拥有独特的技术。它是中国发展步伐最快的财务软件公司。"

"风险投资说到底是对企业家的投资。"几乎没有人会怀疑,金蝶过去 10 年的快速发展,深深得益于掌门人徐少春卓越的领导能力。而在风险投资家的眼中,金蝶董事长徐少春无疑属于那种值得信赖但却实在稀少的企业家。金蝶的成功给中国的民营科技企业带来了这样一条成功轨迹:

——通过引入高能风险投资(资金),打造产权结构与治理机制的全新平台(制度)

——借重并强化企业家的领袖才能(人才),形成独特的创业环境与文化氛围(环境)

——专注于高屋建瓴、富于前瞻性的技术创新(技术),尽可能多地创造股东价值(通道)。

(案例来源:宁未清.深圳金蝶软件公司引入风险投资案例分析.华东科技.2003(3).)

案例 4-4 小肥羊从羊到"牛"

(1)私营企业牵手 VC

在私营企业发展的过程中,上市融资的吸引力和上市所需的严格的财务规范构成了推动其前行的强劲马力和制动有序的引擎。从国内餐饮连锁企业小肥羊的身上,我们清晰地看到活跃的外资风险投资基金与干练的国内经理人熟练驾驭这个引擎前行的身影。

卢文兵与王岱宗第一次在包头的会面虽然只花了一天半的时间,却奠定了内蒙古小肥羊餐饮连锁有限公司和国际性创业及私募投资机构的合作基础。九个月之后的 2006 年 6 月,小肥羊与 3i 以及另一家来自西班牙的风险投资机构普凯(Prax Capital)达成协议,3i 和普凯对小肥羊分别投资 2 000 万美元和 500 万美元,获得 20% 和 5% 的股权,三者将 2008 年香港上市作为小肥羊的发展目标。

上市融资是企业谋求更快发展并引入人才、提升管理的契机,而与风投合作则是海外上市的前奏,对此卢文兵深有体会。

通过后续接触，双方确立了合作。3i请来了国际快餐连锁企业汉堡王(Burger King)的前任国际业务总裁尼什·堪基瓦拉(Nish Kankiwala)在北京与小肥羊管理层会面，针对困扰小肥羊连锁的诸多问题展开讨论，表现出帮助企业发展的诚意。3i对小肥羊进行外部审计和财务尽职调查之后，对结果也十分满意。"我很惊讶，他们的财务状况非常好，小肥羊在纳税和内控方面都很规范。"王岱宗说。

(2) 从"牛"到"羊"的移植

2004年6月，和小肥羊一样都来自内蒙古的蒙牛乳业在香港成功上市，以206倍的超额认购率，募集资金13.74亿港元。此后不久，原为蒙牛投融资部副总裁的卢文兵加入小肥羊。

同样，卢文兵加入小肥羊后首先推行的就是财务规范。2004年8月，公司招聘了专业财务人员对公司的财务管理逐步加以规范：建立财务模板，让营业收入变得透明；制定全国所有直营店达到规范财务的时间表；推行信息化管理系统建设，让每个直营店都能使用新建的餐饮信息系统。

2004年年底，小肥羊也在建立自己的财务模板的基础上开始了信息化管理。2004年年底，公司首先在每个直营店安装"天子星"财务信息系统，该系统是中国本土最早的餐饮信息系统，这样管理部门从原料到成品、从库房到餐厅，都能够对成本实行严格控制，而且从开单、上菜、收银到财务，也可以做到全流程监控。2005年中，小肥羊也和蒙牛一样使用了金碟的ERP系统，公司为这两个系统共花费50多万元。

在建立起财务信息系统之后，小肥羊又使用这些系统对财务人员进行培训。一番努力终于没有白费，2005年年底小肥羊的财务报告顺利通过安永的审计。

(3) 成功启示

小肥羊从一个规模小、店面少的餐饮公司到一个规模巨大的上市公司，这其中风险投资起了非常大的推动作用，风险投资不仅带来了资本，也带来了先进的管理经验，而且在上市方面可以给企业带来很多的指导。风险投资进入企业，有利于企业规范运作，有利于企业上市，有利于企业永续经营。毫无疑问，风险投资最终的追求当然是高额回报，基金经理人总是希望在保证企业规范运作的基础上，推动企业快速成长，并最终将企业带往以Nasdaq等为代表的国际资本市场。目前在海外上市的中国海归企业中，几乎100%都得到了不同程度的风险投资。因为青睐中国企业，已给海归创业者和国际风险投资带来了很好的回报。进入国际资本市场的企业，就不再是一个人的创业，而是背后有许多国际化力量在推动,有一套国际规范在管理。这样的企业不容易出问题。企业越国际化,越规范,越容易获得风险投资,越容易成功。

(案例来源:周帆.小肥羊联姻外资风投.财务总监,2007(1).)

案例4-5 大鹏证券投资伽马刀的失败教训

(1)案例介绍

大鹏证券从1995年起开始涉足风险投资业,属于国内较早进行风险投资的公司之一。大鹏证券投资的第一个风险投资项目是奥沃国际的伽马刀技术。大鹏证券在奥沃国际公司成立的当年就投资1 000万元与奥沃国际联手开发伽马刀技术。该项目主要从事高精尖医疗设备的开发、研制和生产大型放射治疗设备OUR-XGD型旋转式伽马刀(头部伽马刀)及立体定向伽马射线全身治疗系统(全身伽马刀)。大鹏证券对该项目进行了可行性分析,并得出以下几点结论:第一,该项目具有技术开发能力及技术的领先性。第二,奥沃国际拥有一流的研发能力和人员。1996年该项目被国家科委确认为改进及科技攻关项目。同年经奥沃国际公司和国内专家的共同努力在北京天坛成功研制了世界第一台旋转式伽马刀。第三,该项目的产品市场具有很大的发展空间和潜力。据当时调查分析,中国的癌症病人大致有300万,每年增病员大致有160万,当时世界上共有110台伽玛刀,中国只有30台。考虑到国内外市场的总需求,在今后10年,国内大约需要300~500台伽玛刀,国际市场的需求会超过1 500台,而每台伽马刀的价格为2 000万元人民币,这样的话,产值将超过300亿元。第四,产品具有市场垄断性。基于以上的分析结果,大鹏证券决定以注资1 000万元的"种子资本"支持该项目,成功地启动了该项目的研制及开发。但最终该项目出现了许多始料未及的困难,奥沃国际的产品需求并不像分析的那样旺盛,其最终的结果使大鹏证券的投资颗粒无收。

(2)风险投资失败的原因分析

①缺乏必要的政策支持和风险投资所需要的投资环境。一方面,当时我国还没有形成有关风险投资的一套系统的政策和法规。导致奥沃国际的伽玛刀技术受到了来自管理层出于保护现有技术和既得利益的考虑,人为阻止伽玛刀这一高科技产品在我国的应用。另一方面,风险投资由于其投资不同阶段的风险度不一样,通常会需要风险承受能力不同的、来自不同渠道的资金的共同支持,但在我国,对于奥沃国际这样具有市场前景和竞争能力,但又暂时无法取得盈利的创业企业,基本上无法获得资本市场的资金支持,当奥沃国际

这种资本密集型企业进行开拓市场需要大量资金支持的时候,却无法从其他渠道获得资金,失去了开拓市场和占有市场的良好时机。这也是制约奥沃国际发展的重要原因。

②风险投资经验与能力的欠缺。大鹏证券缺乏一支从事风险投资的专业人才队伍,缺乏全盘操作风险投资项目与管理的能力,无法提供风险投资管理、金融等全方位的支持。投资有盲目性,导致大鹏证券在风险投资中疏忽了连续资本运营和投资股权设计的具体考虑。风险投资是通过转让股权获得长期资本增值的,风险投资的每一个环节都是以权益资本为主载体的资本运营过程。奥沃国际当时的股权主要集中在伽玛刀技术改造发明人手中,并由技术发明人担任经营管理的首席执行官。这在很大程度上影响了风险投资各主体间的相互关系,如主体间的契约安排、企业的内部治理结构和经营绩效评价等。

③没有及时输入管理和监督机制,它反映出由所有权引起的监管动力,以及风险资本家控制能力的高低。大鹏证券虽然非常注重对产品市场和项目的调研,但却忽视了对股权的设计,从而导致其对企业管理者的失察,没有及时输入管理模式和管理人员。

以上种种原因导致了大鹏证券的这次风险投资没有获得预期的效果。

(3) 获得的启示

①风险投资企业必须建立风险项目储备和筛选体系,严格按照科学程序进行项目筛选。风险投资的成功与否,在很大程度上取决于对项目的考察、筛选、论证和培育。由于我国目前的一些高科技企业在世界产业链条中处于较低的位置,要取得丰厚的回报难度很大,加之我国现有的风险投资的外部环境不能完全实现对风险投资的支持和保护,所以,风险投资企业更应尽快建立和完善自己的项目储备和筛选体系。从项目库和客户群中选择有潜力、有价值的项目,聘请各行业的专家对这些项目进行深入研究,分析其市场潜力、发展前景、投资回报期及现金流,选择并确定风险投资项目。

②必须适度介入企业经营,变单纯的融资支持为积极地参与管理。风险投资是一项集投资、融资、管理和权益资本运营为一体的金融系统工程。因此,风险投资不仅要向企业注入资金,而且还需要建立新企业、帮助企业制定市场战略、组织、管理等机能。这就需要风险投资必须要有更大的积极性参与到风险企业的运营中去,对风险企业也要进行严格监督,使风险投资家和风险投资企业间具有同舟共济的合作基础。

③必须与合作方建立长期稳定的战略合作伙伴关系。作为一种长期的、流动性的权益资本,发达国家风险投资平均的投资时间一般在5~7年之间。

风险投资只有形成一个通畅的、完整的运作体系,才能不断发展壮大。目前在我国风投退出机制尚不完备的情况下,风险投资的循环周期可能会相对长一些,因此,风险投资企业家应该选择那些市场前景较为清晰的项目或企业,而且应该与项目企业保持长期的战略合作伙伴关系,以保证整个风险投资体系的稳定性和可持续性。

(案例来源:金融界)

案例4-6 IDG资本:目前中国最成功的风险投资基金

IDG资本是专注于中国市场的专业投资基金,目前管理的基金总规模为25亿美元。在香港、北京、上海、广州、深圳、硅谷、波士顿等地设有办事处。

自1992年开始,作为最早进入中国市场的国际投资基金之一,已投资包括携程、如家、百度、搜房、腾讯、金蝶、金融界、搜狐、物美、伊芙心悦、九安、凡客诚品、汉庭等200家各行业的优秀企业,并已有50家企业在美国、香港、中国内地证券资本市场IPO,或通过M&A成功退出。

(1)IDG资本的投资领域涉及中国经济发展的各个行业,主要包括:

• 消费产品及服务:包括消费品牌、连锁零售及服务、医疗健康服务、教育培训、金融服务、电子商务(互联网、电视购物及邮购)、行业专业服务等;

• 媒体与应用:互联网及无线应用、动漫及游戏、广告及传媒、出版及数字电视等;

• 技术服务与资源:基础及增值电信服务、半导体技术、软件、文化及旅游服务、自然资源、传统能源等;

• 环保与新能源:可替代和可再生能源,新材料,垃圾、废水和废气处理等。

(2)投资规模:对处于初创期、成长期、成熟期、Pre-IPO各个阶段的中国企业,投资规模从上百万美元到数千万,甚至上亿美元不等。

(3)投资企业类型:

①业内领先

②产品或商业模式有创新

③较高成长潜力及稳定的盈利能力

④拥有优秀的管理团队

⑤诚信为本,富有社会责任感

IDG资本的投资管理团队合作稳定、专业全面,具有互补的国内外教育及行业背景,丰富的企业管理、投资运作和资本市场经验,7位资深合伙人的合作时间超过10年以上。比如,熊晓鸽,IDG全球常务副总裁兼亚洲区总裁,IDG资本创始合伙人。1993年,协助IDG创始人兼董事长麦戈文先生在中国创立太平洋风险技术基金(现更名为IDG资本),目前在中国管理着25亿美元以上的创投资金,成为最早将西方风险投资实践技术引入中国的人,也是"赢在中国"栏目策划人和连续三年评委。他的一些经典投资案例:2006年1月投资精品学习网;2005年8月投资信语通(300万美元);2005年7月投资桑迪亚;2005年7月投资新浩艺;2005年4月投资慧洋(20%股权;50万美元);2005年3月投资3G门户网;2005年3月与住友商事投资腾式数码(100万美元);2005年2月再次投资POCO(1 400万美元),等等。

IDG资本深刻理解中国本土市场特点,始终追求长期价值投资,与企业家保持长期亲密的合作关系。除为企业发展提供成长资金外,还在吸纳优秀人才、建立现代企业制度、寻找战略合作伙伴、重组并购等方面为企业提供专业支持、经验和资源。

IDG资本获得了国际数据集团(IDG)和ACCEL Partners的鼎力支持,拥有广泛的海外市场资源及强大的网络支持。IDG资本深感自豪的是与企业家、行业领袖、各级政府部门间所建立的良好关系,长期致力于参与中国卓越企业的发展。

(4) 增值服务:

通过十几年的对200多家公司的投资,IDG资本的专业管理团队在所关注的领域积累了丰富的投资经验和资源,建立起了广泛和坚实的人脉网络,带给企业的不仅是资金,还有重要的增值服务:

① 为企业新市场开拓及销售网络扩张、品牌建设提供国内、国际行业资源和帮助;

② 为企业发展计划、组织架构、财务管理等整体管理提升提供战略指导;

③ 帮助引荐高级管理人才及信息,在企业融资、合并、收购、重组、上市的过程中提供专业咨询和帮助。

(资料来源:公司网址:http://www.idgvc.com/)

本章习题

1. 企业成长一般划分几个阶段?风险投资热衷于投资企业的哪些阶段?
2. 风险投资的六要素是什么?
3. 风险投资退出的方式有哪些?你认为哪种退出方式投资人收益最高?
4. 我国风险资金有哪些来源?你认为还可以扩展哪些来源渠道?

5.试比较各种风险投资估值的方法优劣。

6.找找生活中风险投资成功或者失败的案例,分析成功或者失败的原因,并得出启示。

参考文献

[1]沈峰,刘勇.Black-Scholes 期权定价模型在风险投资企业中的应用[J].现代管理科学,2005(2)

[2]储小俊.基于期权定价理论的风险投资决策[J].商业研究,2005(8)

[3]王景涛.新编风险投资学[M].大连:东北财经大学出版社,2005.

[4]陈德棉,蔡莉.风险投资国际比较与经验借鉴[M]北京:经济科学出版社,2004

[5]胡海峰.风险投资学[M].北京:首都经济贸易大学出版社,2006

[6]Chartered Financial Analyst 2011,Level 2.

[7]安实,王健.风险投资理论与方法.北京:科学技术出版社,2004

第五章 对冲基金

第一节 对冲基金概述

一、何谓对冲基金

　　一直以来人们对对冲基金都没有一个一以贯之的定义,一些人给对冲基金的定义是"对冲基金是一种以私人组织形式积聚资金的投资工具,并由专业管理公司管理……,并不完全向公众开放"。美国证券交易委员会(SEC)认为,对冲基金是一个一般性的非法律词汇。最初它是采用复杂的对冲和套利技术进行公司股票投资的未在监管部门注册的私人合伙投资集合。但是随着时间的推移,对冲基金的含义逐渐扩展,它不再局限于采用对冲交易技术的基金,而更多的是指私人的未在证券监管部门登记的投资基金,并不一定要运用对冲技术,虽然有些对冲基金仍然会运用"对冲"技术以控制风险,但更多的对冲基金已经完全失去了其保守的特点,而是采用在投资领域中最具冒险性与攻击性的投资策略。现如今,对冲基金泛指各种类型的私人投资合伙制机构。从这点来看,我国私募基金就是广泛意义上的对冲基金,所以综合起来我们可以定义对冲基金为:无论其是否采用了对冲或者是卖空技术的、以私人合伙形式组建的、可以无需在证券监管部门登记的投资基金。

　　对冲基金的经营结构主要是有限合伙制与有限责任公司制,而更多的情形下对冲基金是典型的私人合伙制投资基金,若是在某些低税或者是免税的离岸国家建立的则可能是传统的公司制,主要由其合伙条约管束,免受各种监管条例的监管。在美国,对冲基金是非注册的投资公司,它通过私募向不超过100个高净值个人或机构投资者募集资本而运作。一般来说,对冲基金是由基金管理人运作的有限责任的投资集合,基金管理人由基金投资人雇用,但通常基金是由基金管理人发起设立的,并且由其负责销售基金,所以说二者之间关系密切。

二、对冲基金的发展历史及趋势

对冲基金的创始阶段是1949—1966年。阿尔弗雷德·琼斯(Alfred Jones)是对冲基金的鼻祖。琼斯最初是一位社会学家,后来成为记者,再后来成为基金经理人。1949年琼斯任职于《财富》杂志,期间受命调查市场分析的技术方法并撰写一篇文章,结果无师自通,几乎在一夜之间从一个新手成为一个精通者,并在该篇文章发表两个月前,建立起一家合伙的投资公司。公司带有后来对冲基金的经典特征,被认为是世界上第一家对冲基金。Jones的公司起初是一家普通合伙公司,后来改为有限合伙公司,其运作保持着秘密状态,业绩良好。琼斯通过持有一些股票的多头与另一些股票的空头来消除投资的部分风险。

1966年,《财富》杂志的一篇名为《对冲基金》的文章震惊了投资界。统计数据显示,琼斯管理的这只基金取得了比同时代的其他投资者或基金都要高的回报,即使是在投资者每年向基金管理人支付高达20%的激励费用后仍是如此。这篇文章掀起了人们设立对冲基金的热潮,几年内对冲基金迅速发展。但是由于一些基金管理人缺乏经验以及对冲基金数量的迅猛膨胀,20世纪60年代末对冲基金遭受了很大的损失。

1966年至上世纪80年代末,对冲基金处于震荡发展阶段。1966年《财富》的另一位记者Carol Loomis发现了业绩不凡的Jones基金,撰文盛赞"Jones是无人能比的"。该文详细描述了Jones基金的结构和激励方式,以及Jones在后来几年创建的模拟指标,并列出Jones基金的回报率—酬金净额,发现其业绩大大超过了一些经营最成功的共同基金。这导致对冲基金数量大增。据SEC一项调查,截至1968年年底成立的215家投资合伙公司中有140家是对冲基金。1969—1970年股市下跌给对冲基金业以灾难性打击,SEC在1968年年底所调查的28家最大的对冲基金,至上世纪70年代末所管理的资产减少了70%,其中有5家关门大吉。1974年至上世纪80年代末,对冲基金继续以相对秘密的模式进行运作,行业整体缓慢发展。

上世纪90年代之后对冲基金的发展呈腾飞态势,全球对冲基金的发展十分迅速,2004年对冲基金资产已达到9 500亿美元,比1999年增加了一倍。全球对冲基金行业信息分析机构对冲基金研究公司(HFR)2010年1月20日发布的报告显示,2010年四季度全球对冲基金业出现创纪录的资金增长——1 490亿美元,整个行业总的规模增加到19 170亿美元。

三、对冲基金的投资者

对冲基金由于是私人有限合伙制性质的,因此在很大程度上不受监管,即使是受到监管,程度也很低,往往得到大多数证券监管条例有关规定的豁免。但是,也正是因为其是私人投资机构,监管机构对对冲基金所吸纳的投资者在类型与数量方面有严格的资格限制。美国证券法规定:以个人名义参加,最近两年内个人年收入至少在20万美元以上;如以家庭名义参加,夫妇俩最近两年的收入至少在30万美元以上;如以机构名义参加,净资产至少在100万美元以上。1996年作出了新的规定:参与者由100人扩大到了500人。参与者的条件是个人必须拥有价值500万美元以上的投资证券。而一般的共同基金无此限制。由此我们不难得知,对冲基金的投资者由两类组成:一类是机构客户,包括传统的退休基金和共同基金、保险公司、捐赠基金、各类公司以及商业银行和投资银行等;另一类是具有高资产净值的个人客户。

近些年来,伴随着对冲基金业规模的扩张,其投资者结构也出现了新的变化。20年前,个人投资者是对冲基金最主要的资金来源。此后,源于个人投资者的资金流入比重日益下降。近年来,机构投资者取代富裕家庭成为对冲基金的投资主体,投资者结构呈现出机构化的趋势(参见图5-1)。根据美国纽约银行的测算,2003年年底美国机构投资者投资于对冲基金的投资在660亿美元左右;而到了2006年年底,这一数值增长到1 480亿美元,而全球的机构投资者在对冲基金上的投资规模在3 610亿美元左右,机构投资者的投资已经占到对冲基金资产总值的30%,但这一资产规模仅占全球机构投资者资产总值的2%。另据数据显示,目前近40%的主权财富基金已投资或将投资于对冲基金。Preqin研究表明,主权财富基金分配给对冲基金的资产,在未来几年将从目前的6.83%上升到8.8%。根据上述数据我们可以预测:随着机构投资者对对冲基金业投资的迅速增加,对冲基金的规模还将继续快速膨胀。

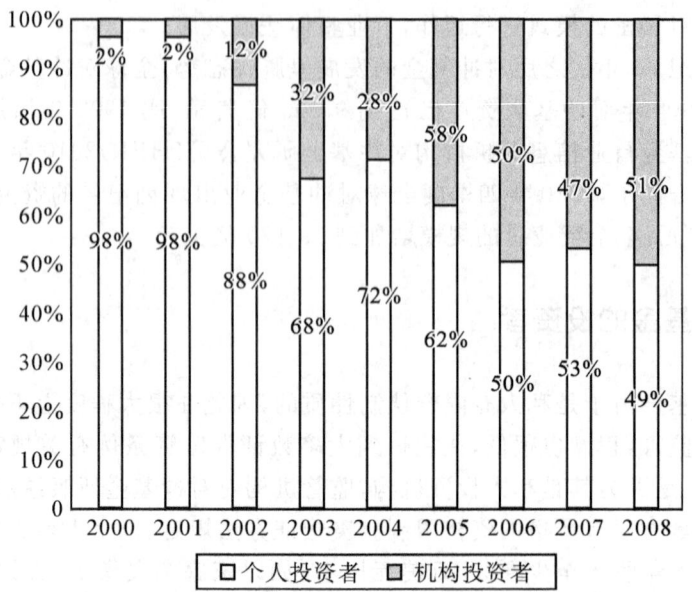

图 5-1　对冲基金的投资者结构(2000—2008 年)

目前,就全球而言,已有 15% 的机构投资者投资于对冲基金,但不同区域和不同类型的机构投资者对投资对冲基金表现出不同的兴趣和偏好。在美国,接近 50% 左右的非营利性的机构投资者(如慈善基金和医院)投资于对冲基金,但仅有 10% 的公司型基金投资于对冲基金。

在这些机构投资者中,具有社会保障性质的基金如退休或福利计划基金往往受到有关当局的严格监管。对冲基金公认的高风险加上它们严格的信托限制和责任,使得诸如福利计划、退休基金之类的基金对于对冲基金的投资采取极为谨慎的态度。同样的,各类保险公司由于受到政府保险业管理当局的直接监视而使其对有限合伙制的资产投资受到限制。与之相对的是,作为非营利性的基金却有较多的投资自主权,不受有关当局和规定的限制或受到的限制较少,它们是第一批把对冲基金纳入投资组合和资产分配的机构投资者。

四、对冲基金的特点

对冲基金的特点之一是,对冲基金的管理建立在业绩收费的基础上,普通合伙人或基金经理一般收取业绩奖励费用,一般为基金净收益的 20%,同时他们也会每年收取一次管理费用,通常是该年净资产值的1%。一些对冲基金为业绩分红而设立一定的指标,只有在业绩超过这一指标时,合伙人或者是经理才能得到业绩分红。另一些对冲基金则可能设置"高水位"条款,要求在能够再次收取额外奖励时,基金经理的业绩一定要超过上一次的"高水位"资产值。这种激励机制促使对冲基金管理人想方设法去获得最高的回报。这一特点明显有别于共同基金无论基金业绩如何都按固定比例收取资产管理费的做法。对冲基金的价值只是每隔一定时间计算一次,另外投资者赎回基金份额通常受到严格限制。

对冲基金的另一个特点是,对冲基金经理作为有限合伙人,还需将自己的资金投资于所管理的基金中。而传统的共同基金经理一般不将自己的资本投入管理的基金中。一般情况下,对冲基金要求作为合伙人的基金经理必须投入最低投资额,但行业的规范做法往往是投入超过最低投资要求的资金,有的甚至将大部分的自有资金甚至是全部自有资金投入所管理的基金中。因而对冲基金较之其他投资工具,基金经理与投资者的目标更加趋于一致,形成真正意义上的合伙人关系。

以上两个特征对规范基金经理的行为具有重要的意义,它们直接影响基金经理的回报目标和他们所承担的风险。首先,基金经理的收益以基金实现的业绩绝对大小为基础,这就鼓励他们去争取最高的绝对回报,而不像传统基金经理那样追求以基金平均回报为基础的相对业绩指标。这就是对冲基金的回报一般高于传统投资基金的一个重要原因。其次,基金经理或合伙人有着强烈的动机去减少亏损的可能性,因为在亏损情况下,不仅不能取得业绩分红的酬金,而且还可能赔上部分自有资金。再次,基金经理或者是合伙人自有资本投资于基金中,可减少他们冒风险的诱因,这一点在基金面临亏损时尤为重要。人们习惯性地认为,对冲基金少受监管,因而其所承担的风险比一般的满足最低资本充足率要求、受严格监管的银行要高。还有一种观点认为,受银行资产负债表限制,商业银行的"自营交易"部门在最低资本要求下所能使用的杠杆受到限制;交易是在银行的资本基础上进行,银行内部监控制约着交易部门在面对亏损时所能增加的风险交易。由于进行高风险投资引起巨大亏损而被开除的银行交易员,的确会失去工作和收入,但他们并不会像对冲基金经理那样即时损失财富。

对冲基金的第三个特点是杠杆交易。应用杠杆交易被认为是对冲基金能够取得高回报的最重要原因。尽管其他的金融机构亦应用杠杆,但在使用的形式、规模及程度上不能与对冲基金相提并论。对冲基金投资策略最吸引人的就是应用杠杆来投资,从琼斯创立的第一个对冲基金开始,利用杠杆投资、获取最大利润就已成为对冲基金最常应用的投资手段,可以说几乎所有的对冲基金都不同程度地使用杠杆策略,或者有使用杠杆策略的倾向。

一个成功经营的对冲基金在银行或证券公司往往都有良好的信用记录和地位,能够轻易地取得信贷额度。通过信贷杠杆,对冲基金能够成倍地放大资本,扩大资本的经济影响力。当市场条件和走向与投资预期和投资部署一致时,信贷杠杆能按比例提高和强化投资回报,而当市场走势与投资部署相悖时,信贷杠杆也会成倍地放大亏损,加重损失。信贷杠杆使对冲基金能够影响和推动市场活动,并以乘数效应加剧和放大市场走势。例如,当亏损发生和加剧时,借出信贷的银行或证券公司会要求对冲基金增加信贷的抵押或补足因亏损而产生的资金缺口,这会迫使对冲基金出售手中持有的其他资产以套取现金,这就必然会对市场产生负面的冲击,如果交易量庞大就会产生严重的冲击,甚至是影响市场的稳定性。

值得指出的是,在投资活动中使用杠杆交易并非是对冲基金的特有策略,其他的金融机构,特别是投资银行和商业银行的自营交易室,也广泛地使用信贷杠杆。而传统上使用保守策略的其他机构投资者,如退休基金和共同基金,也已经在其投资活动中开始应用带有杠杆成分的金融工具,诸如货币对冲和市场风险对冲等。传统的商业银行也是严重地依赖于杠杆信贷的金融机构。发达国家商业银行的杠杆比率有的高达12~20倍,与具有高杠杆倍数的对冲基金相比也不遑多让,所不同的是商业银行从事的是信贷业务而非金融投资或者是投机业务。

由于基金运作的法律地位和招股书对对冲基金的运作没有严格的限制,因而基金经理在选择运用投资策略时具有很大的自由度。对冲基金使用的投资策略与交易技术非常广泛,既可以运用传统的对冲保守策略,也会运用极富攻击性以牟取暴利的交易策略。正是由于这一原因,其又被称之为"另类"或者是"非传统"的投资工具。

为了更清楚地让大家了解对冲基金与其他类型基金的不同之处,下面将对冲基金与其他种类基金之间作一个详细的对比介绍。

五、对冲基金与共同基金的区别

表面上看,对冲基金与共同基金有一些相似的方面,二者都是投资基金。虽然对冲基金的杠杆交易影响资产净值的计算,但总的来说,对冲基金与共同基金使用同一程序计算资产净值。两种基金的大部分资金都是投资于公开上市的普通股。当对杠杆交易进行调整之后两种类型的基金甚至连收益率也很相似。但是除了以上的相同点之外，二者之间是有很多区别的，对冲基金的投资范围更广阔，因为对冲基金受到的管制较少，可以灵活地选用不同的策略。

对冲基金通常在投资者进入或退出时（一个月或者是一个季度）才计算净资产价值并且不对外公布，一般是不向公众提供持仓细节的，有些甚至不向投资者公布。而共同基金通常是每天计算并公布基金的净资产价值（NAV），并且虽然可能有时间的滞后，但共同基金会每季度详细地公布一次基金的持仓情况，包括证券种类和数量。另一方面，对冲基金只允许投资者每月一次或者是每季度一次选择进入或者退出。而共同基金一般允许投资者在一年中的任何一个工作日进入或者是退出基金。

尽管一些对冲基金不进行杠杆交易，但这是非常少见的。比较而言，共同基金中只有一小部分运用杠杆交易来增加收益，杠杆交易对共同基金来说不是很常见。少数情形下，一些共同基金也会进行做空交易。一般情况下，对冲基金的杠杆比例是 2∶1 到 10∶1 不等，还有些甚至是超过 100∶1，而共同基金的杠杆比例一般不超过 2∶1。值得注意的是，杠杆比例的大小与风险的大小并非是成正比的，对于一个既定的投资策略，通常认为更多的杠杆交易会增加风险，但是人们同时也认为最高比例的杠杆交易可以用于最小风险的资产，例如投资于国库券。典型的对冲基金并不像媒体经常描绘的那样高风险。虽然一些对冲基金要比共同基金的波动大，但一般的对冲基金的波动却比投资于不使用杠杆交易的标准普尔 500 指数的波动小。

共同基金允许使用衍生工具，如期货和期权，但是它们是被用来替代传统的投资工具，而不是运用于杠杆交易。所以，实际上共同基金运用衍生工具策略反而降低了投资组合的交易风险。就管理费用这一点来说，对冲基金与共同基金之间的管理费用也没有太大差别，二者之间的计算方法也很相似。多数共同基金是不收取基于收益表现的激励费用的，但是也不排除例外。当然，如果收取，其收取的比例也远远小于对冲基金。

六、对冲基金与私募股权基金之间的区别

私募股权基金一般分为风险投资基金与杠杆收购基金。它们的组织形式是有限合伙与有限责任公司，因此它们不是从基金公司的层面来纳税的。因

为其将所有的经济成果分配给投资者,与对冲基金一样,只对投资的收益征税而不是以基金的形式纳税。

与对冲基金不同的是,这些基金中的大部分的激励费用要等到投资出售以后才能取得,但它们的费用结构和对冲基金很相像。由于对冲基金将一部分资产投资于新兴的风险投资以及从事套利交易,所以现在区分二者变得越来越困难了。私募股权基金的投资者在基金经理进行分红以前很少或者是根本不能从基金中抽回资本,而对冲基金则允许投资者按月、季或是年来增加或是收回投资。

七、对冲基金的类型

美国先锋对冲基金研究公司等机构将对冲基金分为16类:

(1)可转换套利基金:指购买可转换证券(通常是可转换债券)的资产组合,并通过卖空标的普通股对股票的风险进行对冲操作的基金。

(2)不幸证券基金:卖空已经或预期会受恶劣环境影响的公司证券,包括重组、破产等。基金经理人运用标准普尔卖出期权或卖出期权溢价进行市场对冲。

(3)新兴市场基金:投资于发展中或"新兴"国家的公司证券或国家债券。主要是做多头。

(4)权益对冲基金:对一些股票做多头,并随时卖空另外一些股票或股指期权。

(5)权益市场中性基金:利用相关的权益证券间的定价无效谋求利润,通过多头和空头操作组合降低市场敞口风险。

(6)不对冲权益基金:尽管基金有能力用卖空股票或股指期权进行对冲操作,但主要是对股票做多头,这类基金被称为"股票的采撷者"。

(7)重大事件驱动型基金:也被称作"公司生命周期"投资基金。该基金投资于重大交易事件造成的机会,如并购、破产重组、资产重组和股票回购等。

(8)固定收益基金:指投资于固定收益证券的基金。包括套利型基金、可转换债券基金、多元化基金、高收益基金、抵押背书基金等。

(9)宏观基金:指在宏观经济和金融环境分析的基础上直接利用股市、利率、外汇和大宗商品的预期价格变动进行大笔买卖的基金。

(10)市场时机基金:该基金买入呈上升趋势的投资品,卖出呈下滑趋势的投资品,主要是在共同基金和货币市场之间进行买卖。

(11)合并套利基金：有时也称为风险套利基金，投资于事件驱动的获利机会，如：杠杆性的收购、合并和敌意收购。

(12)相对价值套利基金：试图利用各种投资品如股票、债券、期权和期货之间的定价差异来获利。

(13)部门基金：投资于各个行业的基金。

(14)空头基金：包括出售不属于卖主的证券，利用预期价格下跌获利的基金。

(15)基金的基金：在基金的多个经理人或管理账户之间进行投资。该战略涉及经理人的多元资产组合，目标是显著降低单个经理人投资的风险或风险波动。

(16)全球基金：投资于新兴市场或世界上的某些特定地区，虽然也像宏观基金那样根据某一特殊市场的走势进行操作，但更偏向选择单个市场上行情看涨的股票。

尽管有以上多种对冲基金的类别，但一般说来，主要是两大类：

一类是宏观对冲基金，最著名的就是索罗斯的量子基金。虽然宏观基金追求投资战略的多元化，但这类基金仍有几个共同的特征：第一，利用各国宏观经济的不稳定，寻找宏观经济变量偏离稳定值时，其资产价格以及相关的利润会剧烈波动的国家。这类基金会承担相当大的风险，以期有可观的回报。第二，经理人尤其愿意进行那些占用大笔资金且风险显著为零的投资，如在1997年东南亚金融危机中，投资者判断泰铢将贬值，虽然无法准确预料具体贬值的日期，但可断定不会升值，因此敢于大胆投资。第三，当筹资成本较低时，最有可能大量买入投资品。第四，经理人对流动性市场很感兴趣，在流动性市场上，他们可以以低成本做大笔的交易。

另一类是相对价值基金，这类基金对密切相关的证券(如国库券和债券)进行投资。由于相关证券之间的价差通常很小，不用杠杆效应的话就不能赚取高额利润。因此，相对价值基金比宏观对冲基金更倾向于用高杠杆，故风险也更大。最著名的相对价值基金就是长期资本管理基金(LTCM)。

第二节　对冲基金的投资策略

对冲是对冲基金普遍采用的投资策略，其目的是分散或消除投资风险。对冲是一种风险管理策略和投资方式，是通过对各种相关金融工具的买卖达到无风险(完全对冲)或减少风险(非完全对冲)的投资组合。前者是对冲值等于零的中性对冲,即组合的总值不会随着大势的升跌而变化,后者则组合的总值和盈利率会随大势的升跌而变化。对冲基金主要是指进行上述活动的一类基金。

对冲基金的理论基础首先是基于对金融市场上存在的"市场失败"的认定。在一定市场条件下,任何两种相关金融工具的价格之间,金融工具价格与宏微观经济指标之间都存在着某种"正常"的关系,无论因何种原因导致的这种"正常"关系的偏离,都称为"市场失败"。而这种市场失败,必将通过某种方式回归正常。对冲基金经理通过运用大量历史交易数据,计算确定在充分有效的市场条件下(包含信息完全、无交易成本和投资者的完全理性等)金融工具的交易价格关系,并与实际价格关系进行比较,寻找市场失败,然后针对这一市场失败进行操作。国际对冲基金的市场目标是全球性的,对金融市场交易工具间关系的分析常是跨国界的,操作空间非常大。在引入了衍生金融工具以后,对冲基金的理论又有了更进一步的发展和深化。从套期交易的投资组合演变成为这样一种投资策略,即通过大量交易操纵相关的几个金融市场,从它们的价格变动中获利。不同的金融市场的价格之间的敏感关系,已被经济学家表达为有内在逻辑联系的近乎函数对应的数学公式。如关于股票市场的价格与货币市场的价格(利率)的关系,有如下表达式:

$$S_m = (p/i) S_b$$

其中:S_m 为股票的市场价格,p 为利润率,i 为利率,则 S_b 为股票的票面价格。

同样两种货币的利率和汇率之间的关系,也可以表达为:

$$E_f(1+I_b) = E_s(1+I_a)$$

其中:E_f 代表远期汇率,E_s 代表即期汇率,I_a 代表本国利率,I_b 代表外国利率,外汇汇率采用直接标价法。以往人们把上述不同金融市场之间的关系归结为一种市场之间的自然的互动关系。对冲基金的经理们的创新是,他们设想,如果在短期内迅速改变某一金融市场的价格,就可能引起另一金融市场的价格的相应变化。只要有恰当的投资组合,就可以利用这一变化以及金融市场之间的关系盈利。当然操纵价格的另一种结果,即由于价格大幅度变动导致的恐慌心理,会带来价格的进一步变动,也可以纳入到对冲基金的策略中。衍生金融工具的出现为他们提供了操纵金融市场价格的手段。

从上面理论分析可以看出，如果现货价格和期货价格呈非严格线性，那么短期对冲就不能有效地减少风险，如果对冲能准确地预测价格的变化，那么对冲业务就能避免损失，并稳获利润；如果期货价格与现货价格是线性变化或同步变化，则对冲基金的操作收益固定或为零。因此，对冲基金获利起码要具备四个条件。第一，金融市场存在波动。第二，能够运用已有资产从金融机构融资，也就是能运用杠杆效应。因为对冲操作时利差很小，如果交易规模不大，就难以赚取大额利润，而且如果交易规模太小，也不易进行投资组合。第三，资金要保持稳定，不能经常出入，否则基金经理难以操作。第四，金融市场上必须具有相当数量可以交易的衍生金融工具。如果没有足够的交易对象，对冲基金也无法操作。

下面以股市期权对冲为例说明对冲基金的一般操作机制。

一般而言，对冲基金攻击任何一个市场，都会采取期货、期权、货币、股票和股票指数一起套做的方式。而这种套做必须有科学而精确的理论计算以确定一些关键数据，诸如卖空数量、市场崩溃的点位、买入期权的价格等。在实际操作方法上对冲基金则使用"V"形投资手法（每次攻击均是若干"V"形投资的复杂组合）。某投资者认为某股票短期内会有波动，该投资者先卖空该股票，为避免万一看错的风险，他同时买入同等数量期权，其组合如图5-2。

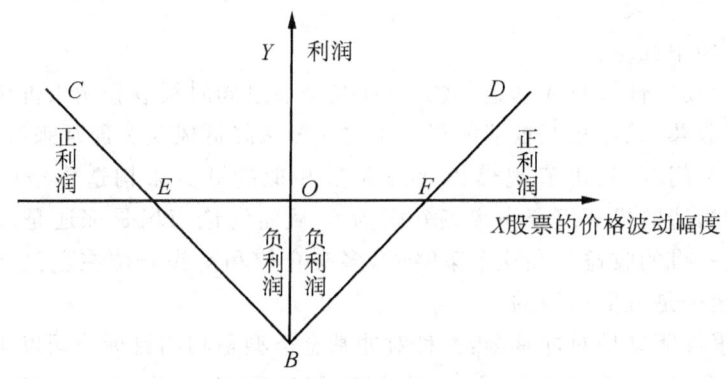

图 5-2　期权与股票卖空对冲图

横轴 OX 表示股票价格的波动幅度，纵轴 OY 表示利润，OB 为期权价格，O 点为股票买卖的初始价格。BC 代表卖空的股票，它随着股票价格的上升利润减少，故其斜率为负；BD 代表买入的期权，随着股票价格的上升利润增加，故其斜率为正。斜率的大小主要由杠杆率的大小和期权价格的高低决定。从图示可以明显看出,股价如果大涨或大跌,也就是股价的波动幅度超过($-OE,OF$)时,该投资者将获益。当股市是牛市,股价上涨的幅度超过 OF 时,买入的期权平仓的利润大于卖空股票平仓的损失;当股市呈熊市,股价下跌的幅度超过 OE 时,卖空股票平仓的利润大于期权的买入价。因此只要股票波动的幅度超过($-OE,OF$),不论股市上升或下降,结果都有赚头。但是如果股市处于相对均衡状态,股票价格波动幅度小于($-OE,OF$),也就是股票价格在 EF 之间波动,则这种对冲就会遭受损失。正因为如此,几乎所有对冲基金涉足的市场均会大幅振荡,否则对冲基金无利可图。

我们对上述操作过程再作详细分析,进一步认识对冲操作机制。对冲基金管理人首先选定某类行情看涨的行业,买进该行业中看好的几支优质股,同时以一定比例卖空该行业中较差的几支劣质股。如此组合的结果是,如果该行业表现良好,优质股涨幅必超过其他同行业股票,买入优质股的收益将大于卖空劣质股而产生的损失。如果预期错误,此行业股票不涨反跌,那么较差公司的股票跌幅必大于优质股,则卖空所获利润必高于买入优质股下跌造成的损失。因此,对冲基金赚钱与否,关键是股票价格变动幅度与做多做空数量比例的把握。这就要求对冲操作必须能够有效预测市场趋势。

了解了对冲基金的操作机制,接下来我们看一看不同类型的对冲基金的投资策略。先锋对冲基金国际咨询公司(VHFA)定义了 18 种对冲基金投资策略,其分类比较详尽:

1. 市场中性组合

(1)市场中性型对冲基金:这类对冲基金通过同时买进和卖出价格变动相似的不同股票,采用相互抵消的买空卖空手段来降低风险。通常来讲,基金经理会购买部门相同、市值规模相近、β 系数相似的证券来构造多空的投资组合。如此构造的投资组合净市场暴露为 0,从而无论市场是涨还是跌都可以获得连续一贯的收益。在这个策略中,多头仓位和空头仓位在金额上是相等的,或者至少是近似相等的。

(2)事件驱动型对冲基金:这种对冲基金类型是利用目标公司发生的特殊事件来获利,比如成立子公司、公司并购、资产重组、股票回购、破产清算等。根据所用投资工具和投资技巧的不同又可分为以下三种:

①危机债券型:当公司出现债务、权益纠纷时就会出现经营危机,有的公司往往会濒临破产重组。由于公司不良的财务状况,基金经理可以很低的价格购进该公司的危机债券,一旦该公司重组成功,基金经理即可获利。典型的操作手法就是持有普通股票、优先股票、债券、期权和信用违约交换(credit default swap)。有的基金经理还会使用杠杆工具。

②兼并套利型:一般情况下,基金经理关注的是公司兼并、公司资产结构调整、成立子公司等特殊事件。比如当发生公司并购时,被兼并的目标公司股票价格将会上升,而兼并公司的股票价格将会下降。这时买入被兼并公司的股票,同时卖空兼并公司的股票,即可达到套利的目的。

③特殊事件型:基金经理持有多头和空头的股票或债券,期待该有价证券的价格会随某一特殊事件的发生而上涨。比如新建子公司、公司股票回购、债券价格上涨、公司意外获利等都可为基金经理带来丰厚的回报。

(3)市场中性套利型对冲基金:这里的市场中性指的是获利的机会仅与单个公司的证券有关而与整个市场的走势关系不大。其投资策略往往细分为以下四种:

①可转换套利型:基金经理购买同一发行公司的不同证券,比如普通股与可转换公司债券。这样基金经理在买入可转换债券的同时卖空该公司的普通股,既获得可转换债券的固定收益,又获得卖空股票的收益。如果需要可以再把可转换债券转为普通股。

②固定收益套利型:基金经理通常购买固定收益债券或其衍生品,寻找可以引发利率变动的机会获利。由于其风险程度较低,所以在利用固定收益工具进行对冲投资时收益率并不高,要想获得高额利润则需要较高的杠杆比率,通常为30∶1,甚至更高。这些债券通常以住房抵押作担保,比如抵押担保证券。

③统计套利型:基金经理通过统计和计量模型对历史信息进行测试来寻找错误定价的证券,一旦发现某项错误定价在统计测试结果上表现重大,就会采取买空卖空来实现利润,因此更多地表现为短期的趋利交易。风险控制和模型的使用是该策略得以成功实施的关键。由于各种风险因素的存在(如 β 系数、系统性风险),对冲基金整体的投资回报是不确定的。

④其他套利策略型:基金经理通常可以利用多种投资策略,比如信用违约套利、期权、组合套利等。

2. 长短仓股票组合

(1)积极成长型对冲基金:使用现代金融分析工具和技术手段,比如股票价格因素,对目标公司的成长前景作出理性的预测,当然也要考虑到基金经理人的非理性因素。将基金投资于每股收益具有加速成长前景的股票,投资的目标公司在资本规模上一般很小。基金经理一般通过做空来放大获利的可能性。

(2)机会型对冲基金:由于资产种类、市场总值等指标都会随着时间的变化而变化,因此,基金经理的投资策略不会一成不变,而是随着当前市场变动和更好的投资机会的出现不断进行调整。

(3)卖空型对冲基金:与通过股市上涨获利不同,基金经理专门寻找股价过高的股票或股票市场,同时期待未来股市行情下跌。基金经理为了卖空,往往先从证券经纪商手中借入股票并在市场上进行抛售,一旦股市下跌,基金经理就能以低于卖出价的价格回购这些股票,再归还给经纪商,这样就能从中获利。

(4)价值型对冲基金:基金投资于价值被高估或低估的股票,寄希望于市场发现公司价值后实现自己的股票增值。当目标公司股票市价滞后于公司业绩表现,比如每股高收益、良好的现金流量状况、卓有成效的管理等等,基金经理就会做多他认为被低估的股票。公司股票被低估的原因有可能是因为失宠于投资者,或者公司的发展前景没有被金融专家们看好。反之,基金经理做空他认为被高估的股票。当市场能够如实地反映目标公司的价值时,基金经理就能从中获利。

3. 趋势交易组合

(1)期货型对冲基金:这种对冲基金广泛投资于各种市场交易活跃的金融期货和商品期货合约,一般会选取与股票和债券收益相关性不大的投资工具。期货上的对冲是指客户买进(卖出)期货合约以后,再卖出(买进)一个与原来品种、数额、交割月份都相同的期货合约来抵消交收现货的行为,它的要点是月份相同,方向相反,数量相同。实质是利用期货价格与将来到期时现货价格之差获利,所以谁也不会真正交割这种资产,所要交割的就是期货价格与到期时现货价格之差。

(2)宏观型对冲基金:这种对冲基金是最常见,也是名声最大的一种。闻名遐迩的老虎基金、索罗斯的量子基金都属于全球宏观对冲基金。它是基金经理根据宏观经济情况,立足全球经济动态制定的投资策略。这类基金通常同时在汇市、股市、债市和期货市场上发力,通过所持有的头寸的市场价格的变动来获取利润。比如,基金经理买进美元和日元股指做多头,同时卖空欧元和美国短期国库券。

(3)市场定时型对冲基金:在研究与分析的基础上,专门买入市值呈上升趋势的金融工具,卖出市值呈下降趋势的金融工具。因此对冲基金在股票、债券、共同基金、货币市场基金等多种金融工具间不断转换投资比例,从而顺应各个市场大势的变化,以达到获利的目的。

4. 特殊战略组合

（1）新兴市场型对冲基金：这类对冲基金投资于经济不够发达、经济规模较小的国家和地区,运用多种多样的资产组合和投资策略。大部分的新兴市场分布于拉丁美洲、东欧、亚洲以及中东地区。新兴市场型对冲基金对当地的政治经济因素非常敏感,而且需要基金经理有很好的资产变现能力（因为新兴市场国家证券市场的流动性通常会受到政府的管制）。但是由于新兴市场的证券没有借贷市场,而且很多新兴市场国家禁止卖空,所以想卖空或在国际市场上寻找类似的证券来提供套期保值并不太可能,因此这类投资的风险比较大。

（2）收益型对冲基金：基金经理将当前的收入放在投资盈利目标的首位,而将资本的增值置于次要位置。

（3）多战略型对冲基金：基金经理综合运用多种投资策略以达到分散风险的目的,虽然该组合中的策略权重会随着时间的变化而变化,但是各种策略都起着至关重要的作用。

5. 组合基金

组合基金也被称作基金的基金,组合基金经理投资于其他的对冲基金而不是直接投资于股票、债券、共同基金等资产。

在上述 18 种策略分类中并没有将组合基金包括进来,是因为组合基金的特征很大程度上取决于所选择的基金组合中的基金类型。组合基金可以挑选各种各样的投资策略的基金或者只选择一种类型,影响其收益的关键在于如何构建投资组合。由于投资者的资本在多个不同对冲基金经理之间分散,组合基金通常显示出比单个对冲基金面临更低的风险。同其他策略的对冲基金相比,组合基金的选择更多的依赖于对组合基金经理的挑选。也就是说,组合基金的经理代替了投资者挑选对冲基金的工作。另外,投资于组合基金是一种间接的投资方式,投资者最终获得的收益必须扣除双重的基金经理费用,前已述及基金经理的激励费约占基金收益的 20%,这势必会导致投资者最终获得的收益有相当程度的减少。

图 5-3 和 5-4 显示了 1997 年年底与 2005 年年底各种策略型的对冲基金所管理的资产在对冲基金总资产中所占比例的变化。

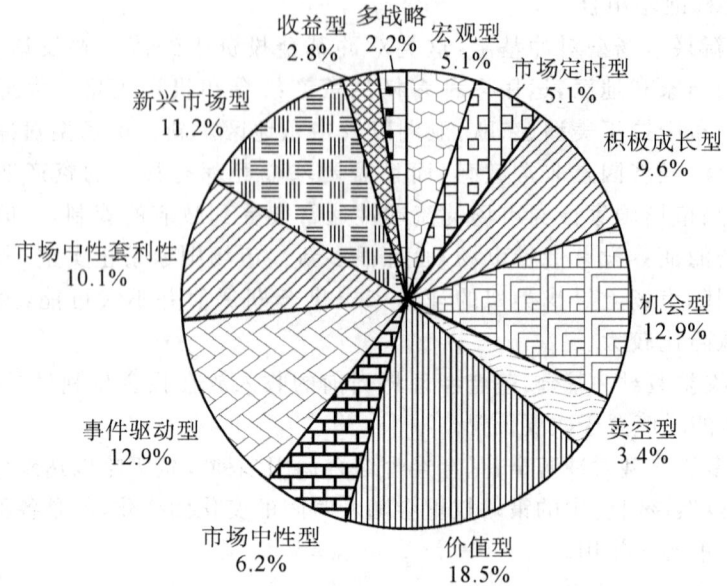

图 5-3 1997 年年底各种策略型的对冲基金所管理的
资产在对冲基金总资产中所占比例

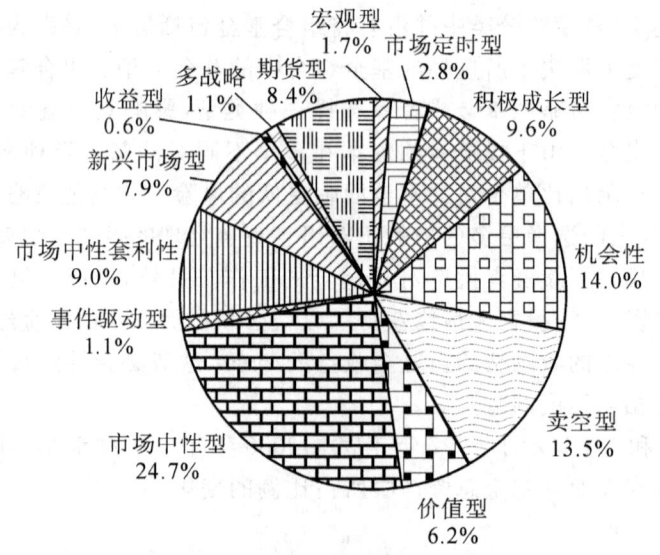

图 5-4 2005 年年底各种策略型的对冲基金所管理的
资产在对冲基金总资产中所占比例

第三节 对冲基金的风险

一、对冲基金的市场表现

对冲基金的一大优势是在投资策略和资产组合上，可以灵活地运用各种投资技巧与技术，诸如卖空、买空、杠杆、集中持仓等，以及可不受限制投资于各类产品和工具，如债券、股票、货币及其各种相关的衍生工具等，这往往使得它能够取得优于其他金融机构和投资基金的业绩表现。对冲基金能够获得高于共同基金和市场平均回报的业绩表现经常成为媒体的头条新闻与追踪对象，也正因为如此，人们反过来又普遍认为并期望对冲基金能够和应该取得高额回报。

对冲基金往往被认为是高风险高收益的投资品种，这一认识与现实存在着较大的偏差。越来越多的实证研究发现，对冲基金的波动率低于股票市场的波动率。过去10年间，对冲基金收益的标准差为7.8%，小于标准普尔500指数14.5%的标准差。也就是说给定一单位的风险，投资于对冲基金的投资者所获得的收益是投资于标准普尔500指数的2倍。根据Chany, Getmansky, Haas and Lo(2006)的研究，1977年2月到2004年8月期间，固定收益套利对冲基金月收益的年化标准差为7.76%，仅为标准普尔500指数收益标准差的一半多些。尽管就行业整体而言，对冲基金的风险并不高，但其投资收益却比共同基金要高。在比较对冲基金和共同基金的投资业绩时，被广泛使用的指数是Credit Suisse/Tremont对冲基金指数。根据该指数，从1994年1月到2006年6月底，对冲基金扣除业绩收益和管理费后的净收益为259%，年化收益率为10.8%，稍微超过同时期标准普尔500的241%的净收益和10.3%的年化收益率，这也意味着对冲基金战胜了市场。这一收益率超过了奉行积极投资策略的股票型共同基金，后者在扣除费用之后往往无法战胜市场。由上文的数据可以看出，尽管对冲基金的投资业绩要优于共同基金，但就整个行业而言，其收益水平并没有像大家想象的那么高。

自从LTCM危机爆发后，对冲基金也在投资理念和策略上做出了相应的调整，不再追求"高风险下的高收益"，而是遵循"低风险下稳定收益"的原则。

因此对冲基金的收益—风险关系出现了一些与以往不同的发展态势。其表现为：收益降低，但保持稳定，而风险大幅下降。我们以 Credit Suisse/Tremont 对冲基金指数作为样本数据，根据该指数每月的收益率计算对冲基金的收益和风险。时间跨度从 1997 年 1 月至 2006 年 12 月，共有 120 个月数据（见图 5-5）。选取这一时间段主要是把俄罗斯国债危机、长期资本管理公司（LTCM）事件、"9·11"事件等包括进来，考虑市场发生极端情况时对冲基金风险与收益的变化。

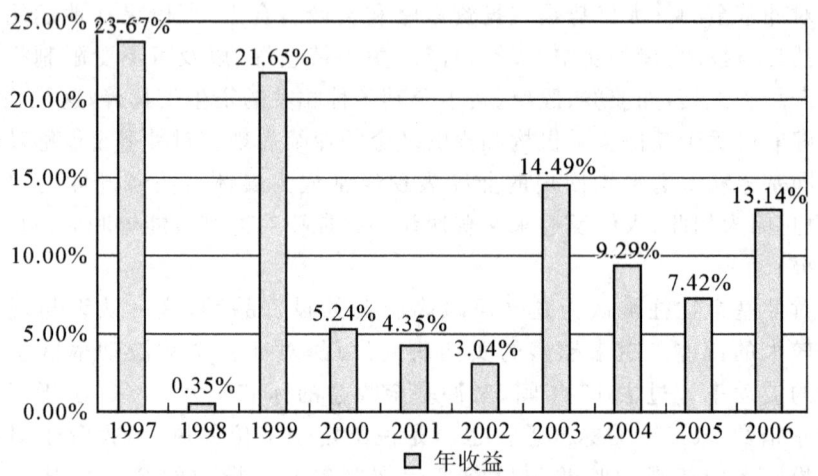

图 5-5　对冲基金年收益（1997—2006）

　　对冲基金业的平均收益日益下降的原因是多方面的，随着对冲基金规模的扩张、投资主体的机构化和监管的日益严厉，整个对冲基金业的平均收益水平逐渐下降并趋于稳定，90 年代对冲基金的绝对收益明显低于 80 年代。对冲基金业平均收益下降的主要原因：首先，市场可能存在的一些由于定价偏差而引发的套利机会在众多对冲基金的"追逐"下会很快消失，压缩对冲基金套利的空间；其次，投资主体的机构化也会改变对冲基金经理的投资策略。与富裕个人更看重对冲基金的绝对收益不同，机构投资者往往会根据与某一基准相比的相对收益来评价对冲基金的投资能力，这也使得对冲基金的基金经理放弃个人的投资策略，追随"大流"以避免与业绩基准偏离太远。这也会导致对冲基金业整体收益水平的下降。

二、对冲基金的独特风险

对冲基金因为有其独特的投资策略,因而这也导致对冲基金相对于传统的共同基金面临着独特的风险,要应对很多风险度量模型所预见不到的风险,或者是尽管有些风险是对冲基金与共同基金共有的,它也有其特别的地方。

1. 逼空

借入股票或债券可能会导致逼空的后果。逼空是指当借入证券的成本已经高到无法接受或者是根本无法借入证券时,卖空交易者只能选择忍受高价在现货市场购买证券的情况。有些时候逼空是人为造成的,如果一个投资者发现市场上某只证券的卖空头寸非常多,那么他就可以借入证券,使得卖空交易者无法得到证券,或者交易商买入更多的这只证券并拒绝把证券借给卖空交易者。

逼空能够使一只证券的市场价格变得非常高,价格越高,证券对卖空者的吸引力就越大,即使融券成本之高也是可以预见的。做多的投资者的亏损不可能超过100%,因为证券的价格不可能低于零。而卖空交易者的损失则是无限的。理论上,一笔卖空交易的损失可以达到100%、200%甚至更多,损失可能会远远大于头寸本身的价值。实际操作中,收益和损失很少出现这么极端的情况,但是卖空交易的损失往往更可能出现这种极端情形。

2. 流动性风险

基金净资产估值或者基金投资能力的下降,会引起基金流动性的下降。流动性风险可以划分为三种:第一种是在卖空行为中不利市场变动迫使经理人购回借入的资产。如果资产流动性差,风险会很高,就必须支付更大的买卖价差。第二种风险影响到基金的现金储备,不得不支付保证金或者偿还部分债务。第三种风险是投资者赎回基金造成基金资产和负债的非对称性。危机证券和固定收益证券面临更多流动性问题。并且杠杆加大了以上风险,起到放大风险和收益的作用。

3. 信用风险

尽管信用风险很常见,即便是普通投资者在金融衍生品的交易中也会经常面临信用风险。但是信用风险对对冲基金显得尤为重要。基金投资品种信用级别的下降或者基金交易对手信用降级导致的风险对于危机证券和可转换套利策略尤为重要。对于对冲基金来说,当它通过信用交易借入证券或是贷出证券时,如果所建立的头寸盈利,投资者就可以取得收入,头寸亏损时也要相应地承担损失。同时,不管基金的运作如何,都要为所建立的头寸缴付一定比例的保证金,但是当基金的资产净值快速下降甚至成为负值时,它的信用交易对手就会面临着承担损失的风险。一般情况下,对冲基金不注册经纪商身份。但是相关的证券法却要求那些向散户提供信用交易服务的机构必须以经纪商的身份注册,所以基金主要是通过其他经纪商来进行融资融券业务操作。多数的对冲基金的交易对手是进行杠杆交易,因而往往存在着一定的潜在信用风险。

4. 市场风险

一般来讲,对冲基金经理人制定策略的能力是至关重要的。但是对对冲基金和传统投资资产如股票和债券而言,共同的市场风险因素同样存在。诸如信用利差、市场波动率这些市场系统性风险也同样影响基金收益(Fung and Hsieh,2002;Schneeweis et. al.),损伤到基金的净值(NAV)。市场因素包括利率、波动率、证券价格和相关性。全球宏观、多/空股票和空头策略对市场风险更为敏感。利率风险对固定收益产品影响较大,主要包括长期利率风险、短期利率风险、收益率曲线风险。长短期利率利差反映了通货膨胀的风险。收益率曲线的突然变化(变陡或变平),通常用久期和凸度来衡量。股票的波动率风险、股票和固定收益证券之间的相关关系,对于市场危机事件策略和可转换套利策略很重要。商品价格和外汇的突然变动,对于期货基金很关键。随着经济周期变化,经济景气时可转换债券套利存在较大的机会和风险。信用风险对于新兴市场基金很重要,其中也包括投资国政府干涉影响投资头寸的市场价值。

5. 对冲基金与国际金融市场风险

对冲基金的特殊运行策略往往会激起整个国际金融市场的剧烈震荡。金融市场日趋自由化、虚拟化、证券化,国际金融资本的流动性大大加快,这一趋势既是世界经济一体化、金融全球化发展的需要,同时也加大了金融市场的风险。在当今各单独市场关联度加大、信息传递速度极快而世界经济发展不平衡、世界金融市场发展不平衡的情况下,金融波动乃至危机更加频繁发生且难以预测和控制。

但在对冲基金半个世纪的发展过程中,由于外部监管的松懈和内部的黑箱操作,使其越来越倾向于追求高风险、高收益的投资风格。

(1)借贷经营和金融衍生工具的使用不仅使对冲基金的投资风险层层放大,有时达到极高的水平而且使有关银行等债权人面临巨大的潜在风险,甚至可以引发整个金融市场的系统风险,也就是说对冲基金一旦操作失误,会引起整个金融市场的连锁反应。

(2)对新兴市场掠夺性投机可能引起市场动荡和金融危机,甚至经济危机。

大型对冲基金可以短期迅速积聚庞大的资金,如索罗斯的量子基金总资本 1997 年年初为 150 亿美元,只需 5~6 倍的杠杆比率就相当于香港的 800 亿美元的外汇储备。这样往往具备冲击一国或一地区货币市场的能力。但由于发展中国家需要引进外资以及管理上的漏洞,投机成本比较低,加上市场容量小、监管不健全、市场波动大等特点,也便于投机操作。

第四节　对冲基金在我国资本市场中的运作探析

随着我国经济持续高速增长,投资者的资金实力越来越雄厚,并且国内逐步复苏的证券市场也激发了市场的投资热情。据经济之声报道称,国泰君安证券资产管理公司于 2011 年 3 月 7 日推出国内首只对冲基金,从此,中国没有对冲基金的境况成为历史。这只对冲基金叫做君享量化。它的背后站着拥有半数博士的投研团队,还有华尔街普遍运用的操作系统,期货下单反馈时间在 30 毫秒以内,更重要的是,大盘涨跌都没关系,市场系统性风险可以被规避。这是国泰君安资产管理公司在理财产品上的创新,亦可说是整个资产管理行业的竞争升级,资产管理业务开始进军蓝海区域。君享量化的面世开启了我国对冲基金的闸门,引领对冲基金行业的发展壮大。业内人士认为,它有里程碑式的意义。这只基金推出后发展如何还有待时间的检验。我们可以结合国内特定的金融环境来探讨我国发展对冲基金的前景问题。

一、我国发展对冲基金面临的问题

我国基金市场的发展已初具规模,但就目前我国金融资本市场而言要想很好地发展对冲基金还面临着许多问题。

(一)金融产品品种缺乏

我国金融资本市场发展十几年来,股市、期市、债市甚至基金市场都有了一定的发展。但与发达国家相比还有一定的差距,国内金融市场的种类还是比较少,尤其是缺少衍生金融工具。对冲基金经常组合运用市场中各类金融产品与金融工具,因而金融衍生工具的缺乏会严重阻碍我国对冲基金市场的发展。

（二）缺乏有效的监管机制

目前我国的金融监管制度还不是很完善,保护投资者利益、建立诚信的市场环境、稳定金融市场的发展是目前完善监管制度的基本原则,只有在完善相应的法律监管框架的前提下,才可能进一步有效地控制对冲基金在我国资本市场的发展。因而对冲基金只有在国内相关监管政策有效确立与实行之后才能确立其投资地位。

二、对冲基金在我国发展的实施对策

（一）适度引入多样化的金融衍生产品

多样化的金融衍生产品是发展对冲基金的前提。国际上金融衍生产品种类繁多,一般分为远期、期货、期权、互换等。由于目前我国金融市场还未全面开放,国际上流行的金融衍生产品也未能进入我国市场。但是,近期我国已经推出了融资融券与股指期货交易,因而现如今我国发展对冲基金的软硬件都已成熟,并且这些条件也为引入其他金融衍生产品打下了基础。

（二）建立有效的法律监管体系

我国对对冲基金的监管应该注重建立对冲基金相关的法律法规,并且应借鉴国际金融市场对对冲基金监管的一些做法。我国对冲基金的法律应遵循国际市场惯例和原则,本着保护投资者利益的精神确立必要的法律原则。管理当局一方面应该要求基金管理者披露更多的交易详情、交易策略和财务报表等方面的信息。另一方面在维护投资者利益的同时,管理当局也应该向基金管理者提供一定的扶持,降低其披露基金核心信息的要求,给予税收优惠政策等,从而提升市场对投资对冲基金的信心与动力。

三、我国发展对冲基金的意义

（1）我国资本市场正在逐步地开放,在与国际市场接轨的同时很有必要学习并适当引入多样化的金融衍生工具,这样既能维护我国金融市场的稳定发展又能完善本土金融产品的投资需求。并且对冲基金在提高金融市场运行效率,增强我国投资行业的竞争力和繁荣我国金融市场等方面起着非常积极的作用,因此我国发展对冲基金是具有重要意义的。

(2)目前国内基金业发展刚刚起步,全面了解对冲基金的原理、运作及监管,借鉴国外对冲基金的发展经验,有利于维护我国金融市场的稳定秩序,将有利于推动我国基金业的国际化进程,有利于增强我国金融市场竞争力,有利于提升我国金融市场的世界地位。

(3)一个成熟的金融市场体系不能缺少如商业银行、保险公司、投资银行和共同基金等这样的传统金融机构,同样的,也不应缺少像对冲基金这样的特殊的金融机构。尤其是对冲基金往往能够在尽可能低风险的情况下获得高收益,因而这一模式值得我们学习和引进。

第五节　对冲基金的绩效评价

评价对冲基金的业绩,不单单要关注其收益、风险,更要关注基金的风险组合的变动情况。许多基金往往在获得一段时间的较高收益后终结,在传统的投资领域里,这样的高收益结果经常被认为是源于经理人的特殊才能。但与之相反的是,基金管理者却将这看作为对冲基金经理正在承担额外风险的标志。

许多投资于股票和债券的个人投资者,在投资顾问的指导下,如果获得比如20%的收益,即使此时股票市场可能整体涨幅达到25%,他们也会满意。换句话说,这些投资者往往会在投资价值提升时感到满足。但是另一方面,他们也会在投资损失时感到沮丧,即使是在他的损失比市场的损失小的情况下。

由此可见,个人投资者往往更为关注的是绝对收益,而机构投资者与此相反,它们更为看重的是相对收益。例如,如果市场平均涨幅达25%,它们更希望看到的是投资管理人能够取得更高的收益,即使是在承担较大额外风险的情况下。不单如此,它们会奖励超越市场和绝大多数同行表现的管理者,如果这些管理者所管理的投资组合遭受的损失较市场或是大多数其他管理人管理的资产少,他们也是会受到奖励的,或者至少不会被解雇。

对于传统的投资,机构投资者一般用相对表现衡量基金业绩,看基金能否跑赢市场,一般用S&P 500指数或者是罗素3000指数来代表市场。但是对于对冲基金来说,由于市场更加难以捉摸,与对冲基金相比较的指数更加难以定义,以上的S&P 500指数和罗素3000指数并不适用。

传统的测量基金业绩的方法一般对于对冲基金来说并不适用,这是由对冲基金的特点决定的。首先是杠杆的变化,一般的固定收益类基金使用的杠杆比股票类基金更高,20倍或是更高的杠杆比例都是比较常见的,并且其杠杆比例还会经常地较大幅度地变化。这种杠杆比例的变化对基金的收益与风险会产生很大的影响,但实际进行业绩评估时往往并不考虑杠杆,也不对其进行调整;其次是对冲策略的变化,对冲策略的变化会在不同的市场情况下对基金业绩产生不对称的影响;再次是投资风格的变化,当基金风格转变时原来选择的基准就可能不再适用于衡量基金的业绩了;最后,基金的投资组合周转也会影响传统的业绩衡量方法,因为如果市场波动性增加,基金经理一般会交易频繁,因此可能会偏离原来的交易策略,并且无法判断到底业绩是源于基金经理的能力还是仅仅源于运气。

尽管也许并不能完全地依赖于市场指数来评价对冲基金的业绩,但是它们之间不是完全不相关的,我们接下来详细地介绍一下这些指数。

一、主要市场指数

我们前面已经说明了,运用市场指数来评价对冲基金的表现是不恰当的,并且研究表明对冲基金与市场指数之间的相关性很低,表 5-1 介绍了一些不同类型的对冲基金与市场指数之间的相关性。

表 5-1 对冲基金指数

市场指数	固定收益套利	不幸证券	可转换套利
雷曼债券总指数	0.176	0.068	0.144
S&P 500	0.029	0.546	0.126
罗素 3000	0.041	0.571	0.147
美林高收益指数	0.296	0.640	0.401

由此我们可以看出,如果运用市场指数评价对冲基金的市场表现,就应该选用与被评价的对冲基金相关性较大的市场指数,例如高收益指数更适宜于评价固定收益套利类基金。并且复合指数往往与对冲基金之间的相关性更大,一些关于共同基金的研究表明,多因素模型往往较之于单一指数能够更好地对共同基金的业绩表现进行评价。

尽管市场指数并不能够完全地解释对冲基金的收益,但是它却能够提供对冲基金可能获得的收益的范围。如果对冲基金的收益超出这一边界,就说明基金经理表现出色、基金承担着较大的风险或者仅仅是一个随机事件而已。总之,无论如何,只要基金获得了非常规收益,我们就应该研究探讨这一非常规收益的原因。

二、对冲基金指数

(一)对冲基金指数分类

很明显的,与市场指数相比,诸如 CSFB/Tremont 对冲基金指数能够更好地对对冲基金的市场表现进行评价。对冲基金指数按其使用功能可分为三大类:基准指数、投资指数和模拟对冲基金指数。

1.对冲基金基准指数

对冲基金基准指数,其主要目的是反映目标市场的整体波动,因此它的市场覆盖范围广,代表性好。例如道琼斯—瑞士信贷对冲基金指数(Dow Jones Credit Suisse Hedge Fund Index),它涵盖了大约 8 000 只对冲基金,是全球对冲基金行业中最具代表性的基准指数。对冲基金基准指数可以进一步细分为综合指数和分类指数。

综合指数一般包含其所在数据库里所有的基金,用对冲基金收益率的均值、中值或加权平均值这些统计量来反映对冲基金数据库的总体业绩。例如,HFR 研发的 HFRX 全球对冲基金指数(HFRX Global Hedge Fund Index),反映全球对冲基金整体波动情况。

分类指数是基于数据库自有分类(如按地区或投资策略进行分类),针对每个分类编制的指数。如对冲基金情报(Hedge Fund Intelligence)编制的亚洲对冲基金指数(Asia inc Japan)、中国对冲基金指数(Chinese Long/Short Equity)是基于对冲基金地区分类基础上编制的分类指数;对冲基金的基金指数是基于对冲基金的基金这个分类基础上编制的指数;而 HFRX 事件驱动指数(HFRX Event Driven Index)则是基于对冲基金策略分类编制的指数。分类指数反映对冲基金数据库中某个分类的整体情况。

2.对冲基金投资指数

投资指数的主要目的是用于指引投资者进行投资,投资指数的生命力在于可投资性,即有较好的流动性和较低的复制成本。构建一个投资指数后,指数提供者选择对冲基金并且开发结构化产品或者衍生工具来实现基金指数的业绩。当投资者购买这些产品时,指数提供者构建标的基金,构成一个可投资的指数。这在一定程度上类似于对冲基金的基金(FOHF)投资组合。如HFR 资产管理公司所研发的 HFRX 系列指数是投资指数。

3. 模拟对冲基金指数

模拟对冲基金指数是对冲基金指数领域最近的创新。模拟对冲基金指数不是代表实际对冲基金业绩的指数,而是为了避免在直接投资对冲基金时面临的流动性差、信息不公开和欺诈等风险,通过统计方法研究对冲基金收益率,并建立对冲基金收益率对于各种可投资金融资产变动反应的模型;然后用这个动态模型来创建这些金融资产的投资组合。这就使这个模拟指数变成可投资的资产组合——模拟对冲基金,并且在理论上可代表指数所构建的数据库的总体业绩。

2004 年第一个模拟对冲基金产品面世,这是迈向"对冲基金的对冲"的第一步。2007 年和 2008 年是模拟对冲基金产品开发的爆发期,华尔街所有主要银行都开始研发各自的模拟对冲基金产品。然而这些独立的产品之间的业绩差异很大,没有任何一个产品可以反映广泛的对冲基金产业。在此背景下,Hedge Fund Replication 公司研发了涵盖所有主要模拟产品提供者的产品的指数——模拟对冲基金指数(Hedge Fund Replication Index)。这样的总指数与更广泛的对冲基金指数有较高的相关性,并且很快成为模拟对冲基金产品的市场基准。

(二)对冲基金指数的特点和缺陷

不同类别的对冲基金指数也有各自的特点与缺陷,下面我们依次予以介绍:

1. 对冲基金基准指数

基准指数是不可投资的指数,它基本涵盖其所在数据库中所有的对冲基金。而不同的数据库有不同的选样标准和指数构建方法,并且数据库所涵盖的基金数量也不尽相同。这导致了不同指数业绩之间明显的差异。虽然这些不可投资的指数具有代表性,但它们仍然面临着一系列无法避免的偏差。

(1)择样偏差

对冲基金向客户和数据提供商披露信息是自愿的,并没有强制规定对冲基金公司定期报告其业绩数据,这会导致择样偏差(self-selection bias)。因为这些报告业绩的基金并不一定具有总体代表性。例如,在不披露基金信息的基金中有些基金的业绩比较差,而有些基金则已经达到了它们的目标规模从而不想再扩大。

(2)存活者偏差

众多对冲基金的存续期都较短,这意味着每年都有很多新成立的和退出市场的基金。这就导致了存活者偏差（survivorship bias）。因为大多数业绩差的基金都没有能够生存下来，所以如果我们只考察那些目前存活的基金，就会高估过去的业绩。

（3）即时历史偏差

当一只对冲基金第一次公布其业绩数据时，其部分或全部历史数据是事后记录的。基金公司倾向于当其业绩变好的时候才公布其信息，从而用基金平均业绩代表其初期的业绩。这就是所谓的即时历史偏差。

2. 对冲基金投资指数

投资指数试图通过指数收益率的可实现性来减少基准指数所面临的问题。但构建投资指数时，对冲基金必须以指数构建者提供的条件接受投资。这些条件必须包含赎回条款，而这些条款对于有些基金经理来说很难接受。所以投资指数并不代表整个对冲基金行业，甚至会低估大多数成功的基金经理的业绩。

3. 模拟对冲基金指数

模拟对冲基金指数依赖于统计建模过程。因为模拟投资组合的历史相对较短，虽然设计此产品最初的目的是通过建模方式模拟并实现相当于对冲基金的收益率，并避免流动性差、信息不公开和欺诈这些在直接投资对冲基金时会遇到的问题，但这个建模过程在现实中的可信性还有待验证。

总之，对冲基金基准指数具有代表性，但基于各种各样的偏差，它们引用的收益率有可能在现实中无法实现。对冲基金投资指数以有限的代表性作为代价换来了流动性。模拟对冲基金指数则试图模拟对冲基金的某些统计特征而并不是直接基于对冲基金本身。三类指数各有长处，但也有其不可避免的缺陷，不论哪一类指数都不能完全满足投资者的需求，因此，这就需要在评价对冲基金的业绩表现时根据具体情况进行选择与调整。

第六节　对冲基金案例分析

一、索罗斯对英镑的狙击

在1990年英国加入欧洲汇率机制（简称 ERM）之时，索罗斯就在等待。在他看来，英国犯了一个错误，因为 ERM 要求成员国的货币必须钉住德国马克。索罗斯认为,当时英国的经济并不强劲,加入 ERM,就等于把自己和西欧最强的经济体(统一后的德国)联结在了一起,英国将为此付出代价。

在欧洲汇率机制从近乎均衡到不均衡的过程中,市场参与者的认识存在一个缺陷:预期欧洲各种货币会统一成单一货币,因此认定汇率波动会比过去缩小,每个人因而争相购买较弱势货币的高收益债券,这使欧洲汇率机制变得比以前更僵化,必须应对激烈的变革,而不是渐进的调整。英国政府直到最后一分钟,还向大众保证欧洲汇率机制稳如磐石,但索罗斯绝不相信。当索罗斯准备应对制度的变革而下手时,别人却在既有制度下行动。大家都预期渐进的改变,他却看出巨大的差异逐渐形成,洞察到重大的不均衡。结果证明索罗斯是对的,英镑真的崩溃了。

《华尔街日报》发表德国联邦银行总裁史勒辛格的讲话,大意为:只有通过货币贬值,才能消除欧洲汇率机制的不稳定。索罗斯由此判断德国可能采取放弃维护英镑的立场。不久,在一个重要会议上史勒辛格指出:如果投资人认为欧洲货币单位是由一揽子固定货币组成,那就错了。并特别提到意大利里拉不是非常健全的货币。索罗斯问他,是否喜欢欧洲货币单位变成一种货币?史勒辛格表示喜欢这种概念,但不喜欢这种货币的名称。如果这种货币叫马克,他一定会喜欢。索罗斯对此心领神会,立刻卖空意大利里拉,里拉在很短时间内就被迫退出了欧洲汇率机制。而索罗斯从卖空里拉得到的利润,使他有充足的本钱在英镑上冒险。下一个该轮到的是英镑。英镑岌岌可危,受到的压力越来越大:先是丹麦公民投票否决了《马斯特里赫特条约》,接着在法国公民投票前,欧洲国家举行极为紧张的谈判。索罗斯相信欧洲汇率机制的分裂已迫在眉睫,一旦该机制发生危机,欧洲各国货币间的汇率将重新大幅度调整,欧洲利率会大幅下调,股市则将下跌。

1992 年 9 月,索罗斯对英镑的狙击成为国际金融投机领域的传奇。索罗斯做出决定卖空英镑,问题不是要不要建仓,而是要建多大的仓位。索罗斯在 1988 年已经把基金会的大部分工作交给了年轻有为的斯坦利·杜肯米勒管理。杜肯米勒针对英国财政的漏洞,想建一个 30 亿~40 亿美元的卖空英镑的仓位,索罗斯的建议是将整个仓位建在 100 亿美元左右。这是"量子基金"全部资本的 1.5 倍,这意味着索罗斯要借 30 亿美元来一场大赌博。索罗斯拿出了 10 亿美元作抵押,又借来了 30 亿美元,建立了 100 亿美元的卖空英镑仓位。利用量子基金的资产,索罗斯借了 50 亿英镑,按 1∶2.79 的汇率,将英镑全部换成马克。然后开始在卖空英镑、股市和债市的买卖上同时行动。量子基金卖空英镑的金额高达 70 亿美元,买进马克价值数亿美元,同时买入较少量的法郎。因为一国的货币贬值后股票价格总会上升；货币升值后股价会下跌，而利率下跌则对债券有利，所以量子基金又买了5亿美元的英国股票，同时卖空德国、法国的股票，并买进德国、法国的债券。

1992年9月15日下午，索罗斯坐在曼哈顿中区一栋俯瞰中央公园的摩天大楼的33层办公室里，他在一周之内调动了100亿美元，赌英镑下跌。他的专用办公室外是员工办公室，那里贴着一幅用计算机打出来的条幅："我生而贫穷，但不会穷死。"索罗斯来到办公室只为了感受一下这场金融史上最大的一次赌博的气氛。随后，他回到他在纽约第五大街的寓所，吃了一顿简单的晚饭之后就上床休息。果然，英镑开始重新下跌。英格兰银行已买进数亿英镑，但收盘价为1英镑：2.7782马克，仅比2.7780的底限高出0.0002马克。当天晚上，拉蒙特向德国联邦银行官员恳求德国降低利率，遭到拒绝。拉蒙特连忙召集英格兰银行官员部署，计划第二天大举干预市场，如果还不奏效便只能提高利率了。但就在拉蒙特会议的几个小时前，德国联邦银行总裁史勒辛格已接受了访问，表示希望里拉和英镑贬值，但准备保卫法国法郎。1992年9月16日上午，拉蒙特在首相批准下，正式宣布将利率从10%提高到12%，以捍卫英镑。但英镑仍未出现一些涨势。市场认为英国提高利率是恐慌之举。事件达到高潮。英格兰银行从788亿美元的外汇储备中抽出269亿美元买进英镑，结果徒劳无功，汇率依然没得到支持。英镑被抛售，就像决堤的洪水。

1992年9月16日下午，英国宣布再次提高利率，从12%提高到15%，达到两年前英国加入欧洲汇率机制时的利率水平。索罗斯认为，英国的绝望行为表明其立场无法维持，因而受到鼓励，更大胆地继续卖空英镑。结局非常简单：利率在上午和下午两次提高，到傍晚，英镑被迫退出欧洲汇率机制。当天纽约外汇市场收盘价，英镑兑马克下降了2.7%，远低于欧洲汇率机制的下限。次日，英国利率降回10%。意大利紧随英国退出欧洲汇率机制。次日，英镑收盘价比上一天低了16%。货币贬值的不止英镑，西班牙货币贬值20%，意大利里拉贬值22%。

9月16日，英国金融界将之称为"黑色星期三"，财务大臣拉蒙特在一天内两次宣布提高利率。整个市场卖出英镑的投机行为击败了英格兰银行，索罗斯是其中一股较大的力量。但对索罗斯来说，那个星期三是阳光明媚的。美国东部时间早上7点，杜肯米勒打电话叫醒了睡梦中的索罗斯："乔治，你刚赚了9.58亿美元。"后来表明，索罗斯在那个"黑色星期三"开始发生的种种事情中赚的远多于此，其中10亿美元来自英镑，另有10亿美元来自放空意大利里拉和东京股票市场。

二、1998 年对冲基金袭击香港

对冲基金与港府的较量大致经历三个阶段：

(一)对冲基金初试牛刀

1997 年 8 月,以量子基金为代表的宏观对冲基金对香港金融市场发动了攻击,它们不仅攻击香港的外汇市场,而且还对香港的股市和期市同时发动攻击。在汇市上,不仅攻击港币的现货汇价,还利用远期港币对美元的合约来套利。它们炒卖远期港币合约,利用三到六个月的远期合约买进港币,然后在现货市场抛售,对港币汇价进行冲击。与此同时,它们大量购入美元电汇期货,与美元电汇现货市场串扰,制造压力,使美元与港币之间的利率差拉大,企图通过远期美元电汇上升而获利。

但是,香港金融管理局对它们的投机活动早有关注,面对它们的投机冲击,香港金管局不但严格维护联系汇率制,保证美元兑港币的汇价不低于 1∶7.75,而且还通过抽紧银根使利率提高来缩小港币与美元之间的利率差,防范对冲基金借港币买美元。这次交火,香港金管局通过提高流动资金调节利率以打击炒卖,很快击退了它们的投机攻击。但是,对冲基金的这次攻击仅是试探性的,并没有出全力。

(二)对冲基金全面围攻港币

1997 年 10 月,对冲基金在香港股市和汇市同时发动投机攻击,先做空股市,再做空汇市,大量抛售港币。它们认定港府为了维护港币稳定,必然会提高利率,利率的提高又会对股市形成冲击,造成股价的下跌。股市的大跌必会引起金融恐慌,大量的抛售在所难免,这种"跟风运动"又进一步地加重股市的混乱。在这种情况下,港府可能更多地关注股市的稳定而不是港币的稳定,港府必然放弃"高利率政策",这又会对汇市造成致命的冲击。不管是哪种情况,对冲基金都会处于极为有利的地位。但是,对冲基金的如意算盘被港府的全面入市干预政策击碎了。香港金管局再次紧缩银根迫使香港同业隔夜拆借利率升至 360 厘的历史最高点,同时动用数十亿美元进入汇市以保卫港币。在港府的坚决反击下,对冲基金退却了,港币汇价迅速回稳,股市复苏,港府再次取得港币保卫战的胜利。

(三)对冲基金全线溃退

在 1998 年的 1 月和 6 月,以量子基金为代表的宏观对冲基金又对港币发动了两次小规模的侵袭,以探虚实,并从香港股市的下降中大肆获利。在

1998年8月,宏观对冲基金做好了周密的投机计划后,发动了对香港历史上最猛烈的投机攻击,它们坚信港币高估,有很大的贬值空间。它们仍然是三管齐下,在汇市、股市和期市上同时发动投机攻击。仅8月的第一周,它们就发动了三次大规模的冲击,恒指狂跌917点,市值损失高达2 500亿港币。8月12日、13日,它们继续抛售港币,并在期货市场进行投机,此时,恒指在它们的打压下已跌至香港经济的警戒线6 600点,股市随时都有崩盘的危险。面对日益猖獗的投机攻击,港府于8月14日正式入市干预,在股市、汇市和期市上全面反击对冲基金。香港金管局在特区政府的授权下,首次动用外汇基金约40亿港币进入股市和期市,大量收购蓝筹股及8月恒指期货,同时继续提高银行同业隔夜拆借利率以夹击对冲基金。在港府的强力干预下,恒指强劲反弹,当天即超越7 000点大关。为了迫使对冲基金尽早离场,港府于8月25日采取新策略,在推高8月期指的同时,抢先在9月期指上做空,将9月期指打低至7 200点。此举迫使投资者要么在高位结算8月期指,要么加大转仓成本在低位沽售9月期指。同时,进入9月每张期货合约的保证金由8万增加至12万港币,令投机者资金成本上升50%。随后,港府继续增加干预资金,到8月28日对冲基金全线溃退时,港府已经动用了1 200亿港币干预资金,成功地将恒指推高了1 100多点,港府在港币保卫战中再次大获全胜。

  总结:俗话说"苍蝇不叮无缝的蛋",对冲基金可以说是一国或地区经济制度和市场完善程度的试金石。凡是遭受对冲基金冲击并损失惨重的国家或地区,其本身往往就有一定的问题。一般而言,比较大的金融动荡和货币危机都是发生在经济高速增长过后的新兴发展中国家或地区,它们一般都是经济高速增长的明星国家或热点地区。作为国际游资最典型的代表——对冲基金,必然会选择这些区域进行投机。例如香港就是由于经济的高速增长,市场容量扩大,使得其过快地开放了资本账户,初步建立了信用交易制度,金融市场上证券、外汇及其他金融衍生工具种类齐全,交易手段灵活多样,允许使用财务杠杆和进行卖空交易,却缺乏相应严格的金融监管制度,并且没有制定相应的法律法规,这就给对冲基金"以本币打本币"的投机攻击带来了便利。因此从根本上说,金融动荡和货币危机的发生主要取决于内部因素,包括经济基本面是否良好、国内产业结构是否健全以及国民经济是否存在泡沫,而对冲基金及其他国外机构投资者充其量不过利用了大势而已。

三、英仕曼探路中国

英仕曼是全球最大的上市对冲基金公司,创建于 1983 年,其母公司英仕曼集团已经拥有 227 年的历史。目前,英仕曼管理着约 385 亿美元的资产,市值已达 57 亿美元。对于在全球 14 个司法管辖区均设有办事处、客户遍及全球各个层面的英仕曼来说,如何打开中国市场已经成了其当前工作的重点之一。

通常情况下,人们喜欢把对冲基金跟神秘、隐秘等词汇联系在一起。然而,英仕曼却通过上市将自己置于透明的市场环境之中。金融危机面前,英仕曼也未能独善其身。自 2007 年 3 月出任英仕曼集团的 CEO 以来,可以说郭栢德和所有对冲基金管理人一样,一直面临着金融危机带来的各种严峻考验。如今,"上市公司"已经成了英仕曼的核心竞争力之一。"投资者最看重的是资金的管理者是否有长期的成功管理记录,同时,他们需要寻找一个透明度很高、安全可信的对手方。对于对冲基金这个行业来说,没有其他比英仕曼历史更为悠久、透明度更高的公司了,因为我们是接受英国金融局和市场监管的上市公司。"

图 5-6 郭栢德

为了应对金融危机给对冲基金行业带来的巨大冲击,郭栢德率领英仕曼趋利避害——做大高收益业务、缩小回报较差的业务,同时相应地调整了各业务的结构。同时,英仕曼将更多的精力投向了发展潜力巨大的新兴市场。让郭栢德有些遗憾的是,虽然英仕曼进入亚太地区已有20多年,但却始终未能敲开中国对冲基金市场的大门。

以前,在只能单边做多的中国资本市场上,国际对冲基金们总有些不适应。他们的投资策略和模型无法应用于中国市场,因为这里没有做空机制。近年来,中国证监会不断给他们带来好消息。中国监管部门已经原则同意开展证券公司融资融券业务试点和推出股指期货品种。从此,中国市场也可以进行卖空和杠杆交易,"很高兴中国引入了股指期货等一些做空机制,但是中国离一个平衡的金融市场还有很长的路要走。只有向市场引入更多的平衡因素,扩大市场参与方,才能更好地保持金融市场的平衡。"

事实上,因为中国资本项目并未开放,国外的金融机构还不能直接进入中国资本市场。换言之,当前股指期货与融资融券的推出对国际金融机构没有太大的直接影响。监管部门比较谨慎的原因,一方面是担心对冲基金通过直接购买股权控制中国公司,另一方面,中国投资者现在还很不成熟,投机性、赌性太强,而金融市场还很不完善,免疫力还不强。郭栢德表示"英仕曼并不急于求成,我们也希望政府对于开放的节奏和步伐感到可控。"中国资本市场于2010年终于从一个只能通过单边做多获利的市场进化到双边市场,在接下来的一段时间,我们也许会经常听到不少外资入场的新故事。

四、夸克:疯狂的对冲基金

2010年10月,刘君特意去电影院看《华尔街2》,片中对冲基金的交易员紧盯几台电脑显示屏奋力搏杀的熟悉场景,带他迅速穿越,回到1年多前的华尔街,彼时,他是登迪银行的对冲基金操盘手,管理着89亿美元规模的基金。

但对刘君来说,看这场电影告别的意义大于缅怀。2009年年底辞职回到北京后,他创立了夸克对冲基金,沪深300股指期货4月16日推出后,夸克大胆重仓投资股指期货,在电影公映的前几天做的一笔交易,将10.65亿元资金,神话般翻滚为27.9亿元,收益率超过260%,大大超出了刘君此前估计的50%,和最初的2.97亿元相比,半年收益率超过了10倍。

中国对冲基金研究中心研究部主管锐衍透露,最近几年国外股票型对冲基金的年平均收益率在15%以下,今年行情不好,能达到10%已属不易。为什么夸克在中国能获得如此"暴利"?

"在美国是专家和专家的博弈,博弈的力量是50对50,但中国是一个新兴市场,进场的普通投资者95%以上对新的风险对冲工具不了解,博弈双方力量悬殊,连三七开都不是。"其实刘君只说对了一点,要在这片流淌着奶和蜜的"新大陆"获得成功,除了专家的身份外,拥有中国血统也很重要。

"股指期货推出前,国内没有真正意义上投资A股的对冲基金。"刘君"拓荒"一开始并不顺利,夸克原本设定了10亿人民币的规模,在股指期货推出前,只募集到2.97亿元,因为对冲基金的神秘和低调,中国的投资者尚不了解,另一方面,国内金融人才匮乏,刚筹建团队时,招不来合格的分析师、交易员,刘君一肩挑几职,庞大的工作量使得他常常以咖啡陪伴熬夜加班。

"股指期货第一笔交易当然是投机,但以后仍然是价值投资。"4月16日,刘君迫不及待用大部分资金做空5月合约(IF1005),他观察到:"虽然在经济学上难以解释,但近30年来,股指期货在每一个市场推出的初期,对股市都会助涨助跌,当下经济复苏,流动性过剩,股市虚胖不能持久,股指期货推出可能会成为引发下跌的事件。"走势验证了他的设想,从4月16日开始,大盘、沪深300指数和期指同步持续下跌1个多月,在5月21日的合约交割日前一周,刘君全部平仓,收益率为138%,资产规模增加至4.1亿元。

从5月开始,CPI较2009年同期增长3.1%,刘君变得异常警觉,泡沫已经产生,会导致资产价值上升,国内的商品交易价格都要一致向上走,货币紧缩政策还将进行。这个判断让他坚持在6月中旬—7月30日,9月底—10月初两轮交易均做多。国庆节后的逼空行情好得出乎刘君的意料。

"大规模的多仓投资需要集团化操作,现在的对冲基金规模不足。"刘君曾经告诉《经理人》基金创始之初的遗憾,但三战皆胜后,夸克资产增加到10倍的消息传到客户耳朵里,有人开始要求追加投资。

夸克物色了几名优秀的分析师和交易员,团队雏形初具,第二只基金正在筹备中。资产配置丰富了许多,接近70%投资于股指期货,30%做价值投资,头寸聚集在有色金属和金融两类股票中。刘君的最终理想是长期持有一些价值被低估的优质公司。

在锐衍看来,国外的对冲基金要求绝对回报率,即大盘涨的时候必须涨,大盘跌的时候也要涨,这个收益率相对稳定,投资者不希望大幅波动,而国内投资者依然是赌徒的心态,"如果大盘涨了50%,你只涨30%,他会不高兴。"

在华尔街,刘君所管理的登迪银行一支对冲基金,15%投资于欧洲的股票和国债,5%投资于新兴市场,高达80%的资产投资于北美的股票、债券和外汇,账面亏损一度高达30%。"最可怕的事情就是你预感到会有什么事情发生,可是你又不知道怎么操作。"巨大的压力下,刘君几乎夜夜失眠,直到9月

16日雷曼宣布倒闭,突然有一盏灯在脑子里亮起来,电光火石间他终于找到答案:从ABCP违约到美国投行界排名第4的雷曼倒下,预示着房贷衍生品将引发一场山崩地裂。

听到消息的半小时内,他直接向交易员下达了指令,抛出花旗银行、AIG等金融机构的股票和期权,反手大规模做空标普500股指期货,因为这几大金融巨头持有大量房贷衍生品资产,而且占标普500指数权重相当高,它们下跌将导致股指期货下跌。事实证明了他做出了正确的决策。到2008年年末,基金盈利21.44%。而汤森路透理柏的调查数据显示,整个2008年第三季度,对冲基金损失严重,总资产规模下跌近10%。

一个优秀的对冲基金经理怎样预知风险?"直觉是最高的理性。"刘君打了个比方,持续下雨引起水位迅速上涨,不同的人对此感觉不一,有人认为,风险是下雨,躲雨就是避险,而看得更远的人则觉察到了河堤可能要决口,要赶紧逃命。他认为,在中国A股市场做对冲基金,套利还在其次,首先要考虑避险。

五、麦道夫欺诈案

2009年3月12日世界第三大对冲基金麦道夫基金创始人美国纳斯达克股票市场公司董事会主席伯纳德·麦道夫被指控涉嫌诈骗全球4 800名投资者500亿美元,受骗者遍布半个地球,包括美国至少3家投资于对冲基金的基金、英国汇丰银行、法国兴业银行、西班牙金融巨头桑坦德银行、诸多瑞士金融公司和银行、日本金融巨头野村控股、韩国人寿保险公司、国际奥委会、著名导演斯皮尔伯格的慈善机构神童基金会、诺贝尔和平奖得主埃利·威瑟尔创立的人道基金会等,受骗范围之广,诈骗金额之巨,堪称美国历史上的金融诈骗案之最。

麦道夫欺诈案,简单地说就是以高资金回报率为许诺,骗取投资者投资,用后来投资者的投资偿付前期投资者。

其实质就是一个"庞氏骗局"。

庞氏骗局是一种最古老和最常见的投资诈骗,是金字塔骗局的变体,是一个名叫查尔斯·庞齐的投机商人发明的。查尔斯·庞齐(Charles Ponzi)是一位意大利裔投机商,1919年他开始策划一个阴谋,他向一个事实上子虚乌有的企业投资,许诺投资者将在三个月内得到40%的利润回报,然后他把新投资者的钱作为快速盈利付给最初投资的人,以诱使更多的人上当。由于前期投资的人回报丰厚,庞齐成功地在七个月内吸引了三万名投资者,这场阴谋持续了一年之久,才让被利益冲昏头脑的人们清醒过来,后人称之为"庞氏骗局"。

图 5-7

麦道夫案再一次暴露了美国金融监管不力的弊病。据美国媒体披露，联邦调查机构在调查中发现，麦道夫公司运营的一个资金管理部门从来没有按规定在证交会注册，而自 2006 年 9 月麦道夫注册其投资顾问业务以来，证交会也从来没有按惯例检查过其账目。事实上，证交会曾于 1992 年、2005 年和 2007 年三次对麦道夫公司进行审查，但是均未提请采取法律行动。在过去 10 多年间，有不少业内人士、媒体记者对麦道夫的投资奇迹提出过质疑，甚至向证交会举报麦道夫，也都没有促成对其的调查。

目前舆论矛头普遍指向美国证券交易委员会，批评者认为该委员会及其主席克里斯托弗·考克斯未能及时发现欺诈案真相，有失职之嫌。考克斯日前表示，对委员会在监管麦道夫及其纽约证券公司上的"多处明显疏忽"深感忧虑。证交会扩大了对麦道夫案的调查范围，将证交会工作人员与麦道夫及其家人之间的来往以及麦道夫家人对骗局是否知情等也纳入其中。

六、拉贾拉特南内幕交易案

麦道夫庞氏诈骗案发生后，2009 年 10 月 16 日华尔街又曝拉贾拉特南内幕交易案，美国对冲基金公司帆船集团（Galleon Group）创始人、亿万富翁拉杰·拉贾拉特南涉嫌从事内幕交易非法获利 2 500 万美元，此案件成为迄今为止华尔街历史上最大一起对冲基金内幕交易案。拉贾拉特南这位 2009 年跻身《福布斯》杂志全球富豪排行榜、个人资产达13亿美元的亿万富翁,在2006年1月至2007年7月间通过所获内部信息,利用自己在1997年所创立的帆船对冲基金公司执行交易,操控Google、希尔顿酒店集团、IBM等10家大企业股票从中牟取暴利。华尔街对冲基金违规交易案件如地震波一般,牵涉到越来越多的金融机构和著名企业。

对冲基金通常会极尽其所能地非法获得目标公司的内幕消息,并利用这些内幕信息交易上市公司的股票从中牟取暴利。内幕消息的泄露可以出现于机构内部部门和人员之间、机构与机构之间、人员与人员之间。在拉贾拉特南案中,拉贾拉特南内幕交易的手法简单有效:建立关系网络,获取未公开的内部信息。拉贾拉特南通过收买一些目标公司的内部人士来获得这些公司的内部消息,涉及IBM、Sun、AMD、Intel等著名IT企业以及知名咨询公司麦肯锡。2006年1月至2008年10月间,拉贾拉特南和其他5人多次利用内幕信息,获取宝利通公司、希尔顿酒店、谷歌、IBM等10家上市公司的内幕信息,包括投资、并购和收益等信息,以获取投资收益。比如,他从穆迪的分析师那里得知希尔顿酒店上市公司将于2007年7月被私有化的信息后,就买进大量希尔顿股票,消息公布导致股价飙升后再卖出股票,一笔交易就获利400万美元。此外,帆船集团通过每年向华尔街银行包括高盛与摩根斯坦利等投资银行支付费用的方式,以定期获取不会向大多数投资者公开的市场信息。据调查2008年该公司向各银行共支付了约2.5亿美元。

以上两个有关对冲基金欺诈案给予我们很多的启示:

第一,需加强对冲基金的金融监管。

截至2010年3月,我国私募基金规模已达1.1万亿元规模,此规模的私募基金,已经成为对冲基金成长的土壤,建立对冲基金对于活跃国内的金融市场,丰富投资工具,提供更高资金回报率以及对于宏观金融发展有着非常积极的意义。对冲基金的金融监管的国际经验引起我们的警惕,国家应出台专门针对对冲基金监管的法律制度,对冲基金的成立应向监管机构登记注册,加强对冲基金的审计监管与财务监督,及时披露其财务信息,规范对冲基金的运作。

第二,完善对冲基金公司的内部控制,建立公司的权力制衡机制。

对冲基金产生危机一个很重要的原因,就在于对冲基金内部责任和权力制衡机制失衡。在公司制和合伙制两种模式中,合伙制更好地体现了责权制衡机制。随着对冲基金的演变,合伙制几乎完全退出了历史舞台,产权结构的转变,必然也伴随着责任和权力结构的完全转变,失衡的治理结构造成的公司内部权力制衡机制的缺失,导致基金经理权力的扩张与泛滥。因此必须完善对冲基金的治理结构,强化内部控制机制,完善内部授权、授信制度,建立公司内部监督与权力的制衡机制,同时利用投资者和其他各方的监督将危机的可能性尽量降低。

第三,加强国际合作,建立对冲基金监管的国际统一规则。

一国单方面的加强监管难以获得长期的效果,要完善国际金融体系,为国际金融的发展创造一个自由与规则平衡协调的环境,各国监管当局应加强彼此间的协调合作,以便及时掌握国际对冲基金动态并借鉴有关方面的有效监管措施,必须在国内和国际层面充分加强金融监管,在主要事项、主要问题上去建立国际统一规则,避免国与国之间出现监管套利的空间,这样才能实现对对冲基金的有效监督。

第四,加强职业道德规范,防范道德风险。

要加强思想、法律、职业道德教育,开展以案说法的防范教育,使对冲基金从业人员了解违规操作的处罚后果,从防范与控制道德风险和案件发生的角度完善各项规章制度,建立相关部门、相关岗位之间相互监督制约机制。充分依托计算机技术,研究开发计算机自动控制系统,建立违规行为预警机制,在加大道德风险案件查处打击力度的同时,建立对揭发内部交易的人员的奖励机制。

参考文献

[1]黄少明(2001).对冲基金透视.中国金融出版社

[2]斯图亚特·A.麦克奎瑞(2004).对冲基金.上海财经大学出版社

[3]潘道义,何长领(2002).私募基金:理论·实务与投资.机械工业出版社

[4]何孝星(2003).证券投资基金运行论.清华大学出版社

[5]CFA协会(2011).注册金融分析师二级考试教材

[6]何检珠(2001).对冲基金:理论、运作、前瞻.广西师范大学硕士论文

[7]魏薇(2010).夸克:疯狂的对冲基金.经理人,197期

[8]何春梅(2010).全球最大的上市对冲基金公司英仕曼探路中国.Capital&Finance,第10期

第六章 大宗商品投资

第一节 大宗商品投资概述

一、大宗商品的类型

另类投资中的一个重要领域是大宗商品投资。大宗商品是指,可进入流通领域,但非零售环节,具有商品属性,用于工农业生产与消费使用的大批量买卖的物质商品。在金融投资市场,大宗商品指同质化、可交易、被广泛作为工业基础原材料的商品。

大宗商品主要包括 3 个类别,即能源商品、基础原材料和大宗农产品。能源类包括石油、天然气等商品;基础原材料类包括钢铁、煤炭、稀有金属、橡胶、尿素、甲醇、工业盐等商品;农产品类包括棉花、玉米、枸杞、白糖、辣椒、大蒜等商品。本章将主要介绍两类大宗商品交易——黄金交易和石油交易。

二、大宗商品资产特点

大宗商品可以设计为期货、期权作为金融工具来交易,可以更好地实现价格发现和风险规避功能。由于大宗商品多是工业基础原料,处于最上游,因此反映其供需状况的期货及现货价格变动会直接影响到整个经济体系。例如,铜价上涨将提高电子、建筑和电力行业的生产成本,石油价格上涨则会导致化工产品价格上涨并带动其他能源如煤炭和替代能源的价格上涨和供给增加。投资者,尤其是相关行业的投资者应当密切关注大宗商品的供求和价格变动。

商品作为一类特殊的资产,其特性与资本资产有诸多不同。如股票、债券之类的资本资产,其价值取决于未来期望现金流的净现值,期望现金流与贴现率是决定资本资产价值的基础因素。与之相反,商品有经济价值,但并没有未来期望现金流要求权。因此,它们的价值并不以净现值为基础,并且利率对其价值变动也仅有微小影响。

商品资产与资本资产的另一不同之处在于,商品市场具有全球属性。某一特定商品的价格,取决于全球供给与需求的均衡,而非区域性的均衡。因此,股票价格受区域性的影响较大,商品价格由全球市场环境决定,区域性的影响被淡化。这一点与股票市场不同,某一区域的股票市场往往反映该区域内的经济发展状况。如图 6-1 和图 6-2 分别显示了中美两国石油价格序列与股票价格指数。

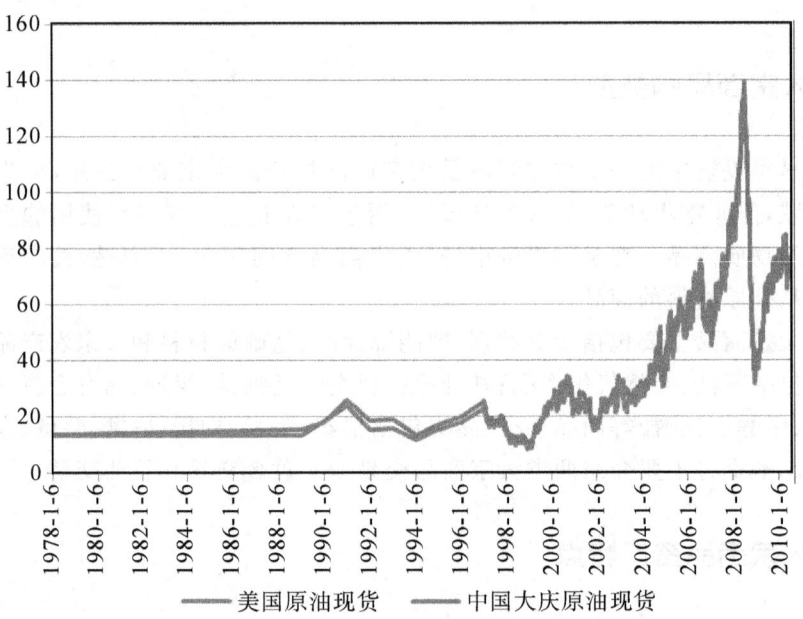

图 6-1 中美两国石油现货离岸价周度数据(美元/桶)

资料来源:美国能源署网站,http://www.eia.doe.gov

图 6-2 上证综合指数与 S&P 500 指数月度数据

资料来源:Wind 资讯数据库

进一步,计算序列之间的相关系数,如表 6-1 所示。

表 6-1 相关系数表

	美国石油现货	中国大庆石油现货	上证综指	S&P 500
美国石油现货	1	0.9971	—	—
中国大庆石油现货	0.9971	1	—	—
上证综指	—	—	1	0.6998
S&P 500	—	—	0.6998	1

可见中美两国石油价格相关系数很高,为 0.9971,趋势相当一致;而股票指数相关系数仅为 0.6998,远低于石油价格之间的相关性。充分说明了石油价格受全球经济因素影响,而区域性差别较小。

此外,商品资产价格并不遵循资产定价模型,如资本资产定价模型(CAPM)。CAPM 模型表示如下:

$$E(r) = r_f + \beta(r_m - r_f) \tag{6-1}$$

其中 $E(r)$ 为资产的期望收益,r_m 与 r_f 分别为市场组合收益与无风险利率。收益率高于无风险利率的部分,即为金融市场对系统性风险的补偿,称之为风险溢价。上式说明资产风险溢价与市场风险溢价成比例,比例系数即为

β值。若令 R 代表风险溢价，即：

$$R = r - r_f \tag{6-2}$$

$$R_m = r_m - r_f \tag{6-3}$$

则(6-1)式可写为：

$$R = \beta \times R_m + e \tag{6-4}$$

其中 e 为随机项，且 $E(e)=0$。根据上式，资产风险溢价的方差为：

$$\sigma^2 = \beta^2 \sigma_m^2 + \sigma^2(e) \tag{6-5}$$

其中 σ^2 为总风险，$\beta^2 \sigma_m^2$ 为系统性风险，$\sigma^2(e)$ 为非系统性风险。

在该模型中，风险由两部分组成，即为系统性风险和非系统性风险。CAPM模型认为，非系统性风险可以通过分散化投资而消除，因此只有系统性风险才应得到补偿。商品资产价格通常并不符合该模型。在CAPM模型下，市场组合被定义为如股票和债券之类的金融资产的组合，但商品资产的回报并不与金融市场回报有对应关系，因此，难以对系统性风险和非系统性风险作出区分。再者，商品资产价格受全球性供需因素影响，并非由某一特定风险溢价决定。

三、大宗商品投资方法

由于缺乏对商品资产的了解，众多投资者并未将商品纳入投资组合。本节将介绍大宗商品投资的几种方式。

（一）直接购买商品实物

实物商品持有者面临存储问题。如纽约商品交易所（New York Mercantile Exchange, NYMEX），其石油合约以1 000桶作为最小交易单位，因此，若希望持有石油，则需要有足够大的仓储空间进行存储。类似地，如芝加哥商品交易所（Chicago Mercantile Exchange, CME）交易的小麦，每一交易单位为5 000蒲式耳。小麦须储存于筒仓内，而投资者通常不熟悉实物商品所需的储存环境。进行投资决策时，还需考虑储存成本。

（二）持有相关公司的股票

如 Texaco 公司[①]，主要经营炼油，其 2/3 的收益来自开采、精炼、销售石

---

① Texaco 公司，是世界著名的跨国石油公司之一，也是西方石油"七姊妹"之一。从事石油和天然气的勘探、生产、炼制、运输和销售。

油产品。持有该公司的股票,可认为间接投资石油。此类投资面临公司运作风险,如公司的投融资策略通常会影响公司股票价格,但并不会影响商品本身价格,投资公司股票就需要承担商品价格之外的风险。

(三)购买商品期货

由于期货合约提供诸多便利,这种投资方式便于操作。期货合约在交易所进行交易,因此同股票市场一样,具有很多优点,如固定的交易场所,透明的价格,规范的合约规格以及较强的流动性,并且清算所增强了其安全性。另外,购买期货合约并不需要交割标的资产,而可以通过方向相反的合约头寸进行对冲平仓,大大降低了交易成本。期货交易通常以保证金方式进行,在进行实物交割之前,投资者无须支付购买该合约的全部价格。杠杆交易使投资者可以用少量资金参与投资,放大了资金收益率。

(四)投资商品联结票据

商品联结票据,是金融工程与商品市场交汇的产物。如一项债务工具到期日的价值,是某一标的资产期货合约或一篮子期货合约价值的函数,即为商品联结票据的一种简单形式。商品联结票据通常由标的资产所有者签出,并且商品联结票据有很多优点。若债券到期时,相应商品资产价格下跌,则投资者收回初始投资;反之若商品价格上涨,则除收回初始投资外,还可分享商品增值的收益。由此可见,这种票据实际上是债务工具与期货或期权合约的结合。投资者进行商品投资,通常受到诸多限制,但他们可通过这种债务工具进入商品市场。

第二节 商品资产及商品期货

一、商品资产价格概述

图 6-3 显示了中国大宗商品价格指数的变化路径,可看出该指数具有一定的周期性,2008 年 6 月之后经历了大幅跌落,之后稳步回升,这与次贷危机引发的全球性金融危机有关。进行大宗商品投资,了解其价格特性是非常必要的。

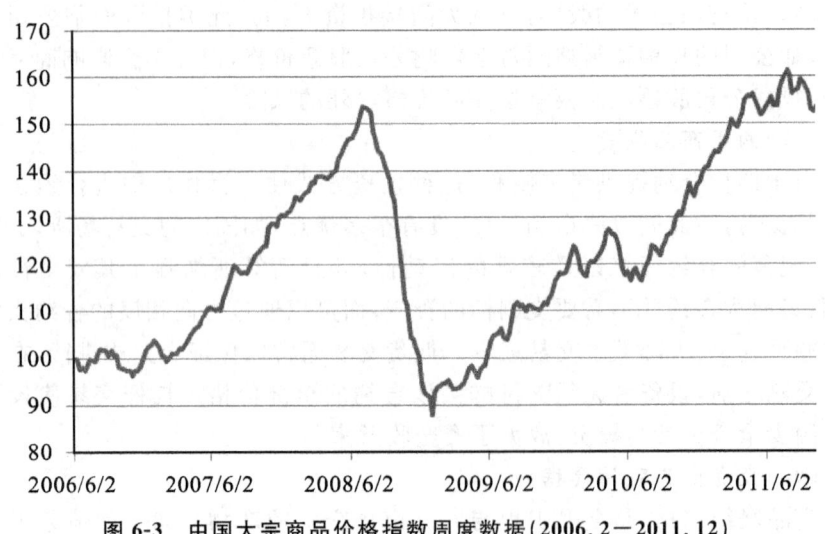

图 6-3 中国大宗商品价格指数周度数据(2006.2—2011.12)

在过去 100 年时间内,商品即期价格每年下降了大约 1.5%。引起商品价格下降的原因有多种:新增供给渠道以及新型生产技术是其主要原因,如阿拉斯加油气田的发现;另外,当某种商品价格上升时,通常有其他替代品出现,从而在一定程度上抵制该商品价格上涨,如以金属铝代替铜作为输电线;再者,在技术进步过程中,某一特定商品的需求可能会减少,如以光导纤维替代铜作为信号传输介质。

引起商品价格变动的因素,大多来自需求一方。较之需求因素,供给因素引起的价格变动通常较小,且反应速度较慢(这一点对部分商品,如电力,并不成立。若电力系统崩溃,电力价格通常剧烈上涨)。通常,若需求上涨,则价格随之上涨。

另外,货币因素也可能导致商品价格上涨。若某种货币贬值,以该货币计价的商品价格随之上涨。换句话说,商品价格其实是一种比率,即商品价值和货币(如美元)价值之间的兑换率。因此,若货币贬值,则商品价格上升。

二、利用期货的对冲策略

(一)基本原理

当个人或公司选用期货产品对冲风险时,其目的是选择头寸来使得风险尽量呈中性。对冲分为空头对冲(short hedge)和多头对冲(long hedge)。当对冲者已经拥有了某种资产并期望在将来某时刻卖出资产时,他选择期货空头对冲比较合适;而当投资者已知在将来需要买入一定资产并想在今天锁定价格时,选择多头对冲比较合适。

(二)交叉对冲

若对冲的期货所对应的标的资产与价格被对冲的资产一致,则可进行完全对冲,然而实际操作中此种情况较少出现。当两个资产不相同时将会出现交叉对冲(cross hedging)。例如,某家航空公司对飞机燃料油的未来价格有些担心,但是由于没有飞机燃料油的期货,这家公司可能会选择燃油期货合约来对冲风险。

对冲比率(hedge ratio)是指持有期货合约的头寸大小与资产风险暴露数量大小的比率。当期货的标的资产与被对冲资产一样时,应选取的对冲比率为1。当采用交叉对冲时,对冲比率为1不一定最优。对冲者所采用的对冲比率应使得被对冲后头寸的价格变化方差达到最小。

下面计算最优对冲比率。定义如下符号:

ΔS——在对冲期限内,即期价格 S 的变化;

ΔF——在对冲期限内,期货价格 F 的变化;

σ_S——ΔS 的标准差;

σ_F——ΔF 的标准差;

ρ——ΔS 与 ΔF 之间的相关系数;

h^*——使得对冲者头寸变化的方差达到极小的最优对冲比率。

可证明,最优对冲比率等于 ΔS 与 ΔF 之间的相关系数乘以 ΔS 的标准差与 ΔF 的标准差之间的比率,即:

$$h^* = \rho \frac{\sigma_S}{\sigma_F} \tag{6-6}$$

下面计算最优合约数量,定义如下符号:

Q_A——被对冲头寸的大小(单位数量);

Q_F——合约的规模(单位数量);

N^*——用于对冲的最优期货合约数量。

应采用的期货合约的面值为 $h^* Q_A$,因此所需的期货数量为:

$$N^* = \frac{h^* Q_A}{Q_F} \tag{6-7}$$

[例6-1]某航空公司预计在一个月以后需要买200万加仑的飞机燃料油

并决定用燃油期货来进行对冲[①]。假定表6-3给出了15个连续月份的飞机燃料每加仑油价变化 ΔS 以及相应月份用于对冲的燃油期货价格变化 ΔF。这里有15个观察数。将第 i 个 ΔF 和 ΔS 的观察值分别记为 x_i 和 y_i，由表6-3得到：

$$\sum x_i = -0.013, \sum x_i^2 = 0.0138, \sum y_i = 0.003, \sum y_i^2 = 0.0097,$$
$$\sum x_i y_i = 0.0107$$

由统计学知识，可给出 σ_F 的估计值为：

$$\sqrt{\frac{\sum x_i^2}{n-1} - \frac{(\sum x_i)^2}{n(n-1)}} = 0.0313$$

σ_S 的估计值为：

$$\sqrt{\frac{\sum y_i^2}{n-1} - \frac{(\sum y_i)^2}{n(n-1)}} = 0.0263$$

相关系数 ρ 的估计值为：

$$\frac{n\sum x_i y_i - \sum x_i \sum y_i}{\sqrt{[n\sum x_i^2 - (\sum x_i)^2][n\sum y_i^2 - (\sum y_i)^2]}} = 0.928$$

因此，由(6-6)式可知，最优对冲率 h^* 为

$$0.928 \times \frac{0.0263}{0.0313} = 0.78$$

每份NYMEX燃油合约是42 000桶燃油，因此最优合约数量为

$$\frac{0.78 \times 2\ 000\ 000}{42\ 000} = 37.14$$

近似到最近整数，合约数量为37。

---

① 燃油期货比飞机燃料油期货的流通性更好。

表 6-3 当采用燃油期货来对冲飞机燃料油时决定最优对冲比率的数据

月份	每加仑燃油期货价格的变化(ΔF)	每加仑飞机燃料油价格的变化(ΔS)
1	0.221	0.029
2	0.035	0.020
3	−0.046	−0.044
4	0.001	0.008
5	0.044	0.026
6	−0.029	−0.019
7	−0.026	−0.010
8	−0.029	−0.007
9	0.048	0.043
10	−0.006	0.011
11	−0.036	−0.036
12	−0.011	−0.018
13	0.019	0.009
14	−0.027	−0.032
15	0.029	0.023

(三)向前滚动对冲

有时需要对冲的期限要比所有能够利用的期货到期日长。这时对冲者必须对到期的期货进行平仓,同时再进入具有较晚期限的合约。这样可以将对冲向前滚动很多次。考虑某家公司,它希望运用期货空头来规避在将来时刻收到资产时所带来的风险。如果在市场上存在期货合约 1,2,3,…,(并不一定目前都存在),其到期日一个比一个晚。公司可采用以下策略:

在 t_1 时刻:进入合约 1 的短头寸

在 t_2 时刻:对合约 1 进行平仓

　　　　　进入合约 2 的短头寸

在 t_3 时刻:对合约 2 进行平仓

　　　　　进入合约 3 的短头寸

……

在 t_n 时刻:对合约 $n-1$ 进行平仓

　　　　　进入合约 n 的短头寸

在 T 时刻:对合约 n 进行平仓

三、商品期货定价

商品期货价格分为两种情况考虑,即投资性资产的期货价格与消费性商品的期货价格。

(一)投资性资产

首先考虑类似黄金与白银这类投资性资产的商品期货价格。

以黄金为例,黄金拥有者在借出黄金时会索取所谓的黄金租借率(gold lease rate)形式的利息。因此黄金会给其拥有者提供收入,同时与其他商品一样,它们也需要存储费用。

在没有存储费用和中间收入时,投资性资产的期货价格为:

$$F_0 = S_0 e^{rT} \tag{6-8}$$

其中,F_0 为当前的期货价格,S_0 为期货合约标的资产的当前价格,r 为按连续复利计息的无风险年利率,这一利率的期限对应于合约的交割日,无风险利率 r 在理论上是指在无信用风险的前提下(即资金一定全被偿还的情况下),借入和借出资金的利率。T 为期货合约的期限(以年计算)。

存储费用可被视为负收入。假定 U 为期货期限内所有去掉收入后存储费用的贴现值,则有:

$$F_0 = (S_0 + U) e^{rT} \tag{6-9}$$

[例 6-2] 考虑一年期的黄金期货合约。假定黄金不提供中间收入,并假定每年存储 1 盎司黄金的费用为 2 美元,存储费在年末支付。黄金的即期价格为 450 美元,所有期限的无风险利率均为 7%。因此 $r=0.07, S_0=450, T=1$ 以及 $U=2e^{0.07\times1}=1.865$,则可得出 F_0 的理论价格为 $F_0=(450+1.865)\times e^{0.07\times1}=484.63$(美元)。

若期货的实际价格高于 484.63 美元,那么套利者可以买进黄金并且同时卖出 1 年期的期货合约来锁定一项盈利。如果期货的实际价格低于 484.63 美元,这时已拥有黄金的投资者可以通过卖出黄金并做期货多头来改善收益。

如果存储费用与商品价格成正比例,这里的费用可视为负收益率。则有

$$F_0 = S_0 e^{(r+u)T} \tag{6-10}$$

式中 u 为去掉资产所赚取的收益率后存储费用占即期价格的比例。

(二)消费性商品

消费性商品往往不提供中间收入,但这些商品往往具有很高的储存费用。

假定(6-9)式不成立,但有以下不等式:

$$F_0 > (S_0 + U)e^{rT} \tag{6-11}$$

此时套利者可以进行以下交易:

以无风险利率借入 $S_0 + U$ 数量的资金,并用这一资金买入一个单位的商品且支付储存成本。另外持有一个商品的期货合约的空头。以上策略在时间 T 产生盈利 $F_0 - (S_0 + U)e^{rT}$。对于任何商品,采取这一策略均有效。当许多套利者都这样做时,S_0 的价格会上升,F_0 会下降,因此,不等式(6-9)持续的时间不会太久。

接下来假设

$$F_0 < (S_0 + U)e^{rT} \tag{6-12}$$

对于黄金这类投资性资产,人们购买是为了投资,当投资者发现不等式(6-12)的关系后,会采用以下策略来盈利:

卖出商品,节省储存费用,并将所得资金以无风险利率来投资,同时持有期货合约的多头。其结果是较之持有商品,投资者的盈利为 $(S_0 + U)e^{rT} - F_0$,因此(6-12)式成立持续的时间不会太长。而对于持有目的不是投资的商品而言,以上讨论不适用。当个人及公司持有商品是为了获得其消费价值而不是投资价值时,他们不愿意主动出售商品并买入期货合约,因为期货合约并不能用于消费,此时(6-12)式合理。因此,对于消费性商品,以下关系式成立:

$$F_0 \leqslant (S_0 + U)e^{rT} \tag{6-13}$$

如果存储费用表达为占即期价格的比率,记为 u,则上述关系式的等价表达式为:

$$F_0 \leqslant S_0 e^{(r+u)T} \tag{6-14}$$

(三)便利收益率

因为商品持有者可能会认为在将来持有某商品比不持有商品会有一定的便利,因此(6-13)式和(6-14)式不一定完善。例如,某石油加工厂不太可能将持有石油期货合约与持有石油库存同等看待。库存石油可以用于石油加工,而持有的期货合约并不能用于石油加工。一般来讲,持有实物资产可以确保工厂的正常运作,并且从商品的暂时短缺中获利,而持有一个期货合约并不一定能做到这一点。这种因持有商品而带来的好处有时被称为商品的便利收益率。如果储存成本为现金形式而且已知,其现值为 U,商品的便利收益率由以下关系式来定义：

$$F_0 e^{yT} = (S_0 + U) e^{rT} \tag{6-15}$$

如果商品的储存成本为即期价格的百分比，那么便利收益率 y 可以由以下关系式定义：

$$F_0 e^{yT} = S_0 e^{(r+u)T} \tag{6-16}$$

即

$$F_0 = S_0 e^{(r+u-y)T} \tag{6-17}$$

便利收益率较为简单地衡量了不等式(6-13)和(6-14)左端小于右端的程度。对于投资性资产，其便利收益率为 0，否则会产生套利机会。便利收益率反映了市场对将来能够购买商品的可能性的期望。商品短缺的可能性越大，便利收益率就越高。如果商品的用户拥有大量库存，在不久的将来出现商品短缺的可能性很小，这就使得收益率也会比较低。反之，较低的库存会导致较高的便利收益率。

（四）持有成本

期货价格与现货价格的关系式可由持有成本(cost of carrying)来描述。持有成本包括储存成本加上资产的融资利息，再减去资产的收益。对于提供中间收益率 q 及储存成本为 u 的资产而言，持有成本为 $r-q+u$。

定义持有成本为 c，对于投资性资产，期货价格满足：

$$F_0 = S_0 e^{cT} \tag{6-18}$$

对于消费性商品，期货价格满足：

$$F_0 = S_0 e^{(c-y)T} \tag{6-19}$$

式中，y 为便利收益率。

四、期货价格与现货价格的关系

前面讨论了商品期货的定价原理。期货价格与现货价格之间通常存在一定的关系，可以从两个角度去考察：一是期货价格和当前的现货价格的关系；二是期货价格与预期即期价格（即预期的未来现货价格）的关系。

（一）期货价格和当前的现货价格的关系

从前面的定价分析中我们看到，决定期货价格的最重要因素是现货价格。

现货价格与期货价格的涨跌存在着重要的制约关系,正是这种制约关系决定了期货是不能炒作的。但是,如果现货市场不够大,从而使现货价格不能形成对期货价格的有效制约,则期货市场迟早会因恶性炒作而出问题。中国国债期货实验失败的重要原因之一就是没有足够庞大的国债现货市场来制约国债期货的炒作。

那么期货价格和现货价格到底存在什么关系呢?

期货价格和现货价格的关系可以用基差(basis)来描述。所谓基差,是指现货价格与期货价格之差,即:

基差＝现货价格－期货价格

关于这一定义,有几点需要加以说明:

第一,根据一价定律,同一种商品在两个市场上的价格应该相同,否则就存在着无风险套利的机会。但由于运输费用的存在,不同市场上同一种商品的价格很可能存在着一定的差别。因此,基差的确定有赖于某一特定地点的商品现货价格,不可一概而论。

第二,任一时刻,对应于每一种流通在外的期货合约都有一个相应的基差。如表 6-4 所示,表中给出了××年 6 月 11 日黄金现货和期货的价格,以及不同月份期货合约的基差。从表中可见,距离当前日期越远的期货合约的价格也越高。一般而言,期货价格随着期限的增加而提高的,我们称之为正常市场(normal market)(如表 6-4 所示);期货价格随着期限的增加而降低的,我们称之为逆转市场(inverted market);期货价格与期限没有明确关系的,则称为混合型市场。

表 6-4　××年 6 月 11 日 黄金价格与基差示例

		价格(美元/盎司)	基差
黄金现货		353.70	
黄金期货	当年 7 月份	354.10	－0.40
	当年 8 月份	355.60	－1.90
	当年 10 月份	359.80	－6.10
	当年 12 月份	364.20	－10.50
	明年 2 月份	368.70	－15.00
	明年 4 月份	373.00	－19.30
	明年 6 月份	377.50	－23.80
	……	……	……

第三,基差可能为正值也可能为负值。如表 6-4 中的所有基差均为负值,即黄金期货价格均高于当前的现货价格。但在期货合约到期日,基差应为零。这种现象称为期货价格收敛于标的资产的现货价格,如图 6-4 所示。

根据前几节的定价公式,当标的证券没有收益,或者已知现金收益较小,或者已知收益率小于无风险利率时,期货价格应高于现货价格,如图 6-4(a)所示;当标的证券的已知现金收益较大,或者已知收益率大于无风险利率时,期货价格应小于现货价格,如图 6-4(b)所示。

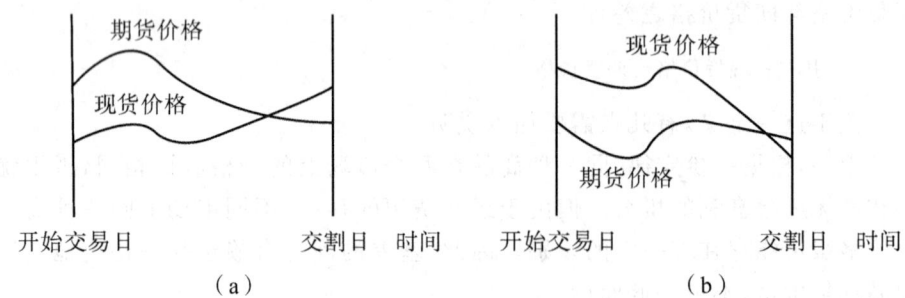

图 6-4 随交割期限的临近,期货价格与现货价格之间的关系

但在期货价格收敛于现货市场的过程中,并不是一帆风顺的,也就是说,基差会随着期货价格和现货价格变动幅度的差距而变化。当现货价格的增长快于期货价格的增长时,基差也随之增大;当期货价格的增长快于现货价格增长时,基差减小。

期货价格收敛于标的资产现货价格是由套利行为决定的。如果交割期间期货价格高于标的资产的现货价格,套利者就可以通过买入标的资产、卖出期货合约并进行交割来获利,从而促使现货价格上升,期货价格下跌。相反,如果交割期间现货价格高于期货价格,那么打算买入标的资产的人就会发现,买入期货合约等待空头交割比直接买入现货更合算,从而促使期货价格上升。

第四,大量研究结果表明,基差的波动比期货价格或现货价格的波动都要小得多。也就是说现货价格有可能剧烈振荡,期货价格也可能有大幅波动,但由于这两者之间存在着较大的相关性,所以两者之差——基差(即现货价格—期货价格)的变动则相对较小。基差的这一特性在套期保值和某些类型的投机活动中都有着重要的意义。

(二)期货价格与预期即期价格的关系

我们将市场将来某时刻资产的即期价格称为资产在这时刻的预期即期价

格（expected spot price）。假定现在是 6 月份，9 月份的期货价格为 350 美元。这时我们会有兴趣问：9 月份的预期即期价格为多少？这一价格是等于 350 美元，还是低于或者高于 350 美元？如图 6-4 所示，期货价格在到期时会收敛于即期价格。如果预期即期价格小于 350 美元，市场预料 9 月份的期货价格将会下跌，因此期货短头寸的交易员会有盈利，而期货长头寸的交易员有亏损。反之，如果预期即期价格大于 350 美元，市场预料 9 月份期货价格将会上升，因此期货长头寸的交易员会有盈利，而期货短头寸的交易员有亏损。

根据预期模型，理论上的期货价格应该等于市场预期即期价格，即 $F=E(S_T)$，但由于现实生活中交易成本的存在，以及风险厌恶等因素的影响，往往期货价格并不等于而只是近似等于预期即期价格，即 $F\approx E(S_T)$。当期货价格低于预期即期价格时，我们称之为现货溢价（normal backwardation）；而当期货价格高于预期即期价格时，我们称之为期货溢价（contango）。

以下我们以无收益资产为例，从资本市场风险和收益平衡的角度来说明期货价格与预期即期价格之间的关系。根据预期收益率的概念，我们有：

$$E(S_T)=Se^{y(T-t)} \tag{6-20}$$

其中，$E(S_T)$ 表示现在市场上预期的该资产在 T 时刻的市价，y 表示该资产的连续复利预期收益率，t 为现在时刻。另一方面，

$$F=Se^{r(T-t)} \tag{6-21}$$

比较以上两式可知，y 和 r 的大小就决定了 F 和 $E(S_T)$ 孰大孰小。而 y 值的大小取决于标的资产的系统性风险。根据资本资产定价原理，若标的资产的系统性风险为 0，则 $y=r$，$F=E(S_T)$；若标的资产的系统性风险大于零，则 $y>r$，$F<E(S_T)$；若标的资产的系统性风险小于零，则 $y<r$，$F>E(S_T)$。在现实生活中，大多数标的资产的系统性风险都大于零，因此在大多数情况下，F 都小于 $E(S_T)$。

对于有收益资产我们也可以得出同样的结论，具体分析过程请读者自己完成。

五、投资组合中的大宗商品资产

在投资组合中引入商品资产的多头，对投资组合有诸多好处。以美国为

例,在过去 25 年中,商品资产的风险—收益特性与股票市场几乎相同。另外,引入商品资产能有效降低投资组合风险。

图 6-5 为中国大宗商品指数与上证综合指数在 2006 年 6 月至 2011 年 12 月间的数据序列。

图 6-5　中国大宗商品指数与上证综合指数序列(2006 年 6 月—2011 年 12 月)

两个序列之间的相关系数为 0.47,可见相关性较低,若将商品资产纳入投资组合,可在一定程度上改善组合的风险—收益特性。

另一方面,当严重的通货膨胀出现或货币政策趋紧时,金融资产的表现通常不能令人满意,而商品资产多头则对长期通胀风险提供了较好的对冲。因此,投资商品资产,不仅能够因其与其他市场较低的相关性而降低短期风险,还能够减少对长期通胀风险的头寸暴露。

第三节　黄金投资

一、黄金交易简介

(一)黄金的特点及属性

黄金具有良好的物理属性、稳定的化学性质、高度的延展性及稀少的数量等特点,不仅是用于储备和投资的特殊通货,同时又是首饰业、电子业、现代通信、航天航空业等行业的重要材料。黄金在 20 世纪 70 年代前还是世界货币，目前在各国的国际储备中占有一席之地，是同时具有货币属性、商品属性和金融属性的一种特殊商品。

黄金通常被用作国家货币的储备金，个人资产投资和保值的工具，美化生活的特殊材料，工业、医疗领域的原材料等。

黄金含金量的多少，被称为成色。成色通常可以采用百分比和千分含量来表示，这是黄金纯度的第一种表示方法。上海黄金交易所的金条成色有四种规格：99.99、99.95、99.9 和 99.5。此外，经常采用的黄金纯度还有克拉（Karat），简称 K，纯金定义为 24K。24K 金是纯金，则 18K 金即为 75% 纯度的黄金。黄金纯度的三种表示方法如表 6-5 所示：

表 6-5 黄金纯度的三种表示方法

百分比（以 100 为单位）	成色（以 1 000 为单位）	K 金（以 24 为单位）
100%	999 Fine	24 Karats
91.7%	917 Fine	22 Karats
75.0%	750 Fine	18 Karats
58.5%	583 Fine	14 Karats
41.6%	416 Fine	10 Karats

资料来源：中国黄金协会

（二）有关黄金投资的法律沿革

黄金在布雷顿森林体系瓦解和牙买加体系建立起来后的数十年中退出了历史舞台，而在中国大陆黄金退出私人市场的时间更久。只有对现行黄金法规有所了解，才能做好黄金投资和交易。

从新中国成立到现在，中国内地黄金买卖经历了四个阶段：

第一个阶段是 1949 年到 1956 年，中央政府为了应对国家建设和国际支付，将金矿收归国有，并且统一黄金价格，实行非常严格的管制。新中国成立时，中央政府的黄金储备不到 1 万盎司，黄金成了重要的战略性资源。新中国成立之初，人民币的法定地位虽然确定，但是金银仍旧在广大城乡作为计价和流通手段，在上海等金融发达城市，黄金还成为投机对象，人民币在黄金价格打压下不断贬值。为了巩固人民币的地位，稳定物价水平，中国人民银行下发了《金银管理办法》，严禁民间进行金银买卖，明确规定所有金银的买卖都必须由中国人民银行管理，对黄金买卖和走私进行严厉处罚，以此巩固人民币的本币地位。

第二个阶段是1957年到1992年,中央政府实行统购统配的黄金流通体制。黄金的生产流通纳入了国家经济计划,黄金行业实行全国统一管理。1978年改革开放前,中央政府一直以鼓励金银生产为主要政策,为了保证国家进行大规模经济建设的需要,黄金统收专营的生产流通体制逐步形成。1957年9月,国务院发出了《关于大力组织群众生产黄金的指示》,中央银行和财政部采取了提高黄金收购价格、取消黄金生产税收和增加财政补贴等具体措施促进黄金生产。1977年10月,《中国人民银行金银管理办法(试行)》为此后一段时间的金银管理工作提供了依据,这是新中国建立以来颁布的第一部金银管理规章。从1969年到1978年,内地黄金储备占总储备量的61%以上。在这段时间内黄金储备数次帮助国家解决突发事件,及时换取外汇。1978年改革开放以后,金银市场开始逐步建立起来,这就促进了金银由保管型向经营型转变,开始重视和满足人民生活对黄金的需要。1979年,国务院授权中国人民银行铸造和发行纪念性和投资性的金币;1982年8月,中国人民银行发布《关于国内恢复销售黄金饰品的通知》,恢复了关闭20多年的金饰品市场;1983年6月,国务院发布的《中华人民共和国金银管理条例》对金银的生产、流通等诸多环节进行了明确的规定;1983年12月,《中华人民共和国金银管理条例实施细则》发布实施。中国人民银行根据国内黄金供求关系的变化,并参照国际黄金市场价格的波动,适当地调整国内金银价格,平衡中国内地的黄金生产和消费。

第三阶段是1993年到2001年,黄金经营和流通体制开始逐步放开,进行改革尝试。1993年,民营黄金市场迅速发展,大大冲击了传统的黄金统收专营体制,改革开始提上议程。1993年8月,国务院提出了黄金市场化改革方向。对此前的金银管理条例提出了具体的修改意见。1994年,世界黄金协会在中国大陆设立了代表处。1999年11月25日,中国人民银行开始开放白银市场,此时白银自由贸易在中国内地已经停止了半个多世纪。2000年3月27日,国务院发展研究中心提出建立新型的市场化黄金流通体系,在该体系下,中国人民银行对黄金生产不再实行计划管理,黄金生产者和消费者有足够的自主权决定黄金买卖,黄金价格由市场供求决定。2000年是黄金价格开始频繁波动的一年,全年有6次黄金价格调整。

第四阶段是2001年到现在,黄金价格开始与世界黄金价格接轨,私人买卖黄金逐步完全开放,黄金投资方兴未艾。2001年4月,中国人民银行宣布取消黄金"统购统销"的计划体制,在上海组建黄金交易所。2001年6月11

日,中国人民银行正式启动黄金价格周报价制度。2001年8月1日,金饰品价格放开。2001年11月28日,上海黄金交易所开始模拟运行。2002年10月30日,上海黄金交易所正式营业,此时中国人民银行停止黄金配售业务,并在较短时期内停止黄金收购,此后中国黄金价格完全由市场决定,黄金市场化改革初步完成。2003年3月31日,中国人民银行发出通知取消黄金收购许可,世界各地公司只需要在中国市场购买黄金,就可以自由地在中国进行黄金首饰的生产、批发和零售,而不需要得到中国政府的批准,但是黄金的进出口仍需要申请。2004年9月,伦敦金银协会年会在上海举行,中国人民银行行长周小川在会上提出了中国黄金市场未来要完成的三个转变:第一是实现中国黄金市场从以商品交易为主向以金融交易为主的转变,第二是实现中国黄金市场从以现货交易为主向以期货交易为主的转变,第三是实现中国黄金市场由国内市场向国际市场的转变。具体措施包括发展各种类型的个人黄金投资业务。

二、黄金投资优势

(一)黄金能保持久远的价值

普通商品随着时间变化,一般都会出现物理性老化和破坏的现象,其价值会随着使用的年限增加而逐渐降低直至消失。而黄金作为一种贵金属材料,其质地不会发生根本性变化,其基本价值依旧存在。

(二)价值相对稳定,是对抗通货膨胀、避险保值的重要手段

黄金在历史上一直充当货币,因为其本身就具有比较稳定的价值。而一般的货币属于信用货币,其很容易受到持有人信心的影响导致贬值等现象。而黄金价值则会随通货膨胀相应地上涨,所以投资黄金,是避免财富在通货膨胀中被不断蚕食的有效办法。另外,国际地缘政治局势动荡不安,中东战争、国际恐怖主义造成一些国家货币信用崩溃,黄金已成为人们财产最好的避险工具。

(三)公信度高,抵押馈赠转让便利

黄金市场十分庞大,任何形式的黄金买卖随时都可实现。在遇到需要资金周转的情况时,由于黄金具有较高的认同度,是一种国际公认的物品,是一种世界性的绝对财富,不愁没有买家承接。黄金可以像礼物一样自由地转让,没有任何类似于登记制度的阻碍,这使得黄金馈赠转让更为便利。

(四)税收优势

黄金投资可以说是世界上税项负担最轻的投资项目。在我国,购买投资性金条、金币比购买黄金消费品,在税收方面要少增值税、特别消费税等税项负担。在进行股票投资时,如果需要进行股票的转手交易,还要向国家交纳一定比例的印花税(有些国家还需要缴纳资本利得税)。进行房产投资,除了在购买时需要交纳相应的契税以外,在获得房产以后,还要交纳土地使用税。当进行房产转让出售时,政府为抑制对房产的炒作,还可能会征收一定比例的增值税。在遗产继承中,诸如证券与房产等投资,不仅需要证明合法继承人的身份,并且可能缴纳遗产税。相比这些,在黄金投资及转让过程中通常没有税收的发生。

(五)全球交易没有时间限制,交易便利有保障

一方面,全球黄金市场的交易时间首尾相连,从时间上看,伦敦、纽约、香港等全球黄金市场交易时间连成一体,构成了一个 24 小时无间断的投资交易系统。另一方面,全球黄金市场不设停板和停市,令黄金投资起来更有保障,不用担心在非常时期不能重入市以平仓止损。而在国内,上海黄金交易所现有交易时段基本涵盖全球主要市场的交易时间,也为投资者提供了极大的交易便利。

(六)市场成熟,被操纵的可能性比较小

区域性的股票市场容易被人为操纵,而黄金市场是属于全球性的投资市场,做市存在相当大的难度,因而为黄金投资者提供了保障。

三、黄金市场知识

黄金市场的含义是广义的,因为黄金具有商品、货币和投资等功能。黄金市场要体现黄金的属性,必须构建多元化黄金交易市场。完整的黄金市场应该包括黄金商品市场、黄金投资市场和黄金信贷市场。黄金商品市场有金饰品、金条买卖;黄金投资市场有标准金块和金条交易、黄金期货交易、纸黄金买卖;黄金信贷市场有黄金抵押贷款、借金还金等业务。

世界各大黄金市场经过几百年的发展,已形成了较为完善的交易方式和交易系统。其构成要素,从作用和功能角度,可分为:

(一)服务机构和场所

1. 欧式黄金交易

这类黄金市场里的黄金交易没有一个固定的场所。比如伦敦黄金市场,整个市场是由各大金商、下属公司相互联系组成,通过金商与客户之间的电话、电传等进行交易;苏黎世黄金市场,则由三大银行为客户代为买卖并负责

结账清算。伦敦和苏黎世市场上的买价和卖价都是较为保密的,交易量也都难以真实估计。

2. 美式黄金交易

这类黄金交易市场实际上是建立在典型的期货市场基础上,其交易类似于在该市场上进行交易的其他商品。期货交易所作为一个非营利机构本身不参加交易,只是提供场地、设备,同时制定有关法规,确保交易公平、公正地进行,对交易进行严格的监控。

3. 亚式黄金交易

这类黄金交易一般有专门的黄金交易场所,同时进行黄金的期货和现货交易,交易实行会员制,只有达到一定要求的公司和银行才可能成为会员,并对会员的数量配额有极为严格的控制。虽然进入交易场内的会员数量较少,但是信誉极高。以香港金银业贸易为例,其场内会员交易采用公开叫价、口头拍板的形式来交易,由于场内的金商严守信用,鲜有违规之事发生。

因为黄金交易及其类型上的差异,黄金市场又呈现出国际化的趋势,因而世界上就出现了两大黄金集团:一个是伦敦—苏黎世集团,另一个是纽约—香港集团(包括芝加哥)。这两大集团之间的合作十分密切,共同操纵着世界黄金市场。其中,伦敦黄金市场的作用尤为突出,至今该市场的黄金交易和报价仍然是反映世界黄金市场的"晴雨表"。

(二)黄金市场参与者

黄金市场的参与主体大致可以分为三部分,即参与黄金买卖的交易主体、金融机构(主要包括商业银行、中央银行和对冲基金等金融机构投资者),以及公众法人团体和个人投资者。黄金买卖的交易主体主要指采金企业和用金单位,它们在市场中主要以供需者的身份出现,为了规避价格风险往往采取锁定价格的策略。商业银行在黄金市场中经营自营业务、经纪业务和做市商业务。中央银行在出售黄金时,是作为黄金市场的供给者,但当它回购市场的黄金时,便又成了黄金市场的需求者。另外,在很多情况下,中央银行也会通过向市场借贷黄金的方式扮演供需双方的角色,获取利息收入。对于对冲基金而言,它们主要在黄金市场上从事投机活动,比如借入短期黄金在即期市场抛售,擅长捕捉政治、经济微妙的基本面变动机会,从而获利。由于它们往往采取杠杆动作,所以会对黄金价格产生较大影响。公众法人团体和个人投资者,在市场中主要扮演投机者的角色从中获利。在众多的黄金市场参与者中,活跃着一些最积极的分子,那就是国际黄金商。他们在本国银行或海外分行,以当地法人的名义参加到相关国家的黄金市场进行交易活动,如专营代理业务、中间商业务、期货买卖、套购等黄金市场的交易业务。他们虽然人数不多,但处于交易活动的中心地位,为黄金的买进卖出提供迅速而便捷的服务。

黄金市场由各类交易成员构成,这些成员在交易运作中所起的作用各不相同,由此推动交易规模的扩大和市场发展。

1. 中央银行行使间接调控市场职能

中央银行作为黄金市场运作的重要参与者,其主要职能有以下几点:一是通过在市场上买卖黄金,调整本国储备资产结构和数量。二是增加储备黄金的流动性,实现储备资产的增值。三是通过抛售、购买黄金适当干预黄金价格,防止市场波动可能引发的风险。央行从黄金储备中划出一部分黄金,设立平准基金(指国家建立的专门用于维持黄金市场稳定的基金),在交易所开立黄金账户,通过有交易资格的机构适时入市干预。当市场黄金价格过高时,央行在市场上抛售黄金,以平抑黄金价格;当市场黄金价格偏低时,央行在市场上购入黄金,以支持市场供需平衡。通过平准基金,央行可以主动、连续地对市场进行合理和适度的干预。

目前我国的黄金市场由中国人民银行监管,而黄金的特殊属性使黄金市场能够成为央行对金融市场进行调控的手段,成为央行执行货币政策的辅助工具,使央行能够更加灵活地进行货币政策调节。

2. 商业银行提供信贷交易和综合服务

商业银行是黄金市场的主要参与者。商业银行参与黄金市场的目的是:将黄金交易作为货币资本经营的一部分,成为其集资借贷的一种手段。国外银行除经营货币业务外,已进入多元化经营,其中黄金业务是多元化经营的组成部分。在黄金市场上商业银行从事两种交易业务:一种是从事黄金借贷交易:为客户提供储蓄,如黄金存单;提供黄金融资,如黄金股票、黄金债券等;提供黄金信托,如黄金拆借、抵押贷款、黄金贷款等。黄金信贷交易有利于强化黄金金融功能。另一种是从事黄金交易,其主要职能是:为黄金交易所提供资金融通、交易结算、黄金保管等服务;代理黄金企业(生产者、加工者、消费者)买卖黄金,同时也为黄金企业提供了规避黄金价格波动风险的服务;以会员资格直接从事黄金交易追求最大的经济利益。商业银行参与黄金市场可以使市场更具活力,因为银行拥有大量的实物黄金,其投资动向对市场供需平衡和价格趋势会产生重大作用,是影响黄金市场的重要力量。

3. 黄金企业在市场中发挥规避价格风险,锁定价格功能

黄金市场的开放使黄金企业生存的市场环境发生根本变化,使黄金企业由传统的产品经营者转变为资本运作者。黄金企业进入市场后可根据实际情

况选择以下三种模式：一是作为金交所会员直接进入场内交易；二是委托经纪商代理购销黄金；三是直接销售给黄金收购商。特定的模式有特定的适用条件，如进入场内交易，一般需要具备两个条件：一是企业必须具备一定的经济实力，二是企业具备较高的资信程度。入场交易可以直接获得交易信息，有利于规避风险。这里的黄金企业指金矿企业、黄金加工企业、金饰企业和工业用金单位。这些企业代表黄金市场供需双方，是市场健康运行的关键因素。黄金企业为保证资金投入获得一定的收益和减少经营风险，需要在市场上获得预期价格。由于黄金价格频繁波动，使企业的经营风险具有不可控性，所以需要通过市场规避价格风险，锁定价格波动。

4. 黄金经纪商的中介作用

经纪公司是专门从事代理非交易会员进行黄金交易，并收取佣金的经纪机构。在纽约、芝加哥、香港等黄金市场里有很多经纪公司，它们本身并不拥有黄金，只是派场内代表在交易厅内为客户代理黄金买卖，收取客户的佣金。黄金经纪商是投资性市场正常运转不可缺少的重要组成部分。这是因为：投资性市场一般是集中交易的市场，交易主要在交易所内进行，交易所一般实行会员制，同时为了保证交易规范化，绝大多数投资者不可能去交易所内进行集中交易，因而只能委托经纪商来完成；由于时间、精力和个人条件的限制，大多数投资者对市场交易信息的了解往往是有限的，为了减少投资的盲目性，投资者愿意借助市场中介来完成自己的投资行为，因此经纪商对投资性市场而言极为重要，他们就像是一部大机器中的各种轴承，没有他们作为中间环节，大型机器是无法正常运转的。

5. 投资者（或投机者）激发了市场活力

改革开放以来，尤其是近 10 年来，随着居民收入的增加和投资意识的增强，居民的投资领域不断拓宽，许多投资性市场如证券市场、外汇市场、期货市场、房地产市场等不断建立和发展。但从功能上看，这些市场的建立和发展都离不开投资者（或投机者）队伍的发展壮大。因为投资者是投资性市场建立和发展的重要主体，这些投资者为了创造交易的赢利机会，不断追求新目标，于是便激发了市场的活力。

四、黄金市场投资方式

黄金非货币化之后，黄金市场逐步开放，随着金融创新的发展，黄金投资工具从实金发展到黄金凭证，从现货市场发展到衍生市场，种类越来越多样化,已成为金融投资组合必不可少的一部分。

(一)国际主要投资方式

国际上黄金投资工具和途径大致可以概括为三类:实物黄金投资工具、非实物黄金投资工具及黄金衍生工具。下面逐一进行介绍。

1. 实物黄金投资工具

实物黄金投资是最原始的黄金投资形式,是指以获取黄金实物为目的的一种投资方式,其他工具都是在实物黄金的基础上发展起来的。实物黄金主要有标金(金条)、金币和金饰品三种,其中标金(金条)和金币是最主要的形式。

标金又称标准金条,金条是黄金市场上交易最普遍的实物投资品种。当黄金的交易越来越频繁、交易数额越来越大的时候,为了使交易行为规范化、计价结算国际化、清算交收标准化,主要的黄金市场纷纷规范了交易黄金的成色、形状、规格、重量标准。

金币,又称黄金铸币。广义金币泛指所有在商品流通中专作货币使用的黄金铸件,如金锭、金饼、金元宝等。狭义金币指经国家证明以黄金为币材,按规定成色、重量浇铸成一定规格、形状,并标明其货币面值的铸金币。金币一般有政府证明其成色与重量的可靠性。金币分为普制金币和纪念币,普制金币发行量大,用作投资,其中美国鹰洋金币、加拿大枫叶金币、澳大利亚袋鼠金币、英国不列颠金币及中国熊猫金币被称为世界五大投资金币。纪念币限量发行,多用以收藏。因此纪念币价格高于普制金币。

金饰品,指经过黄金工艺师的加工、创造制成的装饰、配饰及工艺品,包括首饰、奖章、金像、盘碟、烟盒等。

2. 非实物黄金投资工具

非实物黄金投资工具指投资交易的对象不是黄金实物本身,而是以黄金为标的物的凭证、单据、合约等,或在交易中一般不进行黄金实物交收的其他投资方式。主要包括黄金账户与纸黄金、黄金理财账户、黄金管理账户等。

黄金账户是商业银行为投资者提供的一种黄金投资方式,又称黄金请求账户。投资者通过银行进行黄金买卖,交易时在指定资金账户收付款项,每次买卖交易只在开设的黄金账户存折上作买卖记录,无需黄金实物的提取交收。黄金账户投资具有周转速度快、存储风险小、投资金额大、交易费用低、转让受限制等特点。

纸黄金指黄金市场上买卖双方交易的标的物不是黄金实物,而是黄金所有权凭证,实质就是黄金权证交易方式。纸黄金的类型主要有:黄金储蓄存单、黄金交收订单、黄金证券、黄金账户单据、黄金现货交易中当天尚未交收的成交单、国际货币基金组织的特别提款权等。纸黄金具有交易费用低、流转速度快的特点，但纸黄金不能提取实金，又实行全额交易，与黄金衍生工具相比不仅交易费用高而且只能单边做多交易，不能做空。

黄金理财账户，是银行的一种承诺提供本金保障的业务，风险较低，收益也较低。

黄金管理账户，是由经纪人全权处理投资者的黄金账户，属于有风险的投资方式，管理账户的收益主要取决于经纪人的专业能力、操作水平及信誉等。

3. 黄金衍生品投资工具

黄金衍生品投资工具中最具代表性的是黄金期货、黄金期权及黄金基金。

期货市场具有价格发现和套期保值两大基本功能。由于期货交易绝大多数是以对冲方式了结，其市场活跃程度和流动性都要大于现货市场，同时期货价格体现的是市场对远期价格的预期，因此其波动幅度比现货市场更为剧烈。国际上，纽约、芝加哥、东京和香港的黄金期货影响力较大。

期权又称选择权，它规定在未来特定时间以约定价格买入或卖出一定数量某种期货合约的权利。目前只有较为发达的黄金市场上才有黄金期权的交易，如伦敦市场、纽约市场等。

黄金基金分为黄金投资共同基金和交易所交易黄金基金两种。黄金投资共同基金是由基金发起人组织成立，由投资人出资认购，基金管理公司负责具体的投资操作，以黄金或黄金类衍生交易品为投资对象的一种共同基金。交易所交易黄金基金（黄金ETF），它的产生是黄金交易证券化的结果，其运作方式是：投资人通过证券公司以该基金在证券交易所的报价申购一定的ETF份额，证券公司通过清算公司对投资人持有的基金份额进行结算，基金管理公司通过证券公司的具体交易信息购置相当量的黄金交给托管机构（一般为银行）托管。ETF降低了投资门槛。

（二）国内主要投资方式

目前国内投资者可以选择的黄金投资途径和工具可以分为两大类：一是以实金交易模式为主的全额交易的非杠杆黄金投资品种，二是以保证金机制为基础的杠杆黄金交易。

1. 国内非杠杆类黄金投资产品

目前国内非杠杆类黄金投资产品主要有实物金和纸黄金两种。国内比较有影响力的实金投资产品有中国黄金投资金条、贺岁金条、如意金、龙鼎金、高赛尔金条和上海 AU99.99/A100 等。对于纸黄金,目前主要有中国银行的黄金宝、中国工商银行的金行家、中国建设银行的龙鼎金三个纸黄金投资品种。

2. 国内杠杆类黄金投资品种

杠杆类黄金投资品种是黄金市场发展到一定阶段才出现的较为高级的交易形式。非杠杆类黄金投资产品因进行全额交易,资金使用效率较低,占用资金量大,而且交易费用高,流动性差,且一般都是只能单向做多交易,遇到黄金熊市该投资产品便失去价值。而杠杆类黄金投资产品则弥补了这些缺点,具有高收益、高风险、流动性好、交易费用低和多空双向交易的特点。国内最具代表性和最具影响力的杠杆类黄金投资产品为上海黄金交易所的黄金现货延期交收(T+D)和上海期货交易所的黄金期货两个投资产品。

五、黄金供求情况

(一)世界黄金供应情况分析

黄金商品是不易消耗商品,黄金商品经过加工后可以重复使用。黄金商品的这一特点,决定了黄金供应渠道来自两个方面:一是增量黄金,主要来自世界各产金国家的新产黄金;二是存量黄金转化为供给,即旧金回收熔化为还原黄金或再生黄金。另外,一些国家中央银行、国际金融机构减持黄金储备,形成新的黄金供应,黄金生产商为锁定黄金价格采取提前售金策略,以及投资商和投机商的"反向投资"也成为黄金供给的组成部分。表 6-6 和图 6-6 反映了世界黄金供应情况。

表 6-6 2000—2009 年世界黄金供应(吨)

年份	2000	2001	2002	2003	2004	2005	2006	2007	2008	2009
矿产金	2 620	2 646	2 618	2 623	2 494	2 549	2 483	2 473	2 409	2 472
官方售金	479	520	547	620	479	663	365	484	232	41
再生金	620	749	874	986	881	902	1 133	982	1 316	1 674
推断净投资减持	299	—	—	—	12	—	—	—	—	—
总供应量	4 018	3 915	4 038	4 228	3 866	4 115	3 981	3 939	3 957	4 287

资料来源:黄金矿业服务有限公司:《黄金年鉴 2010》

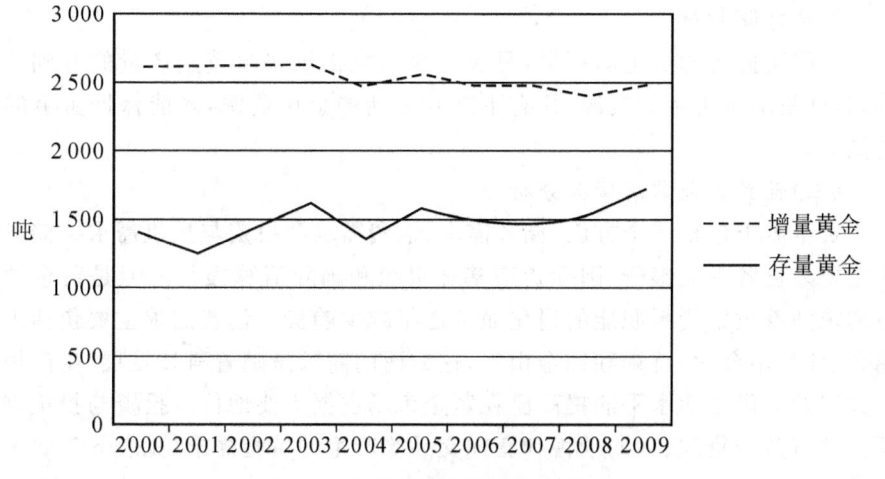

图 6-6　世界存量及增量黄金供应

资料来源：黄金矿业服务有限公司；《黄金年鉴 2010》

由图 6-6 可看出，近 10 年增量黄金供应有上升趋势，而存量黄金供应略有减少。

（二）影响黄金供应的主要因素

影响黄金供应的主要因素有：黄金价格、黄金生产成本和黄金储藏量。

1. 黄金价格

黄金价格偏高时，生产商往往通过增加黄金供给量以增加利润收入，这样便会加大对矿山资源的投入、开发。但是黄金开采工业属于资源依赖型和资源消耗型工业，任何新资源的发现和开发，都要经过数年的地质勘探、经济技术分析、基本建设等多方面的努力才能实现。据世界黄金协会的专家统计，如果从投入第一笔勘探资金算起，到浇铸第一块金锭，一般需要 3 至 5 年的时间。这样长的投资周期，说明黄金生产对价格的反应是比较迟缓的，增加供给需要一个供给形成期，不可能在短期内向市场增加实际的供给。同时对生产商来说，黄金供给量的多少还需视需求弹性的大小，如果需求弹性大，增加黄金供给有必要。

2. 黄金生产成本

黄金生产成本对黄金供给和黄金价格有着重要影响。黄金生产成本包括三方面：一是劳务成本，这部分成本一般占黄金开采成本的 50% 左右；二是生产资料成本，即用于勘探黄金矿藏的工具、仪器、设备等；三是开矿成本，主要取决于该矿采掘深度、矿道宽窄、品位等。

3. 黄金储藏量

一国所拥有的黄金储藏量,是决定该国能提供多少黄金产量的基础。另外,黄金是不可再生的资源,只有不断开发新的金矿资源,才能保证黄金的市场供应。

(三)世界黄金需求情况分析

黄金需求包括三个方面:储备需求、消费需求和投资与投机需求。储备需求主要来自各中央银行、国际货币基金组织和国际清算银行。但是黄金的储备需求随着黄金货币职能的退化而呈逐年减少趋势。消费需求主要包括工业用金、牙科用金、金首饰和纯金币等,这方面的需求量随着科技发展、生产规模扩大以及人民生活水平的提高已在黄金市场占据主要地位。投资与投机需求泛指从事黄金贷款、远期预售和套期交易等产生的黄金需求(见表6-7)。

表6-7 2000—2009年世界黄金需求(吨)

年份	2000	2001	2002	2003	2004	2005	2006	2007	2008	2009
首饰	3 205	3 009	2 662	2 485	2 616	2 718	2 298	2 417	2 193	1 759
其他	557	474	481	515	555	581	650	672	696	658
制造业合计	3 762	3 483	3 143	2 999	3 172	3 299	2 948	3 089	2 889	2 417
金条囤积	242	261	264	180	257	264	235	236	386	187
净生产商对冲减持	15	151	412	289	438	92	434	444	352	254
推断净投资	—	20	220	760	—	459	365	169	330	1 429
总需求量	4 018	3 915	4 038	4 228	3 866	4 115	3 981	3 939	3 957	4 287

资料来源:黄金矿业服务有限公司:《黄金年鉴2010》,其中制造业合计为首饰与其他项之和

(四)影响黄金需求的主要因素

1. 制造业用金需求是影响黄金总需求的主要因素

据统计,在制造业用金中首饰需求占总需求的80%左右,工业用金和装饰用金约占14%,首饰需求在黄金消费量中占最大比重。

2. 政治、经济局势变动影响公众对黄金的需求

政治局势动荡不安时,黄金就会呈现出保值易流通的特性。另外,经济局势动荡同样会引起黄金价格的波动,引起黄金需求增加。黄金在非常时期更显示其权威性,这种权威性体现在应对紧张局势引起一国货币或一种国际货币价值不稳定时,持有黄金显得更加安全可靠。

3.严重的通货膨胀直接影响对黄金投资的需求

通货膨胀情况越严重,货币的国内购买力就越低,并由此影响到货币的对外信誉。由于黄金是具有价值储藏职能的一种特殊商品,当货币的购买力降低时,黄金储备就被用作规避通货膨胀风险的手段。

六、影响黄金价格的因素

引起黄金价格变动的原因有许多,其中主要有黄金供应与需求失衡、通货膨胀、突发事件、金融机构售金、美元汇率上升与下降以及石油价格涨跌等因素。

(一)黄金的供需关系

黄金价格是基于供求关系的,如果黄金的产量大幅增加,则黄金价格会因为供给增加而下跌,一些特殊情况如工人长时间的罢工等原因使产量停止增加,黄金价格就会在供不应求的情况下上升。此外,新采金技术的应用、新矿的发现等因素均有可能使黄金的供给增加,从而使黄金价格下跌。

(二)宏观因素

黄金价格不仅受供求状况的影响而且还受其他诸多非供求因素的影响。其价格受到大的经济、金融环境的影响,尤其是在金融国际化的今天,各国的货币政策、经济状况、国际投资动向都会对黄金市场产生影响。因此,分析黄金价格趋势需要综合地考虑这些因素的影响。

1.世界经济景气状况

世界经济景气与否直接影响投资者对黄金的需求。一般情况下,当世界经济景气时,黄金需求上升,黄金价格得到支撑;反之,则反之。

2.世界金融危机

通常情况下,国家的金融体系出现了不稳定的现象时,资金便会投向黄金,黄金需求增加,黄金价格即会上涨,黄金在这时就发挥了"资金避难所"的作用。

3.经济周期

经济周期是经济发展过程中规律性波动的反映。在经济周期增长阶段,股市、汇市、房地产等投资领域吸引了大量的资金投入,黄金则相应遭冷遇,黄金价格下降;而在经济衰退阶段,黄金则成了投资者最后的"避难所",黄金价格也倾向于上涨。

4.地缘政治和国际形势

战争和政局动荡时期,经济的发展会受到很大的限制,任何当地的货币都可能会由于通货膨胀而贬值,这时,黄金的重要性就发挥出来了。由于黄金具有公认的特性,是国际公认的交易媒介,因而在这种时刻,人们都会把目标投向黄金,而对黄金的抢购也必然造成黄金价格的上涨。

(三) 石油价格

黄金本身是通货膨胀之下的保值品。石油价格上涨意味着通货膨胀会随之而来,那么黄金价格也会随之上涨。人们把石油价格的涨跌视为黄金价格升或降的信号指标,这与石油生产大国拥有巨额石油美元有关。所谓石油美元,是指石油生产国出口大量石油,获得巨额收益,由于国际市场的石油贸易是以美元结算的,故而称为石油美元。

(四) 美元走势

黄金市场是全球开放性的市场,国际黄金价格通常以美元结算,美元兑各主要货币汇率的变化对黄金价格的影响通常比较显著。当美元贬值时,非美元国家的投资者能以本国货币买到更便宜的黄金,从而刺激对黄金的需求,黄金价格上升,反之则相反。

由图 6-7 可见,美元与黄金价格基本呈负相关。

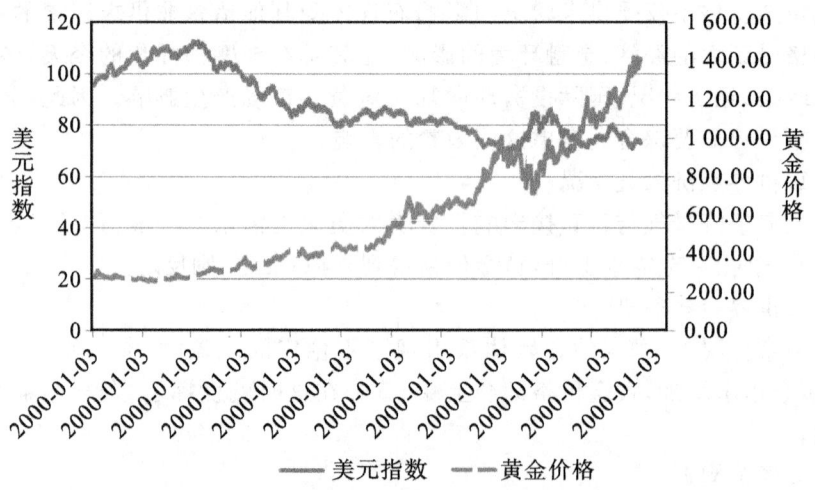

图 6-7　美元指数和黄金价格的相关走势

资料来源:黄金价格摘自世界黄金协会网站 http://www.research.gold.org/prices,美元指数来自美联储网站:http://www.federalreserve.gov/

(五) 通货膨胀

从长期来看,如果通货膨胀率在正常范围内变化,那么对黄金价格的波动影响并不大。只有在短期内，物价大幅上升，引起人们恐慌，货币的单位购买力下降，黄金价格才会明显上升。一般来说，世界通货膨胀率与黄金价格具有正相关的关系，即世界通货膨胀率上升，黄金价格上涨；反之，黄金价格随着通货膨胀率的下降而下降。

（六）利率水平

投资黄金不会获得利息，其投资的获利完全依靠黄金价格的上升。当利率偏低时，投资黄金会有一定的益处；但是当利率升高时，收取利息会更加吸引人，黄金的投资价值就会下降。

（七）季节性因素

春节期间，中国等亚洲国家实物黄金的需求增加，印度传统的婚嫁季节和西方圣诞节期间实物黄金的需求也会增加。这种季节性因素在一定程度上也会阶段性地对黄金价格产生影响。

（八）相关市场收益

黄金市场不是孤立存在的市场。当证券和外汇等市场收益上升时，黄金投资相对减少；反之则增加。一般来说，黄金市场和股市、汇市存在一定的反向关系；当股市下跌时，资金为避险流入黄金市场，黄金价格上升。

由图 6-8 可见，黄金价格与股市确实存在一定的负相关关系。

图 6-8　2000—2010 年黄金价格与 S&P 500 指数

资料来源：黄金价格摘自世界黄金协会网站 http://www.research.gold.org/prices，S&P 500 指数来自 wind 资讯数据库

第四节 石油投资

一、石油交易简介

(一)石油简介

石油又称原油,是从地下深处开采的棕黑色可燃黏稠液体。石油的成分主要有:油质(这是其主要成分)、胶质(一种黏性的半固体物质)、沥青质(暗褐色或黑色脆性固体物质)、碳质(一种非碳氢化合物)。

石油的常用衡量单位是"桶",即 42 加仑,折合约 158.98 升。因为各地出产的石油的密度不尽相同,所以一桶石油的重量也不尽相同。一般地,一吨石油大约有 7 桶,轻质油则为 7.1~7.3 桶不等。

石油经过加工提炼,得到的产品大致可分为四大类,即:石油燃料,润滑油和润滑脂,蜡、沥青和石焦油,溶剂和石油化工产品。

(二)世界石油分布状况

石油的分布从总体上来看极其不平衡:从东西半球来看,约 3/4 的石油资源集中于东半球,约 1/4 分布在西半球;从南北半球看,石油资源主要集中于北半球;从纬度分布看,石油资源主要集中在北纬 20°~40°和 50°~70°两个纬度带内。波斯湾及墨西哥湾两大油区和北非油田均处于北纬 20°~40°内,该纬度带集中了 51.3%的世界石油储量;50°~70°纬度带内有著名的北海油田、俄罗斯伏尔加及西伯利亚油田和阿拉斯加湾油区。图 6-9 显示了世界石油探明储量的分布情况。

(三)石油市场及其特性

世界石油工业已有 150 多年的历史,然而真正意义上自由交易的国际石油市场只是在 20 世纪 70 年代后期才逐步萌芽。随着跨国石油公司或 OPEC 任何一方单方面控制石油市场的格局逐步瓦解,国际石油价格的波动加剧,市场产生了规避价格风险的强烈需求。在这样的背景下,国际石油期货市场发展了起来。20 世纪 90 年代以来,石油期货市场发展迅速,同时场外市场交易的远期、掉期、期权等石油衍生品也层出不穷。无论是从时空布局、交易规模、交易方式、产品种类、市场参与者结构,还是从市场功能来看,石油衍生品市场都已经成为国际石油市场不可或缺的组成部分,而且在国际经济格局中发挥

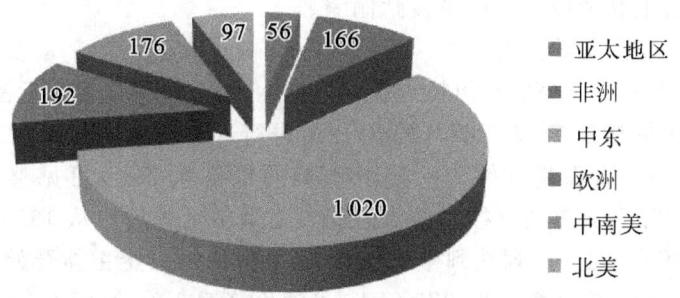

图 6-9　世界石油探明储量(亿吨)

越来越大的作用。

石油衍生品市场的快速发展,使得石油市场的金融化演变趋势更加突出,归结起来主要表现在以下几个方面:一是银行、基金等金融机构对石油市场的参与日益加深,石油成为它们投资组合的重要组成部分;二是国家之间围绕石油期货市场和石油定价规则的竞争日益加剧;三是石油基础市场的价格日益受到石油衍生品市场和其他金融市场(如石油期货市场、股票市场、货币市场、美元走势等)的影响,石油期货价格成为世界石油贸易的基准价格;四是石油衍生品创新层出不穷、个性化的风险管理工具发展迅速。

世界石油市场具有以下特点:世界石油生产和消费的地理不均衡,决定了石油市场的全球化特征;石油市场与世界政治、经济形势息息相关;国际石油市场的游戏规则及交易手段日趋成熟、完善;金融化、信息化是世界石油市场发展的大势所趋。

石油市场参与者通常包括:大型跨国石油公司、国家石油公司、石油贸易公司、独立的炼油厂、金融机构、独立的石油生产商以及经纪公司等等。

二、国际石油价格体系演变

自 1880 年有石油市场价格记录至今的 130 年以来,国际油价的演变过程大体可以分为以下几个阶段:

(一)OPEC 成立之前

随着世界石油工业的逐步发展,在第二次世界大战后形成了国际石油市场,石油价格受美国和跨国公司的垄断控制,它们以垄断买主的地位在油田当场收购产油公司生产的石油,油价处于 1.5～1.8 美元/桶的垄断低价水平。

世界石油的主要消费者为欧美发达国家。

(二) OPEC 成立初期

1960 年 9 月 OPEC 在伊拉克首都巴格达成立,OPEC 成立后围绕着石油的生产权和价格决定权不断与跨国公司进行斗争。从 OPEC 成立到 1970 年,石油价格一直保持在 1.8~2 美元/桶的价格水平上,可见整个 60 年代 OPEC 在国际石油市场上控制油价的能力是微不足道的。从 1970 年至 1973 年,随着 OPEC 在一系列谈判中的胜利,石油价格的决定主体开始发生变化,石油标价出现上升迹象,到 1973 年 10 月油价接近 3 美元/桶。

(三) 第一、二次石油危机期间

在该时期,OPEC 国家在过去把石油资源收归国有化的基础上,进而联合起来,夺取了国际油价的决定权,并以石油为武器打击欧美发达国家。1973 年 10 月爆发了第四次中东战争,油价急剧上涨,从 10 月的接近 3 美元/桶涨到 1974 年 1 月 1 日的 11.65 美元/桶,出现了第一次能源危机。1974 年 2 月尼克松建议召开了第一次石油消费国会议,成立了国际能源机构,能源问题成为国际政治外交中的重要议题,OPEC 的国际地位迅速上升。从 1974 年至 1978 年石油价格一直比较稳定,1978 年 2 月 1 日油价为 12.70 美元/桶,而 1979 年至 1981 年第二次能源危机时,布伦特油价狂涨到 36.83 美元/桶。借助两次石油危机,OPEC 从国际石油垄断资本手中夺回了石油价格决定权。

(四) OPEC 实行石油产量配额制时期

在该时期,OPEC 通过以沙特阿拉伯为"机动产油国"的石油产量配额制调控国际油价保持在相对较高的水平,布伦特油价从 36.83 美元/桶缓慢降到 27.51 美元/桶。该时期国际油价的两大特点:一是保持在相对较高的水平,并呈逐年缓慢下降态势;二是随着非 OPEC 产油国石油产量的增长以及节能和替代能源的发展,OPEC 对油价的控制能力不断下降,石油价格也开始不断回落,直至 1986 年的急剧下跌,降到 13 美元/桶左右。

(五) 市场定价机制期间

在该时期,国际油价主要由市场供需决定。1986 年之后,国际油价的决定主体从 OPEC 单方面决定,向 OPEC 和石油国际垄断资本两股势力相互抗争、共同决定的局面演变。此时期,由于石油勘探开发技术的进步,石油成本不断下降,产量增加,需求旺盛,布伦特石油年均价在 14.3~20 美元/桶的水平上徘徊波动(1990—1991 年的海湾战争时油价出现短期大的涨落除外)。

(六) 油价大幅波动时期

受亚洲金融危机的影响,需求下降而 OPEC 又不适时宜地增产,欧洲布伦特石油价格从1997年1月的24.53美元/桶,下降到1998年12月的9.25美元/桶的最低价。然后从1999年3月开始反弹并一路攀升,2000年8月后不断突破30美元/桶,2000年9月7日最高时达到37.81美元/桶,短短18个月涨幅达3倍之多,创"海湾战争"以来的油价新高。

图6-10为西得克萨斯中质石油(WTI)现货1978年至2011年周度数据。

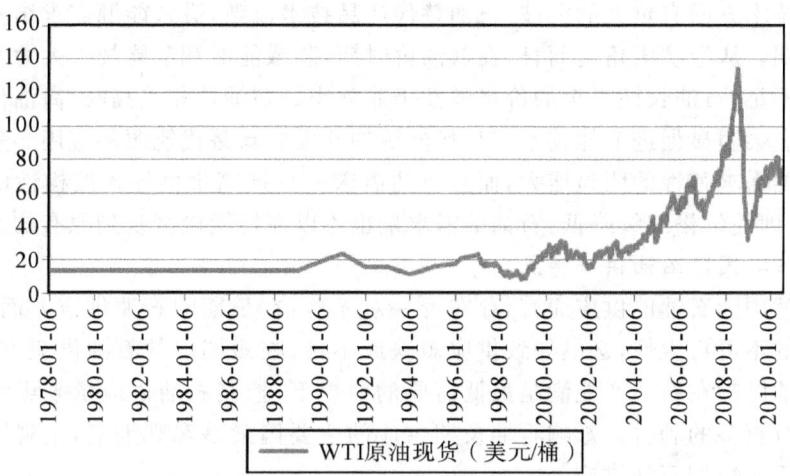

图6-10 WTI石油现货1978年至2011年周度数据

资料来源:美国能源署网站 http://www.eia.doe.gov

三、石油供求特征

(一)国际石油需求特点

作为不可再生的资源性商品,石油需求的刚性无需质疑,影响石油需求变化的因素绝大多数也只是在短期内能够发挥作用;从长期看只有人类在能源技术方面有重大的突破,才能根本改变对石油的依赖性需求。

1.石油需求的短期特点

短期内,石油需求表现出典型的高收入弹性和低价格弹性。短期的石油价格需求弹性接近于0。低价格弹性导致短期价格的变化并不会导致石油需求量的明显调整;但是石油价格对市场供求关系的变化却极为敏感,即使供求平衡点的微小变化也会引起价格的大幅度波动。这种短期需求特点使得价格上涨不会在短期内导致消费量的下降,而国际石油价格却经常处于不稳定中。

2. 石油需求的长期特点

石油需求的长期特点是存在弹性拐点。石油需求的长期特点与其短期需求特点极其类似，需求的价格弹性仍非常小，只是要大于某一短期的需求弹性；但石油需求的长期特点存在一个弹性拐点，一旦拐点形成，其长期需求弹性将会明显增大，价格上涨会使需求量明显下降。这个拐点的形成就是人类能源技术方面有重大的突破，石油替代产品技术成熟，进入能源需求结构性调整时期。从经济学角度而言，在低油价时期，刺激能源和节能技术大力发展的动力不足，石油长期需求的价格弹性仍非常小。在油价相当高时，高油价的间接效应会明显促进节能技术和替代能源的开发。新替代能源的应用必然会导致石油需求弹性的明显增大，而且石油需求一旦被高价格导入结构性的下降趋势，即使价格继续降低，石油的需求量也难以在短期内恢复到原有的水平。

(二) 国际石油供给特点

就国际石油的供应而言，存在着一对矛盾：在长期的石油供应方面，由于石油的不可再生性，必然导致供应短缺或不足；在短期内的石油供应方面，主要产油国却在石油产能满足最低需要的前提下，控制石油供应量来影响价格而获取更多的利益。影响石油长期供应的主要因素是客观因素，主观因素明显作用于短期石油供应。

1. 石油供给的短期特点不同于一般商品

就一般商品而言，其供给是随着价格的上升而增加的，而石油的供给特点是短期内石油供应不会随价格的波动发生明显的变化，石油供应的变化却会引起价格剧变。石油短期内供给变化相对石油短期需求变化而言，与石油价格短期波动关联性更强。

石油生产具有两大特点：

第一，石油的生产费用绝大多数是生产设备的折旧费用和利息等固定费用，无需原料费用，所以产量越是增加，单位产量的生产费用便越是下降。因此，价格下跌的损失可以用增产所产生的成本下降加以弥补，这样即使市场竞争促使价格进一步下跌，也会激起强烈的增产欲望。

第二，石油勘探开发是一个长期过程，即使一个已发现的油田从探明储量到形成生产规模一般也要历时 7~10 年。即使油价提高，短期内也不可能依靠开发新油田建立起新的石油供应。只要石油供应量达到临界产量值，不论价格如何上涨，供应量也不会在短期内增加。但只要市场上出现石油供应趋紧，石油价格就会迅速做出反应，大幅上涨，对经济有极大的破坏作用，风险极大。如产油国通过"限产保价"减少对市场的供应，就会使得油价暴涨。

2. 石油供给的长期特点

从长期看,在供给紧张(现有生产能力已经充分利用)的状态下,随着价格上升,产油国将有能力和有意愿增加生产能力,以提高石油产量,但因受到节能和替代能源价格的制约,油价上涨幅度受到限制。在长期内,由于节能和替代能源的开发,供求力量的作用将使得石油价格合理上升,长期石油需求价格弹性增大,同时新油田的大量开发,也会使供给弹性增大,因此石油供给量的增加有可能引起价格回落,即通过市场的自身调整达到均衡。

四、石油价格的确定及影响因素

(一)国际石油定价方法

随着世界石油市场的发展和演变,现在许多石油长期贸易合同均采用公式计算法,即选用一种或几种参照石油的价格为基础,再加升贴水,其基本公式为:

$$P = A + D \tag{6-18}$$

其中,P为石油结算价格,A为基准价,D为升贴水。其中基准价并不是某种石油某个具体时间的具体成交价,而是与成交前后一段时间的现货价格、期货价格或某报价机构的报价相联系而计算出来的价格。有些石油使用某个报价体系中对该种石油的报价,经公式处理后作为基准价;有些石油由于没有报价等原因则要挂靠其他石油的报价。石油定价参照的油种叫基准油。不同贸易地区所选基准油不同。出口到欧洲或从欧洲出口,基本是选布伦特油(Brent);北美主要选西得克萨斯中质油(WTI);中东出口欧洲参照布伦特油、出口北美参照西得克萨斯中质油,出口远东参照阿曼和迪拜石油;中东和亚太地区经常把"基准油"和"价格指数"结合定价,并都很重视升贴水。

1. 欧洲石油定价基准

在欧洲,北海布伦特石油市场发展比较早而且比较完善,布伦特石油既有现货市场,又有期货市场。该地区市场发育比较成熟,英国北海轻质石油布伦特已经成为该地区石油交易和向该地区出口石油的基准油,即交易石油基本上都参照布伦特石油定价。主要包括的地区有:西北欧、北海、地中海、非洲以及部分中东国家如也门等。其主要交易方式为 IPE 交易所交易,价格每时每刻都在变化,成交非常活跃;此外,还有场外交易。布伦特石油现货价格可分为两种:即期布伦特现货价(dated Brent)和远期布伦特现货价(15 days

Brent)。前者为指定时间范围内指定船货的价格；后者为指定交货月份，但具体交货时间未确定的船货价格，其具体交货时间需由卖方至少提前15天通知买方。

2. 北美石油定价基准

与欧洲石油市场一样，美国和加拿大石油市场也已比较成熟。其主要交易方式为 NYMEX 交易所交易，价格每时每刻都在变化，成交非常活跃；此外，还有场外交易。在该地区交易或向该地区出口的部分石油定价主要参照美国西得克萨斯中质石油 WTI(West Texas Intermedium)，如厄瓜多尔出口美国东部和墨西哥湾的石油，沙特阿拉伯向美国出口的阿拉伯轻油、阿拉伯中油、阿拉伯重油和贝里超轻油等。

3. 中东石油定价基准

中东地区石油主要出口北美、西欧和远东地区。其定价中参照的基准石油一般取决于其石油的出口市场。中东产油国出口油定价方式分为两类：一类是与其基准油挂钩的定价方式。另一类是出口国自己公布价格指数，石油界称为"官方销售价格指数"（"官价"，OSP）。阿曼石油矿产部公布的石油价格指数为 MPM，卡塔尔国家石油公司公布的价格指数为 QGPC（包括卡塔尔陆上和海上石油价格），阿布扎比国家石油公司为 ADNOC 价格指数（包括上查昆油、下查昆油、穆尔班油、乌姆舍夫油），这些价格指数每月公布一次，均为追溯性价格。QGPC 和 ADNOC 价格指数基本参考 MPM 指数来确定。官价指数是1986年欧佩克放弃固定价格之后才出现的，目前亚洲市场的许多石油现货交易与 OSP 价格挂钩。从 OSP 的定价机制可以看出，以上三种价格指数受所在国政府的影响较大，包括政府对市场趋势的判断和采取相应的对策。参照基准油定价的中东国家也就不同市场进行区分。一般来说，对于出口北美地区的石油，则参照美国西得克萨斯中质油定价，对于出口欧洲的石油则参照北海布伦特石油定价，对于出口远东地区的石油则参照阿曼和迪拜石油的价格定价。除此之外，也有一些国家在参照石油的选择上，所有市场只用一种参照石油，但对不同市场选用不同的升贴水。科威特对出口上述三种市场的石油，其参照定价石油都为阿拉伯中质油，但其对阿拉伯中质油的升贴水则不同。

4. 亚太石油定价基准

在亚洲地区除普氏、阿格斯石油报价外，亚洲石油价格指数(APPI)、印尼石油价格指数(ICP)、OSP 指数以及近两年才发展起来的远东石油价格指数(FEOP)对各国石油定价也有着重要的影响。石油长期销售合同中定价方法主要分为两类：一种以印尼某种石油的印尼石油价格指数或亚洲石油价格指数为基础,加上或减去调整价;另一种以马来西亚塔皮斯石油的亚洲石油价格指数为基础,加上或减去调整价。如越南的白虎油,其计价公式为印尼米纳斯石油的亚洲石油价格指数加上或减去调整价。澳大利亚和巴布亚新几内亚出口石油,其计价公式则以马来西亚塔皮斯石油的亚洲石油价格指数为基础。我国大庆出口石油的计价则以印尼米纳斯石油和辛塔石油的印尼石油价格指数和亚洲石油价格指数的平均值为基础。中国海洋石油总公司的出口石油既参考亚洲石油价格指数,也参考 OSP 价格指数。

(二)国际石油价格的影响因素

首先,能源替代发展对石油长期需求及价格有着负的影响。除石油外,还有煤等可替代能源,尤其是当石油价格过高时,部分对石油的需求会转而求助于替代能源,这样可以抑制油价的上涨或是降低油价。

气候变化对石油短期需求及价格影响明显。一年四季冷暖不同,供暖对石油产品的需求也不同,从而造成油价的季节性波动。据有关资料显示,"暖冬"与"寒冬"世界对石油的需求相差 100 万桶/日以上。美国石油消费占全球的 1/4,其国内的气候状况对油价的影响较大。2006 年年底到 2007 年年初,国际油价的向下波动十分剧烈,重要因素之一就是由于全球持续的暖冬导致人们对石油需求下降。美国气象部门的统计显示,1 月份通常最冷,也是取暖油消费最高的月份,但 2007 年 1 月份美国的气温却为历史同期最高,所以 2007 年年初油价向下波动。

各石油消费大国政策对石油短期需求的影响明显,从而影响石油价格。就消费大国来说,大致可以分为两类:一是由于其国内石油资源匮乏而被迫进口的国家,如日本和意大利;二是那些能够利用国内充足或潜在石油生产能力却仍进口石油的国家。第一类国家的政策显然倾向于尽可能多地降低石油价格,而第二类国家一方面是出于石油安全战略上的考虑不希望价格飞涨,另一方面也希望避免国际石油市场低价格损害其国内石油产品的竞争力,政策两面性明显。这两类国家都通过制定不同的石油消费政策来达到自己的目标,同时间接影响国际石油价格的起伏波动。

OPEC 成员国石油供应政策对石油价格有重要影响,其中有以下几个因素值得关注:一是 OPEC 的配产政策。OPEC 减产促价可以取得价格上的最大化,增产压价可以取得市场份额的最大化,但这两种做法在中远期都对自己不利,因此,它一般避免采取极端的做法而是采取稳妥的方式寻求价格的稳定。二是 OPEC 的过剩产能,即它保持多少随时可供应市场的能力。由于 OPEC 的保密规定,OPEC 的过剩产能一直是外界猜测不透的谜。三是

OPEC 内部协调机制。从近年来的形势看,由于担心利益受损,OPEC 各国经常围绕配产份额发生争执,从而影响油价的即时反应。OPEC 内部协调机制的运行结果成为影响 OPEC 作用发挥的重要因素。

此外,国际市场的投机行为是油价短期波动的主要力量。国际石油期货市场投机炒作导致国际石油价格一度高涨,这是由于全球石油供求关系始终处于十分脆弱的平衡状态。一方面需求增长强劲,另一方面供给不断受到政治事件、恐怖袭击、自然灾害、库存增减和天气变化等非经济因素的影响,造成供给极不稳定,导致期货市场投机商趁机在石油期货市场大肆炒作牟利。在不断炒高油价的同时,也造成油价的剧烈波动。

参考文献

[1] Mark J. P. Anson. The Handbook of Alternative Assets[M]. John Wiley & Sons, Inc. 2002.

[2] 黄金矿业服务有限公司. 黄金年鉴 2010。

[3] 李玉顺,矫海燕,赵丰. 国际油价的演变及其定价机制[J], 石油科技论坛, 2004 年第 6 期.

[4] 梁铮. 我国黄金投资工具探秘[J]. 现代商业, 2010 年第 3 期.

[5] 孟亮,殷晓红,张世伟. 国际石油市场供需与价格形成机制的经济学分析[J], 辽宁工业大学学报(社会科学版). 2008 年第 3 期.

[6] 魏强斌,陈杰. 赢在黄金期货[M]. 清华大学出版社, 2009.

[7] 文竹居士,王雯. 黄金投资黄金期货[M]. 地震出版社, 2009.

[8] 约翰·赫尔(著),王勇(译). 期权、期货及其他衍生产品(原书第七版). 机械工业出版社, 2010.

[9] 恽起,恽飞. 黄金期货交易入门[M]. 中国金融出版社, 2008.

[10] 张宏民. 石油市场与石油金融[M]. 中国金融出版社, 2009.

[11] 周洁卿. 黄金和黄金市场——投资价格的认识与实践. 学林出版社, 2008.

[12] 滋维·博迪等(著),朱宝宪(等)译. 投资学[M]. 机械工业出版社, 2007.

第七章 其他的另类投资

第一节 流行的商品投资

一、艺术品投资

(一)艺术品投资概述

1.艺术品投资的概念

艺术品一般指的是造型艺术的作品。根据《中国百科大辞典》的定义,艺术品的概念可以从广义和狭义两个范畴来界定:

广义:历史上一切具有艺术价值并传承人类对美的认知、理解、探求、创造的客观物质载体。

狭义:凝聚着人类各种形式的艺术劳动的,有某一具体表征和特定经济价值、文化价值、审美价值、科学价值的物品。

由此可见,艺术品绝不是一般意义上的消费品,它可以说是容纳货币流动性的一种大类资产。艺术品不但具有资本品的特点——抵御通胀、规避风险、获取收益,同时,这个投资的过程充满着艺术欣赏带来的其他效用——感知和鉴赏美的欣喜与满足、让某种表达或感觉永久传世的期望与梦想、思想乃至灵魂的认可与升华。因此,艺术品的价值不仅仅是通过它的使用功能而体现出来,而往往是通过收藏和展示来体现其价值以及价值增值。

2.艺术品投资的种类

艺术品是一个极其广泛的概念,字画、邮品、珠宝、古董等都属于艺术品的范畴。对于艺术品投资者而言,是不会也不可能对所有艺术品进行投资的,投资者常根据自己的兴趣爱好、知识水平、经济实力等不同情况,选择某一类或某一项艺术品进行投资,以获得较好的预期效果。常见的艺术品投资主要有以下几种:

(1) 字画投资

字画是书画家的艺术作品。书法是按照文字特点及其含义,以其书体笔法、结构和章法写字,使之成为一件具有较高欣赏价值的艺术作品。画的种类较多,包括油画、国画、版画、水粉水彩画、漆画、雕刻等。

应该指出,并非所有的字画都可以成为投资的对象。字画投资的对象主要是指名人字画,除造诣较深、声望较高的书画名家的作品外,其他名人、伟人的字画作品也列在其中。

(2) 邮品投资

集邮本来是一种相当普及的消遣方式,但近几十年来,它也成为一种备受关注的投资方式。邮票,首先作为邮资的等价物,具有使用价值;其次,作为艺术品,又具有欣赏和收藏价值。它的这一双重价值决定了它可以作为一种投资工具。

邮品投资对象不仅包括邮票,还包括与邮票有关的首日封、邮戳及集邮文献等。

(3) 珠宝投资

珠宝包括钻石、玉石、珍珠、红宝石、蓝宝石等。由于珠宝体积小、价值大,和黄金一样,成为财富的象征。它既可以凭借其天然美使人们怡情悦性,又可以帮助人们积累财富。因其利润丰厚,目前贮藏珠宝已成为世界上流行的一种有利可图的投资方式。

(4) 古董投资

古董的范围极广。1949 年中华人民共和国成立以前,中国和外国制造、生产或出版的陶瓷、金银器、铜器以及其他金属器、玉石器、漆器、玻璃器皿、各种雕刻品、家具、织绣、碑帖、货币等,都属于古董范畴。以中国古董为例,1986 年 11 月在香港举行的赵从衍古董拍卖会上,一件明代洪武年间釉里红牡丹莲花大盘,以 4 370 万台币由日本一企业家拍得。名贵的古董动辄数以千万计。尤其是一件经国际公认的古董,除了增值率高外,也成为身份地位的表征,既可赚钱也可陶冶性情,因此为许多艺术品投资者所青睐。

(二)艺术品投资价格确定

从理论上来说,任何一件商品的市场价格都应与其实际价值大体相等,同时,受供求关系的影响,价格随价值上下波动。而艺术品,作为独特的商品,其自身特点决定了它的价值和价格的确定较普通商品要复杂得多。

1. 艺术品价值的特点

艺术创作是一种独特的复杂的高智能劳动,正因为此,艺术品价值具有不同于一般商品价值的难以量度性、稀缺性和无限增值性。

(1)艺术品价值的难以量度性

艺术品价值之所以难以量度,原因有三个:

其一,学术界、评论界对某一件艺术品、某一个艺术家、某一个艺术流派,从来就是各持己见,没有也不可能有一个统一的公认的评判标准。

其二,艺术品创作是一种复杂劳动,复杂劳动所创造的价值是简单劳动所创造价值的倍加,但具体是加多少倍,没有统一的标准。

其三,一般的商品是以体力劳动为主的产物,比较容易制定出标准;而艺术品如同高科技产品,是以脑力劳动为主的产物。如果说高科技产品还可以以它所创造的生产潜力来衡量它的价值,艺术品则主要是对人们精神的影响,其价值难以衡量。

(2)艺术品价值的稀缺性

一个艺术家在高度投入艺术创作之中时,常常是处于物我两忘的境界。在这种境界中,往往有"神来之笔",创造出自己事后也不可能再现的作品。

就艺术家一生的创作而言,数量也是有限的。处于创作高峰期(指已形成自己熟练的创作风格的时期)所创作的优秀作品会更少。更何况任何两幅作品之间又有不同之处。这就决定了出自不同艺术家之手的作品价值不同,对于同一艺术家的同一题材的两幅作品,其价值也可能相差悬殊。收藏者出于审美偏好或投资方向的选择,会对某一艺术家、某一作品表现出极强的定向,特别是在拍卖的场合,往往会不惜重金争购。一旦购入,也不希望看到类似或同样的作品出现。大量的作品复制、风格模仿、赝品伪造,往往是作品跌价的原因。

(3)艺术品价值的无限增值性

无限增值性是艺术珍品的特征。通常只有在艺术家本人去世后才能实现。当这个世界上再也不可能有人继续提供同类作品,而作品经历史检验和这个艺术家一致获得公认之后,作为一种不能重复的历史阶段中精神创造的产物,艺术品才可能具有永恒的价值——无限增值性。中外美术史上那些享誉世界的艺术大师们,其作品都具备上述三个特征。

2.艺术品价格的确定因素

只要认同作为商品的艺术品的上述三个特点,就不难发现确定艺术品价格的因素主要有以下5个方面。这是艺术家和投资者作出价格决策时所必须考虑的。

(1)艺术品本身的质量

艺术品本身的质量是决定艺术品价格的本质因素。由于艺术品的收藏者较少考虑艺术品的原材料、展览、宣传、运输、包装费用、税金、管理费以及艺术家创作期费用,主要是依据作品的题材、风格、获奖情况、艺术家年龄、地位等而定价,故艺术品的质量从根本上决定着其价格的高低。在正常情况下,艺术品的艺术价值大体与市场价格一致,作品的艺术价值越高,其市场价格也越高。当一件优秀的作品尚未为人认知,或作者未具知名度,该作品的市价必被低估,因此该作品具有较大的升值潜力,以恢复至相应的价值。同样,当一作品的艺术价值不高,而市场价格被人为地抬高,最终被高估的市场价格必有下跌的危机。正如欧洲印象派大师凡·高的作品,生前无人问津,一文不值,死后渐被人们所认同,终创天文数字的市场价格。

(2)艺术品的稀缺程度

艺术品的稀缺程度往往与艺术品价格密切相关,艺术品越是稀缺,价格可能越高。以齐白石的作品为例,齐白石的艺术成就相当高,尤其是画虾,艺术价值空前绝后。但在艺术市场上,其画虾的作品远不如其他冷僻题材的作品如《老鼠偷油》之类卖得起价。这主要是因为齐白石画虾的作品数量太多,而《老鼠偷油》之类,虽然艺术价值也许不如画虾,但"物以稀为贵",价格反而居画虾之上。

(3)社会经济发达程度

艺术品是属于社会上层建筑的东西,是人们在满足物质生活需要之后所追求的精神生活的组成部分。经济越繁荣、生活水平越高,艺术品的需求量越大,艺术品的市场价格也就越高,艺术品市场也会随之发展和成熟起来,专门从事艺术品拍卖的机构和经营艺术品的机构会增多,其活动也会趋于活跃。

(4)艺术收藏者的爱好、审美情趣和投资选择

一个有购买力的艺术品收藏者对于自己钟爱的艺术品,往往会不惜重金来购买。若对某一艺术家、某一题材的艺术品特别感兴趣,认为必有增值的潜力,往往会提高该艺术家及其作品的市价。购买艺术品的人大都是有钱之人,但有钱之人并不一定有很高的艺术修养,他要按自己的欣赏习惯、特殊需要等

购买艺术品。因此,艺术品市场上艺术品价格有较大的随意性。

(5)艺术家的地位及健康状况的变化

艺术家的地位可能随着他的获奖、举办个展而急剧上升,在舆论导向有利的条件下,艺术家适当地提高自己的身价既是情理之中的事,也有利于巩固自己的地位。成名艺术家的健康状况对其作品价格影响亦很大。如台湾画家席德进,当他生病的消息传出,画价立刻以不合理的幅度上涨,但收藏者仍接受。

(三)艺术品投资常用指数介绍

1.艺术品指数

海外艺术品投资指数的发展时间比较长,中介机构和学者们为此做了长期的探讨和应用,由于交易形式特别,又具有一定的私密要求,数据收集是艺术品指数最为困难的一个环节。

苏富比公司根据自己的拍卖纪录构建了艺术品综合指数和分类指数(例如印象派指数、现代派指数等)。学术界通常采取的修正方法是:在苏富比、佳士得(拍卖公司占据了艺术品市场45%的市场份额,其中苏富比和佳士得的市场份额接近拍卖公司的半数)的拍卖纪录基础上,结合其他拍卖公司或经纪人的公开数据,考虑可比拍卖的反复出现,重新编制学术界认为较为客观的艺术品指数。

2.梅摩艺术品指数

梅摩艺术品指数(见图7-1)虽然发展时间不长,但是目前在艺术品投资指数中地位十分重要。该指数已经建立了一个大概拥有全球15 000对重复

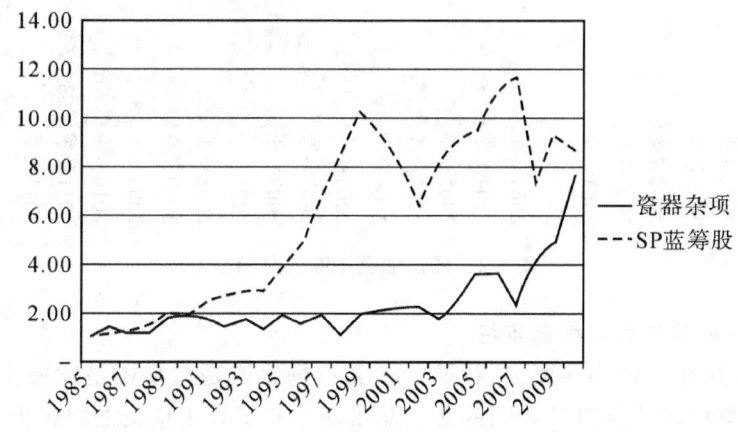

图7-1 梅摩艺术品指数

拍卖交易的信息,并且每年还将增加 1 000 对拍卖信息。指数应用的是和编制标准普尔住宅房地产指数相类似的方法和数据收集原理。梅摩艺术品指数目前已被著名投资银行摩根斯坦利定为世界十大资产指数之一,使用者包括安联保险、摩根斯坦利、美林、UBS、花旗银行、德意志银行等金融机构,并见诸全球数百家主流媒体,包括纽约时报、金融时报、时代周刊、福布斯杂志、华尔街日报、中国证券报等。

3. 本土艺术品投资指数

雅昌油画 100 成分指数(见图 7-2)和国画 400(见图 7-3)指数是由国内的艺术品投资门户 www.antnou.com 发布的,是目前在国内相对专业的艺术品指数。可惜的是,标的仍然集中在画作上,没有覆盖国人关注的收藏大类中更具中国特色的瓷器、玉器和皇权艺术品(包括官窑、宣德炉、珠宝等)。

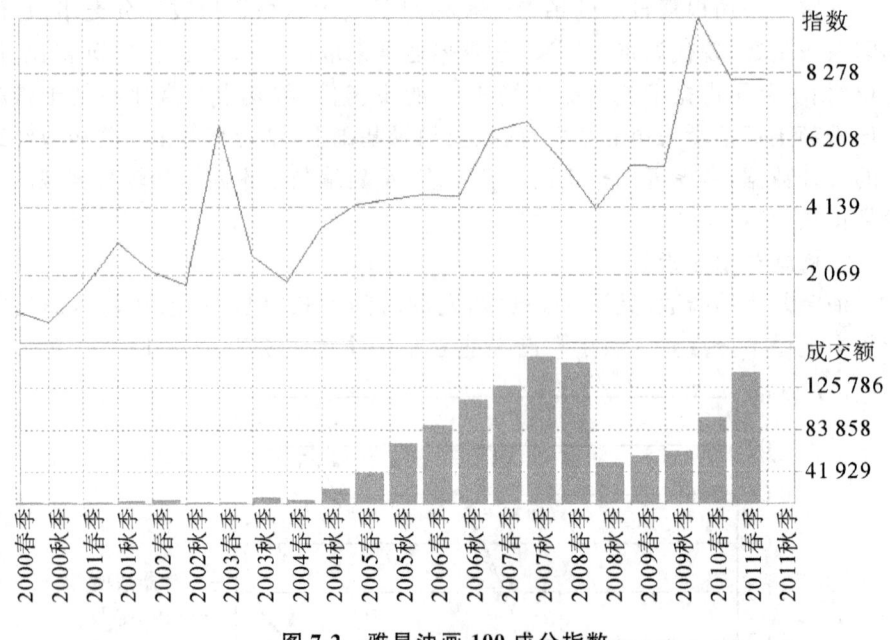

图 7-2　雅昌油画 100 成分指数

(四)我国艺术品投资市场

由于历史上的一些原因,我国艺术品市场无论是起步还是发展步伐都比较缓慢,新中国成立以后我国的艺术品市场才有了真正意义上的起步和发展。100 多年前的旧上海,我国第一家拍卖行出现了,民国鼎盛期拍卖行的数量也

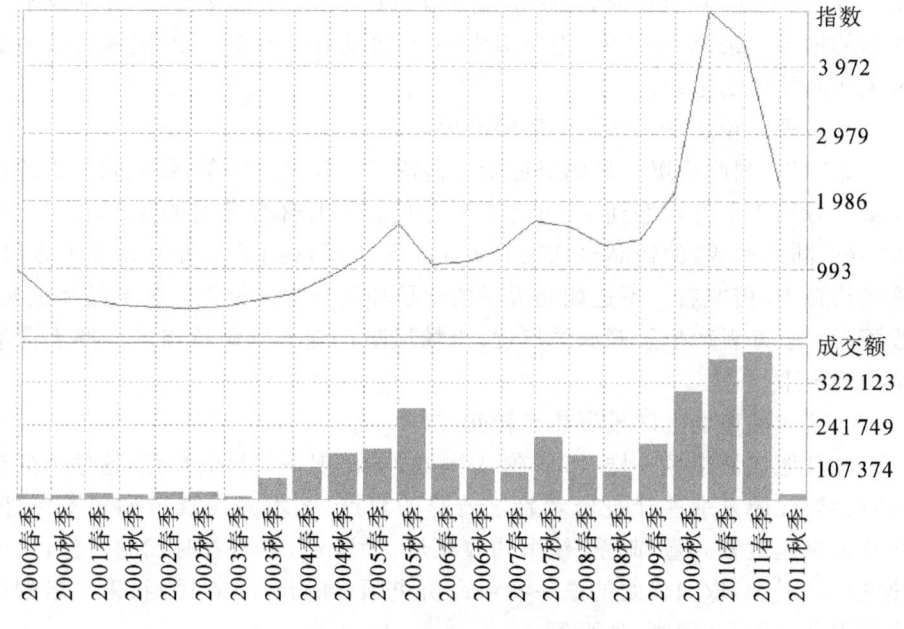

图 7-3 雅昌国画 400 指数

曾达到二三十家。不过在新中国成立初期,由于我国的政治、历史原因,拍卖一度曾在中华大地上销声匿迹。20 世纪 80 年代以后,我国实施了改革开放,我国的艺术品市场也开始有了生机。我国传统字画、陶瓷等艺术品都被列为商品悄然进入刚刚兴起的第三产业。从此我国的艺术品市场才得以走出过去的"悲惨命运",慢慢兴旺起来。

近年来,随着物质生活水平的提高,人们对于精神文明的追求日益增多,艺术品市场的发展速度十分迅猛。除了我国各地区各大博物馆、美术馆纷纷吸纳珍品外,民间收藏活动也得到了复苏。艺术品投资成为当今社会新的投资热点。这一来是由于艺术品投资的风险要远远低于股票、期货投资,二来是由于人们把玩赏名人字画、陶瓷等看作是提高自身身份和地位的标志。所以这几年国内艺术品投资热潮此起彼伏,艺术品市场也随之发生了相应的变化。

1. 市场上的艺术品投资价格屡创新高

艺术品投资的渠道有拍卖公司、文物商店、文物市场等,其中最主要的是拍卖公司。如今拍卖业的欣欣向荣在我国是有目共睹的,且拍卖会上的艺术珍品屡屡被拍出高价。毕加索的一幅《拿着烟斗的男孩》(现代油画)的成交价是1.04亿美元；傅抱石的名画《茅山雄姿》以2 090万元成交，打破画家本人作品的拍卖纪录；徐悲鸿的《巴山汲水》成交价达到1 650万元，同样打破画家本人作品的拍卖纪录。

2. 国画三年暴涨10倍，但风险凸现

近三年，国画火爆交易的场面给人们留下了深刻的印象，譬如陆俨少的作品从1万元1平方尺涨到10万元1平方尺。同时部分著名画家(如吴昌硕、黄宾虹、陆抑非等)的作品也从三五千元1平方尺涨到了三五万元1平方尺，涨幅均在10倍左右。不过如此火爆的交易场面令中国早先的艺术品经纪人、投资者和爱好者产生了深深的担忧，市场风险也随着国画价格的一路上涨渐渐凸现出来。

3. 艺术品市场上的投资热点转变

和其他任何市场一样，市场在一个阶段会出现一些投资热点，这些新的热点将会取代原先那些让投资者趋之若鹜的焦点，艺术品投资市场也不例外。多年前兴起过紫砂壶、邮票、钱币的收藏热、投资热，但随着时代的变迁，这股热潮已经退去，取而代之的是一些革命历史题材的作品、农民画、未成名的中青年书画家作品、国画、油画等。

4. 民间藏品的收藏人群急剧膨胀

一方面是因为我国经济水平普遍提高，人民收入增加，有艺术品收藏爱好的人群也随之扩大，而且越来越多的人把它作为一种投资理财的方式；另一方面是由于新进入艺术品投资领域的人群受到经验、实力、心态、知识、技能等的限制，会比较倾向于选择投资价格较低的民间藏品，以减小收藏与投资风险。所以这样的人群在短时间内数量急剧膨胀，从而促进了民间藏品市场的繁荣，使得这个市场的价位也相应提高。同时民间收藏品的投资也逐渐显现出向品种多样化、交易形式多样化、交易地点多样化的趋势发展。

5. 国际艺术品市场吸引中国买家

目前，在许多国际知名的艺术品拍卖会上，正出现越来越多中国买家的身影。2003年秋季克里斯蒂纽约拍卖会上，13%的中国艺术品被来自祖国的买家收入囊中，而2004年3月克里斯蒂中国艺术品拍卖专场，这个比例上升到25%，而到了2005年3月的克里斯蒂拍卖会时，有1/3的买家是中国人，可见中国艺术品投资人群正在飞速壮大。

中国买家所表现出来的在国际市场上的竞买热情令许多国外拍卖公司对这个群体充满兴趣，对这样的市场抱以信心。中国买家的身影频频出现在国际市场上同时也表明：中国正慢慢成为未来中国艺术品国际交易的主流。

6.机构投资者已进入艺术品投资市场

随着国内艺术品投资市场的逐步发展,许多机构投资者也开始着手设计各种理财产品,以期在高通胀或经济萧条的背景下,抢先占据艺术品投资这一需求不断上升的市场。例如,2007年7月20日和8月20日中国民生银行发售了非凡理财"艺术品投资计划"1号1期和2期理财产品,投资对象是中国现代、当代艺术品。这两个产品在2009年7月和6月到期,取得了12.75%的年化收益率,绝对收益率分别为25.50%和24.44%,而同期沪深300指数的年化收益率是-0.26%。2009年年底,民生银行发售了"艺术品投资计划"2号,这个计划在艺术品投资的基础上还采取了分级制度。A款优先获得8%以内的收益率,8%以上的部分按1∶1分配给A款和B款,B款带有5倍杠杆。

(五)艺术品投资基金

艺术品投资基金,是指根据风险共担和收益共享的基本原则,将投资者分散的资金集中起来,由基金托管人托管,由基金管理人运作,以艺术品投资组合的方式进行投资和独立核算,以获得投资收益的艺术金融服务。近年来,艺术品投资基金开始悄然进入人们的视野,并且受到越来越多的关注。许多人都认为,艺术品投资基金的前景非常值得期待。据不完全统计,欧美国家近年来至少组建了23支艺术品投资基金。一些艺术品投资基金的收益率更是远远超出了证券投资基金等传统投资基金。尽管与国外的艺术品投资基金相比,国内的艺术品投资基金才刚刚起步,还很不成熟,然而,以中国民生银行的非凡理财"艺术品投资计划"为代表的公募艺术品投资基金的出现,正在探索一条具有中国特色的艺术品投资基金的发展之路。

1.艺术品投资基金的运作模式

根据发行方式的不同,艺术品投资基金可以分为私募基金和公募基金。所谓私募基金,是指以非公开方式向社会特定公众发行受益凭证,以便募集资金的投资基金。具体来说,既可以通过签订委托投资合同的方式组建契约型投资基金,也可以通过共同出资入股成立股份公司的方式组建公司型投资基金。所谓公募基金,则是指以公开方式向社会不特定公众发行受益凭证,以便募集资金的投资基金。与私募基金不同,公募基金需要在政府主管部门的监管下,定期向投资者披露相关信息,运作比较规范,信息相对透明。根据运作方式的不同,艺术品投资基金还可以分为封闭式基金和开放式基金。所谓封闭式基金,是指基金份额总额在基金合同期限内固定不变,基金份额可以在依法设立的交易场所交易,但基金份额持有人不得申请赎回的基金。所谓开放式基金,则是指基金份额总额不固定,基金份额可以在基金合同约定的时间和场所申购或者赎回的基金。总的来看,目前艺术品投资基金的运作模式主要有三种:艺术品组合投资模式、艺术家信托投资模式和艺术品对冲投资模式。

(1) 艺术品组合投资模式

就国外艺术品投资基金的现状来说,包括美国艺术基金和中国投资基金在内的许多艺术品投资基金都以5~10年为投资周期。其收费方式通常是收取占投资总额1.5%~5%不等的管理费用,如果年收益率超过6%,再另外从超额利润中收取20%的分红。具体来说,这些艺术品投资基金的投资范围也各不相同。例如英国美术管理服务有限公司执行总裁霍夫曼管理的美术基金就将投资范围锁定在古典艺术、现代艺术、当代艺术和印象派艺术这四个领域,其投资比重分别为30%~35%、15%~20%、35%~50%和15%~20%。2004年,英国美术管理服务有限公司从15个国家的投资者手中募集了约3.5亿美元,个人投资者初始投入资金的门槛为25万美元。自成立以来,美术基金的年平均投资收益率高达58%。在经过了3年锁定期后,投资者就可以在市场上自由买卖基金份额,在随后的3~7年时间里,美术基金将向投资者提供每年10%~15%不等的年复合投资收益率。美术基金向投资者收取0.25%的认购费和2%的管理费。在基金解封以后,当年平均投资收益率超过6%时,美术基金还能提取一定比例的分红。这些艺术品投资基金的投资手法更是大相径庭。最具特色的当数美国菲门乌德艺术品投资基金,菲门乌德艺术品投资基金的旗下拥有两大基金,各以1亿美元为募集目标。其中的一个基金以每两年为一个投资周期,接受投资者的委托从事艺术品投资;另一个基金则以50%的资金购买艺术品,另外50%的资金则用于提升这些艺术品的知名度,从而直接或间接地抬高这些艺术品的价位。

(2) 艺术家信托投资模式

除上述直接针对艺术品的艺术品投资基金以外,还有一类直接针对艺术家的艺术品投资基金,例如美国的艺术家共同信托和艺术经纪人基金。在这类艺术品投资基金中,最有创意的还数艺术家共同信托。艺术家共同信托是世界上第一家专门针对新生代艺术家和著名艺术家、以"以物代币"为特征的中长期信托投资计划。艺术家共同信托由总部设在纽约的共同艺术公司创办,现已建立纽约、洛杉矶、伦敦、柏林、北京、墨西哥城、圣保罗、孟买、曼谷、伊斯坦布尔共10个信托中心。每个信托中心都会通过自己的艺术家遴选委员会精心挑选本地区的250名艺术家,成立本地区的艺术家共同信托。艺术家共同信托参考了社会保险的运作模式,将艺术与金融有机地结合在一起。艺术家共同信托的投资者(参与者)是艺术家,但艺术家共同信托需要艺术家提供的并非资金,而是作品。在加入艺术家共同信托的20年中,艺术家每年都要向艺术家共同信托提供1件自己的作品。然而,艺术家共同信托并不支付现金购买这些作品,艺术家仍然拥有这些作品的所有权,只是把这些作品的经营权委托给了艺术家共同信托。艺术家共同信托的专家团队具体负责这些作品的销售。按照他们的信托投资计划,准备在10年以后才将这些作品推向市场,但销售时机将视艺术品市场的具体情况而定,以实现投资收益的最大化目标。当艺术家提供给艺术家共同信托的某件作品被销售以后,艺术家本人将获得销售收入的40%,另外的40%将划入艺术家共同信托的集体公积金账户,剩下的20%则作为艺术家共同信托的管理费用。每一位参与艺术家共同信托的艺术家都可以从集体公积金账户中分享一份均等的投资收益。艺术家共同信托的优势在于:第一,艺术家既可以获得当期收入,又可以分享未来收益;第二,艺术家可以通过投资组合来规避自己作品的市场风险;第三,艺术家共同信托可以最大限度地整合资源,高效运作。

(3)艺术品对冲投资模式

值得一提的艺术品投资基金还有英国美术咨询公司推出的世界上第一支艺术品对冲基金——艺术品交易基金。据艺术品交易基金创始人之一的威廉姆斯介绍:"艺术品交易基金已经与10位成名的艺术家签订了协议,基金有权利优先购买这些艺术家的作品,预计基金1/3的收益将来自这些在世艺术家,余下的收益来自一般的艺术品买卖,印象派、后印象派、现代以及当代艺术都会有所涉及,且油画、素描、水彩和雕塑等多种形式亦包括其中,选择范围极为广泛。"当然,艺术品交易基金的最大特色还在于它采用对冲的方式来规避艺术品投资风险。艺术品交易基金从证券市场上选择那些与艺术品市场密切相关的股票,例如苏富比或者历峰集团之类的奢侈品公司,并买下这些股票的看跌期权。如果艺术品市场形势不好,这些股票也会下跌,艺术品交易基金则可以将这些股票以期权限定的价格卖出,从而使艺术品跌价的风险得到对冲。虽然这种做法还算不上真正的对冲基金,因为苏富比拍卖公司的股票走势并非完全与艺术品市场走势同步。苏富比拍卖公司股票价格的下跌很可能是由于非艺术品市场因素,例如整个证券市场的下跌或者苏富比拍卖公司本身的经营问题。但不管怎样,艺术品交易基金通过对冲交易来规避艺术品投资风险的思路,确实让人耳目一新。据威廉姆斯透露,艺术品交易基金的长期计划是开发一种类似于道·琼斯指数的艺术品指数,分别反映艺术品市场上不同板块的走势情况。在此基础上,投资者可以进行对冲交易,规避投资风险。作为一种衍生工具基金,艺术品对冲基金的出现,不仅增加了一种新的艺术品投资渠道和风险规避方式,而且体现了艺术品金融化趋势的新方向。

2. 艺术品投资基金的业绩

由于很多艺术品投资基金都才刚刚起步,因此,它们的投资业绩实际上大都还仅仅停留在"预期"的层面上。举例来说,美术基金的预期平均年收益率为12%～15%,艺术经纪人基金的预期平均年收益率为10%～12%,格雷厄姆基金的预期总收益率为10年获得400%的利润。显而易见,想要对艺术品投资基金的投资业绩进行全面而准确的评估并非易事。而多年来一直被艺术界、收藏界、投资界和新闻界津津乐道的艺术品投资基金的最成功案例——英国铁路养老基金会(见表7-1)的艺术品投资组合的平均年收益率(表7-2)实际上并不算高,约为13.1%。因此,虽然艺术品投资基金被许多个人和机构投资者寄予厚望,但这些刚刚创立的艺术品投资基金也并非可以轻而易举地获得10%以上的平均年收益率。

表7-1 英国铁路养老基金会投资的艺术品种类及其比例

艺术品投资的种类	占总投资额的比例
大师版画作品、日本艺术品、古董家具和金银器等	24.0%
大师绘画作品	18.8%
大师素描作品	11.1%
印象派艺术品	10.2%
中国艺术品	10.2%
古籍善本与名人手稿	10.0%
古董杂项	8.3%
中世纪与文艺复兴时期艺术品	6.9%

表7-2 英国铁路养老基金会的艺术品专场拍卖会及其年化收益率

专场拍卖会主题	拍卖时间	年化收益率
古籍善本与名人手稿	1988年9月	8.7%
欧洲大陆瓷器	1988年10月	11.4%
欧洲大陆银器	1988年11月	14.1%
法国家具	1988年11月	11.6%
印象派艺术品	1989年4月	21.3%

续表

专场拍卖会主题	拍卖时间	年化收益率
中国瓷器	1989年5月	15.4%
非洲艺术品	1989年7月	4.1%
中国高古瓷器	1989年12月	15.8%
金银珠宝	1990年5月	12.9%
19世纪欧洲大陆绘画作品	1990年6月	14.6%
19世纪维多利亚绘画作品	1990年6月	17.6%
大师绘画作品	1994年12月	12.8%
大师绘画作品	1995年7月	6.9%
大师绘画作品	1996年7月	5.4%
大师绘画作品	1997年1月	6.8%

3. 我国艺术品投资基金的发展前景

2007年,中国民生银行发布的《艺术品银行业务发展研究报告》指出:"高收入阶层中有超过20%的人群有收藏的习惯。其中,艺术品价值大约相当于其全部资产的5%。这意味着,整个高收入阶层大约可以支付超过其财产1%的部分投入到艺术品收藏。假设全国个人储蓄总额其中16万亿元中有50%属于高收入阶层,则意味着,每年至少800亿元资金在理论上是可以用于投资艺术品的。"2010年3月,中共中央宣传部、中国人民银行、财政部等九部委联合印发的《关于金融支持文化产业振兴和发展繁荣的指导意见》要求:"适当放宽准入条件,鼓励风险投资基金、私募股权基金等风险偏好型投资者积极进入处于初创阶段、市场前景广阔的新兴文化业态。"事实上,艺术品投资基金正是助推艺术品市场发展的创新型文化产业投资基金。在这样的大背景下,能否寻找到艺术与金融紧密对接的有效模式就成为直接影响艺术资本市场发展前景的重要因素,而艺术品投资基金恰恰能够在艺术与金融的对接中发挥举足轻重的作用。通过运作模式的合理设计,在很大程度上锁定投资者的投资风险;或者通过运作模式的大胆创新,在控制风险的同时获得高额收益。总而言之,以独立托管、专业管理、组合投资、独立核算、风险共担和收益共享为特点的艺术品投资基金将在艺术资本市场上发挥举足轻重的作用。

二、茶叶投资

中国是世界上最早种植茶叶、饮用茶叶的国家,茶叶产量、茶树种植面积位居世界第一。目前,茶叶已经成为全球性的天然饮料,消费量一直呈增长态势,全球茶叶的消费量一直以每年3‰~5‰的增幅递增。因此,许多投资者在分析中国茶叶产业发展的环境和运行现状,红茶、绿茶、乌龙茶、普洱茶等的产销、出口情况,中国主要茶业企业的竞争格局,茶叶行业市场的发展趋势、投资收益与风险的基础上,逐步将投资方向定位于中国茶叶市场。

(一)中国茶叶行业的特点

近年来,茶叶行业正在发生一个显著的变化,即在茶文化热、有机茶热、保健茶热、名优茶兴起等多重因素下,茶叶的传统区域性消费习惯正在走向分解,取而代之的是更为现代的、多元化的茶叶消费趋势。中国茶业正处在从传统走向现代的一个新的发展阶段。细究之下,我们可以发现中国茶叶行业的四个突出特点:

第一,我国茶叶出口量较大,但价格却不高。据海关统计,2010年1—5月我国茶叶出口12.15万吨,出口金额约2.93亿美元,平均单价2 415美元/吨。与2009年同期相比,出口金额和平均单价均有小幅增长,其中金额增长6.24%,均价上升8.56%,出口数量下降2.13%。我国出口的茶叶虽数量较大,但均价与立顿等知名品牌相比依旧相去甚远。

第二,茶叶种类由单一化走向多样化。现在各类减肥茶、瘦身茶、养颜茶、清胃茶等功能性茶叶越来越普遍地充斥着消费市场。新兴的保健茶在保持传统茶香的基础上,根据不同的消费需求,加入了诸如玫瑰、金银花、决明子等保健中药材,满足了相当一部分消费群体的要求,具有较高的附加值。因此,茶叶种类的多样化,成为当今茶叶市场的一大特点。

第三,茶叶种类和品牌较多,但尚未形成著名品牌。中国有悠久的茶文化,细数中国的名茶,已有上百种,但在诸多名茶中,却未曾诞生世界知名品牌。目前茶业强势品牌的缺失已成为我国茶叶行业发展的障碍。因此,中国茶业要加大名茶转化为名牌的工作力度,增强知识产权意识和品牌意识,尽快形成中国茶业的名茶、名乡、名牌完整的品牌系列,从而走向现代化的发展模式。

第四,茶叶由地方走向全国,甚至世界。据商务部数据,截至2008年,中国茶园种植面积达到260万公顷,茶产量124万吨,占世界总量的1/3。2008年,中国茶叶出口29.7万吨,出口金额6.83亿美元,仅次于肯尼亚和斯里兰卡,中国茶叶产量及出口量分居世界第一和第三。因此,中国茶叶正在由一个地方、一个区域,向整个中国乃至世界市场走去。

(二)茶叶投资的风险

茶叶的种植、加工、销售等环节会受到自然环境、生产经营过程、市场供求等多方面因素的影响。因此,投资于茶叶行业也像其他投资一样,会遭受不同种类和程度的风险。茶业投资的风险大概可分为自然风险、经营风险和财务风险。

1. 自然风险

自然风险也称固有风险,是由于茶叶自然灾害或意外事故所导致的风险。作为传统产业限于今天的"科技水平",茶叶仍没有完全摆脱"靠天吃饭"的局面,茶叶种植业或茶农有受到风、霜、雨、雪、冻、雹及洪涝和干旱等自然灾害影响而出现减产或歉收的可能性,茶叶出口经营企业要顶冒海上风险如雷电、海啸、地震、触礁、沉没、流冰、失火和爆炸等。一般而言,茶叶加工业和茶商业面临的自然风险相对茶叶种植业要小一些。

2. 商业风险

商业风险也称经营风险,在任何商业活动中都是存在的。茶叶产业中则是由茶业经营的不确定性所导致的风险。它主要来自四个方面:

(1)市场销售:市场对茶叶产品的需求、价格,企业可能生产的数量,市场竞争使产销不稳定等因素,均产生了市场销售风险。

(2)生产成本:农药化肥的供应及价格、工人和机器的生产效率、工人的工资和奖金等都是不确定因素,从而产生了生产成本风险。

(3)生产事故:设备事故、茶叶产品发生质量问题、采制茶叶新技术的出现等不可预见的事件的发生,会产生生产事故风险。

(4)其他外部因素:如天灾、经济不景气、有协作关系的企业没有履行合同等外部环境发生变化,让茶叶主体不能左右自己而产生风险。就此意义,商业风险也包括了自然风险,在加工经营过程中茶叶存货发生偷盗、贬值、毁损、报废等所造成的损失也属于商业风险的范畴。

3. 财务风险

财务风险也称筹资风险,是企业因借入资金到期还本付息而产生的风险。茶叶产业化过程中企业要负债经营,不管债权人是银行、政府、企业职工或其他合作企业,一个最大的好处在于解决了经营过程中的资金缺口问题。只要债权人能解囊相助、提供借贷,企业筹建、固定资产的购建、流动周转金等问题便可迎刃而解。然而一旦经营失败,企业不但不盈利,还要背负沉重的债务负担。如果长期资不抵债又没有获得债务重组的机会,企业就要受到法律强制性的停业整顿直至清算破产。实践中财务风险与经营风险并不矛盾冲突：财务风险可能会加大经营风险；如果企业未借款融资，也就不具有财务风险，但是仍然存在经营风险。

风险与收益一般是呈正相关的，因此风险并不可怕。风险的大小可以预测，投资者也可以采取措施加以规避、防范和降低风险。目前由马连道正式发布的茶叶行情指数，就意在给投资者提供市场信息，以使茶叶销售与电子商务模式实现对接，从而降低投资者的经营风险。但是，正如其他任何投资一样，茶叶有风险，投资需理性。

（三）茶叶行情指数

茶叶行情指数是按照全国茶叶市场总体行情和马连道行情进行编制的一个综合行情指数。依据统计指数，茶叶行情指数采用加权合成指数编制方法，选择了一系列有关茶叶批发市场运行状况的行情指标进行处理，以反映茶叶行情和景气程度。

按照农产品行情指数通用办法，茶叶行情指数的基点为1 000，每周发布一次周指数；如果行情指数大于1 000，说明商品行情上涨，反之则说明商品行情下跌。

茶叶行情指数中的综合指数是从北京国际茶城、广东凯民茶博城、浙江西湖茶叶市场等全国10个茶叶市场采集的信息，马连道指数从马连道茶城、京闽茶城、和美茶城等茶城采集信息。茶叶行情指数在马连道茶网（www.tea8848.com）定期发布，还会配发行情分析和未来走势预测等文章。

此外，在马连道茶网上还公布了茶叶的价格指数、行业数据、茶叶标准、市场行情、行业统计、行业资料等各种分类信息。铁观音、龙井等茶类的分类价格指数（图7-4和图7-5），也相继出台。目前，中国茶叶行情指数正立志于做成中国茶叶行业的道·琼斯指数。

三、葡萄酒投资

（一）葡萄酒投资概述

葡萄酒收藏与投资在国外已有300多年的历史，葡萄酒在国际上有另一个名字——"液体黄金"，被视为回报最稳定的投资品种之一，其集投资与爱好为一体的特性越来越受到投资者的追捧。根据环球葡萄酒的统计资料，投资葡萄酒的年复合投资回报率基本维持在8%～12%的水平，如果投资顶级葡萄酒，如法国波尔多地区的10种葡萄酒，过去3年的回报率为150%，5年回

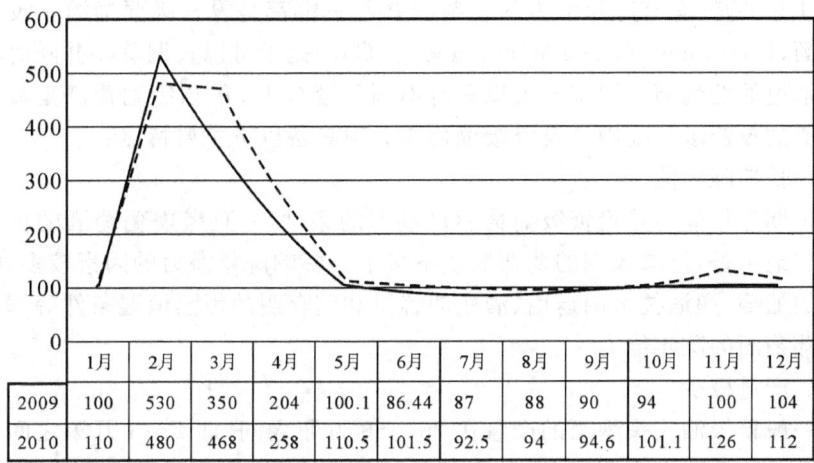

图 7-4　2009—2010 年(1—12 月)中国茶叶价格指数——新昌大佛龙井茶指数

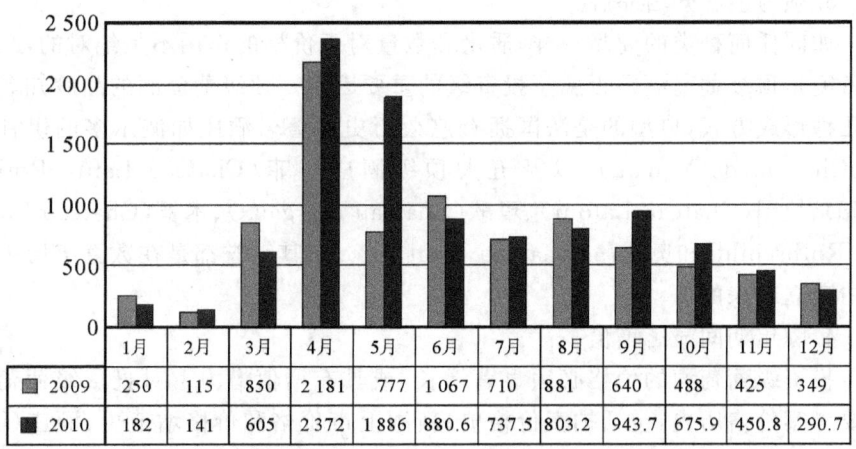

图 7-5　2009—2010 年(1—12 月)新昌中国茶市交易量(吨)

报率为 350%,10 年回报率为 500%,大大超过同期道·琼斯和标准普尔指数成分股的增值速度。

虽然葡萄酒投资具有如此高的收益率,但多年来,葡萄酒收藏仍不为多数人知晓。究其原因,一方面是由于藏酒家们自得其乐而保持低调,另一方面是由于收藏葡萄酒需要一定的专业知识和欣赏雅致。

一般的葡萄酒都要在推出市场后两三年内饮用,只有少数顶级葡萄酒才具有陈年潜力,并可在湿度和温度调节恰当的环境中贮藏 10 年或 10 年以上。

值得注意的是,具有陈年潜力的葡萄酒并不一定都是投资级葡萄酒。投资级葡萄酒(Investment Grade Wine,缩写为 IGW)是指可以长期陈年并随时间延长而增值的葡萄酒。据统计大概只有不到总量0.1%的顶级葡萄酒是具有收藏价值的投资级葡萄酒。投资级葡萄酒必须具备以下主要特点:

1. 长期陈年能力

长期陈年能力是投资级葡萄酒最基本的条件,一旦考虑葡萄酒的价格历史和产地声誉,能够入围的葡萄酒便不多了。影响陈年潜力的因素较多,酿造选用的葡萄、酿酒技术的运用、酒瓶的容量和储存酒的恒温恒湿条件等都会影响到葡萄酒的陈年能力。

2. 产量极少

一般顶级酒庄头牌酒的产量在20~50万瓶之间,即2~3万箱之间。有限的产量分散到世界市场,便会因其相对稀少而倍显珍贵,加上顶级酒可以长期陈年,从而使这类酒随着窖藏时间的延长而价值不断上升。

3. 须为世界知名品牌

如同任何种类的商品一样,质量和数量对于价格的作用不是绝对的,品牌知名度是顶级葡萄酒是否属于投资级的重要因素。顶级葡萄酒的品牌知名度有几种形成方式,典型的是法国拥有悠久历史的著名酒庄如波尔多的伊甘酒庄(Chateau de Yquam),以及五大顶级酒庄拉菲(Chateau Lafite Rothschild)、拉图(Chateau Latour)、玛歌(Chateau Margaux)、木桐(Chateau Mouton Rothschild)和奥比昂(Chateau Haut-Brion),其声誉都是在数百年历史发展中建立起来的。

4. 陈年期间显著增值

投资级葡萄酒的价格必须显著增长,或具有增值潜力。对投资级葡萄酒需要考察价格历史,包括拍卖价格史、新酒上市价格和价格增值史、酒庄(园)发展史等。

(二)葡萄酒投资的方式

目前国际市场上投资葡萄酒的方式主要有以下四种方式:一是购买葡萄成品酒;二是购买葡萄园;三是投资葡萄酒期酒;四是投资葡萄酒基金。

1. 购买葡萄成品酒

投资顶级葡萄酒的一种形式是购买成品酒,这种方式门槛很高:酒窖的建造以及长途运输造成的酒质下降都不是普通投资者所能承受的。因此,投资者可以寻找一些专业的服务公司。例如,英国知名葡萄酒投资服务商 Premier Cru 就为投资者提供了良好的保存环境,既可规避高额税,还可以防止战乱等诸多不确定因素。

成品酒投资组合按不同风险可划分为三种：低风险的组合只包含已经运到英国的已上市葡萄酒；中等风险的组合包括已经运到英国的上市葡萄酒和还储藏在法国酒庄里的未上市葡萄酒；高风险的投资组合，则只挑选尚未生产出来的酒庄预售酒、具有极高价值或特殊大瓶装的酒。投资者可以委托专业投资公司代为挑选酒单，以及给予转换标的的建议。

绝大多数的投资级葡萄酒都是通过二级市场的拍卖而流通的。通常葡萄酒交易大多围绕原产地法国等传统葡萄酒生产国进行，原产地之外的最大交易场所主要是英国，美国绝大部分的葡萄酒交易集中在芝加哥。

2. 购买葡萄园

还有一类更顶级的投资方式就是直接购买国外的酒庄。国际高级的酒庄是集种植、酿造、装罐和贮藏等于一体，从原料到成品酒，围绕葡萄庄园而进行的葡萄酒生产方式，其中包括严谨的管理方式、贵族式的经营模式。投资成本非常高，但是回报率也相当高。

目前来看，主要是欧洲的一些富豪选择一些葡萄酒庄园进行投资。但是未来来自亚洲的投资者也将会介入世界葡萄酒市场。到目前为止，来自亚洲的投资者数额还很小。澳大利亚著名的葡萄酒产区之一——猎人谷地区已有两家来自马来西亚的企业进驻；部分台湾企业在新西兰也进行了葡萄酒庄园的投资。

3. 投资葡萄酒期酒

期酒是以期货形式出售的葡萄酒，即把还不能上市的半成品葡萄酒提前销售。这种交易方式最初源自葡萄酒需在酒窖里发酵 18～24 个月才能上市的特殊工艺。发酵期对最终酒质影响很大。为了规避风险，每年新酒酿成之后，酒庄便挑出部分新酒（即酒花）通过代理商提前销售出去。这些酒花要在地窖里存上两年或者三年，才装瓶运送到买家手中。对于愿意承受一定风险的买家，较低的价格是期酒最大的卖点。

由于只有顶级葡萄酒方能享有成为期酒的殊荣，使得期酒逐渐成为身份与品位的象征。期酒也曾创出收益翻倍的"神话"，例如 1982 年勒班酒庄推出的葡萄酒，曾由 350 英镑/箱升为现在 18 000 英镑/箱。但是，期酒投资属于中长期投资，不确定性很大，绝不是让大多数人赚钱的投资项目。仅葡萄原材料的长势就能直接使期酒价格产生 10 倍以上的波动。此外，对窖存条件的严格要求更是给期酒投资带来一定风险。因此，投资者必须广泛收集该领域的信息，例如，产区年份报告、以往产品拍卖价格、投资年份产品数量等基本信息以及权威部门发布的酒质评价报告等。

4. 投资葡萄酒基金

葡萄酒基金是将投资者的资金集中在一起,用来买入葡萄酒进行交易,以期获利。此类基金被看作是一种另类投资工具,可以成为传统资产类别一个可行的补充品种。全球葡萄酒基金包括 Vinum 精品葡萄酒基金、ARCH 精品葡萄酒基金、Curzon 精品葡萄酒动力增长基金等。葡萄酒基金管理公司通常提供投资组合价值的定期报告,并提供知识普及、估价、物流以及日常管理等服务。

近期,国内的外资银行纷纷推出投资与生活相结合的新型理财产品,首个尝鲜的是法国兴业银行的极致葡萄酒基金。该基金在每年 1、2 月份发行一次,每次募集资金为 300 万美元,每份最小投资额为 30 万美元,上不封顶。客户在投资极致葡萄酒基金后,第一年将面临投资封闭期,在此期间,法国兴业银行将与其专业的葡萄酒管理伙伴 FICOFI 一起挑选适合投资的葡萄酒。挑选标准一般是产于波尔多等著名产区,在《葡萄酒爱好者》(葡萄酒类权威刊物)杂志上打分在 95 分至 100 分之间的优质葡萄酒。封闭期后,投资者在每季度都会有一次赎回的机会。投资者可依据收益状况选择通过法国兴业银行委托拍卖行将名下的葡萄酒进行拍卖或委托酒庄和专业葡萄酒机构继续收藏保管。此外,如果投资者需要与家人、朋友或事业伙伴一同分享名下的葡萄酒,可以通过提前预约的方式由法国兴业银行负责运送。

(三)葡萄酒价格指数

Liv-ex100 是目前常用的葡萄酒价格指数,它是由专家推荐的 100 种名优葡萄酒价格计算出的价格指数,反映了在伦敦葡萄酒交易市场(Liv-ex)名优葡萄酒的价格走势,也是反映全球葡萄酒交易价格最重要的指标。Liv-ex100 指数每月计算一次。另外根据所采用的不同样本有 Liv-ex50 指数、Liv-ex 投资指数、Liv-ex 蓝筹指数、Liv-ex500 指数等。

统计数据显示,2010 年葡萄酒交易相当活跃,Liv-ex 100 指数全年大涨 40.49%,最近五年来累计上涨 192.19%,远远超过同期股票等其他投资品种的投资回报。上证指数 2010 年全年下跌 13.8%,最近 5 年累计涨幅为 123%;标准普尔 500 在 2010 年全年上涨 13%,过去 5 年累计涨幅为 -0.67%,见图 7-6 和图 7-7。

相比股票和其他投资品种,葡萄酒投资具有风险小、回报稳定的特性。10 年间葡萄酒指数呈单边上扬走势,仅在金融危机期间有较大回调,跌幅远远小于同期股票指数的跌幅。据统计,从 2001 年起 Liv-ex 开始计算指数,Liv-ex100 指数年均回报率为 16%,从 1950 年开始计算优质葡萄酒的年均回报率为 15%,从 1960 年开始年均回报率为 17%。

截至2011年1月10日,Liv-ex100指数已达到336.28点,比金融危机前的最高点265.13点已上涨了26.84%。

指数名称	最新	日期	月涨跌	月涨幅	年累计涨幅	近12个月涨幅	近5年涨幅
liv100指数	336.28	2010/12/01	+7.12	+2.16%	+2.16%	+40.49%	+192.19%
liv50指数	401.11	2011/01/01	+9.56	+2.44%	+2.44%	+52.27%	+259.68%
liv投资指数	333.82	2010/12/01	+7.49	+2.30%	+2.30%	+42.33%	+194.41%
liv蓝筹指数	413.73	2010/12/01	+8.63	+2.13%	+2.13%	+52.44%	+260.08%
liv500指数	247.92	2010/11/01	+4.08	+1.67%	+1.67%	+17.14%	+123.38%
上证指数	2791.81	2011/01/10	-16.27	-0.58%	-0.58%	-6.61%	+121.92%
深证成指	12331.16	2011/01/10	-127.39	-1.02%	-1.02%	+1.60%	+280.32%
标普500指数	1271.49	2011/01/10	+35.81	+2.90%	+2.90%	+18.42%	-0.67%
道琼斯工业指数	11674.15	2011/01/10	+214.18	+1.87%	+1.87%	+15.96%	+7.45%
恒生指数	23527.46	2011/01/10	+491.81	+2.14%	+2.14%	+16.92%	+49.35%

图 7-6 葡萄酒投资指数列表

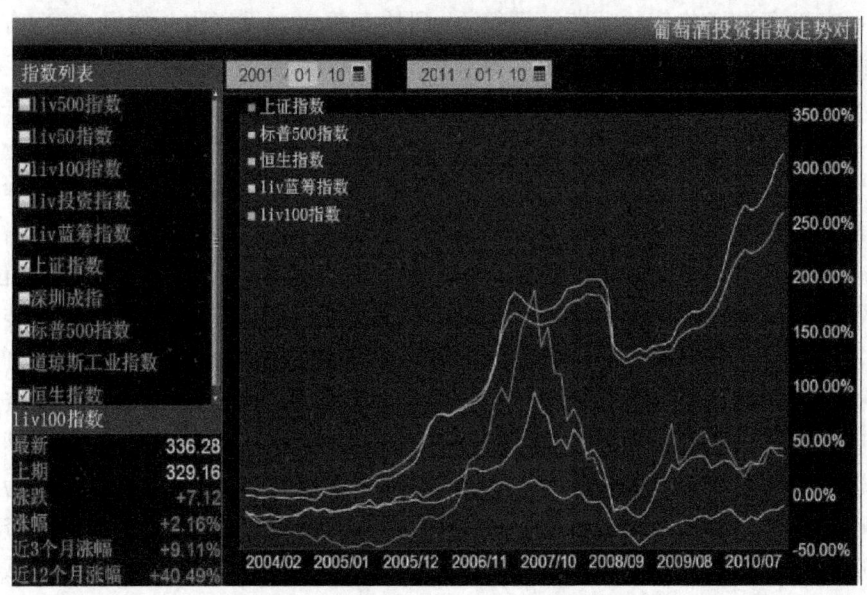

图 7-7 葡萄酒投资指数走势对比图

(四)中国葡萄酒投资市场

葡萄酒的消费热潮与收藏热潮纷纷高涨,许多"饮君子"可以大量收藏自己喜欢的名酒,可是随之而来的烦恼也让他们伤透了脑筋。不少收藏者也都抱怨国内葡萄酒的流通不好,普通藏家没有好的渠道进行销售,也没有正规的鉴定机构,让他们无法尽兴地享受这种集投资与爱好为一体的收藏活动。另外,葡萄酒收藏投资虽然一直以其稳定的高回报率著称,但有关专家指出,国内投资者对于葡萄酒的收藏处于起步阶段,葡萄酒投资存在着一定的风险。如同任何投资性商品一样,投资性葡萄酒的价格也会发生波动。

葡萄酒收藏,一半是质量,一半是名气。葡萄酒的珍贵并不在于储存了多少时间,而在于它的品质,存世量和酒庄、厂家的知名度。每一年的气候条件与葡萄酒品质的好坏密切相关,每个年份的葡萄不同,酒的质量也不一样,因此价值也不相同。葡萄酒的收藏十分讲究,除了购买之前需要了解相关知识、做相关鉴定,购买之后的保存也非常关键。它对温度、湿度和安全性的要求很高,一般的投资人很难有合适的地方来储藏,建议请专人代理。业内人士还提醒大家,不要一味相信葡萄酒厂家标识的年份,国内的不少厂家,不管什么类型的葡萄酒,都要打上年份,但很多都是不真实的信息。

在国际市场上,葡萄酒收藏早已经形成一条完整的产业链,从期酒销售,到具有极高参考价值的葡萄酒评级,再到拍卖等实现投资收益的渠道,还有为酒商提供财务审计和保障的金融、保险和会计机构等。

目前,世界上若干银行都涉足期酒投资,其中,法国巴黎私人银行和法国兴业私人银行就提供类似的葡萄酒服务项目。目前,国内许多银行和企业也开始涉入其中。在2008年年中由工商银行、中海信托、中粮集团等联合推出了君顶酒庄葡萄酒收益权信托理财产品。这款产品相对应的信托计划是君顶酒庄所持有的干红葡萄酒2006年份期酒的收益权,以1桶为一个认购单位,投资期限为18个月。该产品设计了两种实现方式:第一种是在葡萄酒装瓶后,投资人向工商银行提出红酒的消费申请,届时银行将按照折合年化8%的收益率向投资者提供红酒实物消费;另一种收益方式是在18个月后,投资者以现金方式分配理财收益,君顶酒庄按照此前的协议回购未行权的红酒,回购价格也将按照年化收益8%的标准执行,并由中粮集团旗下的中粮酒业为该回购行为提供担保。法国兴业私人银行大中华区负责人说:"有兴趣的投资者应选择有系统及成绩良好的葡萄酒投资渠道,去建立自己的收藏组合,以减少运作上的成本,提高投资的透明度和收益。"

另外,投资葡萄酒基金也是一个弥补上述缺点、享受葡萄酒增值的高回报的便捷途径。兴业银行在海外有葡萄酒基金,专为懂得与会欣赏葡萄酒的投资者而设,并聘请法国第一大葡萄酒专业投资专家与葡萄酒相关业务的公司FICOFI作为顾问,让投资者有机会投资收藏到法国Bordeaux、Burgundy和其他著名区域所产的高级葡萄酒,以低于零售的价格购买,同时也提供专业的保存收藏与投资方案。目前法国兴业银行正在筹备将此投资引入中国市场，为更多中国的高端客户提供葡萄酒的投资机会。

第二节 新兴的另类投资

一、巨灾期权

（一）巨灾风险

巨灾通常是指由于自然灾害或人为祸因引起的大面积的财产损失或人员失踪伤亡事件。但"巨灾"一直没有严格的定义，它是一个随社会发展变化而变化的概念。一般人们大多从损失金额、死亡人数、损失波及范围、发生频率、周期长短等特点加以衡量、识别，以区别于小范围、小金额、高频率、短周期的一般灾害。

以风险特质解释。巨灾风险是指一定时间内某种损失发生概率小，损失金额特别巨大的灾害事件发生后给人们利益造成损失的不确定性，即某种巨灾事件损失结果发生的不确定性。

以损失影响程度来解释。不同国家和机构对于巨灾有不同的标准，联合国国际减灾委员会于1994年发表的灾情报告中将巨灾判断标准界定为：财产损失超过该国国民收入的1%，受灾人口超过该国总人口的1%，死亡人数超过100人。

巨灾风险一般具备以下特点：

1.发生频率低且可预测性低

巨灾是一个或一系列可能导致损失金额相当巨大的灾害，与一般损失相比，巨灾损失发生频率极低，分布不均。巨灾不管是自然原因、人为原因引起的，对其都难以预测。即便是灾害频发区域，巨灾发生的频率可预测性也很低。

2.危害严重性

巨灾风险发生时往往涉及一定范围内大量保险标的同时受损，有可能多种风险同时作用、相互引发，造成极大危害。例如台风引发暴雨、洪水、泥石流、山体滑坡等。

3.风险难以分散

巨灾风险不符合大数定律,因而很难通过传统保险方式分散风险。即便保险公司实力足够强大,也无法承受巨灾造成众多风险单位同时严重受损,即风险累积。我国《保险法》第100条规定:保险公司对每一危险单位,即对一次保险事故可能造成的最大损失范围所承担的责任,不得超过其自有资本公积金总和的10%。这些都导致巨灾风险难以分散。

(二)巨灾风险的保险处理技术

财务型的风险处理技术中,最重要的是通过保险交易来转移巨灾风险。而真正对巨灾风险管理产生实质性推动作用的,是保险风险证券化进程的出现。由此催生出了与资本市场相连接的一系列创新型交易工具,即可替代性风险转移工具(ART),其中巨灾债券、巨灾期货、巨灾期权和巨灾互换等工具拓展了巨灾风险管理的有效途径。

1. 巨灾债券

巨灾债券是当前讨论最多的处理巨灾风险的金融工具。其基本思想是通过资本市场发行收益率与特定巨灾损失相连接的债券,将保险公司承保的巨灾风险分散给数量众多的债券投资者,从而在风险与收益相对等的前提下倍增巨灾风险的处理能力。

巨灾债券的功能实现,是借助特殊目的机构(Special Purpose Vehicle, SPV)的设立来完成的。而设立 SPV 的目的,主要是为了隔离原巨灾承保公司的经营风险,并更符合资本市场的运作规律。SPV 可以是特殊目的公司包括再保险公司(即 Special Purpose Company,SPC),也可以是特殊目的信托机构(即 Special Purpose Trust,SPT)。SPV 一方面向投资者发行债券筹集巨灾保障基金并加以运作增值,另一方面也接受母公司的巨灾投保并收取再保险费。期限届满后若约定的巨灾风险事件没有发生,投资者可以收回高于普通债券的本利和;但若约定的巨灾事件发生了,SPV 将会向母公司理赔巨额损失,有余额的部分返还投资者,但可能丧失部分甚至全部的债息与本金。

目前,除了许多学者一如既往地密切关注巨灾债券的定价问题外,还有很多学者开始重视其运行过程中的经济效应问题。在国内,绝大多数研究者都主张中国应尽早引进巨灾债券,但也有部分人清醒地看到我国仍存在诸多的制度障碍和市场障碍。

2. 巨灾期货与期权

巨灾期货与期权最早出现于上世纪 90 年代初期的美国,与普通金融期货及期权一样也是一种套期保值的资本市场工具。但根本区别在于,巨灾期货与期权的交易基础同某种巨灾风险的损失率或损失指数相连接,而不是金融资产或证券指数。当巨灾风险因素或致灾因子发生变动时,会影响到巨灾损失及其损失指数的改变,相当于交易价格产生波动,参与者(目前主要还是保险及再保险公司)结合自己的风险预期可以像普通期货期权那样选择平仓、交割或行权,以实现风险对冲和套期保值,进而完成对巨灾风险的处理。与巨灾债券相比,巨灾期货及期权的使用状况不如前者。

3.巨灾互换

巨灾互换于1996年10月由美国的巨灾风险交易所推出。在一项巨灾互换中,一种固定的、事先确定的付款与一种浮动的付款进行交换,浮动现金流由合同期间巨灾损失水平来决定。接受该类合同的保险公司同意在合同期间进行固定的资金流给付,以此来交换巨灾发生时的资金转让。具体操作中,保险人可以直接交换一个国家内不同地区的保单,这样可以分散他们的资产组合情况。如果一个保险公司在巨灾高发地区承保了大笔业务,它就应该将一定比例的业务与较低风险的业务进行互换,每一笔互换是一个双边的协议,它在两个保险实体之间建立了一个交互的再保险契约。

(三)巨灾期权

1.巨灾期权概述

巨灾期权是以巨灾损失指数为基础而设计的期权合同,将某种巨灾风险的损失限额或损失指数作为执行价格。如果保险公司买入看涨巨灾期权,则当合同列明的承保损失超过期权执行价格时,期权便具有内在价值,并随着特定承保损失金额的增加而增加,此时若期权持有人选择行使该期权则获得的收益与超过预期损失限额的损失正好相互抵消,从而保障保险公司的偿付能力。该巨灾期权的卖方收取买方缴纳的期权费作为承担巨灾风险的补偿。

与其他期权相同的是,当特定的承保损失超过期权执行价格时,巨灾期权卖方的损失随着承保损失金额的增加而增加。由于巨灾期权卖方的损失是没有上限的,在实际操作中往往需要组合两个合同期限相同但具有不同执行价格的期权来降低期权卖方承担的风险。

常见的巨灾期权包括以下两种:一种是美国芝加哥交易所的巨灾期权即PCS指数期权;另一种是百慕大商品交易所的巨灾期权即GCCI指数期权。

PCS指数期权是以PCS公司定义的巨灾损失指数PCS Index为交易标的的一种巨灾保险衍生工具。PCS巨灾期权在操作上以买入价差期权交易为主,即在买进一个执行指数较低的看涨期权的同时再卖出一个到期日相同但执行指数较高的看涨期权。PCS巨灾期权具有如下特点:PCS巨灾指数是以 2 500 万美元以上已发生的巨灾损失累计总额除以 1 亿美元得到；巨灾损失信息每日公布，每日更新 PCS 指数；巨灾损失指数按地理区域单独计算，使每一区的巨灾损失指数更能真实地反映实际情况，更有利地达到规避风险的目的；由于存在 6 个月或 12 个月的延展期权，更符合传统保险损失的计算方式，使巨灾期权看来更像巨灾再保险。

GCCI 指数期权是以全美家庭财产保险所承担的风险事故为标的，主要提供给国际再保险公司、保险公司、专属保险公司和自保公司，以规避美国境内各种天气急剧变化所可能累计的巨灾损失风险。该期权具有以下特点：GCCI 指数每季度更新，编制非常详细，不仅有地区分类指数，还按邮政编码区域编制指数；期权的风险期限是半年期；GCCI 指数期权是二元期权，即在期权到期日要么支付 0 美元，要么支付 5 000 美元，没有中间价值。

2. 巨灾期权特点

期权持有者在期初购买期权使其在期权到期时具有期权赋予的某种权利。以看跌期权为例，期初持有者购买一份看跌期权，他便享有在期末以期权合约上规定的执行价格卖出期权标的物的权利，若到期日该标的物的市场价格低于期权合约规定的执行价格，他便可以利用较低的市场价格买进，以较高的合约价格卖出该标的物，扣除期权费赚取中间差价。

因此可以看出，一般意义上的期权执行价格仅仅依赖于标的资产的价格。用 S 表示期权标的资产的市场价格，S_t 是 t 时该市场价格的观测值，K 定义为期权合约规定的执行价格。看跌期权持有者的执行价值表示为：

$$(K-S)^+ = \begin{cases} K-S, & \text{如果} \quad S<K \\ 0, & \text{如果} \quad S \geqslant K \end{cases} \tag{7-1}$$

双触发原因期权相对于上述一般期权，同时具有两个限定条件，当且仅当两个条件同时满足时，双触发原因期权才具有期权价值。通常情况下，双触发原因期权的执行价格依赖于两个变量。在这里我们规定巨灾期权执行价格依赖于标的资产市场价格与被保险资产相应的免赔额水平。免赔额水平作如下解释：损失事件 X 超过特定水平 x，用状态或有支付 $1_{\{X>x\}}$ 表示损失事件 $X>x$，当 $X>x$ 发生时该支付价值为 1，否则为 0。则双触发原因期权的支付可以表示为：

$$\text{Payoff} = 1_{\{X>x\}}(K-S)^+ = \begin{cases} K-S, & \text{如果} \quad S<K \text{ 且 } X>x \\ 0, & \text{如果} \quad S \geqslant K \text{ 或 } X \leqslant x \end{cases} \tag{7-2}$$

巨灾期权相当于双触发原因期权，当且仅当两个触发条件均具备时，期权才具有相应的价值,即当且仅当巨灾风险在保险承保范围内发生,并且标的资产处于实值情况时,巨灾期权才具有价值。两个条件缺一不可,仅有一个条件发生不能构成触发巨灾期权具有价值的因素。

3.价格影响因素

巨灾期权本质上是期权的一种,只不过标的资产针对的是保险市场上的巨灾风险,兼具巨灾风险与期权的特性,巨灾期权价格影响因素包括如下几方面:

第一,保险合约中规定的免赔额标准。在为含有免赔额约定的保险产品进行定价时,保险公司首先需要测算出不含免赔额的费率作为基本费率。当客户选择含有免赔额进行投保时,保险公司可根据客户选择的免陪水平确定基本费率的变化程度。一般来说,免赔额的水平越高,保险公司对于特定保险风险的限定越严格,最终费率水平就越低。应用到巨灾领域,免赔额水平越高,巨灾风险限定越严格;巨灾期权限定条件之一便是风险损失额高于免赔额水平,巨灾期权具有价值的可能性越低,最终期权价格越低,二者呈相反变动趋势。

第二,巨灾事件对标的资产价格影响程度。巨灾事件的发生对标的资产价格产生不同程度的影响。影响程度越大,标的资产价格变动也就越大,期权合约执行价格与标的资产价格之间的差额越大,巨灾期权具有正的价值的可能性越大,最终期权价格越高,二者呈相反变动趋势。

第三,与巨灾风险相关的自然因素。巨灾事件的发生与否决定了巨灾期权是否具有价值,而巨灾事件本身具有事件空间上的不均衡性,例如针对地震风险,位于地震烈度较高、地震带、地震多发区发生地震的可能性就会高于一般地区;巨灾风险发生的可能性越大,保险公司承保的成本就越高,巨灾期权具有价值的可能性也就越大,最终期权价格越高。

4.巨灾期权定价模型

(1)预备知识

①巨灾期权支付关系

巨灾事件可以定义为随机过程 $\{N_t: t \geq 0\}$。例如 N_t 可以表示在 $[0,t]$ 时间段内巨灾事件造成的直接经济损失,在这种情况下 N_t 服从参数为 (μ, σ^2) 的对数正态分布;N_t 也可以表示为在 $[0,t]$ 时间段内某一地区巨灾事件发生的次数,在这种情况下 N_t 服从参数为 λ 的泊松分布。无论针对上述哪种情况,我们均要求巨灾事件 $N_T \geq n$,在这里 T 与 n 是巨灾事件的限定条件,并且规定 $N_0 = 0$。那么巨灾事件的状态或有支付可表示为:

$$1_{\{N_T \geqslant n\}} = \begin{cases} 1, & \text{如果} \quad N_T \geqslant n \\ 0, & \text{如果} \quad N_T \leqslant n \end{cases} \tag{7-3}$$

用 S 表示期权标的资产的市场价格（S_t 是 t 时该市场价格的观测值），K 表示执行价格，则看跌期权持有者的执行价值表示为：

$$(K-S)^+ = \begin{cases} K-S, & \text{如果} \quad S<K \\ 0, & \text{如果} \quad S \geqslant K \end{cases} \tag{7-4}$$

巨灾期权的支付可表示为：

$$1_{\{N_T \geqslant n\}} \cdot (K-S)^+ = \begin{cases} K-S_T, & \text{如果} \quad S_T<K \quad \text{且} \quad N_T \geqslant n \\ 0, & \text{如果} \quad S_T \geqslant K \quad \text{且} \quad N_T < n \end{cases} \tag{7-5}$$

② 估值理论

在无套利市场上，存在一系列任意现金流 $\{C_s: s>t\}$，在 t 时的价值是：

$$V_t = E\left[\int_0^{+\infty} M_s C_s \mathrm{d}s\right] \tag{7-6}$$

其中，M_s 是针对任意现金流的随机贴现因子。这个表达式具有一般意义，在这里我们并没有设定市场是完全或不完全的，只是假设在无套利市场上存在一个随机过程 M_s 能为现金流定价。

③ 测度变化与 Girsanov 定理

定义在概率空间 (Ω, F, F_t, P) 上的随机过程 X，它的分布特征是与概率测度 P 相联系的。测度 Q 关于测度 P 的 Radon-Nikodym 导数记为 $\dfrac{\mathrm{d}Q}{\mathrm{d}P}$，它是一个随机变量。对可适应的随机过程 X，以下关系成立：

$$E_Q(X_T) = E_P\left(\frac{\mathrm{d}Q}{\mathrm{d}P} X_T\right) \tag{7-7}$$

$$E_Q(X_T \mid F_s) = \zeta^{-1} E_P(\zeta_t X_t \mid F_s), s \leqslant t \leqslant T \tag{7-8}$$

其中，$\zeta_t = E_P\left(\dfrac{\mathrm{d}Q}{\mathrm{d}P} \mid F_t\right)$ 为 Radon-Nikodym 导数过程。

设 W 关于测度 P 是标准布朗运动，给定正数 $T>0$，测度 Q 由下列导数定义：

$$\frac{\mathrm{d}Q}{\mathrm{d}P} = \exp\left(-\gamma W_T - \frac{1}{2}\gamma^2 T\right) \tag{7-9}$$

W 关于测度 Q 是具有常数漂移项 $-\gamma$ 的布朗运动，即 $W_t = \widetilde{W}_t - \gamma t$，其中 $\widetilde{W}_t$ 关于测度 Q 是标准布朗运动。

对一般测度变换与布朗运动的关系,有下面的 Cameron-Martin-Girsanov 定理。

设 W 关于测度 P 是标准布朗运动,γ_t 是可预期过程,对 $T>0$,满足条件 $E_p\exp(\frac{1}{2}\int_0^T\gamma_t^2 dt)<\infty$,那么存在与测度 P 等价的测度 Q,使得

$$\frac{dQ}{dP}=\exp(-\int_0^T\gamma_t dW_T-\frac{1}{2}\int_0^T\gamma_t^2 dt) \tag{7-10}$$

$\widetilde{W}_t=W_t+\int_0^t\gamma_s ds$ 关于测度 Q 是标准布朗运动。

(2)巨灾期权定价模型的推导

我们采用双触发原因期权衍生品来解释一种理想的巨灾期权,并假设这种期权符合连续时间模型,标的资产价格 S 是瞬时变化的,服从几何布朗运动。

t 时刻标的资产价格为 S_t,$\left\{Y_t=\dfrac{S_t}{S_{t-1}},t\geqslant 1\right\}$ 是独立同分布的,$S_t=Y_t S_{t-1}$,以此类推,可得

$$S_t=Y_t S_{t-1}=Y_t Y_{t-1}S_{t-2}=\cdots=Y_t Y_{t-1}Y_{t-2}\cdots Y_1 S_0 \tag{7-11}$$

因此,

$$\ln(S_t)=\sum_{i=1}^n\ln(Y_i)+\ln(S_0) \tag{7-12}$$

由于 $\{\ln(Y_i),i\geqslant 1\}$ 是独立同分布的,当 n 足够大时,Y_n 近似于正态分布变量,$Y_n\sim N(n\mu,n\sigma^2)$,从而 $S_n=S_0 e^{Y_n}$。

因此标的资产价格 S_t 在 $(t,t+\Delta t)$ 的时间间隔上服从几何布朗运动。根据全微分定理:$dS_t=\mu S_t dt+\sigma S_t dW_t$,其中 W_t 是标准布朗运动因子。

$$d\ln(S_t)=(\mu-\frac{\sigma^2}{2})dt+\sigma dW_t \tag{7-13}$$

在期权持有期内,巨灾事件发生对标的资产价格产生影响,使标的资产价格在原有随机过程基础上产生跳跃过程。用泊松过程描述 $[0,t)$ 时间段内巨灾事件发生的次数,非负因子 $A(A\geqslant 0)$ 表示当巨灾事件发生时产生的索取权对于标的资产的市场价格的影响程度。综上考虑标的资产的价格表示为:

$$d\ln(S_t)=\left(\mu-\frac{\sigma^2}{2}\right)dt+\sigma dW_t+d(-AN_t) \tag{7-14}$$

随机微分处理得

$$\int_0^t d(\ln S_u) = (\mu - \frac{\sigma^2}{2})\int_0^t du + \sigma \int_0^t dW_u + \int_0^t d(-AN_u) \tag{7-15}$$

$$\ln(S_t) = \ln(S_0) + (\mu - \frac{\sigma^2}{2})t + \sigma W_t - AN_t \tag{7-16}$$

标的资产在 t 时刻的价值可用如下随机过程表示：

$$S_t = S_0 \exp\left[-AN_t + \sigma W_t + \left(\mu - \frac{\sigma^2}{2}\right)t\right] \tag{7-17}$$

其中，S_0 是初始价格，$\{W_t : t \geqslant 0\}$ 是标准布朗运动，$\{N_t : t \geqslant 0\}$ 是参数为 λ 的泊松过程，这两个随机过程相互独立。

换言之，价格 S_t 在 $(t, t+\Delta t)$ 的时间间隔上服从几何布朗运动，而在这个极短的时间间隔内我们认为没有大的索取权产生。(7-17)式可以改写为：

$$\begin{aligned} S_t &= S_0 \exp\left[-AN_t + \sigma W_t + \left(\mu - \frac{\sigma^2}{2}\right)t\right] \\ &= S_0 \exp\left[-AN_t + kt + \sigma W_t + \left(\mu - k - \frac{\sigma^2}{2}\right)t\right] \end{aligned} \tag{7-18}$$

其中，$k = \lambda(1 - e^{-A})$。

将上式拆分为两个过程：

$$S_t = S_0 \exp(-AN_t + kt) \exp\left[\sigma W_t + \left(\mu - k - \frac{\sigma^2}{2}\right)t\right] \tag{7-19}$$

首先来分析(7-19)式的后半部分

$$S_0 \exp\left[\sigma W_t + \left(\mu - k - \frac{\sigma^2}{2}\right)t\right] \tag{7-20}$$

根据简单的测度变换，将(7-20)式转化为鞅，定义新的测度 Q

$$\frac{dQ}{dP} = \exp\left[-\int_0^T \frac{\mu - r - k}{\sigma} dW_t - \frac{1}{2}\int_0^T \left(\frac{\mu - r - k}{\sigma}\right)^2 dt\right] \tag{7-21}$$

$$\ln\left(\frac{dQ}{dP}\right) = -\left(\frac{\mu - r - k}{\sigma}\right)W_T - \frac{1}{2}\left(\frac{\mu - r - k}{\sigma}\right)^2 T \tag{7-22}$$

其中 $k = \lambda(1 - e^{-A})$，这样 $\{e^{-rt}S_t : 0 \leqslant t \leqslant T\}$ 是测度 Q 下的鞅。

根据鞅的变换过程，定义一个新的布朗运动：

$$\widetilde{W}_t = \frac{\mu - k - r}{\sigma}t + W_t \tag{7-23}$$

式中 r 是无风险利率。

将上式变形得

$$\sigma W_t = \sigma \widetilde{W}_t - (\mu - k - r)t \tag{7-24}$$

代入到(7-20)式,得

$$S_0 \exp\left[\sigma \widetilde{W}_t - (\mu - k - r)t + \left(\mu - k - \frac{\sigma^2}{2}\right)t\right]$$

$$= S_0 \exp\left[\sigma \widetilde{W}_t + \left(r - \frac{\sigma^2}{2}\right)t\right] \tag{7-25}$$

将(7-25)式代入(7-19)式,整理得

$$S_t = S_0 \exp(-AN_t + kt)\exp\left[\sigma \widetilde{W}_t + \left(r - \frac{\sigma^2}{2}\right)t\right] \tag{7-26}$$

$$e^{-rt}S_t = S_0 \exp(-AN_t + kt)\exp\left(\sigma \widetilde{W}_t - \frac{\sigma^2}{2}t\right) \tag{7-27}$$

根据估值理论,0时刻巨灾期权的市场价值可定义为期望贴现值:

$$V = E_t^Q\left[e^{-rt}1_{\{N_T \geq n\}} \cdot (K - S_t)^+\right] \tag{7-28}$$

对于巨灾期权最终的支付是 $(K - S_t)^+$,根据估值理论得到巨灾期权的定价模型:

$$V = E_t^Q\left[e^{-rt}1_{\{N_T \geq n\}} \cdot (K - e^{rt}S_t)^+\right]$$

$$= e^{-rT}E^Q\left\{\left[K - S_0\exp(-AN_T + kT)\exp\left(\sigma \widetilde{W}_T + rT - \frac{\sigma^2}{2}T\right)\right]^+\right\} \tag{7-29}$$

根据 Girsanov 定理,因子 $\widetilde{W}_t$ 为标准布朗运动因子可由 $Z\sqrt{T}$ 代替,Z 服从标准正态分布。则(7-29)式可写成:

$$V = e^{-rT}E^Q\left\{\left[K - S_0\exp(-AN_T + kT)\exp\left(Z\sigma\sqrt{T} + rT - \frac{\sigma^2}{2}T\right)\right]^+\right\}$$

$$= \frac{e^{-rT}}{\sqrt{2\pi}}\int_{-\infty}^{+\infty}\left\{K - S_0\exp(-AN_T + kT)\exp\left[Z\sigma\sqrt{T}\left(r - \frac{\sigma^2}{2}\right)T\right]\right\}^+ e^{-\frac{h^2}{2}}dh$$

$$= \frac{e^{-rT}}{\sqrt{2\pi}}\int_{-\infty}^{+\infty}Ke^{-\frac{h^2}{2}}dh - \frac{e^{-rT}}{\sqrt{2\pi}}\int_{-\infty}^{+\infty}S_0\exp(-AN_T + kT)\exp\left[\sigma\sqrt{T}\left(r - \frac{\sigma^2}{2}\right)T\right]^+$$

$$e^{-\frac{h^2}{2}}dh \tag{7-30}$$

求解

$$K - S_0\exp(-AN_T + kT)\exp\left[\sigma\sqrt{T}h + \left(r - \frac{\sigma^2}{2}\right)T\right] = 0 \tag{7-31}$$

得

$$h^* = \frac{\ln\frac{K}{S_0} + AN_T - kT - \left(r - \frac{\sigma^2}{2}\right)T}{\sigma\sqrt{T}}$$

$$= \frac{\ln\frac{K}{S_0} + AN_T - kT - rT}{\sigma\sqrt{T}} + \frac{1}{2}\sigma\sqrt{T}$$

$$= a \tag{7-32}$$

将 a 作为积分下界,对(7-30)式求积分。前一部分

$$\frac{e^{-rT}}{\sqrt{2\pi}}\int_{-\infty}^{+\infty} K e^{-\frac{h^2}{2}} dh = K e^{-rT}[1-\Phi(h)] = K e^{-rT}\Phi(-h) \tag{7-33}$$

其中,Φ 为标准正态分布函数。后一部分

$$-\frac{e^{-rT}}{\sqrt{2\pi}}\int_{-\infty}^{+\infty} S_0 \exp(-AN_T + kT)\exp\left[\sigma\sqrt{T}h + \left(r - \frac{\sigma^2}{2}\right)T\right]^+ e^{-\frac{h^2}{2}} dh$$

$$= -e^{-rT}S_0\exp\left[-AN_T + kT + \left(r - \frac{\sigma^2}{2}\right)T\right]\frac{1}{\sqrt{2\pi}}\int_a^{+\infty}\exp\left(\sigma\sqrt{T}h - \frac{h^2}{2}\right)dh$$

$$= -e^{-rT}S_0\exp\left[-AN_T + kT + \left(r - \frac{\sigma^2}{2}\right)T\right]\frac{1}{\sqrt{2\pi}}\int_a^{+\infty}\exp\left[\frac{\sigma^2 T - (h-\sigma\sqrt{T})^2}{2}\right]dh$$

$$= -e^{-rT}S_0\exp\left[-AN_T + kT + \left(r - \frac{\sigma^2}{2}\right)T\right]\frac{e^{\frac{\sigma^2 T}{2}}}{\sqrt{2\pi}}\int_{a-\sigma}^{+\infty}e^{-\frac{y^2}{2}}dy$$

$$= -e^{-rT}S_0\exp[-AN_T + kT + rT][1 - \Phi(a - \sigma\sqrt{T})] \tag{7-34}$$

上式中 $y = h - \sigma\sqrt{T}$,Φ 为标准正态分布函数。(7-30)式的最终结果为:

$$V = e^{-rT}E^Q[(K-S_T)^+] = K e^{-rT}\Phi(-a) - S_0 e^{-AN_T + kT}\Phi[-(a-\sigma\sqrt{T})] \tag{7-35}$$

二、天气衍生品

天气衍生品是一种金融工具,它的结算是以一个或多个天气因素为交易对象,比如降水量、积雪深度、气温或风速等。最早的天气衍生品产生于 20 世纪 90 年代中期的能源部门。1996 年 8 月,安然公司与佛罗里达西南电力公司交易了世界上第一笔天气衍生合同。天气衍生产品的出现,主要源于一些公司为解决市场萎缩而设计出来的转移天气风险的工具。众所周知,国民经济中许多重要部门如农业、能源、交通、建筑、旅游等都与天气密切相关。天气

变化的不确定性往往引起某些商品的生产成本和市场需求发生巨大波动,从而引起企业收益的不确定性变化,这被称为天气风险。实际上,天气对人类经济生活的影响是非常巨大的。1998年,美国前商务部秘书William Daley在一篇对国会的陈述中说,至少有1万亿美元的经济活动与天气密切相关,占美国商业活动总额的70%。

(一)天气衍生品的发展概况

全球天气衍生品市场发展中,目前以美国市场成长最为迅速,其他国家如英国、澳大利亚、法国、德国、挪威、瑞典、墨西哥以及日本等国家,也在逐步发展中。随着世界各国对能源管制的解除,天气衍生产品在全球衍生品市场中所占的比例持续增加,其长足的发展势头有目共睹。天气衍生品市场的发展主要体现在以下几个方面:

1. 交易额和交易数量迅猛增长

根据统计数据,在OTC以及CME市场中交易的天气衍生品的账面价值除了在2003年和2007年出现下降波动外,其他年份都保持了持续增长,2006年更是达到了天气衍生品市场发展以来合约数和交易额的双峰值,为100万份合约,总价值高达452亿美元。虽然2006年到2007年的数据显示,交易合约数为73万份,合约金额为192亿美元,比上一年有所减少,但较前几年仍有较大增长。

2. 市场参与者类型变得多样化

早期的天气风险市场参与者主要是能源行业,但随着天气衍生品市场的发展,保险公司、再保险公司、银行、农业、建筑、娱乐、饮料等代表性部门或行业在市场中所占的份额越来越大,见图7-8。

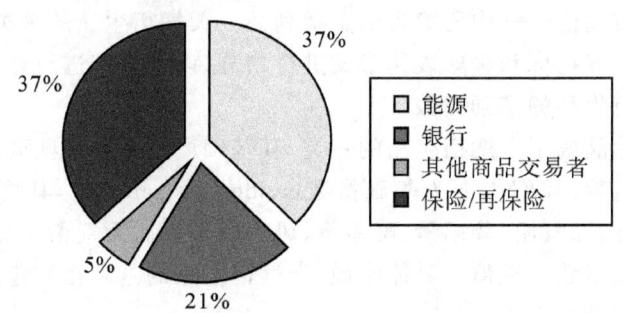

图7-8 天气风险市场参与者的行业分布

3. 全球化趋势初见端倪

天气风险市场首先在美国建立起来,但随着市场的进一步发展,尽管美国的机构参与者仍继续占大多数,但是已有越来越多的参与者来自欧洲和亚太地区的发达国家,如法国、瑞士、德国、英国、日本等。甚至第三世界国家也正在考虑将天气衍生品作为一项金融创新,如埃塞俄比亚就热衷于天气衍生品,这是世界食品项目组织(WFP)在埃塞俄比亚进行的试点项目。该项目始于2004年7月,WFP准备用天气衍生品来展示在重大灾难的情况下,可以通过衍生品市场来筹集应急费用。

4. 交易品种日趋多元化

尽管天气衍生品交易一直主要集中在美国取暖指数(HDD)和制冷指数(CDD)气温合约上,但其他天气风险交易所占市场份额也逐渐增加。例如,HDD/CDD合约交易在1997—1998年占市场份额的100%,而2004年5月则降为约占91%。目前,基于降水指数的天气衍生品也迅速发展起来。

5. 交易方式从场外交易(OTC)发展到场内交易

天气衍生品最初在场外交易市场进行交易,但随着天气衍生品合约在OTC市场的日益发展和成熟,期货交易所开始引入天气指数期货和期权交易,最先进行温度方面天气衍生品交易的交易所是芝加哥商业交易所(CME)。天气衍生品进入期货交易所交易,表明天气风险管理进入了一个崭新的阶段。

(二)天气衍生品的结构和金融形式

理解天气衍生品是一种独特的金融产品,它在结构上一般由两部分内容组合而成:一个是作为现金流载体的天气变化指标,另一个是天气风险——气象变化指标波动值——中所隐含的金融利益。天气衍生品的种类一般可依据合约标的的天气指标和金融表达形式进行划分,以下分别进行介绍。

1. 天气衍生品的基础指数

天气衍生品属于金融衍生品的一类,其基础产品不是某些商品,而是专门定义的某种指数,我们称之为基础指数(underlying index),其度量尺度采用天气度量尺度,如气温、降雨量、降雪量、风力级别等。天气衍生品的价值就取决于这些基础指数的数值。具体来说,天气衍生品的基础指数包括以下几类:

(1)气温指数

目前天气衍生品市场上使用最广泛的是与气温相关的产品,其交易额占市场交易总额的绝大部分。实际上,温度的高低是最基本的天气状况,对很多行业都会产生影响。

温值(degree day,DD)是基于气温的最常用的度量值,它计算每日平均气温(ADT)与事先确定的基础气温(基线)的偏差。两个最常用的温值是取暖量(heat degree day,HDD)和制冷量(cool degree day,CDD)。在美国,一般承认的基线是华氏 65 度,相当于摄氏 18.33 度,当气温低于这个水平时,人们开始使用暖气,而当气温高于这个水平时,人们开始使用空调制冷,所以只有当 ADT 低于华氏 65 度(计算 HDD)和高于华氏 65 度(计算 CDD)时,才算入 HDD 和 CDD。因此,对于某一给定的日期,计算 HDD 和 CDD 的公式为:

$$HDD_i = \max(0, K - ADT_i) \tag{7-36}$$

$$CDD_i = \max(0, ADT_i - K) \tag{7-37}$$

其中,K 为选定的气温基线,通常为华氏 65 度,ADT_i 为每日平均气温,其最常用的计算方式为当日记录的最高气温($T_{\max}$)和最低气温($T_{\min}$)的算术平均值,即:

$$当日平均气温\ ADT_i = \frac{T_{\min} + T_{\max}}{2}$$

此外,也有一些合同使用其他方法来计算 ADT,例如,可能取一天 24 小时中各间隔一小时的气温读数的平均值,也有基于每小时最高和最低气温数的平均值。

气温天气衍生品的基础指数计算包括两个维度,一是选择什么地区的气温值,二是选择什么期间的气温值。在气温类产品市场上,使用最多的合同期间有两种,一种是冬季合同,合同期间为 11 月 1 日到次年 3 月 31 日;另一种是夏季合同,合同期间为 5 月 1 日到 9 月 30 日。随着天气市场的发展,现在也有越来越多的天气衍生产品采用月度、星期为合同期间,还出现了合同期跨数年的天气衍生产品。

在合同期间和地区选定的基础上,将合同期间内每日 HDD 或 CDD 数值分别简单加总,就得到了取暖指数(HDDs)和制冷指数(CDDs)的数值,这个数值就是天气衍生产品的基础指数,其计算公式为:

$$HDDs = \sum HDD \tag{7-38}$$

$$CDDs = \sum CDD \tag{7-39}$$

除了 HDDs 和 CDDs 外,生长温值指数(GDDs)常被农业部门用来规避天气风险。在农业生产中,植物需要一定的热量才能从一个生长阶段发育到下一个生长阶段,气温高于或低于某一临界温度,植物都难以存活。植物每天的生长量是气温的某种函数。例如,在 10℃ 的环境温度下生长的植物发育期就长于 20℃ 环境下生长的植物。不同的植物有特定的生长临界气温和继续生长必须达到的气温水平,因此,GDDs 的基线 K 是有明确定义的。GDDs 可以确定减慢农作物发育的可能性,其基本计算公式为:

$$GDDs = \sum [\max(0, ADT_i - K)] \tag{7-40}$$

其中,K 是计算 $GDDs$ 的基线气温,即生物生长必须达到的临界温度。ADT_i 为每日平均气温,在实际应用中,根据具体需要,也有使用每日最低或最高气温作为计算依据的。

由于气温过高也可能导致植物发育停止,因此人们又设计了一种有上临界值的 $GDDs$,称为修正生长温值指数($MGDDs$),其计算公式为:

$$MGDDs = \sum \min[(K_2 - K_1), \max(0, ADT_i - K_1)] \tag{7-41}$$

其中,K_1 是植物生长必须达到的下临界值气温,K_2 是上临界值气温,在此气温之上植物停止生长。ADT_i 为每日平均气温。表 7-4 给出了不同农作物正常发育的临界气温。

表 7-4 农作物正常发育所需的临界气温

基线气温	农作物
40°F	小麦、大麦、黑麦、燕麦、亚麻、莴苣、芦笋
45°F	向日葵、土豆
50°F	甜玉米、玉米、高粱、水稻、西红柿

(2)湿度指数

湿度也是一个重要的天气风险因素。在同样的温度环境下,当湿度增加时,人的舒适度也会改变,从而可能会多用空调、买更多的冷饮、取消计划中的户外娱乐活动或缩短活动时间等,这些行为会给相应行业的生产经营者带来销售收入减少的风险。因此,基于湿度影响的天气指数便应运而生。

由于人们在某一环境下的不适是温度和湿度共同作用的结果,因此人们设计了气温—湿度指数(THI)也叫做加热指数(HI)。HI 提供了一个指示,表示空气"感觉上"究竟有多热。表 7-5 解释气温和湿度如何结合起来产生各种 HI 水平。例如华氏 95 度的气温和 80% 的相对湿度产生 131 度的 HI——

气温感觉上是华氏131度而不是华氏95度。

表7-5 气温—湿度指数表

相对湿度(%)	气温(℉)							
	90	91	92	93	94	95	96	97	……
90	119	123	128	132	137	141	146	152	……
85	115	119	123	127	132	136	141	145	……
80	112	115	119	123	127	131	135	140	……
75	109	112	115	119	122	126	130	134	……
70	106	109	112	115	118	122	125	129	……
……	……	……	……	……	……	……	……	……	……

资料来源：国家海洋与大气管理局,国家气候数据中心Asheville,北卡罗来纳

(3)降水指数

在天气衍生品市场上,降水指数也是目前运作较为成熟,使用较为广泛的基础指数之一。虽然降水指数没有气温指数那么普及,但它在近年来吸引了越来越多市场参与者的注意力,其市场份额逐年上升。

由于降水包括雨、雪、冰雹等多种形态,因此,降水指数也有几种不同的类型,以满足交易者不同的规避风险要求。

①降雨指数。降雨指数的计算方式为选定地区在合同期间内总计降雨深度。在美国通常以英寸及十分之一英寸为单位,在加拿大、欧洲、亚洲则使用的是公制标准,以厘米及毫米为单位。降雨指数的使用者主要是那些收入受降雨量影响较大的产业。例如,降雨量不足会对农业生产造成较大的影响,而降雨量过多则可能减少公园、动物园、旅游公司等行业的收入,因此这些行业需要用降雨指数来规避风险。

②降雪指数。降雪指数有两种计算方式,一是以地面积雪实际厚度作为依据,二是以积雪融化后等价的降雨量为依据,计量单位和降雨指数相同,仍为英寸和厘米两套单位。降雪指数的使用者主要是滑雪胜地的旅游单位、积雪清扫公司、积雪清扫设备制造商等。

③总降水指数。总降水指数的计算方式是选定地区所有液态或固态形式的降水,折合成等价的降雨量,计算单位与降雪指数相同。对于一些行业来说,影响其收入的是总的降水量,例如水力发电商、自来水公司、农业生产者等,这类行业一般使用总降水指数。

(4) 其他天气指数

随着天气衍生品市场的发展,市场参与主体越来越多样化,需要规避的天气风险类别也越来越多样化。于是,又出现了其他一些天气指数。这些指数虽然现在还不能在交易所内交易,在场外交易量也不大,但它们仍具有重要的创新意义和良好的发展前景。

①水流量指数。水流量指数是指在渠道或地表河流自然或受控的水的流出量。实际中测量水流量的单位是每秒立方英尺,而在天气指数合约中通常需要将该数据转换成以每期百万英亩为单位的数值。水流量是用来确定一条河流的发电能力或为将来的发电向水库供水能力的有效、关键的指数。

②风力指数。风力短缺是引致风力发电厂发电量减少和收入低于预期收入的重要原因之一。因此可以设计一个风力指数来规避风力短缺的风险。衡量风力的指数通常是平均风速指数,即某地每日用风速仪计量得到的平均风速,速度可以用每小时英里或每小时公里度量,每天的平均风速可以基于不同的时间间隔计算。

③飓风轨迹指数。飓风一般属于灾难性天气风险,然而,由于飓风的路过会导致从事海上作业的单位停工,或导致飓风经过点的其他生产经营者停业,从而使其收入减少,因此,飓风也可以视为非灾难性风险。要回避与飓风有关的非灾难性风险,可以建立飓风轨迹指数,即以某一地点的经纬度作为中心,围绕中心按预先确定的间隔划若干同心圆,当飓风经过同心圆时,基于飓风轨迹指数的天气衍生产品就逐日产生赔付,从里面的同心圆到外面的同心圆,赔付金额递减。

④海浪指数。海浪是海上娱乐业、海上施工作业、渔业等行业面临的关键性天气风险因素之一。因此,海浪指数的建立,对于沿海的国家和地区具有十分重要的意义。海浪指数以合同期内海浪的平均高度或最大高度为依据,单位可以采用米。然而海浪指数目前还处于探索阶段,其面临的最大障碍来自测量上的技术障碍。

⑤联合指数。对于某一企业来说,影响其收入的天气风险可能不止一种,为了满足特定风险主体管理天气风险的需要,联合指数应运而生。联合指数也叫用户化指数,是将多个天气因素或者天气因素与非天气因素结合起来作为基础而设计的个性化指数,通常在场外进行交易。这些指数的设计对于满足更为个性化的风险管理需求,增加交易量,以及促进天气衍生品市场的创新和多样化,具有重要意义。

2.天气衍生品的种类

(1)期货

期货合约是由交易双方约定在未来的特定时点,以特定价格来买卖特定商品的合约。在天气期货中,交易标的物并不是天气指数,而是基于该指数的货币价值,合约通过现金交割结算。天气期货合约是标准化合约,只是价格、交易方式、交割日期、指数来源地不同。场外交易则更为灵活,由双方协商约定上述事项,每一份期货合约都各不相同。

1999 年 CME 推出了第一个为期 1 个月的气温指数期货合约。目前它已发展为有制热日指数期货、制冷日指数期货、制热季节指数期货、制冷季节指数期货四种天气指数期货。

CME 的 HDDs 和 CDDs 指数是每月各日 HDD 和 CDD 的累计值,最终结算以 100 美元为一个信用单位,即每一个 HDD 和 CDD 的货币价值都为 100 美元。通常,合约以 HDDs 和 CDDs 指数报价,但其实际货币价值应该是报价的 HDDs 和 CDDs 指数乘以 100。其中 HDD 的合约月份为 11 月到次年 3 月,CDD 的合约月份为 5 月到 9 月,4 月和 10 月被看作双向月份。目前 CME 选择由著名的地球卫星有限公司提供的 10 个人口密集城市的机场气象站气温数据作为气温指数。CME 期货合约的内容如表 7-6。

表 7-6 CME 期货合约内容

商品名称	HDD/CDD 期货
合同价值	＄100×HDD/CDD 指数点
报价单位	HDD/CDD 指数点
最小跳动单位(值)	1 点(＄100)
合约月份	HDD:11、12、1、2、3 月 CDD:5、6、7、8、9 月
交割日	交易月份结束后第三天早上 9:00(遇到节假日则顺延一天)
结算制度	现金结算
部位限制	10 000 笔
地理区	Atlanta/Chicago/Cincinnati/Dallas/Philadelphia/Portland/Tucson/Des Moines/Las Vegas/ New York

许多面临天气风险的行业都可以通过买入或卖出天气期货来进行套期保值。下面以一个电力公司为例,基于上面介绍的 CME 的天气期货产品,具体

说明套期保值者如何运用这些产品以规避风险和锁定收益。

[例7-1] 电力公司利用天气期货套期保值

某电力公司位于纽约市，供应电力给当地居民使用。该公司在正常气温下，其夏季电力的销售量预估为10亿千瓦时，营业收入为8 000万美元（每千瓦时固定为0.08美元）。然而该公司担心纽约市因为厄尔尼诺现象，使得即将来临的夏季会是凉夏，造成居民对电力的需求降低，进而影响到公司的营业额。

经过研究后发现，该电力公司的销售量与CME的CDDs指数呈高度正相关关系，且弹性系数高达0.8，也就是说，CDDs指数下降1％时，该公司的销售量即下降0.8％。为了规避此天气风险，公司可利用CDDs指数期货进行空头避险。

假设2011年7月的纽约CDDs期货价格为1 250点，CDDs指数下降1％时，一笔CDDs指数期货合约价值即下降1 250美元（100美元/点×1 250点×1％），而营业收入下降0.8％，相当于减少64万美元（8 000万美元×0.8％），因此要完全避险，电力公司于2010年12月应卖出2011年7月到期的纽约CDDs期货合约512手（64万美元/1 250美元/手），其避险效果如下：

情况一：假设该年夏季是凉夏，到了2011年8月1日，7月份纽约CDDs期货合约的结算价格为1 150点，电力公司的销售量因凉夏而减少了6 400万千瓦时（10亿×0.8×（1 250－1 150）/1 250），营业收入同时减少512万美元（6 400万千瓦时×0.08美元/千瓦时），但是其在期货合约上可获利512万美元（100美元/点×（1 250－1 150）×512手），此时利润正好弥补该公司因凉夏导致的营业收入减少的损失。

情况二：假设该年夏季是热夏，到了2011年8月1日，7月份纽约CDDs期货合约的结算价格为1 400点，电力公司的销售量因热夏而增加了9 600万千瓦时（10亿×0.8×（1 400－1 250）/1 250），营业收入同时增加768万美元（9 600万千瓦时×0.08美元/千瓦时），但是其在期货合约上却损失768万美元（100美元/点×（1 400－1 250）×512手），此损失正好抵消该公司因热夏而增加的营业收入。

综合以上分析可知，该电力公司可通过对CDDs指数期货合约的避险操作，来克服因天气变化而造成公司营业收入不稳定的问题，确保原先预估的8 000万美元的收入。

(2) 期权

期权是一种"选择交易与否的权利"，当合约的买方付出期权费后，享有在特定时间内向合约的卖方依标明的执行价格买入或卖出一定数量的标的物的权利。天气期权是一种期货期权,表示投资者在一个未来日期有权利买卖一个天气指数期货合同。

天气衍生品的期权是欧式期权,即卖方只能在执行日期行使执行的权利,不能提前执行。在期权合约的执行日期,一旦官方发布天气记录,期权合约就进行结算。

天气期权的出现源于套期保值者对盈利性的要求。通过上面电力公司的例子可以看出,天气期货能将购买者的收入锁定在某一水平,但同时购买者就没有了获利的可能性,而天气期权正好弥补了这一缺点。天气期权分为两种,一种是买入期权(call option),即在约定时间以约定价格买入某一天气期货的权利;二是卖出期权(put option),即在约定时间以约定价格卖出某一天气期货的权利。这两种期权都能使购买者在保证获得某一水平收入的基础上,还保留了获利的可能性。下面仍以例7-1提到的电力公司为例,说明在不考虑期权费的情况下天气期权如何在规避风险的基础上还具有获利的可能性。

[例7-2]电力公司利用期权套期保值

该电力公司的财务预算做好以后,公司管理层决定,通过购买天气期权而不是期货来进行套期保值。于是该公司于2010年12月买入2011年7月的天气期权的卖权,当时价位为1 250美元,公司预计在此期间电力销售量达到计划的10亿千瓦时。于是该公司就以1 250美元的行权价格买了例7-1中的天气期货的卖出期权512手,行权日期为2011年7月31日。

公司进行这个套期保值操作后,就保证了其2011年7月的收入达到预期的8 000万美元,并可能由于气温的变化而大于8 000万美元,从而获得额外的收益。例如,分别在下列情况下计算盈亏。

情况一:2011年夏季是凉夏,到了8月1日,7月份纽约CDDs期货合约报价为1 150点。因此该公司行使期权,以1 250美元的价格卖出512手期货,并以1 150美元的市场现价买回该期货进行平仓,从而通过行使期权盈利512万美元(100美元/点×(1 250－1 150)×512手)。另外,由于是凉夏,该公司电力销售量减少了6 400万千瓦时(10亿×0.8×(1 250－1 150)/1 250),营业收入减少512万美元(6 400万千瓦时×0.08美元/千瓦时)。可见,购买期权的盈利正好与销售收入的减少相抵消,该公司2011年7月的收入正好等于预期的8 000万美元。

情况二:2011年为热夏,到了8月1日,7月份纽约CDDs期货合约报价为1 400点,高于该公司所购买期权的行使价格,则该公司放弃行使期权,其期权交易的收益为0元。另外,由于是酷暑,该电力公司销售量增加到9 600万千瓦时(10亿×0.8×(1 400－1 250)/1 250),营业收入增加768万美元(9 600万千瓦时×0.08美元/千瓦时)。因此,2011年7月公司的收入为8 000＋768＝8 768万美元,从而获利。

从此例可以看出,该电力公司利用期权进行套期保值的操作不仅规避了风险,还保留了获利的可能性。

(3)互换

当参与的双方为了交换风险而签订契约性协议时,互换就发生了。在这些协议中,双方都不支付保证金。对双方而言,所涉及的风险应该是负相关的。一方参与者的收入与重要的天气因素正相关,而另一方的风险应该是负相关。当天气因素超过一个执行值且一方的收入较高时,收入较高的一方对另一方支付补偿。结果是分别对双方的收益上限和损失下限加以限制,从而减少收入的波动,降低参与者的风险。例如,担心降水过多而影响种植的生产者可能会与一个水电厂进行风险互换。对水电厂而言,降水量减少导致发电量减少。互换合约签订后,如果降水量超过某一水平时,水电厂将支付给种植者一些补偿,交换使双方的收入得以稳定,降低了双方的风险。

天气互换交易一般是在场外市场进行的,交易方之间可以就互换的天气指数、互换期限、互换利益分享等方面进行具体的协商,从而更能符合交易者的具体需要。因此,互换交易的灵活性更强。然而互换交易的流动性和信用保证则较差。下面同样以前面提到的电力公司为例,说明利用互换进行套期保值的操作和结果。

[例7-3]电力公司与旅游企业的互换

夏季的高温会增加电力公司的收入,却使旅游业的营业收入减少。为了规避夏季收入波动风险,电力公司决定与一家旅游企业互换2011年7月的气温风险。经双方协商,达成如下协议:若2011年7月的CDDs为1 250美元,双方互不支付;若7月的CDDs低于1 250美元,则CDDs每下降1点,旅游企业向电力公司支付51 200美元;若7月的CDDs高于1 250美元,则CDDs每上升1点,电力公司向旅游企业支付51 200美元。

公司签订了这个互换协议后,其2011年7月的收入也固定在计划销售收入8 000万美元上。无论气温怎么变化,公司的收入不变,下面分别在下列情况下计算损益。

情况一:2011年夏季是凉夏,7月份CDDs指数为1 150点。按照互换协议,电力公司将收到旅游企业支付的512万美元[(1 250－1 150)×51 200]。

另外,由于是凉夏,该公司的销售收入减少 512 万美元[8 000×0.8×(1 250－1 150)/1 250]。因此,互换的盈利正好与销售收入的减少抵消。

情况二:2011 年夏季为热夏,7 月份 CDDs 指数为 1 400 点。按照互换协议,电力公司应支付旅游企业 768 万美元[(1 400－1 250)×51 200]。另外,由于是酷暑,该公司的销售量增加到 9 600 万千瓦时[10 亿×0.8×(1 400－1 250)/1 250],营业收入增加 768 万美元(9 600 万千瓦时×0.08 美元/千瓦时)。因此,互换的亏损正好与销售收入的增加抵消。

因此该电力公司也可以通过 CDDs 的互换协议来进行避险操作,从而回避因天气变化带来对电力销售的不利影响。

(三)气温衍生品定价

天气衍生品的基础是天气指数,天气指数本身并不是商品,不能在市场上进行交易。这就使得衍生品均衡鞅的定价方法不能适用于天气衍生品的定价,因为不可能通过构造自融资策略精确地复制该衍生品。较理想的做法是构造如同利率衍生品类的无套利模型,但是天气衍生品不存在类似于利率模型的远期利率。而在风险中性的环境下,CDDs 衍生品价格等于到期日期望损益以无风险利率作为贴现因子的贴现值。因此只要通过蒙特卡罗模拟法估算到期日标的资产的期望收益,再以无风险利率贴现,即可算出 CDDs 互换的价格。

由于气温变动过程通常近似为布朗运动,为了研究气温的均值回复过程,考虑 Vasicek(1977)的利率期限结构模型,该模型将瞬时利率 r 运动的风险中性过程表述为:

$$dr = k(\theta - r)dt + \sigma dW(t) \qquad (7\text{-}42)$$

这里,k 为均值回复速度,θ 为长期均衡的利率水平,σ 为利率的波动率,$dW(t)$ 为维纳过程,该过程的漂移率 $k(\theta-r)$ 能很好地描述均值回复现象。将其运用于模拟气温变化行为,产生下式:

$$dT_t = a(\theta - T_t)dt + \gamma dW_t \qquad (7\text{-}43)$$

其中 T_t 为模拟过程,a 为均值回复速度,θ 为过程回复的均值,γ 为过程的变动率(不变项),dW_t 是一个维纳过程。

考虑到气温变化过程,需要 $\theta=\theta(t)$,$\gamma=\gamma(t)$(月变动性函数,即在月内是定值),这样(7-43)式变为

$$dT_t = a(\theta_t - T_t)dt + \gamma_t dW_t \qquad (7\text{-}44)$$

通常可以根据气温历史数据确定 θ 的函数形式,估计参数 a 和 γ 的值,从而确定(7-44)式。

由于 θ 为气温回复的均值,过程(7-44)中的日均温 T_t 将回复到其均值 θ_t,即有

$$E(T_t)=\theta_t \tag{7-45}$$

根据 Dornier 和 Queruel(2001)的推导发现(7-44)式不能推出(7-45)式,Dornier,Queruel 和 Bhowan 在(7-44)式中增加了 θ_t 项,(7-44)式变为:

$$dT_t=\left[a(\theta_t-T_t)+\frac{d\theta}{dt}\right]dt+\gamma_t dW_t \tag{7-46}$$

则满足 $E(T_t)=\theta_t$,证明过程略。

要确定 $\theta(t)$ 的函数形式,需要考虑气温的季节性变化以及全球气候变暖现象,这样就有以下周期性的函数形式:

$$\theta(t)=A+Bt+C\sin(\omega t+\varphi) \tag{7-47}$$

其中 $\omega=\dfrac{2\pi}{365}$。

为了对气温过程进行模拟,首先需要对(7-47)式中的 A、B、C 和 φ 进行参数估计。

根据(7-47)式,$\theta(t)$ 可以变形为:

$$\theta(t)=A+Bt+C[\sin(\omega t)\cos\varphi+\cos(\omega t)\sin\varphi] \tag{7-48}$$

整理得

$$\theta(t)=A+Bt+C\cos\varphi\sin(\omega t)+C\sin\varphi\cos(\omega t) \tag{7-49}$$

这样就可以将(7-49)式看成一个线性方程,用最小二乘法进行参数估计,(7-49)式变为

$$\theta(t)=\beta_1+\beta_2 t+\beta_3\sin(\omega t)+\beta_4\cos(\omega t) \tag{7-50}$$

其中 $\begin{cases} A=\beta_1 \\ B=\beta_2 \\ \varphi=\tan^{-1}\left(\dfrac{\beta_4}{\beta_3}\right) \\ C=\dfrac{\beta_3}{\cos\varphi} \end{cases}$

下面估计均值回复速度 a。如果

$$\mathrm{d}X_i = b(X_i;\zeta)\mathrm{d}t + \sigma(X_i;\zeta)\mathrm{d}W_t \tag{7-51}$$

当且仅当如下鞅函数为零

$$G_n(\zeta) = \sum_{i=1}^{n} \frac{\dot{b}(X_{(i-1)\Delta};\zeta)}{\sigma^2(X_{(i-1)\Delta};\zeta)}[X_{i\Delta} - E(X_i \mid X_{i-1})] \tag{7-52}$$

由此可得 ζ 的无偏估计值,其中 $\dot{b} = \dfrac{\partial b}{\partial \zeta}$。然后将上式中 X 替换成 T,ζ 替换成 a,便可解出 a。

对(7-46)式从 $i-1$ 到 i 积分得

$$T_i = \theta_i + \mathrm{e}^{-a}(T_{i-1} - \theta_{i-1}) + \mathrm{e}^{-\int_0^i a\mathrm{d}s}\int_{i-1}^{i}\mathrm{e}^{\int_0^s a\mathrm{d}s}\gamma_s \mathrm{d}W_s \tag{7-53}$$

由于

$$E(T_i \mid T_{i-1}) = \theta_i + \mathrm{e}^{-a}(T_{i-1} - \theta_{i-1}) \tag{7-54}$$

代入(7-52)式得

$$G_n(a) = \sum_{i=1}^{n} \frac{\theta_{i-1} - T_{i-1}}{\gamma_{i-1}^2} \cdot [T_i - \theta_i - \mathrm{e}^{-a}(\theta_{i-1} - T_{i-1})] \tag{7-55}$$

解(7-55)式得

$$a = -\ln\left[\frac{\sum_{i=1}^{n}\dfrac{T_{i-1} - \theta_{i-1}}{\gamma_{i-1}^2}(T_i - \theta_i)}{\sum_{i=1}^{n}\dfrac{T_{i-1} - \theta_{i-1}}{\gamma_{i-1}^2}(T_{i-1} - \theta_{i-1})}\right] \tag{7-56}$$

其中 γ_i 为计算出的月波动性。

为了估计(7-43)式中过程的变动率 γ,需要考察气温的变动情况。虽然气温过程的变动率在不同月份呈现明显变化,但在同一个月内变动很小,因此可视 γ_i 为分段常变量函数。设 γ_t 为一随机过程,则

$$\mathrm{d}\gamma_t = a_\gamma(\gamma_{\mathrm{trend}} - \gamma_t)\mathrm{d}t + \sigma_\gamma \mathrm{d}W_t \tag{7-57}$$

其中 γ_{trend} 为不变趋势。需要估计参数 a_γ 和 σ_γ,参照 Alatonetal 等人的研究,得

$$\sigma_\gamma^2 = \frac{1}{n}\sum_{j=0}^{n-1}(\gamma_{j+1} - \gamma_j)^2 \tag{7-58}$$

其中 n 为总月份数。a_γ 的估计式参照 (7-56) 式对 a 的估计，(7-57) 式应变为：

$$\mathrm{d}\gamma_t = \left[a_\gamma(\gamma_{\text{trend}} - \gamma_t) + \frac{\mathrm{d}\gamma_{\text{trend}}}{\mathrm{d}t}\right]\mathrm{d}t + \sigma_\gamma \mathrm{d}W_t \tag{7-59}$$

同理也可推出

$$a_\gamma = -\ln\left[\frac{\sum_{i=1}^{n}\frac{\gamma_{\text{trend}} - \gamma_{i-1}}{\sigma_\gamma^2}(\gamma_i - \gamma_{\text{trend}})}{\sum_{i=1}^{n}\frac{\gamma_{\text{trend}} - \gamma_{i-1}}{\sigma_\gamma^2}(\gamma_{i-1} - \gamma_{\text{trend}})}\right] \tag{7-60}$$

算出参数 σ_γ 和 a_γ，气温月度变化率过程 γ_t 也可得出。

综合以上对各参数的估计，便可通过对气温变化过程进行随机仿真和验证，确定 CDDs 互换的蒙特卡罗仿真值。

三、碳排放交易

随着全球工业化程度的逐步加深，人类过度消耗化石燃料给全球造成的严重影响已成为不可忽视的问题。根据政府间气候变化专门委员会（IPCC）发布的全球气候变化第四次评估报告，过去 100 年（1906—2005 年）全球平均地表温度上升了 0.74℃，海洋温度的上升造成全球海平面上升了约 0.17 米，各种极端灾害频发。至此，人类开始反思现有经济发展模式的利弊，以低能耗、低排放、低污染为主要特征的低碳经济发展模式逐渐受到各国的高度关注，以此衍生的碳排放交易权也成为投资者的一个新的关注焦点。

（一）碳排放交易概述

碳排放交易的基本原理是，合同的一方通过支付另一方获得温室气体减排额，买方可以将购得的减排额用于减缓温室效应从而实现其减排的目标。在 6 种被要求减排的温室气体中，二氧化碳（CO_2）为最大宗，所以这种交易以每吨二氧化碳排放当量（tCO_2e）为计算单位，故通称为"碳交易"。其交易市场称为碳市场（carbon market）。

在碳市场的构成要素中，规则是最初的也是最重要的核心要素。有的规则具有强制性，如《京都议定书》便是碳市场的最重要强制性规则之一，《京都议定书》规定了《公约》附件一国家（发达国家和经济转型国家）的量化减排指标；即在 2008—2012 年间其温室气体排放量在 1990 年的水平上平均削减 5.2%。其他规则从《京都议定书》中衍生，如《京都议定书》规定欧盟的集体减排目标为到2012年,比1990年排放水平降低8%,欧盟从中再分配给各成员国,并于2005年设立了欧盟排放交易体系(EU ETS),确立交易规则。当然也有的规则是自愿性的,没有国际、国家政策或法律强制约束,由区域、企业或个人自愿发起,以履行环保责任。2005年《京都议定书》正式生效后,全球碳交易市场出现了爆炸式的增长。2007年碳排放交易量从2006年的16亿吨跃升到27亿吨,上升68.75%。成交额的增长更为迅速。2007年全球碳交易市场价值达400亿欧元,比2006年的220亿欧元上升了81.8%,2008年上半年全球碳排放交易市场总值甚至就与2007年全年持平。

从环境保护的角度出发,《京都议定书》以法规的形式限制了各国温室气体的排放量,而从经济角度出发,它更是催生出一个以二氧化碳排放权为主的碳交易市场,市场参与者从最初的国家、公共企业向私人企业以及金融机构拓展,呈现出一派繁荣的景象。

在这个目前规模超过600亿美元的碳市场中,交易主要通过各种交易所发放排放(减排)配额,或以清洁发展项目为标的进行买卖。已经运行了3年之久的欧洲气候交易所、欧洲能源交易所,服务内容就是在欧盟实行的"总量管制与交易制度"机制下,向每个成员国分发其每年预定的二氧化碳的可能排放量,每个成员国再向各企业分发"欧盟排碳配额"(每个配额等于1吨的二氧化碳排放量)。如果企业在期限内没有使用完其配额,则可以通过碳交易所出售;反之,就必须从没有用完配额的企业手中购买。而2008年2月18日正式运营的、由纽约—泛欧交易所与法国国有金融机构信托投资局共同建立的全球交易平台,服务内容则以联合国分配的二氧化碳排放量的现货、期货交易为主。以清洁发展项目为标的的买卖大都在亚洲的碳交易所进行。

如果说《京都议定书》给二氧化碳标上了价,那么欧洲气候交易所于2005年4月推出的期货、期权交易,则使二氧化碳排放权如同大豆、石油等商品一样可自由流通,丰富了碳交易的金融衍生品种。正是看中了碳排放市场的商业机会,除了上万家企业投身其中外,投资银行、对冲基金、私募基金以及证券公司等金融机构在碳市场中也扮演着不同的角色。从最初担当碳排放交易中介赚取略高于1%的手续费,到直接投资CDM项目,再到今天成立各类专门的"碳银行"部门进行气体排放管理,这些"金融家"的参与使得碳市场的容量扩大,流动性加强,市场也愈发透明,形式也更加多样化。

(二)碳排放交易产生的经济学根源

从经济学的角度看,碳排放交易遵循了科斯定理,即以二氧化碳为代表的温室气体需要治理,而治理温室气体则会给企业造成成本差异;既然日常的商品交换可看作是一种权利(产权)交换,那么温室气体排放权也可进行交换;由此,借助碳排放权交易便成为市场经济框架下解决污染问题最有效率的方式。这样,碳排放交易把气候变化这一科学问题、减少碳排放这一技术问题与可持续发展这个经济问题紧密地结合起来,以市场机制来解决这个科学、技术、经济综合问题。需要指出的是,碳排放交易本质上是一种金融活动,但与一般的金融活动相比,它更紧密地连接了金融资本与基于绿色技术的实体经济:一方面金融资本直接或间接投资于创造碳资产的项目与企业;另一方面来自不同项目和企业产生的减排量进入碳金融市场进行交易,被开发成标准的金融工具。在环境合理容量的前提下,政治家们人为规定包括二氧化碳在内的温室气体的排放行为要受到限制,由此导致碳的排放权和减排量额度(信用)开始稀缺,并成为一种有价产品,称为碳资产。碳资产的推动者,是《联合国气候框架公约》的 100 个成员国及《京都议定书》签署国。这种逐渐稀缺的资产在《京都议定书》规定的发达国家与发展中国家共同但有区别的责任前提下,出现了流动的可能。由于发达国家有减排责任,而发展中国家没有,因此产生了碳资产在世界各国的分布不同。另外,减排的实质是能源问题,发达国家的能源利用效率高,能源结构优化,新的能源技术被大量采用,因此本国进一步减排的成本极高,难度较大。而发展中国家,能源效率低,减排空间大,成本也低。这导致了同一减排单位在不同国家之间存在着不同的成本,形成了高价差。发达国家需求很大,发展中国家供应量也很大,国际碳交易市场由此产生。

(三)碳排放交易市场的分类

按照交易原理,可将碳排放交易市场分为两类:其一是基于项目的碳排放交易市场;其二是基于配额的碳排放交易市场。

1. 配额交易(allowance-based transactions)

配额交易是指总量管制下所产生的减排单位的交易,如"欧盟排放配额"(European Union Allowances, EUAs)交易,主要是被《京都议定书》约束的国家之间超额减排量的交易,通常是现货交易。

配额交易的源头是《京都议定书》第 17 条所确立的排放贸易(ET)机制。该机制目前主要用于发达国家之间的温室气体排放贸易合作,随着国际局势的转变,配额交易因其具有市场运作的特点有向全球推广的趋势。其原理是"限额与交易"机制,具体实施步骤为:政府根据国际谈判中制定的未来 CO_2 减排目标与日程,首先评估 CO_2 排放权在公开市场上拍卖或免费分配。这些排放权的所有者在特定时间内的排放总额若低于排放上限,便可以在公开市场出售其差额;若高于排放上限,则必须从市场中购入相应超出量,否则将受到重罚。该机制透过自由市场的运作,利用价格体系的机能,促使污染的外部成本内部化,以达到最优的 CO_2 排放水平,同时使减排总成本达到最低,所以是一种效率相对较高的减排策略。

2. 项目交易(project-based transactions)

项目交易是指因进行减排项目所产生的减排单位的交易,如清洁发展机制下的"排放减量权证"、联合履行机制下的"排放减量单位",主要是通过国与国合作的减排计划产生的减排量交易,通常以期货方式预先买卖。

CDM 是项目交易的典型代表,也是《京都议定书》确立的唯一涉及发展中国家的减排合作机制。其主要内容是发达国家通过提供资金和技术的方式与发展中国家开展项目级的合作,通过项目所实现的温室气体减排量可以部分抵消发达国家缔约方的减排指标。从理论上讲,CDM 应该是一项"双赢"的机制,一方面,发展中国家通过合作可以获得急需的资金和先进的技术,有助于实现国家的可持续发展;另一方面,通过这种合作,发达国家可以大幅度降低其在国内实现减排所需的高昂费用,加快减缓全球气候变化的行动步伐。

根据国际碳市场的交易情况看,基于项目的碳排放交易占整个交易量的 90% 以上。截至 2009 年 11 月 24 日,全球累计超过 4 200 个项目进入联合国 EB 注册流程,其中 1 906 个项目注册成功,还有 116 个项目已进入注册申请,这些项目的设计文件(PPD)中给出的截至 2012 年的核证的减排量(CERs)总数已超过 2.9×10^9 吨。

《京都议定书》颁行之后,一些国家、企业以及国际组织为其最终实施做了一系列的准备工作,并建立了一些碳交易平台,其中欧盟所取得的进展尤为突出。2005 年 1 月,欧盟正式启动了欧盟排放交易体系(EU ETS)。所有接受排放管制的企业,在得到分配的排放配额后,可根据需要进行配额买卖。如果实际排放水平超过其持有的排放配额,企业会受到处罚,除 EU ETS 外,在其他一些国家也存在类似的交易平台(如美国的地区间温室气体动议,RGGI),此外,还有一些基于企业自愿组织的交易平台(如芝加哥气候交易所等)。所有这些平台,构成了目前的国际碳排放配额交易体系。

(四)配额交易与项目交易机制的比较

自《京都议定书》生效以来,碳排放交易的两种重要机制——配额交易机制与项目交易机制在减少温室气体的排放中起到了重要的作用。从宏观方面来看,低碳技术的引入可以促进各国进一步转变经济增长方式,推动各国走可持续发展道路;从微观方面来看,CDM 项目与欧盟排放交易体系(EU ETS)正逐步激励企业开发与使用新能源和可再生能源,从而通过减少 CO_2 的排放量来达到企业利润最大化的目的。下面以电力企业为例,初步比较配额交易机制与项目交易机制在促进企业降低 CO_2 排放量方面的激励程度。

在项目交易机制下,发达国家投资者资助新技术项目的开发投入,通过排放基准线(项目投入前的现实排放)减去项目投入后的实际排放计算的减排量(CERs)来抵消项目自身减排义务的份额。因此,单位 CER 等于国际排放价格。假设排放量和减排量都可以精确计算,忽略 CDM 机制下投资者与项目方之间的信息不对称性。再假设"限额与交易(cap and trade)"机制下的减排要求与 CDM 机制下的减排要求相当。忽略发电过程中碳排放成本之外的所有成本。

在限额与交易机制下,E 表示企业发电过程中消耗能源排放的 CO_2 当量,X 表示发电量,B 表示企业选择的新技术参数(可代表采用新技术后降低的排放率或消耗率等)。同时小写字母 e,x,b 分别表示 CDM 机制下的相应参数。为了简化分析,假设碳排放量与发电量呈线性关系,对于给定的资金水平有:

$$E_i = (1-B_i)X_i, i=1,2 \quad (7\text{-}61)$$

$$e_i = (1-b_i)x_i, i=1,2 \quad (7\text{-}62)$$

如果企业不投资,则 $B_i = 0(b_i = 0)$;若企业投资,则 $B_i = \overline{B}(b_i = \overline{B})$ 且 $0 \leqslant \overline{B} \leqslant 1$。下面考虑两阶段博弈的情况,以寻求企业的纳什均衡:在第一阶段,企业可以选择投资新技术或保持原有技术不变;在第二阶段,企业对各自发电水平做出决策。显然,第二阶段的纳什均衡是关于双方企业第一阶段投资决策的函数。

第二阶段:产出决策

(1)配额交易机制

企业利润 R_i 等于出售碳排放交易权的净收益与产品市场净收益之和,再减去采用新技术的投资成本,即

$$R_i = q[E^0 - (1-B_i)X_i] + [p(\cdot) - k(1-B_i)]X_i - C(B_i), (i=1,2) \quad (7\text{-}63)$$

其中 E^0 表示企业实现排放量(等于分配的无偿排放量),k 表示单位碳排放量消耗的能源价格,q 表示国际排放权交易价格,$p(\cdot) = p(X_1 + X_2)$ 表示电价是关于市场的总供给函数,$C(B_i)$ 表示新技术投资成本。当 $B_i = 0$ 时,$C(B_i) = 0$;当 $B_i = \overline{B}$ 时,$C(B_i) = C$。

电价随发电量上升而下降($p' < 0$)。对(7-63)式两边求导可知,与利润最

大化函数有关的 X_i 满足以下条件：

$$p'X_i+p-(k+p)(1-B_i)=0, i=1,2 \tag{7-64}$$

由(7-64)式知每个企业的最优发电量是其技术参数和另一企业发电量的函数，即 $X_i(\cdot)=X_i(B_i,X_j)(i=1,2,j=1,2,i\neq j)$，由于 X_j 与 B_j 相关，不妨设 $X_1(B_1,B_2)$ 和 $X_2(B_1,B_2)$ 分别表示市场的纳什均衡发电量。

(2) 项目交易机制

假设 CDM 合约根据投资者和项目方的整体效益最大化而定，投资者和项目方之间不存在利益冲突。以下假设 CDM 项目的收益归于项目方，这样投资者照样可以享受产出收益之外的减排量抵消利益。企业进入 CDM 市场的获利如下：

$$R_i=q[E^0-(1-\overline{B})x_i]+[p(\cdot)-k(1-\overline{B})]x_i-\overline{C}, i=1,2 \tag{7-65}$$

未投资 CDM 项目的企业有以下利润函数

$$r_i=[p(\cdot)-k]x_i, i=1,2 \tag{7-66}$$

如果企业已签订 CDM 合约，利润最大化的首要条件与 x_i 有关，即

$$p'x_i+p-(k+p)(1-\overline{B})=0, i=1,2 \tag{7-67}$$

如果企业未签订 CDM 合约，则条件如下：

$$p'x_i+p-k=0, i=1,2 \tag{7-68}$$

同样不妨设 $x_1(b_1,b_2)$ 和 $x_2(b_1,b_2)$ 分别表示 CDM 机制下的市场均衡产量。(7-67)式中 $(k+p)(1-\overline{B})$ 和(7-68)式中的 k 分别表示发电量为 x 时的边际成本。CDM 项目投资对企业边际成本具有双面影响。一方面，投资将增加产品的边际成本，因为签订 CDM 合约意味着排放变得具有成本性，每增加一单位排放将减少一单位 CDM 排放信用。另一方面，投资可以增加能源的使用效率，因此可以减少每单位产品的能源消耗，而这也意味着降低产品的边际成本。如果前者的影响大于后者 $[(k+p)(1-\overline{B})>k]$，则该项投资的边际成本将随着投资增加而增加；如果前者的影响小于后者 $[(k+p)(1-\overline{B})<k]$，边际成本将随着投资增加而减少。

在第一阶段，企业将决定是否投资新技术。假设 $R_i(B_1,B_2)$ 表示限额与交易机制下企业 i 的利润函数；$r_i(b_1,b_2)$ 表示 CDM 机制下的利润函数。在每种机制下有 4 个不同的联合投资策略。表 7-7 和表 7-8 分别列出两种交易机

制下第一阶段的投资博弈情况及阶段 2 的收益。

表 7-7 限额与交易机制下的投资决策和收益

决策	投资($B_1=\overline{B}$)		不投资($B_1=0$)	
投资($B_2=\overline{B}$)	$R_1(\overline{B},\overline{B})$	$R_2(\overline{B},\overline{B})$	$R_1(0,\overline{B})$	$R_2(0,\overline{B})$
不投资($B_2=0$)	$R_1(\overline{B},0)$	$R_2(\overline{B},0)$	$R_1(0,0)$	$R_2(0,0)$

表 7-8 CDM 机制下的投资决策和收益

决策	投资($b_1=\overline{B}$)		不投资($b_1=0$)	
投资($b_2=\overline{B}$)	$r_1(\overline{B},\overline{B})$	$r_2(\overline{B},\overline{B})$	$r_1(0,\overline{B})$	$r_2(0,\overline{B})$
不投资($b_2=0$)	$r_1(\overline{B},0)$	$r_2(\overline{B},0)$	$r_1(0,0)$	$r_2(0,0)$

由(7-64)式和(7-67)式给出的一阶条件,如果两个企业都投资,则各企业在两种机制下的纳什均衡收益相同,即

$$R_1(\overline{B},\overline{B})=r_1(\overline{B},\overline{B}) \tag{7-69}$$

为说明两种机制下投资策略的不同效果,考虑两个企业都投资与都不投资的对比效果

$$R_1(\overline{B},\overline{B})>R_1(0,0) \tag{7-70}$$

$$r_1(\overline{B},\overline{B})>r_1(0,0) \tag{7-71}$$

限额与交易机制下如果其他企业不投资,则该企业将获利。因此,由(7-70)式,限额与交易机制下唯一可能的结果是

$$R_1(\overline{B},0)>R_1(\overline{B},\overline{B})>R_1(0,0)>R_1(0,\overline{B}) \tag{7-72}$$

即限额与交易机制下,两个企业第一阶段的纳什均衡策略均为投资。而 CDM 机制下,如果$(k+p)(1-\overline{B})<k$ 则结果和限额与交易机制下相同,即两个企业均选择投资。

$$r_1(\overline{B},0)>r_1(\overline{B},\overline{B})>r_1(0,0)>r_1(0,\overline{B}) \tag{7-73}$$

然而 CDM 下还可能存在$(k+p)(1-\overline{B})>k$ 的情况,如果该条件成立,其他企业一旦投资则该企业获利更多。如果投资项目的边际成本足够大,每个企业都将选择不投资。结果如下:

$$r_1(0,\overline{B})>r_1(\overline{B},\overline{B})>r_1(0,0)>r_1(\overline{B},0) \tag{7-74}$$

因此在不完全竞争市场上,当产出可变时,配额交易机制下的最优决策为企业都采取投资策略,因而此机制对企业的低碳之路起到了较好的激励作用;而项目交易机制下的最优决策因边际成本的相对大小的不同而不同,因而此机制在某些情况下并不能很好地激励企业投资于低碳技术,从而减少 CO_2 的排放量。

通过以上讨论可知造成两种机制下投资者战略选择不同的原因之一是排放与产出的变动相关。若研究固定产出下的排放情况,保持发电量不变,减少碳排放唯一可行的方案就是投资低碳技术。因此当唯一可行的减排方案就是投资低碳技术时,项目交易机制下的投资收益将不低于配额交易机制下的投资收益。这是由于产出固定将不影响边际成本,根据表 7-7 和表 7-8 有:

$$R_1(\overline{B},\overline{B}) > R_1(\overline{B},0) > R_1(0,\overline{B}) > R_1(0,0) \tag{7-75}$$

$$r_1(\overline{B},\overline{B}) > r_1(\overline{B},0) > r_1(0,\overline{B}) > r_1(0,0) \tag{7-76}$$

所以 CDM 下的投资收益将不低于限额与交易机制下的投资收益,此时两机制对企业减少 CO_2 排放量均起到了较好的激励作用。

另外,在完全竞争市场中,企业仅占小部分市场份额,其电价与发电水平无关,因此就不会受投资决策的影响。投资只会影响企业的发电量,却并不能改变均衡电价。这意味着每个企业在预测投资收益时不会考虑其他企业的行为。因此,完全竞争市场的情况与固定产出的结果相同。

(五) 我国碳排放交易的金融支持

国际碳排放交易市场在过去几年里交易量之大有目共睹。由于各国在第一承诺期的减排义务已经以法律形式确定下来,《京都议定书》第一承诺期内市场需求旺盛已是不争的事实。然而,随着哥本哈根会议的结束,各国在第二承诺期减排问题上未能达成具有法律效力的共识,这便加重了我国的减排负担。目前中国碳排放交易仍主要集中在项目层次,为使碳排放作为新的金融产品,早日登陆中国的交易所,我国从银行信贷、直接融资、市场完善、产品研发等多角度,吸收和借鉴欧美发达国家经验,为碳交易提供全方位的金融支持。

1. 银行的低碳路径

银行业金融机构在低碳经济发展中,扮演了两个角色:一是低碳理念的推广者;二是低碳经济的资金支持者。目前,中国正逐步加强与国外金融机构的合作,跟踪研究国际碳金融发展的前沿理论,研发面向节能减排、清洁能源利用和可再生能源开发的金融产品,在控制风险的前提下,积极开展绿色信贷及碳金融产品和服务的创新。

(1)大力开展绿色信贷

2007年以来,国家环保总局与金融业联手推出"绿色信贷"、"绿色保险"、"绿色证券"三项绿色环保政策,使"绿色金融"制度初具框架,为我国金融业挺进环保主战场奠定了坚实的基础。但是与发达国家相比,我国的绿色信贷还基本上处于起步阶段,这是因为我国"绿色信贷"的标准笼统,缺乏具体的信贷指导目录和环境风险评级标准,银行缺乏执行绿色信贷的专门机构等。因此,我们首先要借鉴"赤道原则"等发达国家通用的绿色信贷标准,加强基础制度建设,积极推进"绿色信贷"目录指引、项目环保标准、环境风险评级等专业标准的制定,从业务流程与规则上把好项目入口关,以推动银行相关业务的发展。近年来,银监会先后出台了《节能减排授信工作指导意见》、《商业银行并购贷款风险管理指引》等,督促银行业金融机构认真贯彻落实国家宏观调控政策,履行金融业社会责任。商业银行要积极探索为节能环保提供金融服务的长效机制,加强对低碳技术的独立评价,完善对低碳企业经营状况的评估机制,建立对减排效果的认定机制等,培育低碳风险评估的中介服务,为金融机构在低碳领域的投资提供依据,切实降低投资风险并提高收益。

(2)拓展绿色中间业务

由于《京都议定书》引入清洁发展(CDM项目)机制,孕育出温室气体排放权交易市场,使以二氧化碳为主的温室气体的排放权成为一种新的商品在国际资本市场上流通。我国银行业金融机构可以借鉴国际经验,为国内减排项目提供CDM项目开发、交易和全程管理的一站式金融服务,协助CDM项目业主选择具有良好交易记录和履约能力的买家,以降低企业交易风险;利用信息优势,为CDM项目业主提供并锁定合理的CER报价,帮助企业实现最佳收益;利用资金结算优势,确保交易资金快速到账。另外,金融机构还可以发挥自己的专业特长为碳交易双方提供技术咨询、信用评估、资金清算等中介服务。

(3)商业银行的碳金融创新

一是在排放权交易基础上的各种金融创新。由于环境总容量是有限的,于是排污权就有了价值,通过转让可以产生收益,因此,商业银行能够容许企业将其作为抵押物来申请贷款进行融资。此外,可以尝试推出与"绿色信贷"和排放权交易挂钩的结构性产品,为节能减排项目建设提供资金支持和风险规避工具,同时为个人、企业参与相关投资提供便利和渠道。二是贷款管理机制的创新。商业银行制定一套适合节能减排项目的新的贷款管理办法和管理技术。我国现在的节能项目普遍采用合同能源管理(EMC)方式,即节能项目的使用者利用实际产生的节能费用分期偿还节能项目提供者的设备价款。由于节能项目的提供者多为中小企业，其既不具备充分的抵押贷款条件，也很难获得银行满意的信用评级。按照传统贷款管理方法，这些企业难以得到银行信贷支持。而采用应收账款质押这种新的贷款方式，则可以使这些企业获得贷款支持。

2. 直接融资的低碳探索

如果说目前商业银行对低碳经济的贷款规模与低碳经济发展的客观要求远不适应的话，那么，直接融资支持低碳经济发展则显得更加滞后。目前，在深圳、上海两个交易所上市的具有低碳概念的公司尚不足 10 家，总市值为 3 233.6 亿元，只占总市值的 2.76%。而且，节能减排企业发行企业债券、基金仍任重而道远。因此，加大对低碳经济的直接融资，刻不容缓。

(1) "绿色通道"的制度安排

在资本市场上，我国正尝试为低碳企业安排公开发行上市的"绿色通道"，优先安排具备一定资产规模和技术力量、运作规范的低碳企业上市，增加节能减排企业在主板市场的上市数量，以尽快提高低碳企业在资本市场中的比重。同时，鼓励主板上市公司利用并购重组实现传统产业改造和产能转换，特别鼓励、扶持低碳技术开发和应用低碳、环保、新能源等新兴行业在中小板和创业板上市融资，为其发展壮大提供资金支持。同时，在所有公司上市条件中增加能耗和碳排放量标准，将其作为公司上市必须达到的强制性指标，形成对各类上市公司节能减排的硬约束。

(2) 低碳金融工具的创新

我国着力于设立减少碳排放的环境产业基金和面向节能减排企业的风险投资基金。同时，使符合条件的节能减排企业通过发行企业债券、中期票据和短期融资券进入企业债券市场，特别是鼓励中小企业利用集合债券方式来筹措资金。另外，银行正探寻低碳经济发展的信托模式。适时推出由具有"绿色信贷"资格的商业银行发行的碳基金、碳金融债券、碳企业债券，完善低碳项目的风险投资机制、退出机制及相关法律法规，加强碳债券发行和监管制度。通过上市、债券、基金和信托等直接融资，建立适应低碳经济发展的股票基金、风险投资基金、产业投资基金、对冲基金，发行绿色金融债券，推出信托产品，为节能减排、新能源开发等项目建设筹集大量资金，支持低碳经济的发展。

3. 排放权交易市场的完善

我国拥有巨量的碳排放资源，是 CDM 项目最主要的供给国。我国提供的碳减排量已占到全球减排市场的 1/3 左右，是世界低碳产业链上最大的供给方。目前，尽管我国现已形成了北京环境交易所、上海环境交易所和天津排污权交易所为主体的碳交易中心,但这些交易所还主要是以清洁能源发展机制(CDM)为代表的基于项目的交易,而非标准化的交易合约,而且,中国处于整个碳交易产业链的最低端,只是碳排放权的提供者,而非碳交易标准的制定者,使得国内企业与国际买家谈判时,不能掌握主动权,碳成交价被越压越低。与欧美真正意义上的碳交易市场相比,我国的碳交易市场不论是在规模上还是在功能上都有很大差距。因此,我们要研究借鉴国际上的碳交易机制,建立较为完善的市场交易制度,强化市场的价格发现功能,逐步提高市场的规范化、层次化和国际化水平,逐步建立具有国际影响力、具有碳排放权定价能力的碳排放产权交易市场,以使我国获得在全球碳交易市场上的定价权。同时以《京都议定书》建立的清洁发展机制为基础,建立区域性和全国性的排放权市场,鼓励具有"绿色信贷"资格的商业银行和有资质的外资金融机构等金融中介以其低碳抵押项目直接参与碳产权交易市场。国家、各省市区应尽快建立独立的碳排放"账户",以已建立的三大排放权交易所为中心,推广碳排放权交易试点并在全国范围内展开。

4. 衍生金融产品的开发

目前,我国正致力于通过建立完善的碳交易市场,把碳排放权转化成可以直接交易的商品,而金融机构据此研发出碳排放期货、期权、掉期、碳排放信用、碳排放证券等金融衍生工具,可以降低节能减排项目建设不确定性所带来的经营风险。一个可行的思路是先实物期货、期权,后金融期货、期权,即以我国建立多年的三大期货交易所为基础,借鉴其发展模式、契约设计、产品定价、做市商制度、监管体制等,在碳排放权交易所首先试点碳排放权远期交易和期货交易;同时,参考电力投资实物期权的设计和交易模式,审慎试点碳排放权实物期权;在金交所股指期货的推出和相关金融期货期权陆续完善之后,可以试点以碳排放权为标的物的金融期货期权并在金交所挂牌交易。

案例分析

案例 7-1 英国铁路养老基金会的艺术品投资基金

英国铁路养老基金会的艺术品投资基金,是人们最为津津乐道的艺术品投资基金。上个世纪70年代中期,英国经济不太景气,为了进一步分散风险,负责保管英国铁路局员工退休金的英国铁路养老基金会,以基金会每年可支配的总流动资金的5%为限(相当于500万英镑)投资在艺术品上。将英国铁路局员工的退休金投入艺术市场的构想来自统计学专家列文(Lewin)。列文发现，自从1973年以来，由于两次石油危机的影响，国际油价大幅度上涨。70年代的两次石油危机分别带来了为期3年的经济萧条和为期1.5年的经济衰退。以英国为例，1974年的通货膨胀率高达27%。在这种情况下，他认为："应该选择艺术品作为投资工具，因为它最为稳妥、最能赚钱。"为了验证他的这个猜想，列文针对1920—1970年的英国艺术市场展开了全面的统计研究。根据他的不完全统计，仅仅是1974年一年，英国艺术市场的总成交额就高达10亿英镑，而且，"只有织棉、古代兵器和甲胄的价格上涨速度追不上通货膨胀的上涨速度。"在此基础上，他建议英国铁路养老基金会从每年可支配的总流动资金中，拨出3%以投资组合的方式进行艺术品投资，投资周期为25年左右。

列文需要一位艺术市场专家协助他的工作，于是，他找到了苏富比拍卖公司。时任董事长的威尔森（Wilson）立刻答应鼎力相助，并委派曾经参与苏富比年鉴《艺术品大拍卖》（*Art at Auction*）编辑工作的艾德尔斯坦（Edelstein）负责打理和保管英国铁路养老基金会的艺术品。另一位统计学专家斯通弗罗斯特（Stonefrost）则负责督导英国铁路养老基金会的整个艺术品投资计划。对于这项艺术品投资计划，英国铁路养老基金会的监督非常严格。艾德尔斯坦提出的每一项购买计划，都必须附上艺术品的清晰照片和详尽的分析报告，并提交英国铁路养老基金会下属的艺术品委员会进行严格审查。之所以如此，部分原因是由于英国铁路养老基金会的这项艺术品投资计划备受争议。包括英国国会、工会和新闻界在内的社会各界都对这项艺术品投资计划持批评态度。例如，英国全国铁路工人联合会的主要领导就直言："艺术品投资不同于证券投资，后者每年都能获得收益，而且，英国铁路养老基金会赚到的股息还可以享受免税政策的优惠。"因此，人们都在质疑，英国铁路养老基金会把钱投入艺术市场，究竟是不是明智之举。

在这种情况下，英国铁路养老基金会以极其谨慎的态度，从1974年年底开始先后购进了2400多件艺术品。这些艺术品的种类繁多：从古代的珍贵印刷品到印象派的绘画作品，从中国瓷器到唐三彩，总投资额在4000万英镑（约合1亿美元）左右。当然，具体的操作可并没有人们想象的那么简单。在艺术品交易商们看来，英国铁路养老基金会与苏富比拍卖公司的这种合作模式难免会让人看了眼红。因为这种合作似乎让苏富比拍卖公司处于绝对有利的地位：他们既知道卖方保留价格，也知道买方保留价格。但事实上，情况并非完全如此。有时候，英国铁路养老基金会直接委托各大交易商在艺术市场上为他们购买艺术品，而且事先并不通知苏富比拍卖公司。艾德尔斯坦后来坦言,她确实曾经面对利益冲突的困扰:苏富比拍卖公司董事长威尔森多次向她施加压力,要求她向英国铁路养老基金会提交一些艺术品购买计划。然而,艾德尔斯坦心里明白,这些艺术品实际上并不符合英国铁路养老基金会的利益。为此,她感到进退维谷,三度提出辞呈,威尔森才没有继续找她的麻烦。

英国铁路养老基金会原来确定的艺术品投资周期是 25 年。然而,到了 14 年后的 1988 年,他们却宣布准备开始陆续出售艺术品了。1989 年春季,英国铁路养老基金会委托伦敦苏富比拍卖公司举办了一场英国铁路养老基金会艺术品拍卖会,将一批艺术品推向市场,而这批艺术品的表现也不负众望。在该场拍卖会上,英国铁路养老基金会总共出售了 25 件艺术品:当年以 340 万英镑买进,此时以 3 520 万英镑卖出,平均年收益率为 20.1%,扣除通货膨胀因素后的平均年收益率则为 11.9%。同年 5 月 16 日,英国铁路养老基金会又在香港举办了一场英国铁路养老基金会中国瓷器专场拍卖会。该场拍卖会上共拍了 100 多件艺术品,总估价为 5 500 万港元,总成交额则接近 1 亿港元。其中,一件明代洪武年间的釉里红大碗,估价为 600~800 万港元,成交价高达 2 035 万港元;另一件南宋官窑青瓷更是拍到了 2 200 万港元,创下了当时中国瓷器拍卖价格的最高成交纪录。

事实上,英国铁路养老基金会的这个决策是非常明智的。1974 年,他们趁着艺术品投资的大好时机,进入艺术市场。1986—1989 年是艺术市场有史以来最为繁荣的时期之一,1989 年更是艺术市场最景气的一年。在这个时候把艺术品脱手,而不是死死抱住"长期投资"或者"25 年"的教条不放,显然是再恰当不过的了。为什么这样说呢? 2004 年,在伯罕斯(Bonhams)拍卖公司举办的一场拍卖会上,一盏古罗马时期的玻璃油灯以 260 万英镑的成交价格创下了有史以来玻璃制品拍卖价格的最高成交纪录。1979 年,这盏玻璃油灯被安德鲁(Andrew)以 52 万英镑的价格售出。9 年之后的 1988 年,英国铁路养老基金会以 210 万英镑的价格将这盏玻璃油灯转让。由此,我们不难看出英国铁路养老基金会的明智之处:他们选择了其升值周期中收益最高的时段果断出手——使得这盏玻璃油灯在 9 年之间价格就翻了两番之多! 而在他们卖出以后的 16 年间,这盏玻璃油灯的价格总共才上涨了 24%。

需要指出的是,在收藏界与新闻界津津乐道、乐于引用的这些良好业绩背后,英国铁路养老基金会的艺术品投资组合的平均年收益率实际上并不算高,约为 13.1%。由此可见,在英国铁路养老基金会投资的艺术品中,有不少艺术品的收益率都远远低于平均值,有的甚至还出现了大幅度亏损。举例来说,英国铁路养老基金会曾经购买了不少来自非洲、大洋洲和美洲的部落艺术品。

令人始料不及的是，英国铁路养老基金会的入市，虽然导致了这几类艺术品价格的大幅度上涨，但与此同时，许多收藏者却认为，他们再也买不起这几类艺术品了。更为严重的是，他们中的一些人开始陆续抛售自己收藏的非洲、大洋洲和美洲的部落艺术品，并且打算把资金投入到其他种类的艺术品上。其结果是，这几类艺术品的交易行情很快开始出现衰退迹象。而这种衰退又使得相当一部分收藏者对非洲、大洋洲和美洲的部落艺术品望而却步、持币观望。

案例来源：http://www.rmzxb.com.cn/pub/rmzxw/wh/sc/t20061019_103936.htm，《从英国铁路养老基金会看当代艺术投资基金》

案例 7-2　法国兴业银行的葡萄酒基金

一瓶法国波尔多顶级酒庄的红酒，一幅中国当代艺术家岳敏君的画，一块奢侈品牌卡地亚的手表，这些或许是富豪们日常生活的一部分。

随着全球金融市场日益显现疲软，越来越多的私人银行正准备将顶级客户的日常生活转化为投资生活。据悉，目前国内外私人银行推出的投资和生活相结合的产品，包括法国兴业银行的极致葡萄酒基金、巴克莱银行的娱乐奢华超越基金、民生银行的艺术品基金等都受到超高端客户的资金追捧。

事实上红酒、艺术品等非金融投资品都具有很高的投资价值，并且在市场不明朗的情况下，它们较股票、房产等传统投资的稳定性更高。

葡萄酒基金：投资＋品尝

与其他私人银行推出的生活题材基金有所不同，法国兴业银行成立的极致葡萄酒基金是第一个允许客户参与投资鉴赏过程的产品。

极致葡萄酒基金至少在每年的1、2月份葡萄收获季前发行一次，每次募集的基本资金为300万美元，每份最小投资额为30万美元，上不封顶。这款基金的独特之处是将投资和收藏结合在一起，客户可以按喜好选择出售获利或是收藏享用。客户在投资极致葡萄酒基金后，第一年将面临投资封闭期。这期间法兴和其专业葡萄酒管理伙伴 FICOFI 一起挑选适合投资的葡萄酒。他们挑选的标准一般是产于波尔多、勃艮第等著名产酒地区，在著名红酒评论家 Robert Parker 创办的一份名为 Wine Advocate（《葡萄酒爱好者》）的杂志上，打分在95分至100分之间的优质红酒。

在经过一年封闭期后，投资者在每个季度都会有一次选择抛售的机会。如果客户认为已经获得适当收益，可以通过法兴委托拍卖行将名下葡萄酒进行拍卖。当然客户也可以选择继续持有收藏，由法兴委托酒庄和专业葡萄酒机构收藏保管。

为确保收益空间,基金通过葡萄酒管理机构FICOFO,以低于市价两成的价格向酒庄收购葡萄酒。同时,葡萄酒基金解决的另外两个收藏难题是葡萄酒质量和保管。由于葡萄酒与艺术品一样具有较强专业性,个人藏家在分辨真伪、判断稀有度、寻找珍酿以及运输保存等方面都面临高门槛。而葡萄酒基金正是通过与各种专业机构合作克服这些困难。例如,在收购葡萄酒时,酒庄主会自藏一些中意的佳酿,个人藏家很难找到。大型葡萄酒零售商由于和各类酒庄接触广泛、私交也甚笃,可以深入找寻到顶级佳酿。正因如此,极致葡萄酒基金收取的费用也不菲,约为年投资收益的30%,包括委托、保存、投保等日常费用,以及选择预约品尝的运输、服务等各项费用。

除了能够选择葡萄酒抛售时机以获得不菲收益外,投资者还能够选择是否享用所投资的葡萄酒。无论投资者需要在何种场合下与家人、朋友或事业伙伴一同分享名下的葡萄酒,都可以通过提前预约的方式由法兴运达并安排品尝。

私人银行客户:兴趣+生活品质

"想象高净值客户的一个夜晚:在纽约的一家米其林三星餐厅(法国米其林轮胎公司创刊的一份《米其林指南》所挑选的全球顶级餐厅),和妻子共进晚餐,享用的是自己收藏的红酒,提前一周预订从法国著名酒庄空运而来。美食加红酒,体现的是一种生活品质,而不仅仅是一种追求回报的投资。"法兴银行中国区总裁李晓芸曾在采访时这样说,"我们每年都会组织客户到盛产葡萄酒的法国南部酒庄参观,让他们了解并体验葡萄收获、红酒酝酿等准备和加工过程。他们都对此倍加赞扬并且非常钦佩。许多客户是真正喜欢上了品酒和葡萄酒文化。"

其实,极致葡萄酒基金的成立也是缘于法兴老板自己对于葡萄酒的兴趣。据悉,作为红酒收藏和品尝爱好者的法兴主管,在赏酒过程中深感好酒越喝越少,因此意识到红酒的独特投资价值,于是和法国酒庄主友人决定一起研发葡萄酒基金。红酒、艺术品、奢侈品等都是财富积累到一定程度后的体现。一瓶价值25万元的上好葡萄酒,一定不仅是一件投资品,也同时标榜着一种高品质的生活方式。而法兴银行做的是将红酒商业化。

案例来源:http://www.meishichina.com/News/HangYe/200805/36931.shtml,《法国兴业银行葡萄酒基金进入中国》

案例7-3 人保财险大连分公司的巨灾赔偿

2007年3月4日,大连地区遭受百年不遇强风暴潮灾害。据有关资料显示,在本次强风暴潮灾害中,经济损失共达60多亿元。保险公司共接报案

7 000多起,报案损失2.5亿多元。其中,作为目前大连市场上份额最大、财产险业务占比六成还多的人保财险大连分公司,共接有效报案2 326起,报案损失1.7亿多元。报案损失占整个保险公司报案损失的2/3以上。

据"3·4"强风暴潮领导小组介绍,截至3月16日,人保财险大连分公司已先行预付保险赔款12笔,总金额达1 020万元。

由于受"3·4"强风暴潮影响,人保财险大连分公司的部分客户损失惨重。据统计,由人保财险大连分公司承保的客户,在这次大灾中,保险报损30万元以上的就有86户。西太平洋炼油厂停工停产,每天的营业损失就达近亿。瓦房店复州湾盐场、海盐、卤水、盐膜、房屋、滩田、机械设备、高压电杆和线路蒙受重大损失,直接经济损失2 446万元。大连弘峰集团农产品生产基地,大棚和樱桃树遭到大面积破坏,经济损失达1 800多万元。

3月8日上午,人保财险大连分公司副总经理贺晨向西太平洋炼油厂李玉成副总经理递交了200万元的预付赔款,成为大连市强风暴潮灾后支付的最大保险预付赔款,且第一笔保险预付赔款距大灾发生不足4天时间。紧接着,分公司向大连港集团预付保险赔款200万元;向大连集装箱码头预付保险赔款150万元。大连集装箱物流、复州湾盐场、瓦房店农电局等一大批受灾客户分别收到不同额度的保险赔款。

资料来源:http://insurance.cnfol.com/070321/135%2C1520%2C2810931%2C00.shtml,《大连人保:强风暴潮预付赔款超千万元》

本章习题

1. 简述艺术品价值的特点。
2. 简述目前艺术品投资基金的运作模式。
3. 简述中国茶叶行业的特点。
4. 简述茶叶投资的风险。
5. 简述葡萄酒投资的方式。
6. 简述巨灾期权价格的影响因素。
7. 设我国每年发生地震的次数服从参数为7.625的泊松分布,当地震损失次数确定时,地震巨灾期权定价公式为 $V = \sum_{j=n}^{\infty} [Ke^{-rT}\Phi(d_j) - S_0 e^{-Aj+kT}\Phi(d_j - \sigma\sqrt{T})]e^{-\lambda T} \frac{(\lambda T)^j}{j!}$,其中 $d_j = \frac{\ln\frac{K}{S_0} + Aj - kT - rT}{\sigma\sqrt{T}} + \frac{1}{2}\sigma\sqrt{T}$,A表示当地震发生时产生的索取权对于标的

资产的市场价值的影响程度。在 2006 年 12 月 28 日台湾地震中,某地面建筑物为巨灾期权标的资产,$S_0 = 2\,000$ 万元,期权执行价格为 $K = 1\,950$ 万元,利率水平 $r = 0.72\%$,资产价格波动率 $\sigma = 1.055$,期权持有期 $T = 1$ 年,$A = 0.69$。若地震后该大楼的残值为 1 000 万元,那么该巨灾期权的价格是多少?占标的资产初始价值的百分比是多少?

8. 设某电力公司在正常气温下,其夏季电力的销售量预估为 10 亿瓦小时,营业收入为 1 亿美元(每瓦小时固定为 0.1 美元)。且该电力公司的销售量与 CME 的 CDDs 指数呈正相关关系,相关系数为 0.7。假设 2011 年 7 月的纽约 CDDs 期货价格为 1 000 点,在不考虑期权费的情况下,要完全避险,该电力公司于 2010 年 12 月应卖出多少手 2011 年 7 月到期的 CDDs 期货合约?

9. 简述碳排放交易市场的种类。

10. 假设电力企业的市场需求函数为 $p(x) = 50 - x$,单位碳排放量消耗的能源价格为 1,国际排放权交易价格为 1,企业无偿排放量为 100,若企业投资新技术,则 $\overline{B} = 0.25$,新技术投资成本为 5,请通过计算说明电力企业在限额与交易机制和 CDM 机制下的最优博弈策略。

参考文献

[1] 秦春荣. 艺术品投资[M]. 上海大学出版社, 2005.

[2] 马健. 国外艺术品投资基金的运作模式与业绩评估[J]. 美术观察, 2010, 6.

[3] 喻云春. 茶产业发展的经济学浅析[J]. 贵州茶叶, 2009, 2.

[4] 王延明. 葡萄酒投资工具大观[J]. 中国外汇, 2010, 4.

[5] 牛津津. 巨灾期权定价模型研究. 中国优秀硕士学位论文全文数据库, 2008

[6] 马圆圆. 天气衍生产品及其定价. 中国优秀硕士学位论文全文数据库, 2008

[7] 曾鸣、何深、杨玲玲、田廓、董军. CDM 与配额交易机制投资激励效果比较研究[J]. 华东电力, 2010, 3(3)

[8] (英)亚瑟·赛斯尔·庇古(Arthur Cecil Pigou)著,何玉长、丁晓钦译. 福利经济学[M]. 上海财经大学出版社, 2009.

[9] Coase, Ronald H. The Problem of Social Cost[J]. Journal of Law and Economics. 1960, (3): 1—44.

[10] Crocker, T. D. The Structuring of Atmospheric Pollution Control Systems[A]. The Economics of Air Pollution[C]. H. Wolozin. New York. W. W. Norton &Co. 1966:61—86.

[11] Dales, John H. Land, Water, Ownership[J]. The Canadian Journal of Economics, 1968, 1(4):791—804.

[12] Montgomery, W. David. Markets in Licenses and Efficient Pollution Control Programs[J]. Journal of Economic Theory, 1972, 5(3):395—418.

图书在版编目(CIP)数据

另类投资/曹华主编.—厦门:厦门大学出版社,2014.4
(南开大学金融学本科教材系列)
ISBN 978-7-5615-4545-4

Ⅰ.①另… Ⅱ.①曹… Ⅲ.①投资-高等学校-教材 Ⅳ.①F830.59

中国版本图书馆 CIP 数据核字(2013)第 015147 号

厦门大学出版社出版发行
(地址:厦门市软件园二期望海路 39 号 邮编:361008)
http://www.xmupress.com
xmup @ xmupress.com
厦门市金凯龙印刷有限公司印刷
2014 年 4 月第 1 版 2014 年 4 月第 1 次印刷
开本:720×970 1/16 印张:20.75 插页:2
字数:365 千字 印数:1～3 000 册
定价:36.00 元
本书如有印装质量问题请直接寄承印厂调换